1841

Heeren, Arnold Hermann Ludwig

Manuel historique du système politique des Etats de l'Europe et de leurs colonies depuis la découverte des deux Indes

Tome 1-2

Symbole applicable
pour tout, ou partie
des documents microfilmés

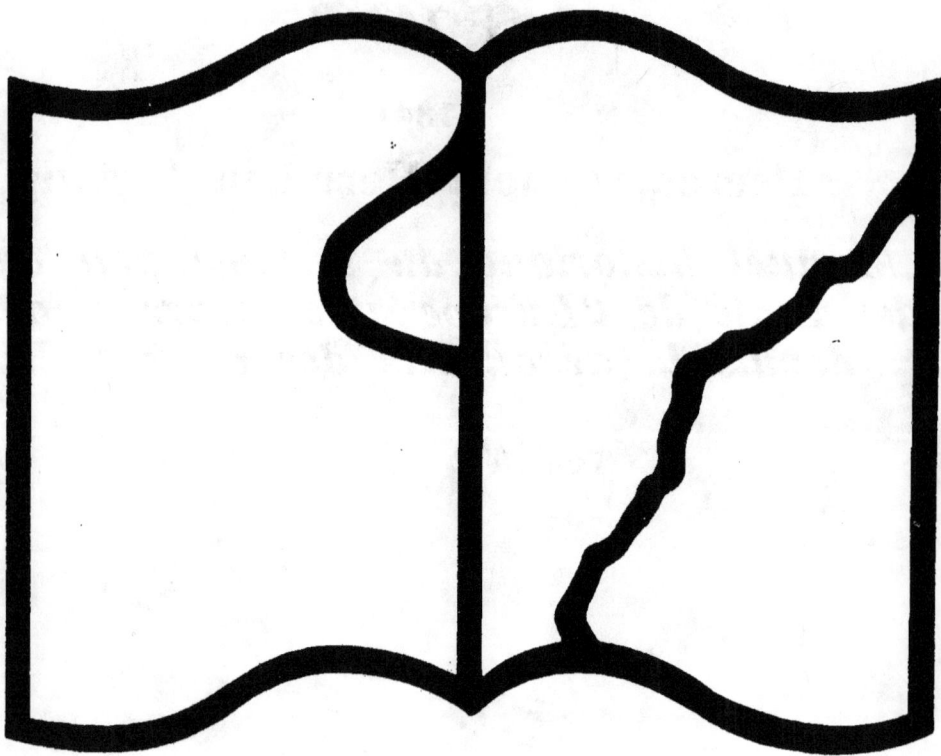

Texte détérioré — reliure défectueuse

NF Z 43-120-11

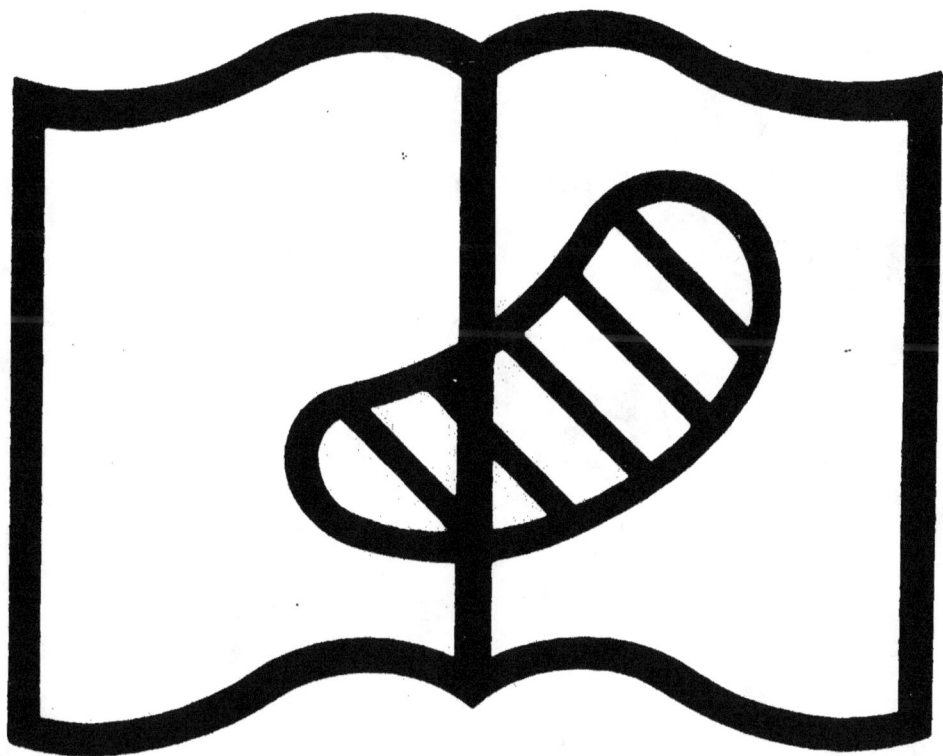

MANUEL HISTORIQUE

DU SYSTÈME POLITIQUE

DES ÉTATS DE L'EUROPE

ET DE LEURS COLONIES,

DEPUIS LA DÉCOUVERTE DES DEUX INDES.

PAR M. HEEREN,

PROFESSEUR D'HISTOIRE EN L'UNIVERSITÉ DE GOETTINGUE, MEMBRE DE DIVERSES SOCIÉTÉS SAVANTES, ASSOCIÉ DE L'INSTITUT, ETC., ETC.

Und das Band der Staaten wardgehoben,
Und die alten Formen stürzten ein!

(Le lien des États a été rompu, et l'antique édifice s'est écroulé.) SCHILLER.

TRADUIT DE L'ALLEMAND, SUR LA TROISIÈME ÉDITION.

TOME PREMIER,

CONTENANT LA PREMIÈRE ET LA SECONDE PÉRIODES.

A PARIS,
CHEZ VIDECOQ, LIBRAIRE, PLACE DU PANTHÉON, 4 et 6.

1841.

Poitiers. — Imp. de F.-A. SAURIN.

PRÉFACE

DU TRADUCTEUR.

Le *Manuel historique du Système politique des États de l'Europe et de leurs colonies, depuis la découverte des deux Indes*, etc., par M. le professeur Heeren, se divise en trois périodes. Une plume élégante et fidèle a naguère fait passer dans la langue française et publié les deux premières (1) ; mais ce traducteur s'est abstenu de s'occuper de la troisième. Comme elle est consacrée tout entière à ce que l'auteur allemand appelle l'*âge révolutionnaire*, son interprète n'a pas cru (2) que le tableau de cette époque récente pût être tracé par une main contemporaine totalement impartiale, et par conséquent mériter la même confiance et l'universalité de suffrages que les deux premières parties ont obtenues. Plus celles-ci lui ont paru recommandables par l'étendue des recherches, l'exactitude des faits, leur savante disposition, la pénétration des causes, l'appréciation des résultats, moins il aura voulu y mêler ce qui ne portait pas à ses yeux

(1) Paris, chez Barois aîné, libraire, rue de Seine, n° 10; 1 vol. in-8°, 1820.

(2) Avertissement de l'Éditeur, pag. iv.

le même caractère de certitude et d'indépendance d'opinion.

Avec quelque circonspection qu'un Français doive juger les sentiments d'un étranger sur les causes, les principes et les effets de la révolution, et surtout d'un homme aussi éclairé et aussi respectable que l'illustre professeur de Goettingue, nous oserons dire néanmoins qu'il nous paraît avoir justifié, à quelques égards, la résolution de son premier traducteur; et nous craignons d'autant moins de faire cette déclaration, que nous nous plaisons en même temps à reconnaître hautement que les préventions de M. Heeren ont eu la source la plus honorable et la plus pure. Animé d'un zèle ardent pour la cause générale de l'humanité, de la justice et de la liberté, pour les progrès universels de la civilisation, et pour la gloire et l'indépendance particulières de l'Allemagne, rien sans doute n'était plus louable que la douleur patriotique avec laquelle il a supporté les longues humiliations et l'asservissement de son pays. Et qui pourrait lui faire un crime de son indignation contre une ambition sans mesure et un despotisme sans frein? Mais plus cette haine vertueuse du philosophe et du citoyen avait de justice et d'énergie, moins l'écrivain a dû pouvoir se défendre de son influence : elle n'a pu que peser, même involontairement, entre ses mains, dans la balance de l'histoire.

Certes, on n'a point à lui reprocher d'avoir méconnu les fautes d'aucun cabinet : il déplore souvent l'esprit d'agrandissement qui tourmentait toutes les cours ; le mépris des forts pour les droits des faibles, les iniques partages de la Pologne, la soif toujours croissante du pouvoir absolu, l'absence de toute morale dans la politique ; l'égoïsme qui, de la vie privée, avait passé dans la vie publique ; les fausses combinaisons qui ont créé des influences dangereuses ; les vues d'intérêt particulier qui présidèrent aux premières coalitions contre la France ; l'impuissance de ces unions, leur dissolution par des paix séparées, la honte de ces traités et de leurs conditions secrètes ; le brusque abandon de ses alliés, l'espoir de profiter de leur isolement et de leurs désastres, souvent la participation plus directe à leurs malheurs ; le changement perpétuel de parti, au gré de la peur et des intérêts du moment ; la servile soumission à un pouvoir détesté, et les promesses vaines faites aux peuples pour obtenir leurs secours contre cette puissance formidable lorsqu'enfin elle a commencé à chanceler. Mais on sent qu'il parle de toutes ces choses avec plus de douleur que de colère : il en gémit plus qu'il n'en montre du ressentiment.

Quoiqu'en jugeant la révolution française il ait en général affecté un ton modéré, sa censure des hommes et des choses est cependant à la fois plus animée et plus amère ; et telle était l'ardeur de ses vœux pour l'extirpation de tout ce qu'avait produit cette cause et pour la délivrance de sa patrie, que tous les moyens d'atteindre ce double but semblent lui paraître légitimes ou du moins excusables : étrange indulgence peut-être dans un écrivain qui fait profession de vouloir que la morale publique soit fondée sur les mêmes principes que la morale particulière !

En remarquant la différence des impressions reçues par M. Heeren, nous sommes bien loin de condamner l'horreur, si naturelle aux âmes élevées, pour l'anarchie et la tyrannie. Partisans invariables de la monarchie constitutionnelle et des principes d'une sage liberté, qui seuls peuvent la consolider, nous nous confions d'autant plus dans la bonté de ces maximes, que M. Heeren les préconise lui-même, et qu'à chaque page de son livre il en réclame l'application pratique en faveur de tous les états. Mais n'en a-t-on pas d'autant plus le droit de s'étonner qu'elles soient pour lui un sujet d'animadversion contre leurs premiers promoteurs en France, contre ceux qui en ont fait briller la bienfaisante lumière aux yeux de l'autorité, et qui se sont si vainement efforcés de les lui faire adopter ?

Si, malgré le patriotisme et la droiture d'intention du plus grand nombre de ses membres et l'éminence des talents parlementaires de quelques-uns d'entre eux, l'Assemblée constituante n'a pas assez cimenté son ouvrage, les vices de ses fondements et sa chute n'ont-ils pas eu pour cause principale la défiance excitée dans les cœurs mêmes les plus droits, par les résistances de l'esprit de privilége, par les dispositions plus qu'équivoques des puissances étrangères, par le soupçon de connivence du pouvoir avec elles et avec les partisans obstinés de l'autorité absolue et des abus; enfin, par la faiblesse et l'inhabileté d'un gouvernement qui ne sut ni diriger l'opinion publique, ni lui résister ouvertement, ni y céder à propos? « De plus » mauvaises constitutions, dit M. Heeren en parlant » de celle-ci, ont subsisté bien plus longtemps. » C'est qu'en effet la durée ou la ruine des constitutions dépend rarement de leur plus ou moins de perfection : la plus faible sera inébranlable, si le gouvernement a réellement le désir de son existence, s'il l'exécute de bonne foi, dans son véritable sens, sans réticence, sans restriction et sans retard ; la meilleure, au contraire, à qui manqueraient cette impulsion et cet appui, périrait infailliblement dans les convulsions d'une révolution nouvelle. La loyauté, la franchise de conduite la plus entière, la plus absolue, de la part des dépositaires du pouvoir, est l'unique moyen d'enlever tout prétexte à l'agitation, ou du moins de la rendre vaine, et de faire réellement de l'ordre et de la liberté publique un bienfait de la prérogative royale.

Les causes qui ont agi sur le jugement que M. Heeren a porté de la révolution n'ont pas exercé moins d'empire sur son opinion relativement à Napoléon. Une ambition gigantesque qui semblait à l'étroit dans la vaste enceinte de l'Europe, l'abus de la victoire, les actes d'un despotisme qui, du frein même qui lui était imposé, se faisait un instrument de tyrannie; tout cela, comme nous l'avons déjà remarqué, ne pouvait que blesser un philosophe, et le bouleversement et l'esclavage de sa patrie ne devaient pas moins exaspérer un Allemand. Ces sentiments sont justes, dignes d'éloge, et approuvés par tous les Français qui n'ont jamais cru que Rome, Hambourg et Amsterdam fussent en France; qui, chérissant l'indépendance de leur pays, se sont plus affligés qu'enorgueillis de l'asservissement des autres, et que l'éclat de la gloire militaire n'avait pas consolés de la perte de leur liberté. Mais cette gloire immense n'est-elle pas un témoignage immortel des talents supérieurs, de la prodigieuse activité et du courage brillant du chef de l'État? n'est-elle pas l'œuvre de son génie? Le premier usage de son ascendant, quand les rênes du gouvernement furent remises entre ses mains, ne fut-il pas de reconstruire en France la société tombée en dissolution? Quelles que fussent ses vues pour l'avenir, il donna de la dignité au pouvoir, il rétablit partout l'ordre et la régularité, il mit fin aux proscriptions, il rouvrit la porte aux fugitifs, il maîtrisa les partis, effaça presque jusqu'à la trace des divisions, et inspira une confiance universelle. La promulgation du Code civil, ce bienfait dont jouissent encore une grande partie des peuples mêmes qui ont cessé d'appartenir à la France, ne mérite-t-elle aucune reconnaissance? Quelle impulsion n'a-t-il pas donnée à l'industrie manufacturière? Et ce grand nombre de monuments utiles ou glorieux que sans doute M. Heeren n'a point vus, puisqu'il en parle avec tant de dédain, et qui décorent si majestueusement, non-seulement la capitale de la France et ses départements, mais encore toutes les contrées de l'Europe où leur auteur a porté ses pas, trop souvent, il est vrai, au milieu des ruines entassées par les fureurs de la guerre, n'attestent-ils pas le *noble* usage que quelquefois du moins il a su faire de sa puissance? M. Heeren a-t-il rendu justice à ces divers mérites?

Il n'a pas manqué de relever le mépris que Napoléon faisait des hommes, et qui fut en effet un des traits distinctifs de son caractère; mais pourquoi n'a-t-il pas remarqué en même temps tout ce qui semblait le justifier? Quand les hommes se ravalèrent-ils, avec plus de bassesse, devant le pouvoir et la fortune? Et il ne s'agit pas seulement ici de courtisans avides d'honneurs et de richesses, qui enivrent leur maître de l'encens d'une flatterie intéressée : l'adulation et la servitude eurent de plus illustres complices; des têtes plus élevées se prosternèrent aux pieds d'un soldat parvenu; et quoique sa vanité ait joui de leurs hommages avec orgueil, à coup sûr il ne s'en dissimula ni l'hypocrisie, ni l'abjection. Quand l'histoire veut flétrir l'idole abattue d'un culte si honteux, a-t-elle le droit de faire grâce à ses moins sincères adorateurs, même après qu'ils l'ont renversée?

Que, déposant à la fin le masque si souvent pris et quitté tour à tour par chacun d'eux, tous les rois se soient enfin solidement ligués contre le dominateur universel; qu'ils aient appelé leurs peuples à leurs secours, et que les peuples, enflammés par le sentiment de l'honneur national, se soient dévoués pour la cause de leur patrie, et rangés en foule sous les drapeaux pour aider à détruire une puissance oppressive, pour reconquérir l'indépendance et la liberté; enfin, qu'un écrivain philanthrope, dans l'enthousiasme d'une révolution dès longtemps l'objet de ses vœux et de ses travaux, se félicite du réveil, même tardif, de l'esprit public, des efforts redoublés et concertés des princes, et se réjouisse de leurs succès, il n'est dans tout cela, sauf le machiavélisme et les trahisons qui s'y sont mêlés, rien qui ne soit digne des suffrages de tout homme de cœur, à quelque nation qu'il appartienne, en qui n'est pas étouffé tout sentiment de patriotisme et d'équité. Mais faut-il partager également l'exaltation de l'historien sur l'usage que les vainqueurs ont fait du triomphe? Admirerons-nous, comme lui, cette aristocratie de cinq grandes puissances qui s'est constituée, de sa propre autorité, l'arbitre de l'Europe? Bénirons-nous cette mystérieuse Sainte-Alliance, qui consacre solidairement le droit d'une intervention étrangère dans les intérêts domestiques des nations? Regarderons-nous la tranquillité de l'Europe comme rendue imperturbable désormais, par le système de réorganisation adopté aux congrès de Vienne, de Paris et d'Aix-la-Chapelle? La puissance maritime de l'Angleterre sans contre-poids, et l'ascendant de la Russie, débordée sur l'Occident et près d'envahir tout l'Orient peut-être, sont-ce là des garanties bien certaines d'une paix durable, et de l'équilibre que M. Heeren croit rétabli? Voilà des questions qui se présentent tout naturellement, et auxquelles chacun peut chercher une réponse, ou dans l'instinct de sa propre raison, ou dans l'expérience du passé, ou dans les augures de l'avenir que déjà le présent a fait naître (1).

Pour nous, en nous livrant à ces observations, nous n'avons point eu l'intention d'établir une controverse avec M. Heeren, ni de condamner sa manière de voir, de sentir et de peindre : mais puisque nous nous déterminions à reproduire en notre langue la partie de son ouvrage que le traducteur des deux autres avait négligée, nous devions aux lecteurs français de les prévenir de l'esprit dans lequel elle nous paraît écrite, et de les prémunir par là contre toute surprise qu'auraient pu faire à leur jugement ceux d'un écrivain dont le nom seul est une autorité imposante.

Avec cette précaution, la publication de cette partie non-seulement n'offre aucun inconvénient, elle est au contraire utile et même nécessaire. Sans ce complément, on n'aurait qu'une idée imparfaite du dessein de l'auteur, et ce dessein est digne d'être connu et médité dans son ensemble. Il n'a pas pour seul objet un abrégé de l'histoire moderne, un simple récit des événements qui, depuis trois siècles, agitent le monde. M. Heeren a voulu surtout faire voir comment s'est successivement formé, modifié, détruit et recomposé ce qu'on appelle *le système politique de l'Europe*, ce système qui avait pour but une juste pondération entre les divers États, et duquel devaient résulter des garanties pour les faibles, et pour tous l'indépendance et la paix; il a voulu signaler jusque dans leurs dernières

(1) Journal des opérations de l'armée de Catalogne, en 1808 et 1809, par le maréchal Gouvion Saint-Cyr, pag. 393, 394.

conséquences les intérêts nouveaux qu'ont créés la réformation, la découverte des deux Indes, l'établissement des colonies (1), les progrès de la navigation, du commerce, de la civilisation et des lumières; il a voulu, en un mot, assigner à chaque fait important la portion d'influence qu'il a exercée sur les oscillations de la balance politique, sur l'esprit humain, les mœurs, l'usage de la puissance et la destinée des peuples. Son sujet embrassait évidemment, dans toute sa plénitude, ce grand cycle historique qui commence à la fin du xve siècle, et qui se termine à l'époque où le renversement du gouvernement impérial en France, de ce gouvernement qui avait dénaturé tous les anciens rapports, a semblé ouvrir une ère nouvelle pour l'Europe régénérée.

L'auteur, dans les deux premières éditions de son livre (1809 et 1811), s'était arrêté à l'érection du trône impérial français. Mais quoique, ainsi qu'il le dit lui-même (2), la situation des choses en Europe fût alors tellement hors du cercle des vraisemblances, qu'il semblait ne plus rester aucune espérance même aux hommes les plus disposés à se flatter, il est peu probable qu'un esprit aussi pénétrant que le sien regardât comme pour jamais affermi l'édifice colossal que le conquérant de l'Europe avait élevé. « Dans ces

(1) Cette partie du travail de l'auteur est particulièrement remarquable, et peut-être n'existe-t-il nulle part un précis plus complet et plus judicieux de l'histoire politique et morale de ces importants établissements.

(2) Préf. de la 3e édit., pag. xiij.

» tristes jours, ajoute-t-il (1), nourrir le souvenir d'un » meilleur temps et des principes sur lesquels, pen- » dant sa durée, avait reposé la politique de l'Europe, » n'était pas un soin tout-à fait inutile. » Cette réflexion renferme l'expression d'un vœu et d'une espérance, et prouve qu'en s'acquittant de ce devoir, il était loin de regarder comme terminée l'histoire qu'il avait entrepris d'écrire, et que, forcé de s'arrêter à l'*époque du bouleversement du système politique de l'Europe* (2), il conservait un vif désir et une lueur d'espoir d'avoir à retracer un jour l'*histoire de sa restauration* (3) : c'est ce qu'il a exécuté, sans doute plus tôt qu'il n'avait osé s'en flatter, dans la troisième édition de son ouvrage (1819). Il le conduit jusqu'au dernier traité d'Aix-la-Chapelle, clef de la voûte de l'édifice rétabli qui fermait le cercle des grands événements des trente dernières années, et ramenait, au moins en apparence, chaque Etat à peu près au point d'où il était parti.

On doit concevoir maintenant pourquoi nous avons jugé indispensable de remplir la lacune que le premier traducteur avait laissée. Notre résolution à cet égard s'accorde avec le vœu de l'auteur original. Il prie avec instance qu'on regarde son travail comme un tout indivisible, dont les diverses parties n'ont de valeur que par leur liaison, et qui ne doivent être lues que comme des dépendances nécessaires les unes des autres (4).

(1) Préf. de la 3e édit., pag. xiij.
(2) *Ibid.*
(3) *Ibid.*
(4) *Ibid.*, pag. xv.

Ce n'est, en effet, qu'en parcourant tout l'horizon des temps modernes qu'on peut saisir l'enchaînement et les résultats des faits historiques. La cause première des événements les plus récents remonte quelquefois à des époques très-éloignées : comment en démêler l'action lente et cachée, sans être placé dans un point de vue propice pour en observer à la fois l'origine, le cours et les effets ?

Malgré les étroites dimensions de son cadre, M. Heeren a eu l'art d'y faire entrer, sans confusion et sans sécheresse, tous les détails et toutes les réflexions susceptibles de répandre du jour et de l'intérêt sur le tableau qu'il avait à tracer, mais sans perdre jamais de vue la considération générale de son sujet et le but qu'il s'était essentiellement proposé. Tous les traits spéciaux sont ici les éléments indispensables d'un vaste ensemble et les preuves des vérités que l'auteur prétend établir.

Elles tendent toutes à démontrer les avantages de la confédération des Etats que lient des rapports de religion, de mœurs, de situation et des intérêts communs. C'est ainsi qu'il définit le système politique de l'Europe (1). La liberté intérieure, c'est-à-dire l'indépendance mutuelle de tous ses membres, quelque inégaux qu'ils soient en puissance, en est une condition nécessaire, et doit même en former le caractère principal (2). Mais il règne inévitablement dans ces sortes d'unions, comme dans toutes les agrégations d'individus, certaines idées générales d'où dérivent

(1) Préf. des deux premières éditions, pag. iv.

(2) *Ibid.*

les maximes de conduite ; et, par leur nature même, ces idées ne sauraient être invariables, d'autant moins que les esprits ne restent pas toujours les mêmes : d'où il suit qu'il y aurait folie d'exiger des cabinets une marche toujours uniforme, quoique tout gouvernement sage doive se diriger d'après des règles fondamentales (1). A cette cause d'instabilité se joint l'influence du caractère, de la manière d'être et d'agir de chaque membre particulier de l'association, et principalement des membres prépondérants (2). Enfin, cultivée comme une société d'hommes que cependant le temps altère et finit par dissoudre, une société nombreuse d'Etats, dès longtemps entrelacés, se corrompt, vieillit et s'anéantit. C'est ce qui est arrivé au système de l'Europe ; et sa chute rendit d'autant plus sensibles les maux qu'elle occasionna et les avantages qu'elle détruisit, que c'était un système (3).

Le savant professeur de Goettingue ne s'est pas borné à montrer l'effet extérieur et les vicissitudes des rapports (4), il a encore étudié avec soin le jeu des ressorts intérieurs qui imprimaient le mouvement à la machine et en entretenaient la durée ; il a suivi de siècle en siècle le cours des idées dominantes et leur pouvoir sur la politique (5) ; il a déterminé le degré d'influence personnelle des hommes les plus saillants

(1) Préf. des deux premières édit., pag. v, vj.
(2) *Ibid.*, pag. vj.
(3) *Ibid.*, pag. xij.
(4) *Ibid.*, pag. vj.
(5) *Ibid.*, pag. vij.

parmi ceux qui ont régi les destinées de l'Europe, et de l'ascendant de leur caractère, de leurs passions et de leurs vues secrètes sur l'association dont ils faisaient partie (1); il a enfin assigné les causes de la dernière subversion du système européen (2), et présagé les résultats futurs de son rétablissement (3). « Puissent, » s'écrie-t-il (4), les sévères leçons des derniers évé- » nements n'être pas perdues pour l'avenir! puisse » aucun souverain n'attenter jamais à l'indépendance » de l'Europe! puissent les peuples se montrer dignes » de la liberté recouvrée, et les princes n'en pas trop » redouter l'usage par l'appréhension de l'abus! » La paix du monde, l'affermissement des trônes et le bonheur des hommes ne sont-ils pas renfermés dans ces souhaits? Et qui pourrait n'en pas hâter l'accomplissement de toute l'ardeur de ses vœux et du concours de toute sa volonté!

Quoique le *Manuel* de M. Heeren ne soit qu'un abrégé historique, on se persuadera sans peine, ainsi qu'il l'atteste (5), qu'un travail aussi substantiel lui a coûté de longues et nombreuses recherches préliminaires, non-seulement à cause de l'abondance des matériaux, mais encore à raison de leur extrême diversité; car, et cette réflexion lui appartient, pourrait-on, sans une connaissance approfondie du cercle

(1) Préf. des deux premières éditions, pag. vij.

(2) *Ibid.*, pag. xij.

(3) Préf. de la 3e édit., pag. xiv.

(4) *Ibid.*, pag. xv.

(5) Préf. des deux premières édit., pag. viij.

entier des sciences politiques, entreprendre, avec quelque espérance de succès, d'écrire l'histoire moderne de l'Europe (1)? Il a scrupuleusement indiqué les sources où il a puisé; le nombre en est immense : il n'y a pas un seul traité, un seul document diplomatique qu'il n'ait analysé; pas une histoire générale ou spéciale relative à son sujet qu'il n'ait soumise à un examen critique; pas un livre d'économie politique qui s'y rapporte, qui ne soit devenu l'objet de son attention; pas une notion qu'il ait négligée; pas un témoignage qu'il n'ait pesé; pas un ouvrage enfin qu'il n'ait apprécié avec la même sagacité qu'il a portée dans le jugement des événements, de leurs causes, de leur influence et de leurs résultats. Son livre n'est sans doute qu'élémentaire, mais il l'est surtout pour les penseurs et pour les jeunes esprits capables d'études graves, profondes et philosophiques.

Peut-être, indépendamment de quelques préventions qui nous ont paru manquer sinon de justice, du moins de mesure, reprochera-t-on à l'auteur sa prédilection nationale pour l'Allemagne, qu'il appelle l'*État central de l'Europe*, moins à cause de sa situation géographique, que parce qu'il la regarde comme le pivot sur lequel doit tourner cette partie du monde, sous peine de choir; peut-être ne partagera-t-on pas universellement son admiration pour la nouvelle organisation germanique, et sa confiance dans l'efficacité de son action pour le maintien de l'équilibre et de la tranquillité générale, et d'autant moins que les contre-poids du pacte de famille, de l'union de l'Angle-

(1) Préf. des deux premières édit., pag. viij.

terre, d'un côté avec le Portugal, de l'autre avec la Hollande, et de la ligue des couronnes du Nord, sont, ou affaiblis, ou détruits; mais ces erreurs de patriotisme, si en effet ce sont des erreurs, et si nous ne nous trompons pas nous-même en leur donnant ce nom, ces erreurs ne seraient qu'une tache imperceptible dans une production remplie d'ailleurs de tant de vues saines, d'observations judicieuses, et où en général l'histoire est considérée avec une si grande supériorité de coup d'oeil et dans un esprit si philanthropique.

Au surplus, l'auteur ne se donne pas pour infaillible; il n'assure pas que les choses doivent absolument se passer comme quelquefois il le suppose. « Les » yeux seuls du Tout-Puissant, dit-il (1), peuvent » apercevoir tous les fils de la trame de l'histoire. » Peut-être, cependant, ajoute-t-il, le tableau qui » vient d'être tracé découvrira-t-il aux yeux de l'ob- » servateur éclairé la perspective d'un plus grand et » plus glorieux avenir, en lui faisant apercevoir dans » la propagation de la civilisation européenne déjà » parvenue au delà des mers, jusque dans les régions » les plus reculées, les éléments du plus vaste et du » plus puissant système politique, non plus borné à » une seule partie du monde, mais qui embrasserait » l'univers. »

Faisons des voeux pour l'accomplissement de ce présage, et *saluons de loin la grande unité qu'il annonce* (2).

(1) Préf. des deux premières édit., pag. xij.

(2) *Soirées de Saint-Pétersbourg.* Les expressions empruntées ici à M. le comte de Maistre s'appliquent à une tout autre prédiction dans son ouvrage.

AVERTISSEMENT

DE L'ÉDITEUR.

L'ouvrage dont on publie la traduction présente, dans le cadre le plus resserré, un tableau complet de l'histoire moderne. Révolutions religieuses, politiques et commerciales; guerres, traités, alliances, découvertes, conquêtes, établissements coloniaux, tous les faits importants s'y trouvent retracés avec autant d'ordre et d'exactitude que de concision, judicieusement appréciés dans leurs causes et dans leurs résultats, et les hommes n'y sont pas jugés avec moins d'impartialité et de sagacité que les événements. Cet abrégé a le mérite particulier d'offrir de l'aliment à la pensée comme à la mémoire. Ce n'est qu'un livre élémentaire; mais il serait difficile d'en concevoir un plus substantiel et plus propre à l'étude philosophique de son sujet. Il est classique en Allemagne, et il est à désirer qu'il le devienne en France. *Manuel* également commode pour les maîtres et pour les élèves, il fournit aux premiers tous les éléments d'un cours méthodique, et d'utiles directions pour le choix et pour l'esprit des développements; il renferme, pour les seconds, un résumé rapide et fidèle des leçons du professeur, tous les germes fructueux susceptibles d'être fécondés par leurs propres méditations, et l'indication des sources où ils pourront puiser des notions plus détaillées.

La considération de l'utilité dont cette estimable production pourrait être pour l'enseignement en France, comme elle l'est au delà du Rhin, a principalement déterminé à la faire passer dans notre langue. L'homme de lettres qui s'est chargé de ce travail y a été encouragé par le voeu de l'un des oracles de l'instruction publique, qui, familier avec la langue de l'original, a pu directement juger son mérite. Puisse la copie ne pas nuire à l'effet de cet illustre suffrage ! Puisse-t-elle, au contraire, concilier au modèle le même degré d'estime et de confiance de la part des autres chefs et de tous les membres de l'Université!

L'ouvrage de M. Heeren est divisé en trois périodes : la première, depuis la fin du quinzième siècle jusqu'au temps de Louis XIV; la seconde, du commencement du siècle de Louis XIV jusqu'à la mort du grand Frédéric; et la troisième, de cette époque jusqu'à la chute du trône impérial de France.

Rien n'a été retranché dans les deux premières parties de cet ouvrage, que ce qu'il était indispensable d'en élaguer pour que le livre ne blessât aucune opinion religieuse, et pour qu'il pût être mis sans inconvénient et sans scrupule entre les mains des jeunes gens de toutes les croyances. Au moyen de cette précaution, il est devenu difficile de deviner à quelle communion appartient l'auteur ; et, il faut le dire, tel est son amour pour la justice et pour la vérité, que ces modifications ont coûté bien peu de sacrifices.

MANUEL

HISTORIQUE

DU SYSTÈME POLITIQUE

DES ÉTATS DE L'EUROPE

ET DE LEURS COLONIES,

DEPUIS LA DÉCOUVERTE DES DEUX INDES.

INTRODUCTION.

1. L'HISTOIRE des trois derniers siècles se désigne sous le nom d'histoire moderne, par opposition à l'histoire ancienne et à l'histoire du moyen-âge. Quoiqu'elle ne se sépare des histoires précédentes par aucun de ces faits extraordinaires qui constituent des époques générales, tels qu'il s'en trouve entre l'histoire ancienne et l'histoire du moyen-âge, cependant, par le concours de plusieurs grands événements, il s'est opéré, vers l'époque où elle commence, des changements de nature à en autoriser suffisamment la distinction.

2. L'Europe, durant cette période, a pris dans l'histoire

Ces événements sont : 1° la prise de Constantinople et l'établissement de l'empire de Turquie en Europe (1453) ; 2° la découverte de l'Amérique par Christophe Colomb (1492) ; 3° la découverte faite par Vasco de Gama, du passage aux Indes Orientales par le cap de Bonne-Espéranco (1497), et, par suite de ces deux événements, un changement dans la direction générale du commerce ; 4° les changements apportés dans l'art de la guerre par l'usage de la poudre à canon. Le but de cet ouvrage est de faire connaître l'influence qu'ont eue ces divers changements sur l'état politique de l'Europe.

universelle une importance qu'elle n'avait jamais eue. Il n'existait, du moins jusqu'à ce que les États-Unis eussent conquis leur indépendence, aucun Etat africain ni américain d'une importance générale ; et des trois grands empires de l'Asie, celui des Perses sous les Sofis, celui des Indiens sous les Mogols, et l'empire de la Chine, le dernier est le seul qui se soit maintenu, bien que sous une dynastie étrangère ; tandis que les Européens étendaient leur domination sur les autres parties du monde, et soumettaient la moitié de l'Asie et de l'Amérique.

L'empire des Sofis de Perse fut fondé par Ismaël-Sofi (1500). Il atteignit le plus haut période de sa puissance sous Schah-Abbas (1585-1628), fut renversé par les Afghans (1722) ; et après le meurtre de Kouli-Chan ou Nadir-Schah, dont le règne tyrannique suivit cette invasion, il tomba dans l'anarchie (1747). L'empire des Mogols fut fondé par Sultan-Babour, descendant de Timour (Tamerlan) (1526) ; il comprit tout le pays situé sur l'Indus et le Gange, et la presqu'île en-deçà du Gange. Il fut dans sa plus haute puissance depuis le règne d'Acbar le Grand (1556-1605) jusqu'à la mort d'Aureng-Zeb (1707), après laquelle il se démembra et fut presque complétement dissous par la conquête de Nadir-Schah (1739) et par la politique des Européens. La révolution que produisit en Chine la conquête des Tartares-Mantchoux, dont la domination dure encore, eut lieu en 1644.

3. La plupart des anciens États d'Europe continuèrent de subsister ; mais il s'établit entre eux des relations plus étroites et plus multipliées qu'auparavant ; en ce sens on peut considérer l'Europe comme un système d'Etats dont l'histoire offre un véritable ensemble.

4. L'ensemble des Etats d'Europe, nonobstant les diffé-

Ces relations furent le résultat des progrès de la civilisation, qui devait nécessairement multiplier les points de contact entre les Etats voisins ; en sorte qu'il s'établit entre eux des centres d'intérêts communs : 1° les affaires de religion depuis la Réformation ; 2° la nécessité de la défense contre les Turcs ; 3° le commerce des colonies dont l'importance s'étendait chaque jour davantage, et les intérêts commerciaux qui en résultaient ; 4° l'invention de l'imprimerie et celle de la poste ayant ajouté à toutes ces causes de réunion une grande facilité de communication, les nations chrétiennes de l'Europe se formèrent, moralement parlant, en un seul corps de nation, dans le sein duquel il n'exista plus que des séparations politiques.

rences particulières qui les distinguaient entre eux, a formé jusqu'à ces derniers temps un système de monarchies prépondérantes, dans lequel les républiques étaient seulement souffertes par une sorte de tolérance ; à peine faisait-on exception pour celles des Provinces-Unies qui s'étaient élevées à un degré considérable de puissance. Cette prépondérance des monarchies eut la plus grande influence sur l'esprit de la politique européenne. Il en résulta : 1° que les nations ne prirent que très-peu de part aux affaires publiques, et que ces puissantes factions qui soulevèrent tant d'orages dans les grandes républiques de l'antiquité, leur eussent été totalement inconnues sans les querelles excitées par la religion ; 2° que de la concentration presque constante des affaires publiques dans les mains des princes et des ministres naquit cette politique de cabinet qui caractérise le système des gouvernements de l'Europe.

5. Quelle que soit, en conséquence de ce système, l'uniformité de l'histoire moderne comparée à l'histoire ancienne, elle comporte et présente encore cependant une assez grande variété. On a vu toutes les formes de monarchies réalisées en Europe : la monarchie héréditaire et la nouvelle monarchie élective, la monarchie illimitée et la constitutionnelle, et jusqu'à celle qui n'offre qu'une ombre de royauté ; de même qu'entre le petit nombre de ses républiques, on a pu observer plusieurs gradations depuis la pure aristocratie de Venise jusqu'à la pure démocratie d'un canton de bergers. Ces différentes pratiques étendirent beaucoup le cercle des idées politiques alors en circulation. L'Europe leur doit sa politique et la plus grande partie de ses progrès.

6. Les appuis au moyen desquels ce système pouvait se maintenir, et se maintenait en effet, en garantissant aux faibles leur sûreté et leur indépendance contre les puissants, étaient de différentes sortes. A la vérité il s'en fallait de beaucoup que la situation relative des différents Etats compris dans le système fût, dans le fait, établie aussi régulièrement que le pouvait sup-

poser la théorie : mais, par un effet des progrès de la civilisation, il s'établissait et dans la paix et dans la guerre un droit des gens fondé non-seulement sur des traités exprès, mais sur une convention générale et tacite, et dont les maximes obligatoires, quoique souvent négligées, n'en exerçaient pas moins une grande influence; et même le strict et quelquefois excessif cérémonial observé entre les divers gouvernements ne pourra paraître à beaucoup près indifférent, si on le considère comme une reconnaissance mutuelle de l'indépendance que conservaient, les uns à l'égard des autres, des Etats souvent très-inégaux en puissance et en situation.

Sam. Puffendorfii *Jus naturæ et gentium. — Traduit en français, avec notes, par Barbeyrac.* Leyde, 1761, 2 vol. in-4°.

Burlamaqui : *Droit de la nature et des gens.*

De Vattel : *Le droit des gens*, ou *Principes de la loi naturelle appliqués à la conduite et aux affaires des nations et des souverains.* Amsterdam, 1775, 2 vol. in-4°.

Précis du Droit des gens, par M. de Martens. Gœttingue. 2e édit. 1801.

7. Le premier et le plus important résultat de ce droit des gens fut d'établir en principe la sainteté du droit de propriété légitime, appui principal et élément indispensable d'un pareil système. La constitution héréditaire de la plupart des Etats de l'Europe contribua beaucoup au maintien du principe de propriété : aussi fut-ce par le partage illégal d'un royaume électif qu'il perdit en Europe toute son autorité; jusque-là les usurpations particulières n'avaient fait que l'établir plus fortement.

8. Le système trouva son second appui dans le principe reconnu de la nécessité de maintenir ce qu'on appelle l'équilibre politique. Cet équilibre se maintient par l'attention des divers Etats à soutenir leur indépendance réciproque contre les envahissements qui pourraient amener la prépondérance d'un seul. C'en est assez sans doute pour faire comprendre ses avantages. A la vérité, comme rien ne le garantit d'abus ou de destruction, il ne procure pas une sûreté parfaite, mais seulement la plus grande sûreté possible; il n'y a point de sûreté parfaite pour les

institutions humaines. Leur conservation ne peut être l'ouvrage que de la plus haute politique ; ce serait une vue bien courte que de la chercher dans l'égalisation des forces matérielles des différents Etats. Ses résultats sont : 1° une grande vigilance de la part des gouvernements à s'observer les uns les autres, et les rapports variés qui s'établissent entre eux par des alliances et des contre-alliances ; 2° l'importance qu'acquièrent ainsi dans le système politique les Etats de seconde et troisième classes ; 3° un sentiment de respect pour l'indépendance, et une politique supérieure aux purs calculs de l'égoïsme.

L'idée d'un équilibre politique est toujours entrée à un certain point dans tout système librement établi entre des peuples civilisés. On l'a vu en Grèce comme en Italie ; elle tient essentiellement à la nature de tout système de ce genre : elle est le fruit naturel du perfectionnement de la politique, et ne peut être abandonnée sans qu'il en résulte nécessairement l'extermination ou l'asservissement des faibles.

9. L'établissement des puissances maritimes fournit un troisième appui au système européen, en contribuant plus qu'aucune autre cause au maintien de l'équilibre politique. L'établissement des puissances maritimes, et l'importance toute particulière qu'elles acquirent dans la balance de l'Europe, empêchèrent que tout ne se décidât au moyen des forces de terre, toujours plus faciles à rassembler que les autres, parce qu'elles consistent surtout dans le nombre des hommes.

10. Dans un système formé d'Etats pour la plupart héréditaires, les alliances de famille contractées entre les maisons régnantes étaient pour elles un moyen de force tantôt plus, tantôt moins considérable, jamais entièrement nul. Le principe généralement reçu que les princes ne pouvaient s'allier qu'avec des princesses prévenait les inconvénients qui résultent toujours du mariage d'un souverain avec une de ses sujettes, et une heureuse circonstance sauva l'Europe des dangers non moins réels d'une alliance de famille entre des souverains trop puissants ; ce furent les petites principautés de l'Allemagne qui fournirent des reines à la plupart de ses Etats. Ainsi se formèrent entre presque toutes

les maisons régnantes des liens de parenté qui, sans être assez rapprochés pour dominer immédiatement la politique, établissaient cependant entre elles des motifs d'union impossibles à méconnaître, et qui, par leur force naturelle, se maintenaient encore lorsque tous les autres paraissaient se détruire.

11. Le gouvernement de la plupart des peuples de l'Europe, du moins des peuples d'origine germanique, n'était qu'un développement de la féodalité ; ce qui donnait à leurs diverses constitutions des traits généraux de ressemblance. Partout les princes étaient entourés de nobles, subdivisés entre eux en haute et petite noblesse, et qui ne leur obéissaient qu'autant qu'ils y étaient portés par leur situation et leurs relations personnelles. De même que la noblesse, le clergé exerçait aussi partout une grande influence sur les affaires de l'État. Ces deux ordres composaient la haute classe ou classe privilégiée ; ils étaient exempts de la plupart des impôts, et occupaient la première place dans les assemblées de la nation. Mais à côté d'eux s'était formé, dans les villes enrichies par le commerce, un troisième ordre totalement étranger au système de la pure féodalité, celui des bourgeois libres ; on appelait aussi leurs députés aux assemblées de la nation, particulièrement afin d'en obtenir des contributions dont le poids portait en grande partie sur eux. La grande masse du peuple des campagnes, encore à cette époque plus ou moins complétement assujétie à la servitude de la glèbe, n'avait point dans la nation d'existence politique. La situation de ces deux dernières classes à l'égard des deux premières contenait un germe de révolutions qui, tôt ou tard, devait nécessairement se développer, bien qu'il fût impossible de prévoir l'époque et la nature de ce développement.

12. La puissance des souverains était donc encore, dans ces sortes d'États, extrêmement bornée. Ils ne pouvaient soutenir aucune guerre sans le secours de la noblesse, ni lever aucune contribution sans le consentement des villes. On peut même dire que, dénués d'armées permanentes (car ce qui commençait à s'en former ne pouvait compter pour rien), étrangers à tout

système d'économie politique, puisqu'on n'avait alors en ce genre d'autre science que celle d'amasser de l'or, ils ne possédaient réellement aucune puissance. Mais leur domination était partout croissante. Ferdinand le Catholique, Louis XI et Henri VII connurent l'art de l'agrandir et de la consolider.

13. L'influence que les colonies n'ont cessé d'exercer sur la politique des métropoles fait de leur histoire une partie nécessaire de celle de l'Europe moderne. Non-seulement tout le commerce de l'Europe, mais en grande partie son système d'économie politique, se sont trouvés liés à leur existence; et l'importance qu'ils ont eue dans la politique impose l'obligation d'une continuelle attention à l'histoire des colonies, seule capable de porter la lumière sur celle de la politique européenne.

14. L'histoire de l'Europe moderne se partage en trois périodes, dont les deux premières comprennent un égal espace de temps. Nous sommes au commencement de la troisième. Nous ne nous en occuperons point dans cet ouvrage : elle formera dans l'histoire une nouvelle époque aussi intéressante par ses résultats que curieuse dans ses détails. Nous ne possédons encore que des renseignements incomplets, ce qui nous empêche d'en faire connaître les caractères et les différentes phases avec l'impartialité et l'exactitude que réclame l'histoire contemporaine.

La première partie comprend depuis la fin du quinzième siècle jusqu'au temps où Louis XIV commença à régner par lui-même (1492-1661); la seconde, depuis cette époque jusqu'à la mort de Frédéric le Grand (1661-1786). Cette division se fonde sur les différents caractères qu'a revêtus la politique pratique dans chacune de ces périodes. La première se peut nommer *politique et religieuse*; la seconde, *commerciale et militaire*. La première offre aussi l'établissement de l'ancien équilibre politique, et la seconde son développement et sa décadence.

15. Dans l'histoire des deux premières périodes, et même d'une partie de la troisième, la nature des choses demande que l'on considère séparément le système des Etats du Nord, et celui des Etats du Midi. Le premier comprend la Russie, la Suède,

la Pologne et le Danemarck ; le second se compose du reste des Etats de l'Europe, si ce n'est que la monarchie prussienne, depuis son agrandissement, formant le chaînon par lequel se réunissent les deux systèmes, appartient également à tous les deux. On voit aussi de bonne heure les Etats du Nord prendre, à plusieurs époques, une part assez active dans les affaires de ceux du Midi ; et comme ces rapports ont toujours été en augmentant jusqu'au partage de la Pologne, on conçoit assez qu'il ne faut pas négliger d'observer l'influence réciproque qu'ont exercée l'une sur l'autre ces deux portions de l'Europe.

PREMIÈRE PÉRIODE,

DEPUIS LA FIN DU QUINZIÈME SIÈCLE JUSQU'AU TEMPS DE LOUIS XIV. (1492-1661.)

PREMIÈRE PARTIE.

HISTOIRE DES ÉTATS DU MIDI DE L'EUROPE.

1. C'est presque au commencement de cette période qu'a éclaté la Réformation, et elle en a determiné le caractère particulier. Les intérêts religieux se mêlèrent à la politique des princes, et ainsi les affaires et les partis religieux devinrent des affaires et des partis politiques. Cette alliance put, selon les occasions, se resserrer ou se relâcher; mais elle ne cessa point de subsister, et détermina la direction de l'esprit du siècle.

2. L'Espagne, la France, l'Angleterre, l'Autriche, l'Allemagne, les Etats du Pape et ceux de la Porte, doivent être considérés comme les principaux de ceux qui composent le système méridional. Ce furent eux qui en déterminèrent les relations politiques, et ils peuvent en être appelés les membres actifs par opposition aux autres, qui en demeurèrent ou en devinrent bientôt les membres passifs.

De tous ces Etats l'Espagne était, sous Ferdinand et Isabelle, celui auquel s'offrait le plus brillant avenir. Le mariage de ces deux souverains (1469), en préparant l'union de la Castille avec l'Aragon (de qui dépendaient encore la Sicile et la Sardaigne), jetait dans l'intérieur les fondements de sa puissance, et la découverte de l'Amérique lui ouvrait au dehors une carrière incommensurable. Ce fut cependant la conquête de Grenade (1492) qui contribua le plus à y faire naître un esprit national; mais en même temps, sans altérer encore la forme de la constitution, fondée sur des assemblées d'états (les Cortès), elle ouvrit aux rois, principalement par l'établissement de l'Inquisition, le chemin de la puissance absolue.

La France, si l'on en excepte la découverte de l'Amérique, ne paraissait pas dans une situation moins avantageuse : bien qu'elle fût encore beaucoup plus bornée, le mariage de Charles VIII (1491) venait de l'augmenter par l'acquisition de la Bretagne, et la politique de Louis XI, ainsi que la chute du dernier grand vassal, Charles le Téméraire, duc de Bourgogne (1477), y avait établi la puissance royale aussi solidement qu'elle pouvait l'être en aucun royaume d'Europe. La puissance des assemblées de la nation (Etats généraux) déclinait visiblement. Quelle supériorité d'ailleurs la France, considérée comme partie principale d'un système d'Etats, ne tirait-elle pas de sa situation géographique!

En Angleterre aussi, sous Henri VII (1483-1509), la puissance royale, après les guerres de la rose rouge et de la rose blanche, s'était fort augmentée par le seul effet de la même tendance. Quoique le parlement présentât déjà les traits principaux de son organisation, ce n'était encore, pour ainsi dire, qu'un corps sans vie; mais les germes de la vie y étaient plus vigoureux que dans aucune autre assemblée nationale. La souveraineté de l'Angleterre était encore séparée de celle de l'Ecosse; sa puissance en Irlande était encore peu de chose : elle n'avait point d'armée navale, et aurait à peine été en état de prendre part au commerce du continent, si la possession de Calais ne lui eût ouvert une porte en France, porte qui, à la vérité, ne lui donnait pas les moyens d'y pénétrer bien avant.

La monarchie autrichienne en était à ses commencements. La plupart de ses possessions étaient disséminées et incertaines. A la province d'Autriche, qu'elle possédait depuis 1276, le mariage de Maximilien avec Marie de Bourgogne (1477) avait ajouté les Pays-Bas ; les prétentions de la maison de Habsbourg sur les royaumes de Bohême et de Hongrie y donnèrent à l'Autriche un établissement à demeure (depuis 1527), mais sa puissance y était fort affaiblie par les factions inséparables du gouvernement électif, et dans la Hongrie par la guerre avec les Turcs. La couronne impériale donnait moins de force que d'éclat, et sans les espérances qu'elle pouvait fonder sur le trône d'Espagne (*voyez* ci-après), la puissance de l'Autriche se serait bientôt réduite à peu de chose.

L'Allemagne, pleine de vie dans ses diverses parties, était faible comme ensemble. La Réformation éveilla ses forces, mais ne les employa qu'à des discordes intestines. Accablé de tous les maux auxquels le morcellement intérieur expose un Etat entouré de voisins puissants, ce pays se soutint, partie par sa propre force, partie par d'heureuses circonstances; mais vraisemblablement aussi dut-il sa conservation à la conviction qui commençait à s'établir, que de son existence et de sa liberté dépendait le maintien du système européen. Rien n'était plus nécessaire, même à l'établissement d'un pareil système, que l'existence d'un Etat central qui, sans être redoutable à personne, était important pour tous. Cette situation favorisait aussi les progrès de la nation allemande vers la civilisation, et par là contribuait puissamment à ceux du reste de l'Europe.

Le pape se montrait sous le double caractère de souverain des Etats ecclésiastiques et de chef de la chrétienté, avec deux intérêts entièrement séparés; mais, abstraction faite de cette collusion, sa situation politique rendait ce dernier rôle extrêmement difficile : manifestant toujours les plus hautes prétentions, sans armée pour les soutenir, sans autre appui que l'opinion publique, et continuellement en lutte avec cette même opinion, cette puissance se maintint par la conséquence de sa conduite, n'abandonnant jamais même ce qu'elle perdait, sachant bien qu'à la fin on ne pourrait se passer d'elle.

La Porte, puissance alors essentiellement conquérante, atteignit le plus haut point de sa puissance sous Soliman II (1520-1566). Redoutable par son infanterie régulière, les janissaires, elle menaçait de le devenir autant par ses forces maritimes, qui, avec l'empire de la Méditerranée, pouvaient lui assurer celui des côtes. Ennemie de l'Europe chrétienne, elle lui demeurait étrangère; les papes auraient désiré que les dangers dont elle menaçait l'Europe pussent longtemps entretenir l'union de la chrétienté; mais son alliance avec la France détruisit bientôt cette espérance, et fit de la Turquie un membre, à la vérité toujours hétérogène, du système de l'Europe.

Des autres Etats de l'Europe méridionale, le Portugal était occupé de ses découvertes et de ses conquêtes (*voyez* ci-après); la Suisse, d'abord redoutable par les troupes qu'elle mettait à la solde des puissances, retomba bientôt dans une heureuse inaction; et de même, Venise, comme une riche maison de commerce, abandonna la plupart de ses affaires pour se livrer au repos.

l'/ponti[illegible]

PREMIÈRE ÉPOQUE.

I. HISTOIRE DES AFFAIRES ET DES GUERRES D'ITALIE DEPUIS 1494 JUSQU'EN 1515.

Istoria d'Italia di Franc. Guicciardini, ou sa traduction. Ouvrage de la plus haute importance, l'auteur ayant été contemporain, acteur et en même temps narrateur et juge impartial des événements : il va depuis 1490 jusqu'en 1532.

Mémoires de Philippe de Comines. Ils finissent en 1498.

Les ouvrages relatifs à l'histoire de France de cette époque, tant les histoires générales, comme celles de Mézerai, de Daniel, de Meusel, etc., que les histoires particulières de Charles VIII (Godefroy, *Histoire de Charles VIII*, Paris, 1684), et de Louis XII (*Histoire de Louis XII*, par Varillas, *Paris*, 1688), et les *Vies de Louis XII* (publiées par Godefroy, *Paris*, 1615-1620), contiennent aussi le récit de ces événements, mais seulement, comme de raison, dans leurs rapports avec l'histoire de France.

3. L'Italie était, vers la fin du XVe siècle, le but de toutes les conquêtes, et, par suite, le centre de la politique de l'Europe. L'état intérieur du pays était également propre à attirer les conquérants, et à entretenir les divisions intestines ; car, entre un grand nombre d'Etats compris dans son sein, il y avait toujours matière à de nouveaux différends : les étrangers, une fois appelés à y prendre part, ne pouvaient laisser échapper les nouvelles occasions d'y intervenir ; et bien loin que les affaires de l'Italie fussent, comme on pourrait le penser quelquefois, sans influence sur les affaires générales de l'Europe, on peut les regarder au contraire comme les ressorts secrets qui aidaient à mettre en mouvement cette grande machine politique.

4. Depuis plus d'un siècle l'Italie formait en quelque sorte un monde à part, tant sous les rapports politiques que sous le rapport de la civilisation. L'indépendance de ses différents Etats les avait réunis en un système dans lequel les efforts constants de la plupart pour maintenir l'équilibre avaient introduit une politique extrêmement raffinée ; mais après la mort de Laurent de Médicis dit le Grand (1492), cette politique avait dégénéré en un égoïsme artificieux qui avait bientôt amené la ruine du système. Les principaux membres étaient, dans le nord, les duchés de Milan et la république de Venise ; au milieu, la république de Florence et l'État ecclésiastique ; et au midi, le royaume de Naples.

1° Le duché de Milan, de qui *dépendaient alors non-seulement* les Etats de Parme et de Plaisance, mais aussi celui de Gênes, était un fief de l'Empire ; après l'extinction de la ligne masculine de la maison des Visconti (1450), il avait passé à la maison de Sforce, et en était sorti après la mort de François Sforce, le premier duc de cette famille (1466), et l'assassinat de son fils Galéas Marie (1476), dont le fils, le faible Jean Galéas, régna quelque temps sous la tutelle de son oncle, l'ambitieux Louis le More, qui l'expulsa enfin (en 1494).

2° Venise, déjà en possession de tout ce qui lui a appartenu sur le continent, concevait l'espérance de s'agrandir encore. Ses vues constantes d'agrandissement se tournaient vers la Romagne, dont elle possédait déjà la plus grande partie, et vers le duché de Milan. A peine les désirs les plus ambitieux du sénat osaient-ils s'élever jusqu'à l'entière possession du Milanais ; cependant, le projet une fois formé, il le suivait avec une adresse et une opiniâtreté qui n'appartiennent qu'à la politique d'une aristocratie ; et nulle part on n'eût osé disputer à Venise le titre de maîtresse en politique.

3° L'autorité des papes était non-seulement assez mal reconnue dans le nord de l'Italie, mais de plus, dans un grand nombre de villes, leur domination était fort ébranlée par la puissance que conservaient encore les grandes familles. Il n'était pas rare d'ailleurs que les papes eux-mêmes nuisissent à leur agrandissement par le népotisme, préférant souvent les intérêts de leur maison à ceux du Saint-Siége. Aucun des papes de cette époque n'a surpassé en ce genre Alexandre VI (1491-1503).

4° La république de Florence, malgré sa fortune démocratique, était depuis près de cent ans sous la domination des princes de la maison de Médicis, qui, depuis la mort de Laurent le Grand, avait pour chef son fils Pierre, très-peu semblable à son père. Florence avait agrandi ses Etats par la conquête de Pise (1407), mais elle n'avait pu subjuguer l'esprit des

Pisans; et cette circonstance, ainsi que la nature et l'autorité des Médicis, qui, fondée sur des talents supérieurs, devait s'ébranler si ces talents venaient à manquer, entretenait dans le sein de la république un principe de révolution qui ne se développa que trop par la suite.

5° Le royaume de Naples (sans la Sicile, qui appartenait à l'Aragon) était gouverné par une branche de la maison d'Aragon. Alphonse V d'Aragon (Ier de Naples) (1458) avait établi sur ce trône son fils naturel Ferdinand I, auquel succéda (1494) le fils aîné de celui-ci, Alphonse II, qui (dès 1495) laissa la couronne à son fils Ferdinand II, lequel (mort en 1496) eut pour successeur son oncle Frédéric, ensuite dépouillé de son royaume par Ferdinand le Catholique (en 1501). Le plus grand État de l'Italie en était cependant le plus faible, parce que le roi était haï, et la nation sans caractère.

5. L'expédition de Charles VIII, roi de France, à Naples (1494), pour faire valoir les prétentions qu'il avait sur ce royaume du chef de son père, héritier de la maison d'Anjou, branche cadette de la maison de France, fut déterminée par les sollicitations de quelques émigrés mécontents, et les invitations de Louis le More, qui espérait ainsi se maintenir dans le duché de Milan. A la conquête de Naples se liait encore un plus grand dessein, celui du renversement de l'empire turc. Ces vastes projets appartiennent à l'enfance de la politique, encore incapable de mesurer ensemble les moyens et les difficultés de l'exécution.

Conquête facile et peu coûteuse de l'Italie et du royaume de Naples (sept. 1494 jusqu'en mai 1495). Le roi Ferdinand II s'était enfui à Ischia; et Rome, ainsi que Florence, avait ouvert ses portes au roi de France. Dès le 22 février, Charles fit son entrée à Naples. Elle fut immédiatement suivie de la soumission de tout le pays. Une armée de 30,000 hommes et 140 pièces de canon lui suffirent pour terrifier et soumettre l'Italie, mais non pas pour s'y établir.

6. Il était encore en marche lorsqu'on commença en Italie à négocier secrètement une alliance ayant pour objet l'expulsion des étrangers. Venise en était l'âme; le pape et Louis le More lui-même s'y joignirent; Ferdinand d'Espagne et Maximilien se montrèrent disposés à y accéder, et on traita même

secrètement avec l'ennemi héréditaire de la chrétienté. Dès le mois de mai, Charles se vit obligé de quitter Naples, et de s'ouvrir à main armée une route à travers l'Italie pour retourner dans ses Etats.

Le roi de France abandonne Naples avec la moitié de son armée (20 mai 1495). Bataille et victoire de Fornoue, remportée sur les Vénitiens et leurs alliés (le 6 juillet). Le reste de l'armée demeuré à Naples est obligé de capituler, et Ferdinand II rentre en possession de son royaume.

7. Le mauvais succès de cette entreprise ne l'empêcha pas d'avoir des suites importantes pour l'Europe, soit en tournant vers l'Italie tous les projets de conquête, soit en donnant une grande activité à l'esprit de négociation, soit et surtout en éveillant de vifs ressentiments. Charles VIII voulait se venger; la lutte de Pise et de Florence, en même temps qu'elle entretenait en Italie une fermentation dont Venise et Milan espéraient profiter, facilitait aux étrangers les alliances dans l'intérieur du pays, lorsqu'une mort imprévue (7 avril 1498) vint empêcher Charles VIII de mettre à exécution ses projets de vengeance.

8. Louis XII, qui lui succéda, agrandit les plans de son prédécesseur. Aux prétentions de la maison de France sur le royaume de Naples, il ajoutait, du chef de sa grand'mère Valentine Visconti, des prétentions particulières sur le duché de Milan. Il promit au pape et à la république de Venise une part du butin, et l'on négociait encore avec les puissances étrangères, que cette facile conquête était achevée.

Prise de Milan (1499) : fuite de Louis le More, qui, après une tentative inutile pour rentrer dans Milan, est pris (le 10 avril 1500); il mourut en captivité. Venise est mise en possession de Crémone; le pape Alexandre VI croit toucher à l'accomplissement des vœux qu'il formait depuis longtemps, pour que son fils César Borgia obtînt dans la Romagne une principauté indépendante.

9. La prise de Milan ouvrait la route à la conquête de Naples, mais on n'y pouvait marcher sans un accord préalable avec

l'Espagne. Ferdinand le Catholique conclut en secret un traité avec son cousin Frédéric de Naples, et presque aussitôt après un autre avec Louis XII, dans l'intention de trahir tous les deux. Le pape promit l'investiture.

Traité secret de partage entre Ferdinand le Catholique et Louis XII (11 nov. 1500). Frédéric, trahi, livre une victoire facile (il mourut captif en France) : conquête du royaume de Naples (juillet 1501).

10. Querelles et bientôt guerre entre les vainqueurs, qui veulent chacun s'emparer de tout. De plus grandes alliances dans l'intérieur, la ruse, et Gonsalve de Cordoue pour général, assuraient l'avantage à Ferdinand. L'Espagne est bientôt en pleine possession de la conquête, un mariage la lui confirme. Ainsi s'établissent en Italie deux grandes puissances étrangères : les Français à Milan, et les Espagnols à Naples.

Défaite des Français près de Seminara (le 21 avril), et sur le Garigliano (le 27 déc. 1503). Armistice (le 31 mars 1504), suivi de la paix et du mariage de Ferdinand avec Germaine de Foix, nièce de Louis XII, qui lui cède en dot ses prétentions sur le royaume de Naples (12 oct. 1505).

11. Tandis que tous les mouvements de la politique semblaient ainsi aboutir en Italie, l'élection d'un nouveau pape vint encore les compliquer. Jules II avait acheté (1503) le siége pontifical. Il porta dans les affaires de l'Europe une conduite hardie autant qu'habile, et pendant dix ans les gouverna presque entièrement à sa volonté. Rarement a-t-on vu le faible se jouer aux puissants avec tant d'audace, d'adresse et de bonheur. Aussi longtemps qu'un tel pape régna sur la chrétienté, il ne pouvait y avoir aucune paix en Europe.

Premier projet de Jules II, tendant à réunir au Saint-Siége la Romagne, Bologne et Ferrare, pays composant la Principauté érigée en faveur de César Borgia, qui, depuis la mort d'Alexandre VI, se dissolvait d'elle-même, mais dont, à la vérité, la plus grande partie était tombée au pouvoir des Vénitiens. Les guerres auxquelles donna lieu cette entreprise devinrent l'occasion d'un second et plus grand projet pour chasser de l'Italie les étrangers, et particulièrement les Français.

12. Les affaires avec Venise, pour la possession de la Romagne, font naître le projet d'une grande alliance. Les résultats de ces diverses combinaisons, lents à mûrir, sont principalement retardés par les événements qui suivirent en Espagne la mort d'Isabelle (1504): ils amènent enfin (1508) la ligue de Cambrai, traité secret conclu entre Louis XII, Maximilien, Ferdinand le Catholique et le pape, contre la république de Venise. Cette alliance, qui flattait les passions et les intérêts de toutes les parties, se trouva si promptement en état d'agir, que le pape en eut presque regret, voyant les fils s'échapper de sa main. Ce ne fut pas du moins sa faute si les Vénitiens ne se trouvèrent pas avertis. Ces fiers républicains parurent ne pas comprendre que les rois sont rarement amis des républiques.

Conclusion de la ligue entre Louis XII et Maximilien Ier (10 décembre 1508). Les autres souverains y accédèrent ensuite. Son objet était l'abaissement de la république, et la conquête de ses possessions en terre ferme, que l'on se partageait d'avance.

13. Venise avait moins à craindre de la force de l'alliance formée pour cette entreprise, que de la chaleur passionnée qu'y portait le principal allié. Louis XII n'eût pas été averti même par l'abandon de ses alliés. Venise eut contre elle le sort des armes, et dut son salut à sa politique. Il ne lui fut pas difficile de rompre une ligue qui renfermait en elle-même si peu de principes de solidité.

Défaite des Vénitiens près d'Agnadel (15 avril 1509), et perte de leurs provinces de terre ferme. Le pape s'empare de la Romagne, et les excommunie. Des différends commencent à s'élever entre Louis et Maximilien; et après la reprise de Padoue, les Vénitiens entrent en négociation et se réconcilient avec le pape, qui demeure en possession des villes de la Romagne (25 fév. 1510), comme Ferdinand des ports de la Pouille.

14. Jules II, sachant bien qu'il n'est pas d'inimitié plus violente que celle qui succède à l'amitié, entreprend de tirer des débris de cette alliance les fondements d'une alliance encore plus

redoutable contre la France. Destinée à protéger le Saint-Siége contre la domination française, elle prit le nom de *la Sainte-Ligue* : le pape et les Vénitiens avaient pour objet dans cette alliance l'expulsion des Français hors de l'Italie, et Ferdinand la conquête de la Navarre espagnole. Ce dernier y attira Henri VIII, roi d'Angleterre. Un armistice conclu par les Vénitiens avec Maximilien garantit au moins son inaction. Mais le trait le plus habile de la politique du pape fut de gagner les Suisses, sans lesquels on ne pouvait chasser les Français de Milan.

Conclusion de la Sainte-Ligue (5 oct. 1511), entre le pape, Ferdinand le Catholique, et Venise. L'empereur et Henri VIII demeurèrent libres d'y accéder. Les Suisses étaient gagnés depuis l'année précédente (1510).

15. Louis XII essaye inutilement de faire déposer le pape par l'autorité d'un concile assemblé à Pise; ce qui donne en effet à cette guerre le caractère d'une attaque contre la puissance ecclésiastique du Saint-Siége. Elle paraissait devoir être heureuse pour la France, lorsque Gaston de Foix finit à la bataille de Ravennes son héroïque carrière. Le roi de France, alors attaqué de tous côtés, chassé de Milan par les Suisses, excommunié par le pape, se serait peut-être difficilement tiré d'une pareille situation, si la mort de Jules II ne fût venue heureusement à son secours.

Supériorité des Français, commandés par Gaston de Foix, jusqu'à sa mort arrivée à la bataille de Ravennes (*nov. 1511–11 avril 1512*). Entrée des Suisses à Milan (mai 1512). Ils en donnent la souveraineté à Maximilien Sforce, fils aîné de Louis le More. Tentative inutile de Louis XII pour reprendre ce qu'il a perdu. Défaite de ses troupes à Novare (6 juin 1513). Après que les Français eurent été chassés de l'Italie, le secours de la Sainte-Ligue et une insurrection (31 août 1512) avaient remis les Médicis en possession de Florence, où ils prirent, à compter de ce moment, une autorité qui ne laissa plus subsister que le nom de la république. Florence accéda alors formellement à la Sainte-Ligue. A peu près à la même époque (1512), la Navarre espagnole avait été envahie par Ferdinand le Catholique, comme pays allié de la France. Entrée de Henri VIII en Artois, et des Suisses en Bourgogne (août 1513). Pendant ces conjonctures, le pape

Jules II était mort (21 fév. 1513) : il eut pour successeur Léon X, de la maison de Médicis.

16. Dissolution de la Sainte-Ligue, le nouveau pape s'étant réconcilié avec Louis XII aussitôt que celui-ci eut consenti à rejeter le concile de Pise. La paix ne fut pas difficile à conclure avec Ferdinand, à qui on laissait ce qu'il avait gagné à la guerre, le royaume de Navarre. De l'argent et un mariage satisfirent son gendre Henri VIII. On trompa les Suisses. De toutes les conquêtes de la France il ne lui resta que des prétentions que Louis XII à la vérité comptait bien essayer de faire encore valoir, si la mort ne l'en eût empêché.

Accommodement avec Louis XII (6 oct. 1513), et avec Ferdinand d'Aragon (1er déc. 1513). Les Suisses, amusés par de fausses garanties, consentirent à une trêve (13 sept. 15[illegible]). Maximilien I accorda aussi une trêve, à condition qu'on céderait Milan, dont il avait reconnu le nouveau duc. L'amitié de l'Angleterre fut achetée par le mariage de Louis XII avec Marie, sœur de Henri VIII (célébré le 7 août 1514). Louis XII mourut bientôt après (le 1er janvier 1515).

17. Au milieu de toute l'activité de cette époque, on y reconnaît encore l'enfance de la politique. Les fils s'y compliquent presque jusqu'à la confusion. Aucun motif important ne s'y laisse apercevoir ; tout y est déterminé non par l'intérêt durable des peuples, mais par l'intérêt fugitif des souverains; aussi jamais une alliance solide, mais de perpétuelles vicissitudes ; seul état de choses qui pût avoir lieu entre des hommes qui se cachaient à peine les uns aux autres leur continuelle intention de se tromper.

18. Louis XII et son ministre, le cardinal d'Amboise, firent faire quelques progrès à l'administration intérieure des États ; mais il n'en résulta, même en France, aucune idée grande et nouvelle, et leur exemple demeura sans imitateur. Le but de l'administration fut toujours d'amasser de l'argent pour la guerre ; seulement sous Louis XII (et c'était déjà beaucoup) on y travailla, autant qu'il fut possible, de la manière la moins onéreuse

pour les peuples. La découverte du nouveau monde, qui aurait dû agrandir à cet égard les vues des gouvernements, ne fit au contraire que les rétrécir davantage.

19. L'art de la guerre ne fit pas non plus d'aussi grands progrès qu'on aurait pu le croire. Il était difficile qu'il en fît beaucoup, tant que les princes n'auraient de bonne infanterie que celle qui leur était fournie par les Suisses, et continueraient d'emprunter le secours des Lansquenets allemands ; d'ailleurs, aucun des princes de cette époque n'a déployé de grands talents militaires.

II. HISTOIRE DE LA FONDATION DES ÉTABLISSEMENTS COLONIAUX, DEPUIS 1492 JUSQU'EN 1515.

Histoire des établissements des Européens dans les deux Indes, par l'abbé Raynal. *Genève*, 10 volumes in-8°. Ouvrage rempli de déclamations, de recherches instructives, et de connaissances statistiques de la plus haute importance.

Les Trois Ages des colonies, ou *leur état passé, présent et à venir*, par M. de Pradt, 1801 ; 3 vol. Cet ouvrage est en faveur de la liberté des colonies, mais c'est celui d'un faiseur de projets politiques.

An Inquiri, etc. *Examen de la politique des puissances européennes par rapport aux colonies ;* 2 vol. Par Henri Brougham. *Edimb.*, 1803. Beaucoup d'études sur le fond du sujet, mais peu de connaissances pratiques.

Pour la partie de l'histoire des colonies qui se rapporte aux Indes occidentales, *voyez*, jusqu'au milieu du dix-huitième siècle, l'histoire de la compagnie des Indes occidentales : *Histoire générale*, par Hall, liv. 25 et 26 ; 1768.

Le meilleur coup d'œil universel que nous ayons sur l'histoire des diverses colonies se trouve dans l'*Histoire de la Nouvelle Europe*, par Eichhorn, où il fait entrer, liv. 6, celle de l'Asie, et liv. 7, celle de l'Afrique et de l'Amérique.

1. Sous le nom de *colonies* on comprend toutes les possessions et les établissements des Européens dans les autres parties du monde. Mais elles se distinguent par leur objet et leur nature en quatre classes différentes. 1° Colonies agricoles. Leur objet est de mettre les terres en valeur. Les colons y deviennent propriétaires fonciers, et par conséquent habitants du pays, en sorte que leur nombre finit par s'accroître assez pour former une

nation. 2° Colonies de planteurs ou plantations, consacrées à certains produits déterminés pour l'usage de l'Europe. Les colons, quoique propriétaires, résident peu, et leur nombre ne devient jamais assez grand pour en faire une nation; ce sont les plus disposées à établir l'esclavage. 3° Les colonies pour l'exploitation des mines. Leur but est l'extraction des métaux. Les colons y habitent; elles s'agrandissent rarement, mais il n'est pas rare que, sans sortir de leur première destination, elles deviennent assez nombreuses. 4° Colonies de commerce ou comptoirs. Elles s'adonnent au commerce des productions naturelles, soit de la terre, soit de la mer (les pêcheries), ainsi qu'à celui des produits de l'industrie du pays où elles s'établissent. Ce ne sont d'abord que de simples établissements de comptoirs ou entrepôts de commerce; mais la violence ou la ruse les rendent bientôt maîtresses des lieux où elles ont pris pied, sans que leur objet en soit changé. Même lorsqu'elles sont devenues souveraines du pays, elles ne laissent pas d'y demeurer étrangères, y possédant trop peu de terre pour y établir des habitants. Une colonie peut remplir à la fois plusieurs de ces différents objets, mais elle en a toujours un principal qui détermine son caractère.

2. Ce n'était que par un long usage qu'on pouvait apprendre quels rapports doivent exister entre une colonie quelconque et sa métropole. On partit d'abord de l'idée d'une propriété absolue à laquelle se joignit le principe de l'exclusion des étrangers. Il n'arriva à personne de se demander à quel point ces maximes étaient justes et raisonnables. D'où aurait pu venir alors un semblable doute? Ainsi, dès l'origine, les établissements coloniaux prirent une direction que, pour le malheur des métropoles et plus encore des colonies, il n'a plus depuis été possible de changer. La nature des terres et des habitants établit aussi dès le commencement, par la différence des usages auxquels elles pouvaient être appropriées, une grande différence entre les colonies des Indes orientales et celles des Indes occidentales.

3. Plus ces vues étaient bornées, plus les suites en furent immenses. 1° Le commerce du monde changea entièrement de marche et de forme; et au commerce de terre, qui s'était maintenu jusqu'alors comme le plus conforme au caractère des seules relations commerciales encore connues, fut substitué le commerce maritime. 2° Il s'ensuivit que l'importance commerciale attribuée aux différents pays en raison de leur situation géographique, se trouva distribuée d'une manière toute nouvelle: le commerce du monde passa, en Europe, des pays situés sur la Méditerranée aux pays occidentaux; c'est ainsi qu'il tomba entre les mains des Espagnols et des Portugais, qui jusqu'alors y avaient à peine pris part. Les Espagnols, dans cette période, ne firent guère que poser les premières bases de leur système colonial; les Portugais au contraire l'établirent presque entièrement. Ces deux peuples donnèrent à leurs prétentions l'appui du pape, qui, en sa qualité de souverain seigneur, leur concéda le droit de convertir les Gentils.

Bulle du pape Alexandre VI (1493), qui établit comme ligne de démarcation un méridien à cent milles à l'ouest des Açores. Dès 1494 le traité de Tordesillas, confirmé par une bulle (en 1506), recula ce méridien à 375 milles dans la même direction.

4. Découvertes et conquêtes des Espagnols durant cette période. Ils ne s'établirent encore que dans les îles du golfe du Mexique, parmi lesquelles l'île d'Hispaniola (Saint-Domingue) était de beaucoup la plus importante, à cause des mines d'or de la montagne de Cibao. Comme le nouveau monde n'offrit pas d'abord d'autres produits d'une grande importance, l'or et l'argent, pour le malheur des naturels du pays, devinrent l'unique but des établissements qu'on se proposait d'y faire.

Découverte de l'Amérique par Christophe Colomb, qui, en cherchant un chemin vers les Indes orientales, découvre, le 11 octobre 1492, l'île de Saint-Salvador (Guanahaini). Dans ses trois voyages subséquents, il découvrit non-seulement l'Archipel américain (les îles sous le vent), mais encore une partie de la côte de l'Amérique continentale. Outre leur principal établissement à Hispaniola, les Espagnols (de 1508 à 1518) entreprirent d'en former d'autres à Cuba, Porto-Rico et la Jamaïque. On ne s'occupa des petites îles que pour en piller les habitants. Découverte et prise de possession du grand Océan. Première découverte du Pérou par Bilboa (1513). Le profit que le gouvernement espagnol tira de la découverte des Indes occidentales fut peu considérable durant cette époque, et les principes de son administration coloniale ne prirent que peu de développement.

Histoire d'Amérique, par Robertson.

5. **Découvertes et établissements des Portugais dans les Indes orientales.** La manière dont s'étaient faites les découvertes des Portugais, et la nature des terres qu'ils avaient découvertes, avaient rendu leurs établissements coloniaux essentiellement différents de ceux des Espagnols. Comme ils n'étaient parvenus aux Indes que par une marche de progrès successifs et réguliers, leurs idées, à beaucoup d'égards, avaient eu le temps de se former, et la nature du pays ne leur avait pas permis de songer à y établir des colonies d'exploitation pour les mines, mais seulement des comptoirs de commerce. Ainsi, malgré toute leur tyrannie et leur avidité de conquêtes, ils ne se formèrent point de grandes possessions, mais s'établirent solidement sur quelques points principaux, propres à leurs relations commerciales.

Premières expéditions maritimes des Portugais, commencées (en 1410) à l'occasion de la guerre contre les Maures d'Afrique, et dirigées (jusqu'en 1463) par le prince Henri le Navigateur. Découverte de Madère (1419). Navigation autour du cap Bajador (1439), du cap Vert (1446). Découverte des Açores (1448), des îles du Cap-Vert (1449), de Saint-Thomas et d'Annobon (1471), du Congo (1484); et, par suite, voyages et découvertes de Covillan, qui se rend par terre dans l'Inde et l'Ethiopie. Barthélemi Diaz arrive au cap de Bonne-Espérance (1485). Vasco de Gama double enfin ce cap, et arrive aux Indes par Mozambique (1498), sous le règne d'Emmanuel le Grand. Débarquement dans le Calicut, et premier établissement à Cochin. Dès 1481, une bulle de Sixte IV avait concédé à la couronne de Portugal toutes les découvertes faites par les Portugais au-delà du cap Bajador.

6. La domination portugaise dans l'Inde s'étendait alors depuis

la côte orientale d'Afrique jusqu'à la presqu'île de Malaca et aux îles Moluques, par une chaîne de places fortes et de factoreries, facile à maintenir dans un pays partagé en un grand nombre de petits Etats, et qu'on parvenait sans peine à armer les uns contre les autres. Mais ce fut particulièrement au génie de leurs premiers vice-rois, d'un Alméida (1505-1509), et surtout du grand Albuquerque (mort en 1515); ce fut au pouvoir conféré à ces hommes supérieurs, qui, comme chefs civils et militaires, commandaient à tous les autres gouverneurs, que les Portugais durent l'établissement d'une pareille domination.

Goa, résidence des vice-rois, devient (1508) le centre de leur domination. Les autres points principaux étaient : Mozambique, Sofala et Melinda, sur la côte d'Afrique; Mascate et Ormus, dans le golfe Persique; Diu et Daman, sur la côte du Malabar, qu'ils possédaient entièrement; Negapatam, sur celle de Coromandel, et (depuis 1511) Malaca, dans la presqu'île de ce nom. En cette même année (1511), découverte des Moluques et établissement à Ternate et à Timor.

7. On n'avait point fait à la vérité, en Portugal, du commerce des Indes le monopole d'une compagnie, mais il était en quelque sorte entre les mains de la couronne. Bien qu'il parût ouvert à tous les Portugais, on ne pouvait l'entreprendre qu'avec la permission du gouvernement, à qui appartenait aussi la direction et le commandement de la marine, et qui de plus se réservait certaines branches particulières de commerce. Cet état de choses renfermait un germe de corruption qui ne pouvait tarder à se développer, mais qui, cependant, aussi longtemps qu'on put faire de Lisbonne l'entrepôt général où l'Europe venait se fournir des marchandises des Indes, ne diminua en rien les avantages du commerce.

Le commerce des Portugais aux Indes orientales comprenait : 1° Le commerce de l'intérieur du pays. Entrepôts de commerce : Malaca pour la partie des Indes située au-delà de la presqu'île ; Aden pour l'Arabie et l'Egypte ; Ormus pour le continent de l'Asie. Importance des relations entre les pays d'Afrique où l'on recueillait de l'or, et ceux de l'Inde d'où l'on tirait des denrées. Monopole du commerce par les souverains de l'Inde. 2° Le commerce entre l'Europe et l'Inde ; lois de la navigation : elle se faisait tout entière par les vaisseaux du gouvernement. Objets principaux du commerce : épiceries, étoffes de coton et de soie, perles, et autres marchandises de peu de volume, dont diverses marchandises manufacturées. En Portugal, point de vaisseaux destinés à transporter les marchandises dans le reste de l'Europe. Les étrangers étaient obligés de venir les prendre à Lisbonne. Désavantage résultant de cette conduite pour la marine portugaise ; concurrence éveillée.

On trouve dans l'*Asia de Joao de Barros* et ses continuateurs, *Lisbonne*, 1552, et dans l'*Histoire des Conquêtes des Portugais*, par Lafitau, *Paris*, 1732, une relation très-étendue des conquêtes des Portugais dans les Indes ; mais malgré l'ouvrage de Raynal et les détails contenus dans l'*Histoire universelle* (liv. 25), l'histoire de leur commerce dans cette partie du monde est encore extrêmement incomplète.

8. Bien que les Portugais eussent d'autres colonies que celles des Indes orientales, celles-ci étaient les plus importantes. Leurs possessions sur la côte occidentale d'Afrique, comme le Congo, etc., n'acquirent que plus tard un grand intérêt par le commerce des esclaves. Et la côte de Brésil, découverte et occupée (dès 1500) par Cabral, n'eut d'abord d'autres colons que quelques juifs et criminels déportés, qui y établirent à peine un faible commencement de culture.

SECONDE ÉPOQUE.

DE 1515 A 1556.

1. Cette époque l'emporte sur la dernière par des événements beaucoup plus grands et plus féconds en résultats. Les relations réciproques des différents Etats, en se déterminant d'une manière plus stable, donnèrent à la politique une marche plus assurée. Les causes de ce progrès furent, 1° la rivalité entre la France et l'Espagne sous François I et Charles-Quint, 2° la réformation, en raison de sa tendance politique. Les événements auxquels donnèrent lieu ces deux faits contemporains demeurèrent pour ainsi dire entièrement séparés, François I et Charles-Quint étant également ennemis de la Réforme, et, par conséquent, aussi peu disposés l'un que l'autre à lui laisser prendre quelque influence sur leur conduite.

I. HISTOIRE DE LA RIVALITÉ DE LA FRANCE ET DE L'ESPAGNE PENDANT CETTE ÉPOQUE.

History of the Emperor Charles V, etc. *Histoire de l'Empereur Charles-Quint*, par Robertson. Dans la traduction allemande qu'en a donnée Remer, *Brunswick*, 1792, la première partie ou introduction a été entièrement retravaillée, ce qui a encore augmenté le mérite de cet ouvrage, classique sous tous les rapports.

Histoire de François I, roi de France, par M. Gaillard.

Mémoires de Mart. et Guillaume du Bellay Langey, mis en nouveau style par l'abbé Lambert; Paris, 1753, 7 vol. Ils vont de 1513 à 1547. L'édition originale est de Paris, 1569, in-fol.

Istoria d'Italia, *Histoire d'Italie*, par Guichardin, depuis le liv. 15.

2. La rivalité de la France et de l'Espagne ne dut point son origine à des vues d'une politique éclairée, mais aux passions et

aux circonstances. Cependant elle donna naissance à des principes, en développant dans sa partie pratique ce qu'on appelle le système de l'équilibre, et en déterminant sa principale direction. Ce système était né pour ainsi dire des affaires d'Italie, car c'était au degré de puissance qu'ils obtenaient en ce pays, que s'attachaient alors pour les princes toutes les idées d'importance relative. François I s'y était établi avant l'avénement de Charles-Quint au trône, par le succès de son entreprise sur Milan, qu'il enleva aux Suisses et à Maximilien Sforce.

Entrée de François I dans le duché de Milan, précédée d'un traité d'alliance avec la république de Venise. Bataille décisive de Marignan (13 sept. 1515). Maximilien échange ses possessions contre une pension annuelle. Le traité conclu avec les Suisses (1516), et qui devint ensuite le fondement d'une paix durable (7 mai 1521), paraît assurer aux Français la possession de Milan, et surtout leur influence en Italie.

3. Grand changement produit dans l'état de l'Europe par la mort de Ferdinand I (23 janvier 1516). Dans la personne de Charles-Quint (en Espagne Charles I), l'aîné de ses petits-fils, déjà maître de la riche province des Pays-Bas, et futur cohéritier de la province d'Autriche, la maison d'Habsbourg entrait encore en possession de toute la monarchie espagnole. Ainsi le sort de l'Europe était entre les mains de deux jeunes gens, dont l'un s'était déjà annoncé comme un conquérant. Les espérances de l'autre semblèrent alors reposer plutôt sur la politique que sur les armes. La paix fut maintenue par le traité de Noyon, jusqu'à ce qu'un nouveau conflit d'intérêts vînt rallumer la guerre.

Traité de Noyon (17 août 1516). Ce traité n'était qu'une trève ; et par les dispositions qu'on y fit entrer, relativement aux royaumes de Naples et de Navarre, il ne devait que plus sûrement amener la guerre.

4. Brigue des deux princes pour la couronne impériale. Après la mort de Maximilien I, Charles-Quint l'obtint, et devint par là en Italie le suzerain de tous les fiefs de l'Empire, au nombre desquels se trouvait le duché de Milan ; situation bien propre à nourrir les semences de jalousie et de haine qui germaient déjà dans le cœur des deux rivaux.

L'importance réelle de la dignité impériale à cette époque dépendait uniquement du parti qu'en savait tirer celui qui s'en trouvait revêtu. Il n'était pas de prétextes qu'elle ne pût fournir à ces projets d'agrandissement qui, plus ou moins régulièrement suivis, constituaient alors la tendance générale de la politique ; car, sauf les articles de la Bulle-d'Or et les clauses de la capitulation conclue lors de l'élection du nouvel empereur, rien absolument ne déterminait les droits respectifs de l'empereur et de l'Empire.

5. L'Empire et la couronne d'Espagne, ainsi réunis sur une même tête, formaient une souveraineté d'autant plus considérable, qu'à l'étendue de ses possessions elle joignait les avantages de leur situation géographique. Avec tant de points de contact, il n'était presque point de pays dans les affaires duquel Charles ne pût intervenir en quelque manière. Et que ne pouvait-il pas résulter de l'intervention d'une telle puissance? On a attribué à la maison d'Habsbourg des idées de monarchie universelle; et si par cette expression on entend non pas une domination immédiate, mais seulement une suprématie générale sur les Etats de l'Europe, il s'en faut tellement que cette idée puisse être regardée comme une chimère, qu'elle sortait naturellement de la situation de cette maison. Et en y regardant d'un peu haut, on trouvera que François I, entraîné par ses passions dans une guerre fondée sur de petites causes, et sans autre objet que la domination en Italie, combattait en effet, sans le savoir, pour l'existence et l'indépendance.

Quelle était la véritable puissance des deux souverains? Celle de Charles recevait quelque affaiblissement : 1° de la dispersion de ses possessions ; nulle part, d'ailleurs, même en Espagne, sa domination n'était absolue ; 2° de ses perpétuels embarras de finances qui l'empêchaient de payer régulièrement ses troupes, en sorte que bien souvent il aurait été difficile d'assurer qu'elles fussent réellement à sa disposition. En France, au contraire : 1° les forces du royaume, réunies et concentrées, étaient presque sans réserve entre les mains du roi ; 2° elles devenaient redoutables par l'établissement d'une infanterie nationale, substituée aux mercenaires ; 3° cependant François I s'affaiblit lui-même en renonçant aux principes d'administration de son prédécesseur.

6. Première guerre entre François I et Charles-Quint (de

1521 à 1526) commencée par François I, et, après de nombreuses vicissitudes, terminée très-malheureusement pour lui par la perte de la bataille de Pavie où il fut fait prisonnier. Cependant ni le complot de Charles de Bourbon, ni les prétentions de l'empereur sur la Bourgogne, ne purent le conduire à l'exécution de son plan favori, le démembrement de la France.

Prétextes de la guerre : 1° François I demande la restitution de la Navarre espagnole ; 2° il renouvelle ses prétentions sur Naples ; 3° il prend le parti de son vassal Robert de la Mark, dans un différend sur des droits de suzeraineté. Du côté de Charles : 1° Prétentions sur Milan comme fief de l'Empire ; 2° sur le duché de Bourgogne réuni à la France par Louis XI. — Alliances des deux côtés. — Charles attire dans ses intérêts Henri VIII, roi d'Angleterre, et le pape. François I s'allie avec Venise, et renouvelle son traité avec les Suisses (7 mars 1521). Bataille de la Bicocque (22 avril 1522). Les Français, commandés par Lautrec et le favori Bonnivet, sont chassés d'Italie (1523). Charles, en qualité de suzerain du duché de Milan, en investit (1531) François Sforce, fils puîné de Louis le More, et ne lui laisse que le nom de souverain. Tentative malheureuse de l'empereur sur la Provence (juillet-septembre 1524). François I passe les Alpes en personne. Siége et bataille de Pavie (25 fév. 1525). Défaite et captivité du roi de France qui est conduit à Madrid.

7. Par la victoire de Pavie, Charles semblait devenir le maître de l'Italie et l'arbitre de l'Europe : cependant il ne parvint point à réaliser la première de ces espérances. L'état intérieur de son armée, ainsi que la vigilante jalousie de l'Angleterre et des divers Etats de l'Italie, l'empêchèrent toujours d'exécuter aucun grand projet ; et le traité de Madrid n'arracha à François I que des promesses contre lesquelles même ce prince avait déjà protesté en secret.

Traité de Madrid (14 janvier 1526). Conditions : François I renonce, 1° à toutes ses prétentions sur l'Italie ; 2° à la souveraineté de la Flandre et de l'Artois ; 3° il abandonne à Charles la Bourgogne ; 4° il donne ses deux fils aînés en otage, et épouse Eléonore, sœur de l'empereur.

8. La seconde guerre qui eut lieu entre les deux souverains (1527-1529) était la suite inévitable d'un tel traité. Son principal siége fut en Italie, et surtout à Naples. Malgré ses alliances avec

l'Angleterre et plusieurs souverains d'Italie, François I fut encore malheureux dans cette guerre; et tout ce qu'il put obtenir par le traité de Cambrai en abandonnant toute l'Italie, et en manquant de foi aux alliés qu'il y avait faits, ce fut que Charles promît de ne pas faire valoir pour le moment ses prétentions sur la Bourgogne.

Alliance conclue secrètement à Cognac (22 mai 1526), entre François I, le pape, Venise et le duc de Milan. On y attire Henri VIII par de grandes promesses. Expédition de l'empereur contre le pape. L'armée impériale, sous les ordres de Charles de Bourbon, marche sur Rome, qui est prise et épouvantablement saccagée (6 mai 1527). Cet événement, auquel l'empereur n'avait point eu de part, cause une grande indignation dans toute la chrétienté. Le pape est assiégé au château Saint-Ange, et capitule. Sous prétexte de la délivrance du pape, non-seulement l'alliance de Cognac fut plus étroitement resserrée, mais une armée française passe les monts, sous les ordres de Lautrec, pour soutenir les prétentions de la France au royaume de Naples. Siége de Naples (avril-août 1528). La peste et la retraite de Doria obligent les Français de l'abandonner. Négociations et paix de Cambrai (5 août 1529). Henri VIII y accède. Clément VII avait déjà pris ses sûretés au moyen d'un traité séparé (20 juin), à l'exception de ce qui concernait la Bourgogne, et de la délivrance des princes que l'empereur renvoya volontairement. Les conditions de ce traité furent les mêmes que celles du traité de Madrid.

9. Ces deux guerres augmentèrent en Italie la puissance de l'empereur, qui s'affermit encore par son entrevue avec le pape, et son couronnement à Bologne (1530, 24 février). Elles eurent pour le pays deux autres résultats : 1° Florence fut érigée en duché héréditaire ; 2° Gênes reçut la constitution qu'elle a gardée ensuite.

Florence fut érigée en duché, en vertu d'un traité de l'empereur et du pape, par lequel on y rétablit les Médicis, qu'une insurrection en avait chassés pendant la guerre contre Rome (1527). Alexandre de Médicis, parent du pape, en fut déclaré le premier duc héréditaire. La révolution de Gênes fut l'ouvrage d'André Doria, qui avait passé du parti des Français à celui de l'empereur, et qui, par l'établissement d'une forte aristocratie, assura l'indépendance de son pays et la solidité de ses nouvelles institutions.

10. L'orient de l'Europe se trouvait prendre part aux guerres que se livraient entre elles les deux principales puissances de l'Occident. Les redoutables projets de conquête que Soliman II commençait à tourner vers l'Europe, et qui menaçaient toute la chrétienté, n'aboutirent enfin qu'à une alliance avec la France, alliance d'autant plus avantageuse pour ce pays, qu'elle lui donnait les moyens de mettre obstacle aux prétentions que, par la mort du roi de Hongrie Louis II, tué à la bataille de Mohatsch, la maison de Habsbourg avait à faire valoir sur la Hongrie et la Bohême.

Changement apporté par Soliman II (depuis 1519) au système de conquête des Turcs, qui, sous son prédécesseur *Sélim I*, avait été dirigé contre la Perse et l'Egypte. Prise de Belgrade (1521). L'orage se porte sur la Hongrie. Défaite et mort du roi Louis II à Mohatsch (29 août 1526). La couronne est violemment disputée par Ferdinand et Jean de Zapolya. Les troubles élevés au sujet de cette élection favorisent les progrès de Soliman II, qui se déclare pour le dernier. La Hongrie est envahie; Vienne est assiégée sans succès (1529); la Moldavie est conquise. L'alliance qui se traitait alors secrètement entre la Porte et la France indique, de la part de cette dernière puissance, quelques progrès vers un système de politique plus libre et plus hardi; car, en ce siècle, ce n'était pas sans fondement que l'on pouvait hésiter à produire un tel scandale dans la chrétienté.

11. Cependant l'Europe avait plus à craindre encore des forces maritimes de la Turquie que de ses forces de terre. Devenue par la conquête de Rhodes maîtresse de la Méditerranée, elle pouvait inquiéter sans cesse les côtes de l'Italie et de l'Espagne, menacées même d'une entière destruction par les peuples de corsaires qui s'établissaient sur la côte d'Afrique, sous la protection de la Porte, et contre lesquels l'île de Malte, donnée aux chevaliers de Rhodes, ne pouvait être qu'une faible défense.

Prise de l'île de Rhodes sur les chevaliers de Saint-Jean-de-Jérusalem, après une défense opiniâtre (1522). Les chevaliers s'établissent (1530) dans l'île ou rocher de Malte, dépendant du royaume de Naples, et que Charles-Quint leur donne à titre de fief, et sous la condition de combattre les infidèles. Deux pirates, Horuc et Hayradin (Barberousse), établissent la domination ottomane sur la côte septentrionale de l'Afrique, qui jusque-là avait appartenu, partie aux Arabes, partie à l'Espagne. Le premier se rend maître d'Alger (1517), et a pour successeur (1518) son frère Hayradin, qui se soumet volontairement à la Porte, et est fait commandant de toutes ses forces navales. Il se rend maître de Tunis en 1531. Cette dernière ville fut reprise par Charles-Quint (1535), sans que la puissance maritime des Turcs en fût détruite ou même considérablement affaiblie. Un autre corsaire, Dragut, s'empara de Tripoli (1551), et reprit de nouveau Tunis. La Porte s'étant aussi emparée de l'Egypte (dès 1517), se trouva ainsi solidement établie sur toute la côte septentrionale de l'Afrique.

12. Les causes de la troisième guerre entre Charles et François (1535-1538) reposaient dans les conditions de la paix de Cambrai. François I ne pouvait se consoler de la perte de l'Italie et particulièrement du Milanais. Après de grands efforts, la plupart inutiles, pour former des alliances, il se détermina de nouveau à la guerre : l'exécution de Merveille à Milan n'en fut que le prétexte ; et bientôt après, l'extinction de la maison de Sforce renouvela ses prétentions et ses espérances.

Inutiles efforts du roi de France pour gagner à sa cause Henri VIII et les protestants d'Allemagne. Alliance avec le pape, dont la principale condition est le mariage de sa nièce Catherine de Médicis avec Henri, duc d'Orléans, second fils de François I. Ce mariage, source de tant de maux, n'eut pas même alors pour le roi de France les suites qu'il en avait espérées, Clément VII étant mort presque aussitôt après (24 sep. 1534). L'alliance avec la Porte, conduite enfin à maturité par Laforêt (1535), est alors rendue publique.

13. L'Italie fut de nouveau le siége principal, mais non pas le siége exclusif de la guerre. François I s'empara de la Savoie et du Piémont, ce qui n'empêcha pas Charles de tenter une entreprise sur le midi de la France. Elle échoua par la sagesse des mesures de François I.

La guerre se continuait en Picardie et en Piémont, mais sans aucun événement décisif. La redoutable invasion de Soliman II en Hongrie hâta la conclusion de la trève de Nice, où Paul III se porta pour médiateur. Soliman n'y prit aucune part, et n'en eut pas même connaissance.

La conquête de la Savoie (1535), au moment où Charles revenait vainqueur de Tunis, dut l'irriter d'autant plus que le duc de Savoie, Charles III, *était son beau-frère et son allié*. — Par la mort de François Sforce, dernier duc de cette maison (24 oct. 1535), le duché de Milan redevient fief vacant de l'Empire. — Entreprise de l'empereur sur la Provence (août 1536). La guerre défensive que lui opposent François I et Montmorency le force d'y renoncer. Invasion de Soliman dans la Hongrie; victoire qu'il remporte à Essek (1537), tandis que sa flotte pille les côtes d'Italie. Entrevue de l'empereur, du roi et du pape à Nice, et conclusion d'une trêve de dix ans (18 juin 1538). — Chacun demeure en possession de ce qu'il a (François tenait alors le Piémont et la Savoie), et le pape se charge d'examiner les prétentions des deux concurrents. On ne décide rien non plus relativement au duché de Milan, ce qui donne au roi de France quelque espoir de l'obtenir pour le plus jeune de ses fils.

14. On ne s'étonnera pas si, malgré la confiance apparente que se témoignèrent alors les deux princes, la trêve conclue pour dix ans n'en dura que quatre. Une secrète cause de ruine subsistait toujours, et les haines s'aigrirent encore par la manière dont François I, après avoir été longtemps amusé, se trouva enfin déçu dans ses espérances. Ses alliances, tant avec l'Angleterre qu'avec la Porte, eurent le temps de se dissoudre; et Charles, suffisamment occupé, tant par les affaires de religion que par la guerre contre les Turcs, ne put que gagner à tenir quelques années une trêve que d'ailleurs l'état de ses finances lui rendait nécessaire.

La guerre avec les Turcs se passait sur deux points différents : 1° la Hongrie, par un accord conclu entre Ferdinand et Jean de Zapolia. Celui-ci, alors sans enfants, devait laisser à l'autre la moitié de la Hongrie qui lui était échue en partage; mais peu de jours avant la mort de Zapolia (27 juill. 1540), il lui naquit un fils qu'il nomma son héritier. Soliman, en qualité de protecteur, s'empara de l'enfant; et, après une victoire sur les Allemands, Bude, capitale de la Hongrie, et presque tout le pays, tombèrent en son pouvoir. 2° Les contrées occupées par les pirates barbaresques, et particulièrement Alger. Seconde expédition de l'empereur en Afrique

(1541). Une affreuse tempête, survenue peu de temps après son débarquement, fait manquer son entreprise.

15. L'investiture du duché de Milan est refusée au roi de France, ce qui le décide à une quatrième guerre (1542-1544). Elle éclate à l'occasion du meurtre commis sur ses ambassadeurs dans la ville de Milan. Cette guerre embrassa une plus grande étendue de pays qu'aucune de celles qui l'avaient précédée; car François I parvint non-seulement à renouveler ses traités avec le grand seigneur et avec la république de Venise, mais il attira encore dans son parti le duc de Clèves, ainsi que les royaumes de Danemarck et même de Suède: à la vérité l'alliance conclue avec ces deux derniers n'eut aucune suite. D'un autre côté, Charles s'allia avec Henri VIII, et le fit entrer dans le projet d'une invasion en France. Cette guerre se termina par la paix de Crespy, sans qu'aucun de ceux qui l'avaient entreprise eût atteint le but qu'il s'était proposé en la commençant.

Les deux envoyés de François I se rendant, l'un à la Porte, l'autre à Venise, sont assassinés à Milan (3 juill. 1541). Nouveau plan des Français pour la défense de l'Italie. — Attaque des Pays-Bas et du Roussillon avec plusieurs armées (1542 et 1543), mais sans aucun avantage durable. — Charles se ligue avec Henri VIII, alors irrité de l'union qui venait de se former, par un mariage, entre la France et l'Ecosse. Les deux princes devaient entrer en France et se partager ce royaume. Le duc de Clèves est forcé de se soumettre. François I renouvelle son alliance avec Soliman (1543). — Conquête du reste de la Hongrie, et entrée en Autriche, tandis que Nice est bombardée par les flottes turque et française réunies. Malgré la victoire remportée par les Français à Cérisoles (11 avril 1544), l'empereur entre en France par la Lorraine, en même temps que le roi d'Angleterre par Calais (juin-sept. 1544); mais ce plan combiné manque par la mésintelligence qui commence à s'élever entre les deux alliés, la bonne position de l'armée française, des intrigues de cour, et les affaires de l'empereur en Allemagne. Il fait sa paix séparément à Crespy (18 sept. 1544). Les conditions de cette paix sont: 1° que le duc d'Orléans recevra l'investiture du duché de Milan en épousant une princesse du sang impérial. Cette clause ayant été rendue nulle par la mort prématurée du jeune duc (8 sept. 1545), Charles investit du duché de Milan son propre fils Philippe. 2° Que François renoncera à ses prétentions sur Naples, ainsi qu'à la suzeaineté de la Flandre et de l'Artois, et que, de son côté, Charles renoncera à la Bourgogne. Henri VIII, toujours plus animé, continue la guerre. — Prise de Boulogne (1544), qui n'est suivie d'aucun grand événement jusqu'en 1546.

16. La paix de Crespy termina cette série de guerres entre es deux rivaux. Charles se trouvait alors suffisamment occupé par ses plans d'agrandissement en Allemagne, et la mort vint presque au même moment mettre fin aux projets de Henri VIII et à ceux de François I. Le règne de Henri II, fils et successeur de celui-ci, fut fertile en événements dans l'intérieur de la France. Henri II fut comme son père l'ennemi de Charles-Quint; mais les guerres qu'ils eurent entre eux, ayant été occasionnées par les guerres d'Allemagne, appartiennent à la section suivante.

Mort de Henri VIII (28 janvier 1547) et de François I (31 mars même année).

17. Les résultats de cette lutte furent très-importants et pour a France, et surtout pour le système politique de l'Europe. 1° En opposant l'une à l'autre, comme contre-poids, les deux plus grandes puissances du Continent, elle établit de fait es premiers fondements et les premiers principes du système de l'équilibre politique. 2° L'alliance de la France avec la Porte, es affaires de Hongrie, et, ce qui ne fut pas moins important, a part que l'Angleterre prit à cette guerre, formèrent entre es États du midi de l'Europe des relations beaucoup plus étroites que celles qu'ils avaient eues jusqu'alors. 3° La France échoua dans ses prétentions à la domination de l'Italie; mais elle se sauva du démembrement, et maintint son indépendance. 4° Charles-Quint ne put exécuter que la moitié de ses projets; car il parvint bien en effet à la souveraineté de l'Italie et de l'Allemagne, mais non pas à celle de la France.

La perte de la domination en Italie fut-elle pour la France une véritable perte? Sans doute, il lui était nécessaire d'y exercer quelque influence: 1° dans l'intérêt de ses relations avec le pape comme chef de l'Église;

2° pour assurer ses frontières sud-ouest contre les entreprises du duc de Savoie. Mais cette influence pouvait se maintenir sans aucunes possessions ou domination dans le pays; et quelque chose que les princes étrangers aient pu gagner à y faire reconnaître leur puissance, ce n'a jamais été au profit de leur nation.

II. HISTOIRE DE LA RÉFORMATION SOUS SON POINT DE VUE POLITIQUE, DEPUIS SON ORIGINE JUSQU'A LA PAIX DE RELIGION, DE 1517 à 1555.

Joannis Sleidani *de Statu religionis et reipublicæ sub Carolo V Cæsare commentarii*, 1555. Ouvrage classique par la forme et la matière. Une dernière édition enrichie de notes en a été donnée en 1785. *Francfort*, 3 vol. in-8°. — Il a été traduit en français, avec notes, par Lecourayer. *La Haye*, 1767, 3 vol. in-4°.

Geschichte der protestantischen Lehrbegriffs, etc. *Histoire du système protestant*, par D. G. J. Planck. *Leipsig*, 1789. Les trois premiers volumes de cet ouvrage contiennent l'histoire politique de la Réformation jusqu'à la paix de religion.

Christliche Kirchengeschichte seit der Reformation, etc. *Histoire de l'Eglise chrétienne depuis la Réformation*, par J. M. Schroeckh, 1804. 8 volumes. C'est dans les deux premiers qu'il faut chercher ce qui appartient au sujet du présent chapitre. Le premier comprend l'histoire de la Réformation en Allemagne jusqu'à la paix de religion; le second, cette même histoire par rapport aux autres pays.

Geschichte der Reformation, etc. *Histoire de la Réformation*, par C. L. Woltmann; 2 vol. in-8°, 1801. Cette histoire ne va que jusqu'en 1540.

Essai sur l'esprit et l'influence de la Réformation de Luther, par Ch. Villers; 2e édit. *Paris*, 1806. Nulle part cet important sujet n'a été exposé d'une manière plus éloquente et plus complète.

Entwickelung der politischen folgen, etc. *Développement des suites politiques qu'a eues pour l'Europe la Réformation*. Opuscules historiques de l'auteur, tom. I, 1803.

1. Le genre d'intérêt auquel s'adressait la Réformation n'était pas de ceux qui ne touchent que les gouvernements, c'était aussi celui des peuples. De là son immense sphère d'activité, et l'universalité ainsi que la durée de l'orage qu'elle a excité. Ses attaques se dirigèrent dès le commencement non-seulement contre des doctrines, mais aussi contre une hiérarchie profondément enracinée dans le gouvernement et l'administration de tous

les Etats alors existants ; dans tout ce qui provenait d'une semblable cause, le mélange de la politique et de la religion devenait donc inévitable.

L'autorité des papes n'offrait à la vérité aux attaques de la Réformation qu'un édifice miné et chancelant ; mais cet édifice était encore entier. Cependant, son principal appui, l'opinion publique, commençait à l'abandonner ; il avait été fortement ébranlé par les dernières affaires d'Italie, et plus anciennement par l'autorité des conciles, reconnue supérieure à la sienne. Il n'appartient pas à l'histoire de décider cette question, si, sans la réformation, l'autorité des papes serait également tombée ; mais, en admettant cette supposition, il n'en est pas moins vrai que, sans la réformation, l'esprit humain n'eût pas reçu ce puissant mouvement auquel il a dû ses plus importants résultats.

2. Comme ce fut d'abord en Allemagne que naquit et se propagea la Réformation, ce fut aussi dans ce pays qu'elle acquit le plus promptement un caractère politique, par le parti que prirent plusieurs princes allemands de se déclarer en sa faveur. Ce dont il s'agit dans une histoire politique de la Réformation, c'est de déterminer 1° pourquoi et comment plusieurs princes allemands embrassèrent la cause de la Réformation, et quels furent ces princes ; 2° comment et à quelle époque ils formèrent un parti qui se constitua parti opposé à l'empereur ; 3° quelles furent les vues de l'empereur en s'opposant à la Réformation, et sa conduite à cet égard ; 4° comment les deux partis en vinrent enfin à une rupture formelle ; et comment ensuite se terminèrent leurs démêlés. Il est évident que ces différentes questions ne peuvent se résoudre sans une connaissance exacte de l'état politique de l'Allemagne à cette époque.

La puissance dont jouissaient alors les villes, considérée relativement à celle des princes, constitue la grande différence de l'état intérieur de l'Allemagne tel qu'il existait alors, avec celui qui subsiste aujourd'hui. 1° Le nombre des villes, soit à moitié, soit entièrement libres, était beaucoup plus considérable tant dans l'Allemagne méridionale que dans l'Allemagne septentrionale. 2° Elles étaient beaucoup plus riches, et exerçaient par conséquent une beaucoup plus grande influence sur la politique. 3° Cette influence tirait une grande force de leurs confédérations, telles que la *Hanse* dans le Nord, et dans le Midi la *ligue de Souabe.* 4° Leurs milices bourgeoises et leurs milices soldées pouvaient être considérées comme très-importantes dans un temps où, pour ainsi dire, il n'existait point encore de troupes régulières. Le pouvoir des princes, déjà très-restreint par ces différentes causes, devait nécessairement diminuer encore *tous les jours* par l'usage des partages encore subsistant à cette époque. Lors de la réformation, les principales maisons électorales et souveraines étaient :

1° La maison de Saxe, partagée en deux branches. L'aînée, branche électorale ou branche Ernestine ; la cadette, branche ducale ou branche Albertine. La première, sous l'électeur Frédéric le Sage (mort en 1525), possédait le cercle de Saxe avec sa capitale de Wittemberg, presque tout le landgraviat de Thuringe, et quelques autres portions de territoire. La seconde, sous le duc George, l'antagoniste de Luther (mort en 1539), possédait le landgraviat de Misnie et une petite partie de la Thuringe.

2° La maison de Brandebourg. La branche électorale, sous l'électeur Joachim I (mort en 1535), possédait la Marche de Brandebourg (Marche-Électorale et Nouvelle-Marche), et quelques autres plus petites principautés. La branche margraviale, en Franconie, se partageait en branches de Culmbach et d'Anspach.

3° La maison palatine (ou branche aînée de Wittelbach) se partageait en branche électorale qui, sous Louis V (mort en 1544) possédait le cercle du Rhin, et en branche de Simmern, qui se partageait elle-même en branche de Simmern et de Deux-Ponts, cette dernière encore partagée en branches de Deux-Ponts et de Feldenz.

4° La maison de Bavière (ou branche cadette de Wittelbach). Nonobstant l'ordre de primogéniture établi en 1508, la Bavière se partagea entre le duc Guillaume IV (mort en 1550) et son frère Louis ; mais après la mort de celui-ci (1545), elle fut de nouveau et pour toujours réunie en une seule souveraineté.

5° La maison de Brunswick comprenait alors les deux branches principales ; celle de Lunebourg (puînée), qui possédait (depuis 1520), sous le duc Ernest (souche des deux nouvelles branches, et mort en 1546), les États de Lunebourg et de Zell ; celle-ci renfermait les deux branches collatérales de Harbourg et de Gifhorn. Celle de Brunswich ou Wolfenbuttel (puînée) se partageait en deux branches, dont l'une, sous le duc Henri le Jeune, opposé à la réformation (mort en 1568), possédait Wolfenbuttel ; l'autre, sous le duc Erich I (mort en 1540), possédait Calenberg et Gœttingue. La branche aînée de la maison de Brunswick existait encore à Grubenhagen.

6° La maison de Hesse. Sous Philippe le Magnanime (mort en 1567), elle n'était point partagée, et formait ainsi une des plus puissantes maisons de l'Allemagne.

7° La maison de Mecklenbourg, sous Henri le Pacifique (mort en 1552), point partagée.

8° La maison de Wurtemberg. Elevée, en 1495, du simple comté au rang de maison ducale, elle ne subit point de partages ; mais le duc Ulrich, prince inquiet et turbulent, fut chassé de ses états en 1519 par la ligue de Souabe. Il y rentra en 1534 par le traité de Cadan.

9° La maison de Bade. Sous le margrave Christophe elle n'était point encore partagée ; elle le fut, en 1527, en branche de Bade et branche de Durlach.

Au nombre des maisons les plus considérables, on en comptait deux, aujourd'hui éteintes : la maison ducale de Poméranie, qui, sous Bogislas (1523), n'était point encore partagée, et qui le fut, en 1523, en branches de Wolgast et de Stettin. La maison de Clèves, à laquelle, depuis l'an 1516 et sous Jean III (mort en 1539), appartenaient Juliers, Berg et Ravensberg. Elle n'était point partagée. Dans les maisons qui n'avaient point subi de partage, il existait souvent cet autre inconvénient, que la situation des frères ou proches parents du prince régnant n'était pas à son égard aussi bien déterminée qu'elle l'a été depuis.

3. Luther, sommé de comparaître à Worms devant la diète de l'Empire, obéit à cette sommation (18 avril 1521), et son affaire, jusqu'alors purement ecclésiastique, se changea en une affaire d'Etat. Les peuples y avaient déjà pris grande part. Cette diète où le parti de l'empereur fit prononcer le bannissement de Luther, et où de l'autre côté il fut ouvertement appuyé par son souverain et plusieurs autres princes, fut l'origine des divisions qui éclatèrent si violemment dans l'Empire.

Les motifs qui portèrent l'empereur à se déclarer contre Luther furent certainement beaucoup plutôt politiques que religieux. Ils ne se rattachaient point à des vues ultérieures fort étendues, mais sortaient naturellement de sa situation comme protecteur de l'Eglise, et du besoin qu'il avait alors de l'amitié du pape. Aussi le côté politique de la réformation demeura-t-il toujours pour lui le plus important ; bien que ses idées sur le parti qu'il en pouvait tirer ne se développassent d'abord que par degrés, d'autant plus que ses deux premières guerres avec la France, survenant précisément sur ces entrefaites, mirent obstacle à ses desseins. Edit de Worms (26 mai) qui bannit Luther et ses adhérents. L'empereur, par cet édit, se lia les mains pour l'avenir.

4. Dans le cours des années suivantes, les nouvelles doctrines s'étant rapidement propagées, et ayant décidément triomphé en plusieurs parties de l'Allemagne, particulièrement en Saxe et dans la Hesse (1526), il s'éleva, par le secours de l'imprimerie, une fermentation d'idées jusqu'alors sans exemple, et dont l'importance politique se manifesta aux yeux des gouvernements par deux événements, la guerre des paysans et la sécularisation de la Prusse.

Commencements et progrès de la guerre des paysans, qui s'étendit (1524) de la Souabe jusque dans la Thuringe. Elle fut excitée par Thomas Munzer, et terminée par la bataille de Frankenhausen (15 mai 1525). Il importe moins à l'histoire générale de chercher quelle part eut en effet la Réformation à cette guerre des paysans, que d'observer celle qu'elle parut y avoir; car de ces apparences résultèrent des suites impossibles à prévenir.

Versuch einer Geschichte, etc. *Essai historique sur la guerre des paysans d'Allemagne*, par G. Sartorius. *Berlin*, 1795.

5. La sécularisation de la Prusse, appartenant à l'Ordre Teutonique, donnait un exemple que pouvaient imiter d'autres souverains ecclésiastiques, et au milieu des inquiétudes qu'excitait déjà la saisie des biens d'église (dont généralement les princes qui s'en étaient emparés avaient fait un usage noble et désintéressé), quel effet ne dut pas produire sur la cour de Rome la perte d'un pays tout entier!

Albert de Brandebourg, grand maître de l'Ordre Teutonique, se déclara duc héréditaire de Prusse, toutefois sous la suzeraineté de la Pologne (1525).

6. Ces événements et les dispositions ennemies que manifesta l'empereur, déjà rendu si puissant par la victoire de Pavie, donnèrent lieu des deux côtés aux confédérations de plusieurs Etats catholiques à Dessau, et des principaux protestants à Tor-

gau. L'intention des confédérés était de former des alliances purement défensives, et nullement de préparer une attaque. Cependant, et malgré les divers incidents qui survinrent, et dont l'effet fut d'entretenir la paix, elle se fût difficilement maintenue, si l'idée d'un concile général n'avait offert un moyen d'accommodement. Ce ne fut à la vérité qu'un palliatif, mais cela même était deja un grand bienfait.

En reconnaissant l'édit de Worms, l'empereur avait perpétué les différends — Ligue de Dessau (mai 1525) entre l'électeur de Mayence, le Brandebourg, etc. Ligue des réformés à Torgau (le 12 mai 1526), d'abord entre la Hesse et l'électeur de Saxe; les autres Etats y accédèrent ensuite. A en juger par le train ordinaire des affaires du monde, il est aisé de comprendre que ces alliances se réduisirent à des conventions vagues, et pour ainsi dire à de simples pourparlers; mais l'impétuosité qu'y porta Philippe anima encore le nouveau parti, et, dès 1528, un faux bruit répandu par le docteur Pack, chancelier du duc George de Saxe, lui donna occasion de prouver qu'ils étaient en état d'agir; mais on n'aurait pu dans les diètes se tirer d'affaire avec l'empereur, si depuis la diète de Spire (1526) les esprits ne se fussent laissés amuser de l'idée d'un concile libre.

7. La diète de Spire donna un nom au nouveau parti; et celle d'Augsbourg, où il exposa sa profession de foi, lui fit comprendre qu'il n'existait aucun moyen de concilier les deux doctrines. Mais le projet du concile suspendit toute décision; et, malgré les menaces de l'empereur et la nouvelle ligue des protestants à Smalcalde, une paix que rendit d'ailleurs nécessaire l'état des affaires avec la Turquie, laissa toutes choses *in statu quo* jusqu'à la convocation du concile.

Diète de Spire (1529), qui défend la propagation des nouvelles doctrines. Les évangélisants protestent contre cette décision (19 av.). De là leur nom de Protestants. Diète d'Augsbourg; Confession d'Augsbourg, déclarée le 25 juin 1530. Les termes prescrits par l'empereur n'eurent d'autre résultat que d'amener une nouvelle ligue, ce fut celle de Smalcalde (27 fév. 1531). L'élévation de Ferdinand à la dignité de roi des Romains ajouta un nouveau motif à ceux qui déterminaient les protestants à la former: cependant les négociations se renouvelèrent, et l'on conclut à Nuremberg (23 juill. 1532) la paix désignée sous le nom de l'*Intérim*, qui assurait, mais seulement pour les alliés de Smalcalde, la tranquillité des nouvelles opinions jusqu'au moment du concile.

8. L'*intérim* n'eût été qu'un faible obstacle au prompt renouvellement de la guerre, si d'un côté la situation intérieure des partis, de l'autre quelques incidents, n'eussent contribué à maintenir la paix. L'accommodement lui-même contenait en grand nombre les germes d'une nouvelle rupture ; mais qui devait attaquer les *confédérés* ? Etait-ce l'empereur ? étaient-ce les Etats catholiques ? étaient-ce tous les deux ? Lorsque l'empereur eut écarté le danger qui le menaçait de la part de la Turquie (*voy.* p. 32), le rétablissement du duc Ulrich de Wurtemberg, la guerre des anabaptistes à Munster, et son expédition contre Tunis (*voyez* p. 33), lui donnèrent assez d'affaires pour garantir les protestants de ses attaques ; et lorsque, dans sa troisième guerre avec Charles-Quint (1535-1538), François I eut essayé d'attirer dans son parti la ligue de Smalcalde, bien que ses efforts eussent été inutiles, cette circonstance imposa à l'empereur la nécessité de ménager les confédérés, et leur procura ainsi un nouveau répit.

Philippe de Hesse rétablit à main armée le duc Ulrich de Wurtemberg dans ses Etats (1534), ce qui accroît l'animosité des deux partis, et qui, en augmentant la force du parti protestant, auquel appartenait le duc Ulrich, lui donne aussi de la considération. Les anabaptistes établissent leur domination à Munster (1534) sous la conduite de Jean de Leyde. Elle cesse par la prise de la ville (24 juin 1535). Cet événement est aussi curieux à observer comme phénomène psycologique que comme fait politique. — La Ligue de Smalcalde est renouvelée pour dix ans (10 juill. 1536). On détermine le contingent des troupes à fournir par chaque confédéré, ce qui la consolide et commence à la rendre redoutable.

9. Quoique la paix conclue avec la France (1538) eût fort éclairci les affaires de l'empereur et mis à l'aise ses autres projets, il ne lui était pas encore possible de rompre, quels que fussent ses désirs à cet égard ; les protestants le pouvaient encore moins, n'ayant d'autre intérêt que celui de se tenir sur la défensive. Cependant divers petits incidents concouraient à enve-

nimer la querelle, et même les puissants efforts employés pour amener la convocation d'un concile, qui ne pouvait tourner à l'avantage de l'empereur et moins encore à celui des protestants, commencèrent à rendre ce moyen de paix odieux à tous. Les plaintes continuelles des protestants sur la partialité de la chambre impériale entretenaient d'ailleurs une inépuisable source de ressentiments.

Efforts du pape Paul III (depuis 1536) pour assembler dans une ville d'Italie un concile qui puisse entrer dans ses vues. L'empereur envoie en Allemagne son vice-chancelier Held, auteur de la Sainte-Ligue (10 juin 1538), et l'homme le plus propre à souffler le feu de la discorde. Evénements particuliers : les confédérés déclarent la guerre au duc de Brunswick (1540). Il est chassé de ses États (1542). Efforts de l'électeur de Cologne pour introduire la Réformation dans ses Etats, terminés par son expulsion (1543).

10. Ainsi les mêmes causes qui concouraient à entretenir la discorde entre les partis empêchaient, malgré quelques éclats particuliers, qu'on n'en vînt à une rupture générale. On a cherché à savoir quels avaient été, au milieu de ces querelles religieuses, les projets politiques de l'empereur, et de quelle manière ils s'étaient formés et combinés dans son esprit. Les plus grands historiens ont tellement différé d'opinions à cet égard, que, selon ce qu'ils ont pensé, il faut regarder Charles-Quint comme le plus profond politique qui ait jamais existé, ou voir dans les incertitudes de sa conduite les indices d'un défaut absolu de plan; et cette dernière opinion pourrait bien être la plus vraisemblable. La politique de Charles-Quint, en Allemagne, était le résultat de l'*idée* qu'il se formait de la puissance impériale; et comme cette idée était nécessairement très-vague, ses plans devaient l'être aussi. On se tromperait fort, si l'on voulait voir dans des actes ou des discours particuliers qui lui échappaient de temps en temps, et quelquefois même d'une manière officielle, les preuves d'un système fixe et de projets arrêtés. La ligue de Smalcalde, en se constituant opposition armée, donna pour la première fois aux idées de

l'empereur une direction plus déterminée, car il vit là une rébellion. Mais il fallut un long temps avant que les coalisés formassent, à vrai dire, une opposition de ce genre. Le complet bouleversement de la constitution germanique était une idée si étrangère à tout le siècle, qu'elle ne pouvait se présenter d'une manière nette et positive à l'esprit d'aucun individu. De telles idées ne mûrissent que dans les temps des constitutions écrites : d'ailleurs, quand celle-ci eût été conçue, l'exécution en serait demeurée à peu près impossible, car les moyens d'y parvenir n'existaient pas. Jamais la nation allemande n'avait été moins disposée à subir le joug. Le temps durait encore où les citoyens portaient eux-mêmes les armes, et nulle armée permanente n'était capable de leur imposer des chaînes.

Nouveaux incidents survenus pendant l'expédition de Charles contre Alger (1541), et la quatrième guerre contre la France, immédiatement après (1542-1544) : la paix est maintenue par le recès de l'Empire à Ratisbonne (29 juill. 1541), et surtout par de nouvelles menaces de la part des Turcs.

11. La guerre éclata enfin, lorsque, par la paix de Crespy, l'empereur se trouva n'avoir plus affaire qu'aux confédérés, en même temps que le refus de reconnaître le concile de Trente ne laissait plus aucune autre issue. Mais ce ne fut point à la diète que s'adressa la guerre, comme l'aurait voulu le pape, et comme il espérait l'avoir établi dans son traité avec l'empereur, mais à la ligue de Smalcalde, rebelle à l'autorité impériale. Cependant cette confédération était travaillée de tous les maux qui peuvent concourir contre une union de ce genre; et, avant même que les deux chefs eussent été pris, l'un à la bataille de Muhlberg, l'autre par trahison à Halle, toutes les probabilités se réunissaient pour faire présager la dissolution de la ligue.

Le concile de Trente, convoqué depuis 1542, s'ouvre enfin le 13 décembre 1545. Sa forme et ses premières décisions mettent les protestants dans l'impossibilité de le reconnaître. La guerre éclate aussitôt après la diète de Ratisbonne (juillet 1546) : déclaration des deux chefs (20 juillet). La guerre continue durant toute cette année sans aucun plan arrêté. Mésintelligence des confédérés. Bataille de Muhlberg, où le prince Jean Frédéric est fait prisonnier (24 avril 1547) ; la dignité électorale est transférée à Maurice, duc de Saxe. Le prince Philippe de Hesse est pris par trahison à Halle (19 juin.

12. Après l'entière dissolution de la ligue, l'empereur demeurait absolument le maître de suivre ses desseins; mais ses vues se tournaient moins alors vers les conquêtes que vers des projets de réunion, c'est-à-dire, selon l'esprit du temps, vers des projets de concile. D'ailleurs, les théologiens l'embarrassèrent bientôt d'un nouvel *Intérim*, mesure nécessaire en soi. Ce fut alors que l'âge qui s'avançait parut lui inspirer le dessein de faire passer ses deux couronnes sur la tête de son fils. Cependant, il ne pouvait sans doute concevoir dès lors l'idée de rendre un jour l'Empire héréditaire; mais il crut probablement voir dans cette réunion le seul moyen d'assurer la puissance de sa maison. Par bonheur pour l'Allemagne, ce projet impolitique ne put réussir; car que serait-elle devenue sous Philippe II ? Mais la faute de l'avoir tenté coûta plus cher à Charles qu'aucune de celles qu'il eût jamais commises; elle hâta le moment de la plus redoutable crise qu'ait essuyée son gouvernement.

Diète d'Augsbourg et publication de l'*Intérim*, destiné à servir de règle jusqu'à la décision du futur concile (15 mai 1548). Le mouvement produit par cet événement prouve peut-être plus que toute autre chose l'énergie qui animait alors la nation ; c'était le temps où une seule ville comme Magdebourg pouvait tenir tête à toute la puissance de l'empereur.

13. Quoique Charles n'eût pas le désir de renverser la constitution germanique, il s'en fallait de beaucoup qu'il s'entendît avec les États de l'Empire sur les limites ou l'étendue de l'autorité impériale. Il en eût pourtant obtenu ce qu'il voulait, s'il ne s'y fût trouvé un homme que Charles, après une longue pratique, ne connaissait pas encore, parce qu'habile

à démêler les intérêts politiques des hommes, il ne savait pas deviner ce qui tenait à leur caractère. Ce fut un trait de vigueur que l'audacieux projet suggéré à Maurice par les événements de Halle; mais, si le courage le conçut, l'habileté se chargea de l'exécuter. On en vit la preuve dans toute la conduite de l'entreprise, et particulièrement dans l'alliance avec la France. Lors même que le résultat en eût été moins éclatant, la seule tentative désignerait à l'histoire le duc Maurice comme un homme au-dessus de son siècle. Son épée, d'un seul coup, fit pour l'Allemagne ce que n'avaient pu tous les conciles.

Projet de l'électeur de Saxe pour surprendre l'empereur et le forcer ainsi à assurer la tranquillité aux opinions religieuses, et à mettre en liberté Philippe de Hesse, beau-père de Maurice. Les moyens lui en furent préparés par la mission qu'il avait reçue d'exécuter le ban de l'Empire contre la fière ville de Magdebourg. Siége de cette ville, et capitulation (5 nov. 1551). Alliance secrète avec Henri II, roi de France, conclue à Friedewalde (5 oct. 1551). La guerre éclate et se pousse avec impétuosité (mars-juillet 1552). Pendant ce temps, le concile se sépare. L'empereur est forcé de signer la convention de Passau (2 août 1552); les conditions furent: 1° que les princes prisonniers seraient mis en liberté; 2° que l'empereur et les États catholiques laisseraient aux protestants une entière liberté de conscience; 3° que ces stipulations seraient confirmées dans l'espace de six mois par une diète qui n'aurait cependant pas le pouvoir d'y déroger. Ainsi, quoique la convention de Passau ne renfermât que des préliminaires, la paix définitive fut dès lors assurée. Celui à qui on la devait n'y survécut pas longtemps; il fut tué l'année suivante à la bataille de Sievershausen (9 juillet 1553), contre le turbulent margrave Albert de Culmbach.

14. Comme Maurice avait conclu la convention de Passau sans son allié Henri II, la guerre avec la France continua; et Charles, dans cette occasion, ayant plus consulté sa haine que sa prudence, ne put la terminer sans de grandes pertes pour lui et pour l'Empire.

Invasion de Henri II en Lorraine, et prise de Metz, Toul et Verdun (avril 1552). Expédition de Charles, dans l'automne de 1552; il assiége inutilement la ville de Metz, défendue par François de Guise. La guerre continue sans grands événements, mais en général avec succès pour la France, durant les deux années suivantes, tant sur les frontières des Pays-Bas qu'en Italie, où cependant Sienne, qui s'était mise sous la protection de la France, fut assiégée par l'empereur et obligée de se rendre (21 avril 1555). Trève de cinq ans, conclue à Vaucelles (5 fév. 1556). La France demeure en possession de ce qu'elle avait pris, tant en Lorraine qu'en Piémont.

15. Cette guerre, et d'autres empêchements, avaient retardé la tenue de la diète destinée à ratifier la paix de religion ; elle s'assembla enfin à Augsbourg, et après des négociations qui durèrent six mois (car Maurice n'était plus), fut conclue cette paix qui, à la vérité, donnait le repos aux deux partis, et confirmait aux possesseurs actuels la propriété des biens ecclésiastiques saisis antérieurement à la convention de Passau, mais qui, ne s'appliquant qu'aux chrétiens de la confession d'Augsbourg, et stipulant le *reservatum ecclesiasticum*, ouvrait une double porte à de nouveaux différends.

Le *reservatum ecclesiasticum* avait pour objet la question de savoir si la liberté de conscience s'étendait à tous les États de l'Allemagne, tant ecclésiastiques que séculiers, ou seulement à ces derniers. Les protestants voulaient la liberté partout, et les catholiques ne voulaient ni ne pouvaient l'accorder.

16. Ce fut après cette paix que Charles-Quint, déterminé par l'inconstance de la fortune et par la faiblesse de sa santé, exécuta le projet qu'il avait formé de se démettre de ses couronnes. Il laissa à son fils Philippe II l'Espagne et les Pays-Bas; et son frère Ferdinand I, roi des Romains, lui succéda sur le trône impérial.

Charles fait à Bruxelles, à son fils Philippe, l'abandon des Pays-Bas (25 oct. 1555) et de la monarchie espagnole (16 janvier 1556); il abdique l'Empire le 27 août 1556, et meurt à Valladolid, dans le monastère de Saint-Just, où il s'était retiré (21 sept. 1558).

17. La Réformation, à cette époque, embrassait déjà la même étendue de pays qu'aujourd'hui. Les nouvelles doc-

trines s'adressant au raisonnement plutôt qu'à l'imagination, avaient obtenu un accès plus facile dans le Nord que dans le Midi; car c'était en cette occasion le caractère des peuples qui avait décidé de l'événement bien plus que les mesures des gouvernements. Les conséquences politiques de cette révolution ne se bornèrent point à l'Allemagne; elles eurent alors, et par la suite dans la plus grande partie de l'Europe, une puissante influence sur l'état intérieur des nations; mais d'ailleurs les deux principales puissances du continent, rivales sur tout autre point, s'étant accordées à rejeter la Réforme, elle demeura sans action sur la politique générale. Ses effets, en se développant, *conduisirent à deux résultats principaux* : 1° la religion, tant dans les États catholiques que dans les États protestants, fut considérée, beaucoup plus qu'elle ne l'avait été jusqu'alors, comme une des bases de la constitution; 2° dans les États protestants, la séparation de la cour de Rome, et en quelques-uns la saisie des biens ecclésiastiques, augmentèrent beaucoup la puissance des princes; mais les suites éloignées et incalculables du mouvement qu'elle avait donné à l'esprit humain devaient surpasser de beaucoup en importance ces résultats immédiats.

18. On ne peut nier que la Réforme n'ait été et ne soit demeurée pour l'Allemagne un principe de discorde; mais elle fut en même temps celui de la vie politique : non qu'elle ait produit par elle-même aucune révolution politique, rien de ce genre n'était à craindre tant que les idées religieuses occuperaient le premier rang, et ne laisseraient à la politique que les arrière-pensées; mais les princes, obligés à de grands efforts, avaient senti leur indépendance : ce n'était pas pendant la durée de la lutte que pouvaient s'éteindre des forces une fois mises en action; et, dans un corps politique de cette nature, le principe de vie ne pouvait être autre chose que la tendance des divers États à obtenir une existence séparée.

A la fin de cette époque, la doctrine protestante régnait dans la Saxe, le Brandebourg, le Brunswick, la Hesse, le Mecklembourg, le Holstein, et quelques petits Etats du Nord. Au Midi, dans le Palatinat, Bade et le Wurtemberg, ainsi que dans la plupart des grandes villes impériales. La division qui s'était introduite dès 1525, entre les protestants, au sujet de l'Eucharistie, ne pouvait avoir aucun résultat de quelque importance, tant que les grandes puissances de l'Empire n'appartenaient pas à la Réforme.

19. Hors de l'Allemagne, les nouvelles doctrines avaient étendu leur domination sur les royaumes du Nord (*voyez* ci-après), la plus grande partie de la Suisse, et la ville de Genève. En Angleterre, la lutte durait encore. Elles s'étaient introduites en France, en Bohême, en Hongrie et en Pologne, sans qu'on pût encore rien présumer sur leurs succès ultérieurs; mais partout où elles s'étaient établies, elles avaient apporté de grands changements, non-seulement dans les dogmes, mais aussi dans la forme extérieure de l'établissement religieux.

L'Angleterre, sous Henri VIII, se sépare du saint Siége, mais sans renoncer aux anciennes doctrines; un acte du parlement (nov. 1534) transfère au roi la suprématie de l'Eglise. La doctrine protestante s'introduit, sous Edouard VI (1547-1553), dans l'église anglicane, mais en conservant la hiérarchie épiscopale sous l'autorité supérieure du roi. La domination du pape est rétablie sous le règne de Marie (1553-1558), et définitivement rejetée par Elisabeth.

En Ecosse, la doctrine des réformés s'était répandue dès 1525, particulièrement par les efforts de Jean Knox, disciple de Calvin; elle y était cependant encore combattue par le gouvernement et le clergé romain.

En Suisse, la Réforme avait été introduite dès 1518, par Zwingle (tué près de Cappel, le 11 oct. 1831, dans un combat contre les catholiques), qui, de son côté, et indépendamment de Luther, l'avait établie à Zurich. Elle s'y répandit rapidement dès 1528; elle avait été adoptée par la totalité, ou du moins par la plus grande partie des habitants des cantons de Zurich, Berne, Bâle, Appenzel, Glaris et Schaffhouse. — Séparation des chrétiens de la confession d'Augsbourg, par suite de la querelle élevée en 1525, au sujet de l'Eucharistie; et formation du parti *réformé*, qui, cependant, ne se constitua parfaitement qu'à Genève, par les soins de Calvin (1535—1564). Cette ville obtient dans l'Europe une importance considérable et toujours croissante, comme centre d'un certain genre d'idées religieuses et politiques, du savoir et du républicanisme en action. Elle s'était soustraite à la domination du duc de Savoie, et avait renvoyé son évêque, en

1533. — L'Eglise réformée prend définitivement sa forme et sa discipline; au moyen de l'université établie (en 1559) à l'instigation de Calvin, Genève, par son secours et celui de Bèze, devient la première école de théologie de cette communion, et la seule où le français fût la langue dominante.

20. L'existence de la compagnie de Jésus, qui s'établit à cette époque, doit être mise au nombre des suites de la Réformation, à laquelle elle doit non son origine, mais la direction qu'elle a suivie. Le but constant de cette société a été de maîtriser l'opinion publique. Dévouée à la papauté, c'est-à-dire à l'extension illimitée de la puissance pontificale, elle devait avoir pour but de s'opposer non-seulement au protestantisme, mais à toute liberté de raisonnement; et il n'est pas douteux que l'époque où elle s'établit ne lui offrit la possibilité d'y parvenir, en embrassant le monde dans les liens d'une vaste association. Peut-être aussi se fût-elle accommodée de tous les moyens de succès. Mais ceux à employer dépendaient de l'état du temps. Elle était donc obligée de marcher avec le siècle, de prendre la forme qui lui convenait, et de perdre la sienne propre; cependant, enchaînée par son but principal, elle ne pouvait se prêter qu'à un certain point, et il était dans sa nature de devenir toute-puissante ou d'être anéantie. Avant d'arriver à l'un ou à l'autre de ces résultats, elle avait une longue carrière à fournir, et l'on n'a pas eu lieu de s'étonner de la durée ni de l'étendue de son pouvoir. Son intervention dans la politique ne fut pour elle qu'un moyen de parvenir à son but, moyen nécessaire, mais dangereux, en ce qu'elle la mettait inévitablement en guerre avec les gouvernements aussitôt qu'elle serait abandonnée de l'opinion publique, à laquelle les princes sont obligés de se soumettre. Tantôt à découvert, tantôt dans l'ombre, elle étendit sur le monde chrétien une sorte de filet où se trouvait enlacée la totalité du système des États de l'Europe, soumis à son action, non pas seulement chacun en particulier, mais dans leur ensemble. Il serait difficile, et souvent impossible, de dire en quelles occasions et à quel point se fit sentir son influence; mais ses moyens

d'influer se marquent d'eux-mêmes dans les principaux traits de son organisation.

Ignace de Loyola, fanatique persévérant, fonde la société de Jésus, d'abord sous la forme d'une association particulière (1534). Elle est confirmée par le pape Paul III (1540), et reçoit de grandes extensions (1543 et 1549) : favorisée par l'esprit du temps, elle prospère rapidement malgré de nombreuses oppositions. Peu après la mort de son fondateur (1556), elle se partage en neuf provinces, comprenant toute l'Europe occidentale : savoir, une province en Portugal, trois en Espagne, une en France, deux en Allemagne et dans les Pays-Bas, et deux en Italie. Ses missions embrassèrent les autres parties du monde en trois provinces, le Brésil, l'Ethiopie et les Indes. Les formes extérieures particulières à l'institution furent non celles d'un ordre séparé du monde, mais d'une société qui y demeure unie, qui même s'y fond à un certain point sans pouvoir cependant s'y confondre entièrement. Elle eut des colléges et des séminaires, mais point de cloître ; l'habit ecclésiastique, mais non pas l'habit monacal. Organisation intérieure : — 1° sous le rapport du gouvernement, le principe du despotisme le plus absolu et de l'obéissance aveugle ; conséquences immédiates du but de l'institution. Chef de la société désigné sous le titre de général (*præpositus generalis*), ne dépendant de personne que du pape, et résidant à Rome. Depuis le jésuite Lainez (1558-1564), qui exerça la domination la plus illimitée, le général de l'ordre a été entièrement revêtu, et sur tous les points, de la puissance exécutive, et bientôt après, malgré les congrégations générales et provinciales, de toute la puissance législative. — Assistants, provinciaux, recteurs (ministres, gouverneurs et sous-gouverneurs). L'autorité du pape sur le chef de la société ne pouvait être fort incommode à celui-ci, car leur intérêt était le même ; et, quant à la manière de s'en servir, elle a toujours été abandonnée à la sagesse du général. 2° Les membres de l'association étaient classés de cette manière : novices, scolastiques, coadjuteurs, profès. — Quant aux principes qu'ils suivaient dans la manière de se recruter, ils consistaient particulièrement à borner extrêmement le nombre des profès, ou jésuites proprement dits ; mais il y avait ensuite une classe d'affiliés ou jésuites secrets, ne portant point l'habit, et parmi lesquelles on comptait un nombre considérable de grands seigneurs et d'évêques. 3° Les principaux moyens d'influence étaient les missions, le confessionnal, particulièrement dans les cours, l'instruction de la jeunesse dans les écoles inférieures, comme dans les hautes écoles ; ainsi, elle s'emparait en même même temps des générations présentes et futures. C'était un mal en soi qu'une institution destinée à gêner le libre développement de l'esprit humain. On ne doit pas méconnaître le bien qu'elle a fait en contribuant à la propagation de la religion, et de certaines parties d'instruction ; mais malheureusement, dans son histoire politique, la part du bien est de beaucoup la moins considérable.

L'histoire de l'ordre, telle qu'elle doit être, c'est-à-dire prise dans son véritable point de vue, est encore à faire. On trouve à cet égard d'excellents prolégomènes dans l'Encyclopédie allemande, tom. XVII, Suplém. (par Spittler). Parmi les grands ouvrages on doit distinguer :

Allgemeine geschichte der Jesuiten, etc. *Histoire générale des Jésuites, depuis la fondation de leur ordre jusqu'à l'époque actuelle*; par Ph. Wolff. 4 vol. in-8°, 2e éd. *Leipzig*, 1803. Et outre cela : *Schroeckh Kirchengeschichte*, etc. L'*Histoire ecclésiastique jusqu'à la Réformation*, par Schroeckh. Troisième vol., dernière part. Histoire critique et impartiale.

21. On voit l'aspect général de la politique s'agrandir dans cette période, malgré la petitesse de quelques détails particuliers. On se dirige vers des buts plus importants, plus déterminés; les motifs deviennent plus nobles : l'habileté ne paraît pas fort augmentée, mais on aperçoit de plus grands caractères. L'influence des théologiens, plus grande chez les protestants que chez les catholiques, y eut souvent de fâcheux effets; cependant elle ne contribua jamais à entretenir la guerre; plus d'une fois, au contraire, elle étouffa des commencements d'incendie.

22. Les besoins des gouvernements ne firent faire à l'administration aucun progrès remarquable. On continua de chercher des ressources dans de nouveaux impôts, jamais reçus sans opposition de la part des États, et dans des emprunts coûteux faits aux riches villes de commerce. Les princes, les ministres ne donnèrent à cette branche de gouvernement que le degré d'attention commandé par la nécessité du moment. La religion absorbait toutes les idées. Les trésors qui refluaient d'Amérique en Espagne contribuèrent à entretenir cette opinion, que la richesse d'un pays dépend de la quantité d'or et d'argent qu'il renferme. Cependant l'Espagne ne devint pas riche, et Charles-Quint demeura pauvre, si du moins c'est être pauvre que de se trouver toujours au dessous de ses besoins.

23. L'art de la guerre fit quelques progrès. Les guerres sans cesse recommencées entre François I et Charles devaient nécessairement, quoique ni l'un ni l'autre ne fussent, à proprement parler, de grands capitaines, les conduire à quelques nouvelles combinaisons. La principale fut l'établissment d'une infanterie régulière, base de toute science militaire; mais dans les légions de François I, on ne devait guère voir encore qu'une simple milice plutôt qu'une armée permanente, et la redoutable infanterie de Charles-Quint se composait de bandes mercenaires, engagées pour un temps indéterminé. Ni l'armement, ni la discipline ne pouvaient en rien se comparer à ce qu'on voit aujourd'hui dans l'infanterie moderne, et aucune grande idée de tactique ne pouvait entrer dans les esprits tant que la formation des troupes en colonnes profondes s'opposait à toute rapidité de mouvements.

III. HISTOIRE DU SYSTÈME COLONIAL PENDANT CETTE PÉRIODE.

Aux ouvrages indiqués ci-dessus, il faut ajouter, particulièrement pour l'Amérique espagnole :

Anton. de Herrera, Decadas o Historia general de los Hechos, etc. *Décades*, ou *Histoire générale des faits des Castillans dans les îles et la terre ferme sur l'Océan*, en quatre décades, depuis l'an 1492 jusqu'à l'an 1581. *Madrid*, 1601. Dans l'édition de 1729, la meilleure de toutes, on y a joint des continuations; 5 vol. in-fol. — Les trois premières décades ont été traduites en français.

Historia del Nuevo Mundo, etc. *Histoire du Nouveau Monde*, par Jean-Baptiste Munoz. *Madrid*, 1793, in-4°. Il n'a paru que le premier volume.

Saggio di Storia Americana, etc. *Essai sur l'Histoire naturelle, civile et religieuse des royaumes et des provinces espagnoles de terre ferme dans l'Amérique méridionale*; par l'abbé Philippe Salvador Gilli. *Rome*, 1780. 4 vol. in-8°. La partie politique est tout-à-fait insuffisante.

Antonio da Ulloa, *Relacion historica*, etc. *Relation historique d'un Voyage dans l'Amérique méridionale*; par Antonio d'Ulloa, 1748, 2 vol. in-4°, publiés en français en 1751. C'est la meilleure description qu'on ait de ces provinces.

Mais la meilleure source à consulter sur l'administration intérieure des colonies, c'est le Recueil des Ordonnances et Règlements des Rois d'Espagne, fait et publié par le gouvernement lui-même.

Recopilacion de Leyes de los Regnos de las Indias, etc. *Collection des Lois relatives au royaume des Indes*, imprimée par l'ordre de S. M. Catholique le roi Charles II. Troisième édition, *Madrid*, 1774, 4 vol. in-fol. Ce Recueil, très-bien distribué par ordre de matières, commence avec l'année 1509, et conduit jusqu'au commencement du règne de Charles II. Le quatrième volume contient aussi une table des matières très-complète.

1. L'Espagne et le Portugal continuèrent, durant cette période, à dominer seuls au-delà de l'Océan, et, demeurés si long-temps sans rivaux, se confirmèrent de plus en plus dans l'idée d'un droit exclusif sur les terres et les mers nouvellement découvertes. Mais leurs progrès avaient suivi une marche très-inégale. Le système colonial des Portugais avait, à la fin de la période précédente, acquis son entier développement; au lieu que l'immense édifice du système espagnol ne commença que dans celle-ci à s'établir et à s'organiser.

2. Premier établissement des Espagnols sur le continent de l'Amérique par la conquête du Mexique (Nouvelle-Espagne), du Pérou, de Terre-Ferme et de la Nouvelle-Grenade. Il faut faire une grande différence entre ce que l'Espagne, dans tous ces pays, comprenait sous le nom de ses possessions, et ce qu'elle possédait véritablement. On avait pu facilement soumettre les Mexicains et les Péruviens, déjà établis dans des villes et des bourgades; mais pour fonder quelque domination sur ces innombrables peuplades de chasseurs errants dans des forêts et des déserts immenses, il n'y avait d'autre moyen que de les civiliser, c'est-à-dire de les convertir. L'autorité de l'Espagne tenait donc essentiellement au succès de ses missions; et quelque lents que fussent dans ces pays les progrès de la Croix, ils étaient encore plus réels que ceux de l'épée.

Conquête du Mexique par Fernand Cortès (1519-1521); elle se termine par la prise de la capitale après de violents combats. Conquête du Pérou, de Quito et du Chili, entreprise dès 1525, et faite (1529-1535) par François Pizarre, ses compagnons et son frère. Conquête de Terre-Ferme, commencée en 1532, et de la Nouvelle-Grenade, commencée en 1536. Plusieurs autres terres furent découvertes dans cette période, mais point encore conquises.

3. Les pays conquis devinrent et sont demeurés des provinces de la métropole (*a*). Ce résultat peut sans doute s'attribuer en partie à la constitution qui leur fut donnée, et qu'on doit regarder comme un des problèmes les plus difficiles qu'eut à résoudre la politique; mais sans l'appui de l'esprit national, tout le reste eût été inutile. Cette constitution ne s'acheva que peu à peu, mais les fondements en furent posés dans cette période. On imita, comme de coutume, autant qu'il était possible, le gouvernement de la métropole. Mais tout ne pouvait être constitué au-delà de l'Océan de même qu'en Europe. En Espagne, toute l'administration des colonies était entre les mains d'un collége supérieur, désigné sous le nom de *conseil des Indes* (*consejo real y supremo de Indias*), qui ne dépendait que du roi, et a été transféré à Madrid. La cour de commerce et de justice (*audiencia real de la contratacion*) siégeait à Séville, et lui était subordonnée. Par ce moyen, la politique coloniale de l'Espagne se trouvait plus solidement constituée que celle d'aucune autre nation. Dans les colonies, les vice-rois (*Vireyes*) étaient les représentants du monarque. Les *audiencias*, tribunaux supérieurs de justice pour l'intérieur du pays, servaient aussi de conseil au vice-roi. Les villes avaient leurs *cabildos* ou municipalités.

Ordonnances de Charles-Quint (*leyes nuevas*), posant les premiers fondements de la constitution (1542). Le conseil des Indes existait depuis 1511; mais il ne reçut sa forme définitive qu'en 1542. Nomination de deux vice-rois chargés de diriger en chef toute l'administration civile et militaire; le premier au Mexique (1540), et le second au Pérou (1542). On créa ensuite, et à différentes époques, plusieurs *gobernadores* et *capitanes* subordonnés au vice-roi. Érection de deux *audiencias* à Mexico et à Lima (1542), sous la présidence du vice-roi, qui cependant n'avait pas voix dans les affaires judiciaires. Le nombre des *audiencias* fut ensuite porté à dix, et celui des vice-rois à quatre. On appelait des jugements des *audiencias* au conseil des Indes.

4. Ces institutions politiques ne pouvaient s'appliquer qu'à

(*a*) On leur en donne encore le nom en Espagne, mais plusieurs combattent en ce moment pour leur indépendance. (*Note du traducteur.*)

des villes (*Ciudades*, *Villas* et *Lugares*). Il en existait à la vérité déjà dans le Mexique et le Pérou proprement dits, mais non pas ailleurs; et là même il n'y en avait pas partout où les nouveaux possesseurs auraient eu besoin d'en trouver. Les premières qu'ils fondèrent furent des ports et des villes maritimes sur les bords du golfe du Mexique, et bientôt après sur ceux de l'Océan Pacifique : ils ne bâtirent qu'ensuite et peu à peu les villes de l'intérieur.

Les villes de la côte, qui pour l'ordinaire se composaient d'abord d'une église et de quelques maisons, furent destinées à servir à la fois de ports et de garnisons. La première fut la ville de Cumana, bâtie en 1520. En 1532, on commença à construire les ports importants de Porto-Bello et Carthagène, Valence en 1555, Caraccas en 1567. Quelque temps auparavant avait été fondée la Vera-Crux, le premier établissement des Espagnols dans le Mexique; sur la côte de l'Océan Pacifique, dans le Mexique, Acapulco; dans le Darien, Panama; dans le Pérou, Lima (1535), et au Chili, la Conception (1550). Ce fut en 1535 qu'on essaya, d'abord sans succès, un établissement à Buenos-Ayres, sur la rivière de la Plata. Les villes de l'intérieur s'élevaient pour la plupart dans les lieux où on avait entrepris des exploitations de mines. Les établissements que formèrent plus tard les missions consistaient en de petits villages bâtis par des Indiens convertis, sous la direction des missionnaires, et situés dans les immenses plaines de l'intérieur, sur les bords de principaux fleuves.

5. Mais les liens religieux eurent encore plus de force que les liens politiques pour tenir les colonies attachées à la métropole. Le christianisme y avait transporté ses pompes extérieures, sa hiérarchie, ses cloîtres, et bientôt aussi l'inquisition; il y avait en même temps amené la civilisation, les connaissances qui l'accompagnent, et toutes les institutions dont elles sont la source : ainsi, avec l'établissement politique s'était formé dans les Indes un établissement ecclésiastique, entièrement dépendant, non du pape, mais du roi, et dont l'effet avait été de détruire à la fois chez les naturels du pays et leur civilisation antérieure et leur esprit national.

En vertu des priviléges concédés par Alexandre VI et Jules II (*Patronargo Real*), la nomination aux emplois ecclésiastiques appartenait au roi ; le pape ne se réservait que le droit de les confirmer. — Etablissement des archevêchés, d'abord de Mexico et de Lima, auxquels furent ajoutés, par la suite, ceux de Caraccas, de Santa-Fé-di-Bogota et de Guatimala. — Etablissement d'évêchés et de leurs chapitres. — Les bénéfices inférieurs, ou paroisses, se partageaient en cures pour les villages espagnols, *doctrineras* pour les villages indiens, et *missioneras* pour ceux du désert. Le projet de convertir les Indiens, présenté comme le but originaire des établissements, amenait nécessairement la fondation des cloîtres. Elle fut d'abord abandonnée aux ordres mendiants ; ce ne fut que plus tard que les jésuites s'en mêlèrent. Mais indispensables pour le but que l'on s'était proposé, quels moyens n'eurent-ils pas alors de prospérer dans ce délicieux pays, où l'inquisition (établie par Philippe II depuis 1570) pouvait, avec bien plus de force encore qu'en deçà de l'*Océan*, exercer sur les esprits sa puissance de mort ! — Etablissement des universités du Mexique et de Lima (1551).

6. Ainsi s'établirent entièrement dans ces contrées les formes des gouvernements européens. Mais la différence des origines ne permettait pas que la masse du peuple pût se fondre en une seule nation, et de ces variétés physiques sortirent des inégalités politiques bien plus considérables encore. Les lois avaient, à un certain point, pris soin de protéger les Indiens, et garanti du moins leur liberté personnelle ; mais les blancs régnèrent seuls, et tout ce qui se distinguait d'eux par la couleur du teint (*pardor*) demeura à leur égard dans la plus profonde infériorité. Dans cet abaissement furent compris, non-seulement les Indiens, mais les métis, nés du mélange des deux races (*mettizen, terzerones et quarterones*), auxquels le commerce des esclaves vint ajouter les nègres, d'où sortit encore, par leur mélange avec les Européens, une autre classe extrêmement nombreuse, celle des mulâtres. Ces différentes classes s'appliquèrent chacune exclusivement à diverses sortes de travaux. Ainsi s'établirent de véritables castes, parmi lesquelles celle des blancs se distingua comme une sorte de noblesse qui se partageait cependant encore en deux classes, les Espagnols nés dans le pays (*créoles*), et ceux qui arrivaient journellement d'Europe (*chapitons*) : une entière égalité régnait entre les créoles, sans aucune trace de

noblesse ; mais ils étaient exclus de toutes les places du gouvernement ; elles n'étaient données qu'à des Européens, qui même n'avaient pas le droit de s'établir dans le pays. C'était là un germe puissant de révolutions. Heureusement pour elle, l'Espagne sentit de bonne heure la nécessité de soumettre à une police sévère les émigrations de la métropole dans les colonies (aucun étranger ne pouvait s'y établir), ce qui contribua puissamment à les retenir dans sa dépendance (*a*).

Nouvelles ordonnances du gouvernement espagnol en faveur des Indiens, mais sans beaucoup d'effet pour arrêter la cruauté des premiers conquérants. Il faut remarquer en particulier l'ordonnance de 1542, qui limitait beaucoup le système de servitude féodale (*encomiendas*, *repartimientos*), introduit dans les colonies. La liberté personnelle garantie aux Indiens ; détermination des services féodaux (*mitas*) et des tributs. Des villages sont assignés aux Indiens pour y demeurer sous le gouvernement d'officiers particuliers (*caciques*) choisis parmi eux.

B. de Las Casas, *Relacion de la destruycion de las Indias*, etc. *Relation de la destruction des Indes*, par B. de Las Casas, 1552. Tableau célèbre des barbaries commises par les premiers conquérants. Les lois rendues en faveur des Indiens remplissent dans les *Leyes* presque tout un volume (l. VI). Aucun gouvernement n'a fait autant pour les naturels du pays que le gouvernement espagnol.

7. L'exploitation de ces contrées se borna presque entièrement à la recherche des métaux précieux, dont le produit, surtout en argent, surpassa toute attente. Les colonies espagnoles n'étaient cependant pas moins riches en autres productions ; mais tant que l'usage de la cochenille et de l'indigo pour la teinture, ainsi que celui du cacao, du tabac et du quinquina, ne furent que peu ou point répandus en Europe, ces denrées ne pouvaient former une branche importante de commerce. L'exploitation des mines fut abandonnée à des particuliers, sous condition de payer un droit à la couronne ; ainsi, la plupart des colons s'établirent dans l'intérieur des terres ; mais il se

(*a*) Voyez la note, page 55.

passa un fort long temps avant l'établissement d'aucun système régulier.

Découverte des riches mines de Zacoticas dans le Mexique (1532), et du Potose dans le Pérou (1545). Depuis l'époque de leur découverte, elles ont, terme moyen, produit annuellement 30,000,000 de piastres, dont près de la moitié vient en Europe. Le droit payé au roi était originairement de vingt pour cent; il a fallu par degrés le réduire à cinq; et cependant, même dans ces contrées les plus riches de la terre, le succès des exploitations de mines est tellement soumis aux chances du hasard, que le nombre de celles qu'on a été obligé d'abandonner est de beaucoup le plus considérable.

8. Ce fut pour suffire à ces travaux des mines et du petit nombre des plantations qu'on avait entreprises, et pour ménager les Indiens, que l'on avait reconnus incapables de les supporter, que, principalement par le conseil de Las Casas, on autorisa l'importation des nègres d'Afrique et le monstrueux commerce des esclaves. A la vérité, les Espagnols ne le firent point eux-mêmes; mais le gouvernement afferma à des étrangers, qu'excitait l'appât du gain, l'importation d'un nombre déterminé d'esclaves.

Le commerce des esclaves s'était introduit en Europe par suite des découvertes et des conquêtes des Portugais sur la côte d'Afrique, et avait ainsi précédé la découverte de l'Amérique. Les conseils de Las Casas engagèrent de bonne heure à transporter des nègres aux Indes occidentales; mais ce commerce ne s'établit régulièrement qu'en 1517. Charles-Quint donna à son favori, la Bressa, le monopole du transport annuel de quatre mille esclaves; celui-ci le vendit aux Génois. Les marchands génois recevaient les esclaves des Portugais, entre les mains desquelles était, à proprement parler, tout le commerce des nègres, bien qu'à la fin de cette période, les Anglais commençassent à s'y livrer avec empressement.

M. C. Sprengel, Vom Ursprunge des sclavenhandels, etc. *De l'Origine du commerce des esclaves*, par M. C. Sprengel, 1779, in-4°.

9. De la nature des colonies espagnoles, presque entièrement tournées vers l'exploitation des mines, résultaient nécessairement les restrictions imposées à leur commerce. On ne pouvait

sans inconséquence y admettre la libre participation des étrangers. Si l'intérêt du commerce entra pour quelque chose dans les motifs qui déterminèrent les mesures restrictives, ce ne fut que d'une manière bien subordonnée; elles eurent pour objet principal de faire refluer en Espagne, et seulement en Espagne, les trésors de ces contrées. On put bien comprendre en Espagne que ces mesures n'étaient nullement favorables à la prospérité des colonies; mais la prospérité des colonies, dans le sens ordinaire du mot, n'était pas ce qui importait le plus; et en même temps que l'Espagne voulut que les colonies lui livrassent toutes leurs richesses, elle voulut être la seule à leur fournir les denrées européennes dont elles pouvaient avoir besoin.

Règlement de commerce. Il est borné, en Espagne, au seul port de Séville. Il partait tous les ans deux expéditions, les galions et la flotte; la première composée environ de douze gros navires, la seconde de quinze. L'une, destinée pour l'Amérique Méridionale, se rendait à Porto-Bello; l'autre faisait voile pour le Mexique, et débarquait à la Vera-Crux. — Grandes foires dans ces deux villes. — L'Espagne n'abandonne point son commerce des colonies à des compagnies particulières; mais la suite naturelle des restrictions qu'elle lui imposait fut de le concentrer entre les mains d'un petit nombre de maisons opulentes.

10. Durant cette période, les Portugais, sous leurs rois Emmanuel le Grand (mort en 1521) et Jean III (mort en 1557), conservèrent et même agrandirent leur puissance dans les Indes orientales; leur commerce surtout y prit une extension considérable. Ces deux princes eurent pour principe politique de changer, au moins tous les trois ans, leurs vice-rois dans les colonies: il est difficile de décider si cette mesure fut avantageuse ou nuisible au pays; il eût été du moins à désirer pour eux qu'ils pussent régner en paix dans les Indes; mais cela était impossible, car les Maures (Mahométans, Arabes), jusqu'alors en possession du commerce avec l'Inde, n'étaient pas disposés à le leur abandonner.

Etablissement des Portugais à Ceylan (1518), et particulièrement à Columbo et Point-Gales. — Monopole du commerce des épiceries. — Ils ne possédaient réellement que la côte de l'île. — Prise de Diu (1535). — Etablissement à Camboïa. — Des Moluques ils s'étendent sur les îles Sumatra, Java, Célèbes et Bornéo. — Ils n'avaient pas en tous ces lieux d'établissements solides; mais ils fréquentaient les foires du pays.

11. Leur commerce s'était surtout fort étendu par les relations qu'ils avaient déjà nouées avec la Chine, et l'accès qu'ils avaient obtenu au Japon, et qu'ils devaient principalement aux missions entreprises par les jésuites dans l'Asie, aussitôt après leur fondation, le roi Jean III les ayant, dès l'origine, admis en Portugal. Le nom de Xavier, l'apôtre des Indes, ne doit pas être passé sous silence, même dans une histoire générale.

Première tentative (dès 1517) d'une alliance avec la Chine, par l'entremise de l'envoyé Th. Pereira. Les Portugais, dit-on, s'établirent à Liampo (serait-ce Ningpo?); mais cet établissement n'eut point de durée. Relations commencées avec le Japon (dès 1542). Mission de Xavier, dont les résultats se lient à des événements très-importants. — Etablissement d'un commerce régulier et extrêmement avantageux au Portugal.

12. Ainsi arriva, durant cette période, à son plus haut point de perfection l'étonnant édifice de la domination portugaise dans les Indes. Fondée par un petit nombre d'hommes de génie, audacieux, elle avait besoin pour se soutenir non-seulement de forces physiques, mais d'appuis moraux, l'héroïsme et le patriotisme. Comme ces appuis ne pouvaient lui manquer subitement, on n'eut pas à craindre une chute soudaine; mais leur disparition graduelle préparait inévitablement la catastrophe que, dans la période suivante, des orages extérieurs vinrent hâter d'une manière si effrayante.

13. Durant celle-ci, les Portugais étendirent aussi leurs possessions dans le Bresil. On n'y découvrit point, heureusement, de grandes richesses en or ou en pierres précieuses; en sorte que l'attention s'y tourna à un certain point vers l'agriculture. Les changements apportés par la couronne dans

les règlements adoptés à cet égard, contribuèrent à l'encourager; cependant elle ne s'étendit jamais que sur une partie des côtes. Ces établissements, à mesure qu'ils s'agrandirent, demandèrent un plus grand nombre d'esclaves nègres, et augmentèrent ainsi l'importance et la nécessité de ceux des côtes d'Afrique, du Congo et de la Guinée. En même temps, les naturels du pays, qui, même encore aujourd'hui, ne sont pas entièrement regardés comme libres, furent forcés au travail avec une grande cruauté.

Introduction (1525) d'un nouveau système, d'après lequel la couronne donnait en fief, à des familles ou à des particuliers, des portions de terre considérables, à condition de les cultiver. A la culture des produits indigènes s'ajouta bientôt celle de la canne à sucre, apportée de Madère. — Fondations de villes : Fernambouc, San-Salvador, Rio-Janeiro, etc. De même que l'Espagne, le Portugal se réserva exclusivement le commerce de ses colonies d'Amérique. Il se faisait au moyen d'une flotte expédiée tous les ans au mois de mars. — Traitements barbares exercés sur les Indiens, qui, partout où on le put, furent réduits en esclavage.

14. Encore à l'abri, dans les Indes, de toute rivalité de la part des principales nations de l'Europe, car les découvertes tentées par les Anglais et les Français n'avaient aucun succès, les Espagnols et les Portugais se disputèrent l'importante possession des Moluques, sur laquelle la ligne de démarcation tracée par le pape avait laissé de l'incertitude. Ce fut à ce différend que l'on dut le premier voyage autour du monde, qui à la vérité ne termina point la querelle des Moluques, mais dont les suites furent d'une haute importance pour la géographie et la navigation.

Voyage du Portugais Magellan, qui, offensé par son souverain, le fit au profit de l'Espagne (1519–1522). Découverte du détroit auquel il a donné le nom de passage de la mer du Sud, et d'un nouveau chemin pour aller aux Indes orientales. — Découverte des Philippines. — Magellan y est tué (1521); mais son vaisseau amiral (la Vittoria) revient à Séville. La querelle des Moluques se termine par un arrangement (1529). Charles-Quint vend ses prétentions au Portugal 350,000 ducats.

Pigafetta, Primo Viaggio intorno al globo terracqueo, etc. *Premier Voyage autour du globe de la terre*, par Pigafetta (un des compagnons de Magellan); publié tout entier pour la première fois, par C. Amoretti. *Milan*, 1800.

TROISIÈME ÉPOQUE.

DEPUIS 1556 JUSQU'EN 1618.

J. A. Thuani historiarum sui temporis, lib. 138, *ab anno* 1543 *usque ad annum* 1607. Histoire de mon temps depuis l'année 1543 jusqu'en 1607, par de Thou. La meilleure édition est celle publiée à Londres en 1733, 7 vol. in-fol.: l'auteur la présente comme une Histoire générale. — Elle a été traduite en français.

Fr. Ch. Khevenhüller Annales Ferdinandei, depuis 1578 jusqu'en 1637. Leipzig, 1716-1726, 12 vol in-fol., ouvrage mal conçu et mal exécuté, mais curieux par l'abondance des matériaux qu'a rassemblés l'auteur, qui fut longtemps ambassadeur d'Autriche à la cour de Madrid. Un extrait de ce grand ouvrage fut publié à Leipzig en 1778 (4 vol. in-8°), par le conseiller aulique Kunde.

1. Cette époque est célèbre par les noms d'Élisabeth et de Philippe, de Guillaume de Nassau, prince d'Orange, et de Henri IV. Durant son cours, comme dans l'époque précédente, la Réformation ne cessa d'exercer la plus grande influence sur la politique européenne; de nouveaux adversaires s'élevèrent pour la combattre: Philippe arma publiquement l'Inquisition contre elle; les jésuites, animés du même zèle, mais agissant avec plus de réserve, s'appliquèrent à pénétrer dans les cours et jusque dans les cabinets des souverains.

Les jésuites parvinrent peu à peu à s'introduire dans presque toutes les cours d'Europe, et à exercer auprès des souverains les fonctions de confesseurs; en Portugal, ils régnaient sous le nom du roi Sébastien; en Espagne, Philippe leur prêtait son appui; en France, après une lutte longue et opiniâtre, ils s'emparèrent de Catherine de Médicis et des Guises; en Allemagne, Albert V, électeur de Bavière, et d'autres princes, les protégèrent efficacement; dans les cours du Nord, ils ne se montrèrent pas moins actifs et moins entreprenants.

2. Bientôt la rupture du concile de Trente fit disparaître les dernières espérances de réconciliation. Les décisions qui y furent adoptées rendirent désormais impossible tout rapprochement entre les diverses sectes religieuses; et comme ces décisions étaient également contraires à la puissance temporelle et à celle des évêques, il en résulta que dans les États catholiques, quelques-uns, comme la France, refusèrent absolument de les reconnaître, et que d'autres ne les reçurent qu'avec de nombreuses restrictions.

Les assemblées du concile avaient été reprises au mois de janvier 1562, et furent définitivement clauses le 4 décembre 1563. Il fut arrêté par les dernières décisions que ceux qui rejetaient les doctrines de l'église catholique romaine encouraient l'anathème; de plus, on attribua à la puissance spirituelle divers priviléges au détriment de la puissance temporelle; enfin, la dignité épiscopale ne fut plus considérée comme venant de Dieu même, et on la déclara entièrement soumise à l'autorité du saint Siége. Ainsi, la cour de Rome crut avoir fait suffisamment pour écarter le danger qui la menaçait; plus de cinquante ans après, un moine, en écrivant l'histoire de ce concile, lui porta une des plus rudes atteintes qu'elle ait eues à subir dans cette lutte.

Istoria del concilio Tridentino di Pietro Soave Polano (Paolo Sarpi), 1619. — Trad. par Amelot de la Houssaye et par le Père Le Courraier.

3. La marche de la Réformation et les divers événements qui la signalèrent, servirent au développement d'une idée qui, dans la suite exerça la plus grande influence sur la politique pratique de l'Europe. Les adversaires de cette révolution virent dans ses partisans les ennemis des trônes et des États, et les mots d'hérétiques et de rebelles ne tardèrent pas de leur paraître synonymes. Ceux-ci prétendirent ne trouver dans les autres que des défenseurs de la tyrannie; en sorte que l'on en vint bientôt à croire que l'ancienne religion était le plus puissant instrument de l'autorité absolue des princes,

et que la nouvelle doctrine donnait des gages certains à la liberté : opinion dont une expérience plus récente a plus d'une fois démontré le peu de fondement, et qui cependant n'était pas entièrement dénuée de vérité, tant que les partis religieux se trouvaient forcés à se constituer en même temps en partis politiques.

4. Une circonstance particulière donna plus de consistance à cette opinion. La France, en proie aux fureurs des guerres intestines, ne put plus soutenir la lutte dans laquelle elle était précédemment engagée contre l'Espagne, et la même rivalité s'établit entre cette dernière puissance et l'Angleterre, qui, toutes deux différant de doctrines religieuses, voulaient toutes deux appuyer leur existence politique sur cette base, et étaient gouvernées par des souverains également ambitieux, et également empressés de diriger les affaires du Continent.

5. Dès le commencement de cette époque, les intérêts de la couronne d'Espagne et de la couronne impériale avaient été complétement séparés, et cette espèce de rupture constitue l'une des différences les plus remarquables entre les deux époques. La maison de Habsbourg se trouva d'abord affaiblie par cette division; bientôt les souverains de la branche autrichienne se virent engagés dans une conduite politique fort différente de celle que suivait Philippe II, et l'intérêt qu'ils trouvèrent à maintenir la paix en Allemagne empêcha, du moins pendant le cours de cette époque, l'explosion d'une guerre générale.

Après la mort de l'empereur Ferdinand (en 1564), la Maison d'Autriche fut encore affaiblie par un nouveau partage qu'elle conclut avec l'Espagne. — Origine des deux branches d'Autriche et de Styrie.

6. L'insurrection qui éclata vers le même temps dans les Pays-Bas engagea l'Espagne, l'Angleterre et la France dans une longue querelle. Après avoir exposé les principaux caractères de cette révolution mémorable, il nous restera à examiner quels furent les changements les plus importants que la Réformation fit naître dans les divers États de l'Europe, ainsi

que l'influence qu'ils exercèrent sur chacun d'eux et sur les affaires publiques en général.

HISTOIRE DE LA FONDATION DE LA RÉPUBLIQUE DES PROVINCES-UNIES, ET DES CONSÉQUENCES DE CET ÉVÉNEMENT EN EUROPE, DEPUIS SON ORIGINE JUSQU'A LA TRÈVE DE DOUZE ANS (1609).

Les historiens de la révolution des Pays-Bas se divisent naturellement en deux classes : les écrivains catholiques, attachés au parti espagnol, et les écrivains protestants. Parmi les premiers on remarque :

Istoria della Guerra di Fiandra, etc. *Histoire de la guerre de Flandre*, par le cardinal Bentivoglio. C'est l'ouvrage le plus complet sur ce sujet; il va jusqu'à la trêve de douze ans. — Est traduite en français.

Famiani Stradæ de bello Belgico, etc. *De la guerre de Flandre, depuis la mort de Charles-Quint jusqu'au gouvernement du prince Alexandre Farnèse ;* histoire presque uniquement militaire. — Trad. en français.

Parmi les écrivains protestants, outre l'*Histoire générale de la république des Pays-Bas*, par Waegenaër, et l'abrégé de celle-ci par Totze, on a encore :

Meteren, Niederlandische historien, etc. *Histoire des Pays-Bas, depuis le commencement de la guerre jusqu'en* 1611, par Meteren. — Est aussi traduite en français.

Van der Vynkt Geschichte der vereinigten Niederlande, etc. *Histoire des Provinces-Unies, depuis la fondation de la république jusqu'à la paix de Westphalie.* Zurich, 1793, 3 vol. in-8° ; d'après un ouvrage français dont six exemplaires seulement furent livrés au public, et qui avait pour titre : *Troubles des Pays-Bas.* L'auteur avait été membre du conseil d'État de Flandre, et avait eu la permission de faire des recherches dans les archives : on eût dû s'attendre à trouver dans son livre beaucoup de détails curieux et ignorés ; mais son travail offre peu d'intérêt.

Geschichte des Abfalls der vereinigten Niederlande, etc. *Histoire de l'insurrection des Pays-Bas et de leur séparation de la monarchie espagnole*, par Schiller. — Ne va que jusqu'à l'arrivée du duc d'Albe.

1. La révolution des Pays-Bas produisit une république ; mais ce serait méconnaître tout-à-fait le caractère de cet événement que de croire qu'il fût prévu, ou même désiré d'avance : les insurgés, en secouant l'autorité du roi d'Espagne, n'eurent pour objet que de conserver leurs anciens droits, et de se défendre des innovations qui les menaçaient ; ils ne devinrent républicains que par l'impossibilité de s'arranger à

l'amiable avec les divers chefs qui leur furent envoyés pour les gouverner.

2. Une portion considérable du pays, qui composa plus tard la république, était passée de la maison ducale de Bourgogne à la maison de Habsbourg par le mariage de Philippe d'Autriche avec Marie, fille et héritière de Charles le Téméraire (1477). Ce ne fut que sous le règne de Charles-Quint, que les dix-sept provinces Belges furent complétement réunies à la vaste monarchie espagnole. Quoiqu'elles formassent alors un seul État, confié au gouvernement d'un seul, chacune d'elles continua d'avoir ses États et sa constitution; quelques-unes même élurent des gouverneurs particuliers. De temps en temps on voyait des assemblées générales des États de toutes les provinces; mais comme le souverain ne pouvait y résider, il avait pris le parti d'envoyer un gouverneur général, chargé de tous ses pouvoirs, et qui administrait en son nom, avec le concours de trois conseils supérieurs, savoir: le conseil d'État, le conseil secret (ayant le département de la justice); et le conseil de finances. Un tribunal général formait le grand-conseil, et résidait à Malines.

Les dix-sept provinces étaient : quatre duchés, ceux du Brabant, de Limbourg, de Luxembourg et de Gueldre; sept comtés, ceux de Flandre, d'Artois, de Hainault, de Hollande, de Zélande, de Namur, et de Zutphen; le margraviat d'Anvers; cinq seigneuries, celles de Malines, de Frise, d'Utrecht, de Groningue, et d'Overyssel. — Cambrai et la Franche-Comté étaient comptés à part.

3. L'autorité du prince se trouvait gênée dans les Pays-Bas, non-seulement par cette organisation des Etats dans chaque province, mais plus encore par l'esprit même de la nation. Le peuple voyait tout son bonheur dans sa constitution, et il y trouvait en même temps sa force : les richesses qu'il avait acquises dans le commerce s'étaient formées sous cette bonne influence, et lui rendaient plus précieux le mode de liberté qui avait servi à assurer son bien-être. Nul peuple n'eût été plus facile à gouverner, si l'on eût su respecter ses

droits; par la même raison, sa résistance devint plus opiniâtre lorsqu'on entreprit de toucher aux choses saintes.

4. Il est naturel que la Réformation eût trouvé un accès facile dans un pays où il y avait un grand nombre d'hommes indépendants par leur richesse et par leur naissance. Elle pénétra sans obstacles dans les provinces bataves, plus encore que dans les provinces belges; et ce fut, sans contredit, le premier ferment des agitations qui éclatèrent plus tard. La prolongation du séjour de Philippe II dans les Pays-Bas, à l'occasion du renouvellement de la guerre entre l'Espagne et la France, retarda l'explosion et maintint le peuple dans l'obéissance; le traité de Cateau-Cambrésis fut signé, et les troubles des Pays-Bas commencèrent.

Le pape Paul IV réussit par ses intrigues à faire rompre la trève de Vaucelles (*voy*. ci-dessus, page 47) : la guerre recommença et devint plus générale, lorsque Philippe II fut parvenu à entraîner l'Angleterre dans sa querelle; en Italie, comme sur les frontières des Pays-Bas, les armes de la France furent malheureuses. — Défaite des Français à Saint-Quentin, le 10 août 1557, et abandon de cette place. — Prise de Calais par le duc de Guise, le 8 janvier 1558. — Nouvelle défaite des Français à Gravelines, le 13 juillet 1558. — Paix de Cateau-Cambrésis, le 3 avril 1559. — Restitution réciproque des places conquises : rétablissement du duc Philibert de Savoie; double mariage entre les maisons de France, d'Espagne et de Savoie; traité secret pour l'extirpation de l'hérésie, conclu sous l'influence des Guises en France, et de Granvelle en Espagne.

5. Même avant le départ de Philippe, on se plaignait hautement, dans les Pays-Bas, des garnisons espagnoles et des édits publiés contre les hérétiques. Les déclarations du roi, la nomination de Marguerite de Parme au gouvernement général de ces provinces, sous la direction de Granvelle, étaient peu propres à rendre quelque espoir aux persécutés; et lorsqu'après le retour de Philippe en Epagne on vit ces édits renforcés de dispositions plus sévères, et les divers pouvoirs qui formaient la hiérarchie du gouvernement, attaqués et modifiés dans leurs attributions les plus importantes, il fut tout naturel de craindre l'anéantissement de la

contitution par États, et les violences de l'inquisition espagnole.

6. Quelque odieuse que paraisse et que soit réellement la tyrannie de Philippe, l'historien impartial ne saurait se dispenser de reconnaître que ce prince, autorisé à croire que l'unité des doctrines religieuses était le seul fondement solide de la tranquillité des États, fut sans doute entraîné par cette idée à trouver dans l'histoire même de son temps la confirmation d'une telle opinion, et qu'il put croire de bonne foi la nécessité de réprimer, par tous les moyens possibles, l'esprit d'innovation qui se manifestait de toutes parts : doué d'une prodigieuse activité, mais en même temps homme d'un esprit étroit, et dénué de tous sentiments généreux, il eut le tort de ne pas voir que la résistance du pouvoir, et tous les abus de la force qu'il pouvait appeler à son secours, étaient plus funestes que le mal qu'il prétendait guérir, et ne parviendraient pas même à l'arrêter.

Marguerite de Parme gouverna dans les Pays-Bas depuis 1559 jusqu'au mois de septembre 1567. Granvelle, qui s'était rendu odieux, fut rappelé en 1562 ; mais cette mesure même ne produisit aucun changement, car toutes les rigueurs étaient exercées au nom et par les ordres du roi, et les agents ne manquaient pas pour les mettre à exécution.

7. Les troubles éclatèrent aussitôt après la signature du compromis de Bruxelles. Cette association était du reste si mal organisée, qu'il eût été facile de la dissoudre, en adoptant seulement quelques-unes des mesures de sévérité qui furent arrêtées dans le cabinet de Madrid, et en sachant y joindre tous les tempéraments propres à calmer les esprits : au lieu de suivre cette marche raisonnable, le roi se détermina à confier au duc d'Albe le commandement général des Pays-Bas, et dès ce moment tout espoir de raccommodement fut perdu.

Le compromis fut signé à Bruxelles au mois de novembre 156[illegible], et présenté à la régente le 5 avril 1566. Vers le même temps, Phi[illegible]ppe prit ses mesures pour faire passer dans les Pays-Bas les troupes espagnoles qu'il avait en Italie sous le commandement du duc d'Albe ; et, au mois d'août

1567, il donna à celui-ci des pouvoirs si étendus, que Marguerite de Parme se vit contrainte de lui céder la place.

8. Depuis 1567 jusqu'en 1573, le duc d'Albe gouverna par la terreur. Les hommes les plus considérables furent retenus en otage, ou immolés par le fanatisme : on créa un tribunal sanguinaire qui, sous le nom de *conseil des troubles*, fut chargé de poursuivre et de punir les rebelles et les hérétiques : les comtes d'Égmont et de Horn périrent, le 5 juin 1568, victimes de ces horribles procédures ; et bientôt tout le pays fut déclaré coupable d'insurrection contre la majesté royale.

9. De toutes parts on fuyait ; les émigrations devenaient chaque jour plus nombreuses ; et ceux qui se sauvaient ainsi pour échapper à la mort, étaient cependant les seuls sur qui pût se fonder l'espoir de la délivrance. Le prince Guillaume d'Orange, seul capable de conduire à bien une aussi grande entreprise, s'y consacra bientôt tout entier ; nul autre que lui n'eût pu parvenir à arrêter, à rassembler ceux qui fuyaient en désordre, n'exposant jamais que des existences individuelles, mais incapables, par cela même, de la moindre résistance : nul ne savait mieux que lui tirer parti des plus faibles ressources ; et en même temps qu'il se dévouait au service de sa patrie, il avait soin, en chef habile, de veiller à sa propre conservation, si nécessaire à de si grands intérêts. Toutefois les premières tentatives d'affranchissement ne pouvaient avoir de succès ; tout engagement sérieux eût été trop inégal contre des troupes bien disciplinées, et le défaut d'argent rendait impossible l'entretien d'une armée régulière. Enfin, après plusieurs années de souffrances et de revers, la prise de Briel donna plus de forces à l'insurrection ; elle s'établit complétement dans les provinces du nord, et dès lors on put l'organiser plus régulièrement sur tous les autres points : les États de Hollande, de Zélande et d'Utrecht, donnèrent au prince d'Orange les titres et les fonctions de gouverneur royal.

Briel (la Brille) fut prise le 1er avril 1572 ; peu après, les principales villes des États de Hollande et de Zélande se déclarèrent en insurrection.

favorisées par l'éloignement du duc d'Albe, qui, n'ayant que peu de troupes à sa disposition, n'avait pu les surveiller suffisamment.

10. Malgré la faiblesse de leur situation, les insurgents avaient cependant de nombreux motifs de compter sur une assistance étrangère. Leur querelle devenait tous les jours davantage celle du protestantisme, et rentrait ainsi dans les intérêts généraux de la politique du temps. Les princes protestants d'Allemagne, les huguenots de France, occupés à la même époque à défendre leurs droits, et plus que tous les autres la reine d'Angleterre, rivale naturelle de Philippe, semblaient vivement intéressés à prendre parti en leur faveur. Cependant les premiers n'avaient que peu de ressources pour entrer dans cette lutte; les seconds pouvaient à peine suffire à la défense de leurs propres intérêts; Élisabeth seule se trouvait en situation de prendre une part active dans la querelle : le prince d'Orange sut profiter avec habileté de ses bonnes dispositions, tandis que, dans l'intérieur même de son pays, il se voyait encore obligé de lutter contre tous les obstacles que lui suscitaient le fanatisme religieux et les jalousies même de famille.

Guillaume sollicita d'abord le secours des princes d'Allemagne et de l'Empire; mais les relations de famille ou d'alliance que l'Autriche et l'Espagne y entretenaient furent un grand obstacle au succès de ses négociations. En France, le prince avait des liaisons personnelles avec les chefs du parti protestant, et il conserva l'espoir d'en obtenir quelque secours, jusqu'à ce que le massacre de la Saint-Barthélemi (24 août 1572) les eût mis dans l'impuissance même de se défendre. Après avoir inutilement imploré l'assistance du Danemarck et de la Suède, Guillaume poursuivit avec plus d'activité ses sollicitations à la cour de Londres, et parvint à obtenir de la reine les secours dont il avait besoin.

11. Après le départ du duc d'Albe, et sous le gouvernement de son successeur Zuniga y Requesens, la cause de l'indépendance courut de plus grands dangers, tant parce que le gouverneur eut soin de se montrer plus modéré et plus doux, que par suite de ses combinaisons militaires, et de l'invasion qu'il fit faire dans les provinces de Hollande et de Zélande. Déjà même

le prince désespérait du succès de son entreprise, lorsque diverses insurrections survenues au sein même de l'armée espagnole, qui se plaignait de ne pas recevoir de solde, et la mort de Requesens, vinrent lui rendre le courage. Le projet conçu depuis longtemps d'organiser plus fortement un point central d'insurrection put se réaliser alors ; les provinces de Hollande et de Zélande concertèrent un plan de défense : peu de temps après, le pillage de la ville d'Anvers provoqua une confédération à Gand ; cinq des provinces bataves et six des provinces belges se réunirent pour leur défense commune, toutefois sans rejeter formellement le joug de l'autorité royale.

Le duc d'Albe quitta les Pays-Bas au mois de décembre 1573, et son successeur Requesens occupa le gouvernement jusqu'au 5 mars 1576. — Défaite et mort du comte Louis et de son frère Henri de Nassau à l'affaire de Mooker, près de Nimègue, le 14 avril 1574. — Après la mort de Requesens, et tandis que le conseil d'Etat exerçait tous les pouvoirs du gouverneur, la ville d'Anvers fut pillée par une bande de soldats espagnols (4 nov. 1576). — Traité de Gand (8 nov. de la même année).

12. Le nouveau gouverneur don Juan employa toutes sortes de manœuvres pour faire croire à son désir sincère de rétablir l'ordre et la paix dans le pays, et il affecta même de reconnaître le traité de Gand : Guillaume sut se défendre des piéges qu'on lui tendait ; il redoubla d'activité et de vigilance, et déjoua les projets de l'Espagnol, en soutenant avec habileté la constance des Etats de Hollande et de Zélande. Cependant le traité de Gand étant devenu illusoire, on reconnut la nécessité de fortifier l'union des provinces du nord, et de prendre un parti extrême pour faire triompher la cause de l'indépendance : dès ce moment Guillaume travailla à organiser la confédération d'Utrecht, qui devait servir de base à la fondation de la nouvelle république.

L'union d'Utrecht fut conclue, le 23 janvier 1579, entre les provinces de Hollande, de Zélande, d'Utrecht, de Gueldre et de Groningue, et l'on y déclara formellement le rejet de la domination espagnole. — Le 11 juin suivant, les provinces de Frise et d'Overyssel accédèrent à l'alliance ; et plus tard plusieurs villes de la Belgique, entre autres Gand, Anvers, Breda.

13. Après la mort de don Juan, le duc Alexandre de Parme fut nommé par Philippe gouverneur des Pays-Bas, et Guillaume rencontra en lui le plus redoutable de ses adversaires. Bientôt, en effet, il réussit à faire rentrer sous le joug les provinces belges qui l'avaient secoué. Dans cette extrémité, les insurgents se virent contraints, malgré leur répugnance, à chercher de nouvelles forces dans l'assistance des étrangers; et cette résolution désespérée, qui devait avoir pour premier résultat d'accroître l'importance politique de leur entreprise, contribua puissamment à leurs succès ultérieurs.

Le duc de Parme prit le gouvernement des Pays-Bas le 1er octobre 1578, et le conserva jusqu'au 2 décembre 1592. — Les provinces wallones rentrèrent sous la domination de l'Espagne par le traité du 21 mai 1579. — Toutes les villes qui s'étaient déclarées indépendantes furent successivement reprises; après une longue résistance, Anvers reconnut le gouverneur, le 17 août 1585. — Pendant ce temps, les Provinces-Unies déférèrent l'autorité constitutionnelle et souveraine au duc François d'Anjou (1581), et le 26 juillet de la même année elles rejetèrent, par une déclaration expresse, la domination du roi d'Espagne. — Mais le chef qu'elles avaient choisi était incapable de s'engager dans une lutte aussi difficile, et surtout de soutenir son rôle à côté du prince d'Orange; il renonça à la dignité qui lui avait été conférée, au mois de juin 1583.

14. Au moment où Guillaume était fondé à espérer le succès d'un plan concerté depuis longtemps, lorsque les Etats des provinces du nord étaient sur le point de lui conférer le titre de comte de Hollande et de Zélande, et de remettre entre ses mains un pouvoir régulier et constitutionnel, ce malheureux prince succomba sous les coups d'un assassin. L'autorité de son nom, et surtout de ses talents, avait suffi pour le conduire à ce poste élevé; son fils Maurice fut reconnu pour son successeur, et ce fut le premier acte de souveraineté qu'exercèrent les Etats. Toutefois, leur situation était si précaire, qu'ils ne purent éviter de recourir encore à Elisabeth; et qui sait même ce qui eût pu résulter de cette nouvelle intervention, si la reine eût remis la conduite de ses affaires à un homme plus habile que ne

le fut le comte de Leicester? Heureusement pour les Provinces-Unies, il se trouva dans les Etats un défenseur intrépide de leurs droits et de leur indépendance. Olden Barneveld, en sa qualité de syndic de la province de Hollande, résista habilement à toutes les intrigues de la cour d'Angleterre, et contribua par sa courageuse opposition à fonder la république.

Après l'assassinat de Guillaume I (10 juill. 1583), Maurice son fils fut proclamé Stathouder dans les États de Hollande et de Zélande, et reconnu bientôt après par quatre autres provinces, sous la condition du concours d'un conseil d'Etat pour la direction des affaires publiques. — La reine Elisabeth consent à fournir des secours en troupes, et exige en garantie la cession de trois ports de mer : elle donne au comte de Leicester des instructions et une autorité propres à lui assurer la plus grande influence; mais le comte s'engagea maladroitement dans de longues contestations avec les États, et fut obligé de se retirer au mois de décembre 1587.

15. L'une des conséquences les plus graves de ce nouveau traité entre la république naissante et l'Angleterre fut d'engager celle-ci dans une guerre ouverte contre l'Espagne. Les deux puissances alliées, ayant dès lors à soutenir un intérêt commun, ne purent plus se séparer; la destruction de la *flotte invincible* assura l'indépendance de la république; par elle encore la navigation de l'Océan devint libre et prépara cette époque de gloire et de prospérité durant laquelle l'Angleterre et la Hollande s'élevèrent au rang des premières puissances du monde.

Les intérêts de la religion et ceux de la politique, soit en Europe, soit hors de l'Europe, amenèrent la rivalité de l'Espagne et de l'Angleterre. Offensé par les entreprises maritimes qu'Elisabeth encourageait, irrité par l'assistance, d'abord secrète, et bientôt publique, que la reine accorda aux insurgés des Pays-Bas, excité par les intrigues du pape, qui s'arrogea le droit de lui conférer la souveraineté de l'Angleterre, Philippe II se livra follement à l'espérance de conquérir ce royaume, et crut voir dans l'accomplissement de ce vœu les moyens les plus efficaces de mettre un terme à l'insurrection des Pays-Bas. Sa flotte invincible, partie au mois de juillet 1588, fut détruite au mois d'octobre suivant : Elisabeth profite de ces circonstances, et continue la guerre jusqu'à sa mort (1603).

16. D'autres événements contribuèrent encore à confirmer la république hollandaise dans la possession de son indépendance et à l'associer promptement à tous les intérêts de la politique européenne. Philippe II, s'étant déterminé à prendre part aux querelles de la ligue et à soutenir les Guises contre Henri IV, se vit forcé d'envoyer le duc de Parme en France avec la plus grande partie des troupes qu'il avait sous ses ordres. La mort de ce général et les succès du roi de France achevèrent le triomphe de la république hollandaise : Henri IV n'hésita pas à s'allier avec elle lorsqu'il déclara la guerre à l'Espagne. Reconnue par l'Angleterre et par la France, victorieuse sur terre et sur mer par les armes du prince Maurice, qu'avait-elle à redouter désormais des entreprises de ses premiers maîtres ? Peu de temps avant sa mort, Philippe lui-même sembla reconnaître son impuissance, en donnant les Pays-Bas en dot à sa fille Isabelle-Eugénie : cependant, sous le règne de son successeur Philippe III, la guerre continua encore. Lorsque le traité de Vervins eut réconcilié la France et l'Espagne, lorsque Élisabeth eut laissé la couronne d'Angleterre à son successeur Jacques Ier (1603), la république hollandaise soutint encore la guerre avec l'assistance de ce monarque ; enfin, lassée de tant d'efforts inutiles, mais ne voulant pas renoncer formellement à ses titres de propriété, l'Espagne consentit en 1609 à une trêve de douze ans, et dès ce moment l'indépendance de la république fut reconnue, au moins implicitement.

Campagnes du duc de Parme en France, depuis 1590 jusqu'en 1592. — Il mourut le 2 décembre de cette année. — Alliance de Henri IV avec les Pays-Bas, et déclaration de guerre à l'Espagne en janvier 1595. — En 1597, Amiens est pris par les Espagnols, et repris par le roi de France. — Traité de Vervins, le 2 mai 1598. — Philippe II cède les Pays-Bas espagnols à sa fille Claire-Isabelle-Eugénie, à l'occasion de son mariage avec l'archiduc Albert d'Autriche (en 1598). Il meurt le 13 novembre de la même année. Sous son successeur Philippe III, la guerre continue sur terre, mais sans activité. — Succès de l'expédition maritime de Jacques Heemskerk sur les côtes d'Espagne, en 1607. — Les négociations commencent la même année, et sont suspendues par l'intervention de Henri IV et par des discussions sur les affaires religieuses et sur la navigation des Indes orientales. — Conclusion de la trève de douze ans entre l'archiduc d'Autriche et l'Espagne, le 9 avril 1609.

17. Ce fut ainsi qu'au milieu du système monarchique de l'Europe, on vit se fonder une république qui se trouva, dès son berceau, liée dans tous les intérêts de la politique générale. Elle-même était parvenue à ce résultat important sans avoir pu le prévoir; sa constitution intérieure s'était formée, non point d'après un plan uniformément conçu, mais suivant les nécessités des premiers moments; en sorte qu'il était tout simple qu'elle présentât de nombreuses irrégularités. La grande supériorité de la province de Hollande servit à couvrir l'imperfection de son système fédératif; les États généraux créés en 1592 devinrent un point de ralliement pour la conduite des affaires du dehors, et leur force résulta principalement de l'autorité que donnèrent à des hommes considérables et habiles les deux fonctions de Stathouder et de syndic de la province de Hollande. Les querelles qui s'élevèrent entre le parti de la maison d'Orange et celui des États, et la mort violente du malheureux Olden Barneveld (13 mai 1619), firent bientôt reconnaître les vices de ce système, et constatèrent un principe de destruction.

18. La fondation et l'accroissement rapide de la république hollandaise ne demeurèrent pas sans influence sur l'organisation politique de l'Europe. C'était là première fois qu'on voyait un État dénué de territoire, et marchant à la prospérité uniquement par le commerce et par la marine; de nouveaux intérêts se créèrent une place dans les affaires publiques, et leur importance se développa rapidement. Ce fut la source de beaucoup de biens et de beaucoup de maux; mais en cette occasion, comme dans toutes celles où le monde tente de nouvelles expériences, l'enivrement des premiers succès ne permit pas de démêler et de séparer les bons et les mauvais principes.

COUP D'OEIL SUR LES CHANGEMENTS PLES LUS IMPORTANTS SURVENUS DANS LES AUTRES ÉTATS DE L'EUROPE OCCIDENTALE, ET SUR LEURS RÉSULTATS.

Tandis que tous les États situés dans le voisinage des Pays-Bas prenaient part à la révolution qui s'y opérait, eux-mêmes subissaient aussi des modifications plus ou moins importantes, qui influaient sur leur situation intérieure et extérieure, et qui tendaient par conséquent à changer leur existence politique. C'était encore l'influence médiate ou immédiate de la Réformation qui se manifestait sous diverses formes, et par des effets différents : la France, l'Espagne, l'Angleterre et l'Allemagne méritent plus particulièrement de fixer l'attention de l'historien.

1. Durant le cours de cette époque, ce malheureux pays fut livré pendant plus de trente ans (de 1562 à 1594) à la fureur des guerres civiles et religieuses, et le trône même se trouva plus d'une fois menacé; un grand roi la sauva des désordres de l'anarchie, et l'éleva même à un haut degré de puissance et de prospérité : la déplorable catastrophe qui mit fin à l'existence de ce prince, au bout d'un règne de quinze années, arrêta l'exécution des projets qu'il avait conçus dans l'intérêt de la politique générale de l'Europe. Après sa mort (1610), la France fut de nouveau livrée à l'esprit de faction jusqu'au moment où le cardinal de Richelieu prit les rênes du gouvernement (1624).

Davila, *Istoria delle guerre civili in Francia*, etc. *Histoire des guerres civiles de France*, par Davila. Il y a une traduction en français par l'abbé M..... (Mallet). *Amsterdam*, 1757, 3 vol. in-4°. L'auteur, qui fut employé successivement au service de la France et de la république de Venise, était contemporain, et fut même mêlé dans toute les affaires publiques.

L'Esprit de la Ligue, ou *Histoire politique des troubles de France pendant le seizième et dix-septième siècle*, par Anquetil, 3 vol. in-12.

Mémoires de Michel de Castelnau, *servant à donner la vérité de l'Histoire des règnes de François II*, *Charles IX et Henri III* (de 1559 à 1570). — Tome 41 et 46 de la Collection générale des Mémoires pour l'Histoire de France, in-8°. — Avec des additions par J. Laboureur. *Bruxelles*, 1731, 3 vol. in-fol.

Mémoires de Tavannes, depuis 1530 *jusqu'à sa mort*, 1573, dressés par son fils ; in-fol. — Tom. 26 et 27 de la Collect. gén. indiquée ci-dessus.

Mémoires de Brantôme. On y trouve une peinture animée des mœurs et de la corruption du temps, surtout dans les classes supérieures de la société.

2. L'histoire des guerres civiles et religieuses en France présente le spectacle singulier des chefs de deux partis également empressés à profiter de la faiblesse des rois pour s'emparer de leur autorité. Durant cette époque, les intrigues de cour eurent pour le moins autant d'importance que les querelles des partis religieux, et les premiers éléments de ces guerres se trouvèrent dans la rivalité qui divisa les Bourbons, en leur qualité de princes du sang, d'avec les principales familles de la haute noblesse, et surtout les Guises.

3. Mais lorsque la guerre fut allumée, lorsque les Bourbons se furent déclarés chefs du parti protestant, il devint impossible d'arrêter les progrès d'un incendie qu'allumaient sans cesse les fureurs du fanatisme, et les passions personnelles de tous ceux qui se trouvaient engagés à y prendre part. Aussi les trois premières guerres ne furent-elles, à vrai dire, qu'une seule guerre suspendue de temps en temps par des armistices, et il n'en résulta aucun changement, puisque le parti de la cour se vit obligé d'accorder aux huguenots les conditions que le chancelier de l'Hospital avait proposées auparavant dans son projet d'édit du 17 janvier 1562. Cette convention ne fut pas même de longue durée : le fanatisme conserva ses fureurs et ses projets de vengeance. La nuit du 24 août 1572 fut signalée par les horreurs du massacre de la Saint-Barthélemi, et ajourna pour longtemps tout espoir de rapprochement entre les partis religieux, non-seulement en France, mais même dans le reste de l'Europe.

La première guerre commença en mars 1562, et finit par l'édit d'Amboise, du 19 mars 1563. La seconde, entreprise en septembre 1567, fut terminée par le traité de Longjumeau, du 23 mars 1568 ; la troisième éclata au mois de septembre de la même année, et fut arrêtée par la paix de Saint-Germain-en-Laye, le 8 août 1570. Le massacre de la Saint-Barthélemi amena la quatrième, qui fut terminée par le traité de la Rochelle, le 24 juin 1573.

4. Dès l'origine de ces guerres, la reine d'Angleterre et plusieurs princes allemands avaient offert et fourni des secours aux huguenots. Les troubles qui désolaient la France à cette époque commencèrent à exercer une plus grande influence sur les affaires générales de l'Europe, lorsque le malheureux Henri III provoqua par ses faiblesses l'explosion d'une cinquième guerre de religion, et l'organisation de cette fameuse ligue (mai 1576), alliance honteuse de *Jacobins* qui ne revêtirent le masque du temps que pour parvenir plus sûrement à l'exécution de leurs projets. Le trône seul pouvait satisfaire l'ambition d'un chef tel que Henri de Guise : il ne sut pas s'en emparer, lorsque le roi sembla l'inviter par sa fuite (mai 1588) à occuper une place vacante ; il périt victime d'une trahison, et bientôt l'assassinat du dernier des Valois fit naître en France et en Europe la question de savoir à qui serait dévolue la succession d'une couronne dont le plus proche héritier semblait devoir être exclu par sa qualité d'hérétique. Il prit les armes pour conquérir son trône ; Élisabeth lui donna quelques secours qui furent loin de compenser l'intervention des autres étrangers ligués pour le combattre. Son abjuration ne put même désarmer Philippe II et le pape ; il conserva le trône par la force de ses armes, et le transmit à une nouvelle dynastie, honoré par son génie et par ses vertus.

Les premières fureurs de la Ligue commencèrent en 1577 et 1579 (sixième et septième guerres) : elle ne se déploya cependant dans toute sa force que lorsque la mort du duc François d'Alençon (duc d'Anjou, mort le 10 juin 1584) eut rendu certaine l'extinction de la maison des Valois dans la personne de Henri III. Alors elle prit soin de se constituer plus fortement ; elle s'établit à Paris par la faction des Seize ; elle fit rendre l'édit de Nemours contre les huguenots (7 juillet 1585), et provoqua ainsi la huitième guerre civile, qui dura depuis cette époque jusqu'à l'entrée de Henri IV dans Paris (22 mars 1594). Après être monté sur le trône, Henri IV fut obligé de négocier longtemps avec le pape pour être reconnu par ce souverain. Le succès de cette longue discussion fut dû à l'habileté du cardinal d'Ossat.

5. La France venait d'échapper à l'anarchie, mais sans avoir pu détruire les principes d'agitation qu'elle portait dans son sein. Les deux partis religieux subsistaient encore, et les huguenots n'avaient aucune garantie pour leur existence politique. Il est vrai que le fanatisme religieux s'était un peu apaisé, grâce surtout aux éloquentes remontrances et aux tentatives généreuses de l'illustre chancelier de l'Hôpital; Henri IV ne tarda pas à gagner la confiance publique, son habileté et son caractère ferme lui donnaient d'ailleurs les moyens d'entreprendre plus que n'eût fait tout autre, et ce fut ainsi qu'il rendit possible la proclamation et l'exécution de l'édit de Nantes (13 avril 1598), destiné à assurer les droits politiques des huguenots. Les deux partis n'en demeurèrent pas moins armés; il fallut toute l'autorité et toute la fermeté du monarque pour défendre et pour maintenir les clauses du traité d'alliance qu'il avait conclu au nom de la nation avec ses anciens amis : au milieu de ces circonstances difficiles, l'influence que les protestants pouvaient exercer sur la civilisation ne se développait que péniblement et avec lenteur; et, d'autre part, il était presque impossible que la constitution intérieure de la société s'établît sur des bases plus solides et plus régulières, tant que le gouvernement avait à redouter les attaques d'une opposition toujours disposée à la résistance, sous la conduite de chefs orgueilleux et mutins.

6. Ce qui ne pouvait se faire pour le gouvernement intérieur fut entrepris avec succès dans le domaine de la politique extérieure; et, peu après avoir recouvré le calme, la France reprit aussi son ascendant sur le système de la politique européenne. L'effroi que l'Espagne avait inspiré à l'Europe dans tout l'éclat de sa puissance, se convertit en haine sous le règne du successeur de Charles-Quint : Philippe II ne cessa, pendant le cours des guerres de religion, d'exciter la fureur des partis, et de semer partout le désordre; aussi la France, à peine délivrée de ses agi-

ations, se hâta de lui déclarer la guerre, et de conclure un traité l'alliance avec l'Angleterre et la Hollande.

Guerre contre l'Espagne, déclarée en 1595, et terminée par le traité de Vervins, le 2 mai 1598.

7. Cependant, à mesure que Sully rétablissait l'ordre dans toutes les parties de l'administration, et favorisait le développement de toutes les forces nationales, le roi méditait en silence un vaste projet dont le but était de changer tout le système politique de l'Europe. L'idée d'organiser une sorte de république, ou une association d'États, dont tous les membres égaux en puissance, mais différant à leur gré pour le gouvernement intérieur, confieraient le jugement de toutes leurs querelles à l'arbitrage d'un sénat suprême; cette idée, disons-nous, était depuis longtemps répandue, et la reine d'Angleterre avait déjà tenté quelques négociations pour la faire adopter dans plusieurs cabinets. Un prince élevé au milieu d'une révolution dont il avait habilement triomphé, devait être facilement séduit par ce que ce projet même présentait de neuf et de singulier, et ses contemporains se trouvaient également disposés à se jeter avec empressement dans toutes les entreprises périlleuses. On doute encore si la première idée en fut due à la haine que la France nourrissait contre l'Espagne et la maison d'Autriche, ou si elle fut uniquement le produit des méditations d'un esprit élevé qui, prévoyant une crise inévitable, telle que pouvait le paraître déjà la guerre qui fut depuis appelée Guerre de trente ans, voulait tout faire pour la prévenir, ou du moins prendre d'avance toutes ses mesures pour en adoucir la violence et lui donner une direction salutaire : dans cette double hypothèse, le caractère connu du roi de France donne lieu de croire que ce vaste projet se rattachait dans son esprit à des sentiments d'une nature généreuse. Le poignard de Ravaillac put seul en arrêter l'accomplissement (14 mai 1610).

8. La mort de ce grand roi fut l'événement le plus déplorable qui pût arriver en France à cette époque. Elle évita à l'Europe

une guerre dont l'issue semblait d'autant plus incertaine, que le but en était moins déterminé ; mais la France, en perdant le roi et son habile ministre, se trouva replongée tout-à-coup dans la fureur des factions et dans l'horreur des guerres civiles : sous la régence de Marie de Médicis elle perdit au dehors tout crédit et toute considération, et demeura dans cet état d'abaissement et d'oubli jusqu'au moment où le cardinal de Richelieu saisit le pouvoir (1624).

Histoire de la Mère et du Fils, c'est-à-dire de Marie de Médicis, femme du grand Henri et mère de Louis XIII, par Mézerai (ou plutôt par Richelieu). Amsterdam, 1730, 2 vol. in-12.

Vie de Marie de Médicis, reine de France et de Navarre. Paris, 1774, 3 vol. in-8°.

ESPAGNE.

9. Le règne de Philippe II détermina le caractère politique du gouvernement de ce beau pays. Tout y fut sacrifié à la volonté inébranlable de maintenir le catholicisme dans sa pureté; et, pour y parvenir, l'Espagne fut obligée de supporter des guerres longues et désastreuses contre une portion considérable de l'Europe. La révolution qui s'accomplissait à cette époque ne pénétra point dans ce pays ; mais aussi il fut privé de toutes les ressources, de tous les avantages qui se développèrent sous cette influence dans les autres États ; et pour être resté immobile, il parut bientôt avoir reculé dans la civilisation.

10. On a dit beaucoup que les trésors de l'Amérique furent la première cause de l'abaissement de l'Espagne ; mais il semble qu'on doive bien plutôt l'attribuer à la résistance que son souverain opposa aux idées nouvelles, et à sa prétention d'exercer sur les mers une domination exclusive : l'envahissement du Portugal, seule entreprise dans laquelle Philippe II ait réussi, fut même un véritable malheur pour son royaume.

Occupation du Portugal et de ses colonies, après l'extinction de la famille régnante (1580). Si la prospérité et la force des Etats se mesuraient à l'étendue du territoire et à la population, l'Espagne serait entrée à cette époque dans la carrière la plus glorieuse.

Luis Cabrera de Cordoua, *Historia del Rey D. Phelipo II*, etc. *Histoire de Philippe II*, par Cabrera de Cordoue. *Madrid*, 1719, un vol. in-fol.

The History of the King Philipp II, etc. *Histoire de Philippe II*, *oi d'Espagne*, par Rob. Watson. *Londres*, 1777, 2 vol. in-4°.

11. Ainsi l'on peut dire avec raison que c'est Philippe II qui fait l'Espagne ce qu'elle a été depuis cette époque. Après lui, e système adopté par la faiblesse de Philippe III et de ses uccesseurs, de confier tout le pouvoir à un premier ministre, jouta aux difficultés de la situation toutes les chances des mauais choix ou des ambitions démesurées.

History of the Reign of Philipp III, etc. *Histoire du règne de Phippe III*, par Rob. Watson. *Lond.*, 1783, 1 vol. in-4°.

ANGLETERRE.

12. Durant cette époque, l'Angleterre établit sa consistance olitique en Europe, et ce fut le grand mérite du règne d'Élisaeth. Là, ainsi qu'en Espagne, la religion fut considérée comme a première base du gouvernement; mais ce fut le protestanisme, assisté de toutes les forces de la hiérarchie de l'Église omaine, qui vint au secours du trône, et lui prêta un puissant ppui en constituant le roi chef suprême de ce nouveau pouvoir. insi les intérêts de la religion se trouvèrent intimement unis à eux de l'organisation sociale, et le peuple se persuada tous les ours davantage que toutes deux devaient prospérer ou succomer ensemble.

13. Ce fut par là aussi que les relations de l'Angleterre avec e continent s'étendirent et se fortifièrent. La lutte où elle se rouva engagée contre l'Espagne nécessita l'emploi de toutes ses orces et prépara sa grandeur, en lui assurant la libre navigaon : sous ce point de vue, le protestantisme fut encore la preière cause de la puissance britannique; les intérêts du gouverement se confondirent avec ceux de la nation; et lorsque les uccesseurs d'Élisabeth, plus puissants en apparence par la éunion de l'Écosse, voulurent tenter de les séparer, ils ne firent ue préparer leur propre ruine.

Outre les histoires générales de l'Angleterre, de **Hume** et de **Rapin-Thoyras**, voyez :

Camdeni Annales rerum anglicarum et hibernicarum regnante Elisabeth. Lond., 1675.

Histoire d'Élisabeth, reine d'Angleterre, par mad. de Keralio. *Paris*, 1786-1788, 5 vol in-8°.

ALLEMAGNE.

14. Durant le cours de cette époque, il ne se passa en Allemagne aucun événement propre à exciter un intérêt général. Cependant, depuis que les affaires de la religion avaient pris une si grande influence dans la politique, il était impossible que le pays où la Réforme avait d'abord éclaté ne conservât pas une grande importance. Tandis que les deux partis s'observaient avec méfiance, même après la conclusion de la paix ; tandis que de nombreux accidents entretenaient constamment l'irritation des esprits, il était facile de prévoir au dehors que la moindre guerre commencée en Allemagne entraînerait un embrasement général. Pendant quelque temps le caractère personnel des empereurs d'Autriche, tels que Ferdinand I, Maximilien II et Rodolphe II, prévint l'explosion que toute l'Europe redoutait.

15. Cependant, sous le règne de ce dernier, les jésuites étant parvenus à s'introduire en Autriche, y excitèrent promptement des haines, et augmentèrent la fermentation des esprits. Des deux côtés on fit des associations pour se mettre en état de défense ; l'union protestante fut conclue le 4 mai 1608, sous la protection de l'électeur palatin ; la ligue catholique se forma le 30 août 1609, sous l'influence de la Bavière. Bientôt la succession aux duchés de Juliers, de Clèves et de Berg, étant devenue vacante, l'Allemagne et l'Europe se virent menacées d'une guerre générale, qui ne fut même suspendue que par la mort de Henri IV, et par les querelles intérieures qui divisaient en ce moment la maison d'Autriche.

La succession des duchés de Juliers, de Clèves et de Berg, devint vacante au mois de mars 1609 : la querelle pour cet héritage s'engagea d'abord entre la Saxe, le Brandebourg et le palatinat de Neubourg ; les deux derniers ne tardèrent pas à se mettre en possession, et ils la conservèrent à la suite de leur traité de partage, signé le 12 novembre 1614. Cependant l'intervention de diverses puissances étrangères donna plus d'importance à la querelle : l'empereur d'Autriche déclara le pays en état de séquestre, Henri IV conclut alliance avec la ligue protestante, et les discussions qui s'élevaient entre les deux nouveaux possesseurs forcèrent l'Espagne et la Hollande à y prendre part.

16. Heureusement pour l'Europe occidentale, l'esprit de conquête qui avait animé les Turcs sous le règne de Soliman II diminua beaucoup après la mort de ce souverain, et fut surtout beaucoup moins redoutable. Les successeurs de Soliman, élevés dans l'oisiveté du sérail, ne se montrèrent que rarement à la tête des armées : l'Autriche parvint successivement à s'emparer de toute la Hongrie ; la Transilvanie seule, qui voulait avoir des princes en quelque sorte indépendants, lui donna de fréquents sujets d'inquiétude, et l'invasion des nouvelles doctrines religieuses fit prévoir encore de nouvelles agitations.

Mort de Soliman II pendant sa campagne de Hongrie, le 4 septembre 1566. — Trève de 8 ans, renouvelée plusieurs fois jusqu'en 1593. Les Turcs conservèrent, durant ce temps, une portion de la Hongrie méridionale. — Combat naval de Lépante (7 oct. 1572), et victoire des flottes espagnole et vénitienne combinées contre la flotte turque, après la conquête de l'île de Chypre par cette dernière : à la suite de cet événement, les Turcs perdirent leur prépondérance maritime. — Renouvellement de la guerre de Hongrie, depuis 1593 jusqu'en 1606 ; l'Autriche s'empare de presque toutes les places fortes.

17. La politique de cette époque se présente sous des caractères peu honorables ; conduite par le fanatisme, elle ne céda que trop souvent aux fureurs que lui seul sait inspirer. Élevés au dessus de leur siècle par la force de leur esprit et de leur caractère, Henri IV, le prince d'Orange, Élisabeth, se virent sans cesse entourés de poignards, et les deux premiers périrent victimes de la rage des partis : l'influence du clergé fut plus grande qu'elle ne s'était encore montrée, et les jésuites ne furent

pas les seuls à en abuser. En Hollande et en Saxe, on vit aussi ce que pouvait produire l'esprit d'intolérance chez les sectateurs de la réforme.

18. L'économie politique fixa l'attention des hommes d'État plus que dans aucune des époques antérieures. En France, Sully sentit la nécessité d'en introduire les principes dans l'administration; Élisabeth sut en apprécier l'importance, et les entreprises des Hollandais servirent puissamment à démontrer les avantages pratiques de la science.

L'ordre et l'économie furent l'unique secret de Sully, et par eux cependant il mérita le titre de réformateur, tant il trouva d'abus et de difficultés à les détruire : un caractère fort et opiniâtre le seconda dans l'accomplissement de ce devoir; son esprit, peu livré aux *spéculations*, s'appliquait surtout à la recherche des réalités, et on le vit toujours s'occuper exclusivement de faire ce qui paraissait conforme aux intérêts du pays : heureusement pour sa gloire, le temps n'était pas encore venu où les gouvernements devaient se croire obligés de donner une direction à l'activité de tous les individus.

Mémoires des royales économies d'État, par Max. de Béthune, duc de Sully; première édit., 1650-1662, 4 vol. in-fol.

Éloge de Sully et des économies royales, par Mirabeau, 1789, 2 vol. in-8°.

En Hollande, le système des impôts indirects commença à s'établir : durant le cours des longues guerres que ce pays eut à soutenir, les revenus de l'accise suffirent pour en payer tous les frais; et cet impôt, adopté plus tard par plusieurs autres Etats, a eu dans l'Europe moderne cet avantage de suivre constamment la progression des besoins en marchant à côté du développement de l'industrie et du luxe.

19. L'état habituel de guerre contribua beaucoup aussi au perfectionnement de l'art militaire. Le système des armées permanentes se développa en France et en Hollande; Henri IV en avait constamment besoin pour pourvoir à sa propre sûreté et pour préparer l'accomplissement de ses grands projets; dans les Pays-Bas, il fallait sans cesse se tenir prêt à la guerre. Les talents du grand Henri, de Maurice d'Orange, du duc de Parme, hâtèrent les progrès de la tactique militaire; l'art de conduire les

siéges fut spécialement perfectionné. La puissance maritime de l'Angleterre et de la Hollande fut pour l'Europe un phénomène encore plus nouveau : la marine anglaise, fondée par Henri VIII, reçut, par les soins d'Élisabeth, un accroissement et une force beaucoup plus considérables ; et la nécessité de soutenir de grandes entreprises de commerce éleva bientôt celle des Hollandais au plus haut degré de splendeur.

HISTOIRE DU SYSTÈME COLONIAL, DE 1558 A 1618.

1. Le système colonial des Européens et le commerce auquel il donnait lieu éprouvèrent durant le cours de cette époque les changements les plus importants. Les prétentions élevées par l'Espagne pour l'exploitation exclusive de cette industrie excita la jalousie des autres nations, et amena les guerres par lesquelles elles assurèrent leur indépendance : les établissements des Portugais aux Indes orientales périrent et furent remplacés par ceux des Hollandais ; l'Angleterre entreprit de soutenir la concurrence avec ces derniers ; enfin la fondation des compagnies privilégiées donna une nouvelle forme au commerce et au système politique des colonies.

2. La chute de la puissance portugaise aux Indes, préparée par des causes propres au pays même, fut déterminée par diverses circonstances extérieures, et qu'il importe de signaler. La démoralisation des classes supérieures de la société était parvenue à son comble en Portugal : de là un besoin et des habitudes de violence et de rapacité qui se déployaient dans toute leur énergie, et qui produisirent de nombreux scandales dans le gouvernement des Indes ; de telle sorte que le nom et la puissance portugaise y devinrent promptement l'objet de la haine publique. Chacun de ceux qui étaient appelés à prendre part à ces affaires ne songeant qu'à s'en faire un moyen de fortune, bientôt l'administration du pays coûta au roi de Portugal plus d'argent qu'elle n'en rapportait ; et comme cette administration était de plus fort mal organisée, elle ne put résister longtemps à tant de désordres.

Le vice-roi, qui gouvernait au nom du roi de Portugal, était changé au moins tous les trois ans, et avec lui presque tous les employés de l'administration : leur autorité fut de plus en plus restreinte ; on leur donna des conseils, on divisa le pays en trois gouvernements : ceux du Monomotapa, des Indes et de Malacca ; on permit aux employés civils et militaires de faire le commerce pour leur compte, et il en résulta des abus de toute espèce, qui dégénérèrent enfin en monopole : l'administration de la justice était mauvaise et corrompue; enfin, l'influence du clergé et son avidité, le zèle fanatique des inquisiteurs qui exercèrent des cruautés inouïes à Goa, achevèrent d'exaspérer les esprits, et précipitèrent la chute de la puissance portugaise.

Observaçoès sobre as principaes causas da decadencià dos Portuguezes na Asia, escritos por Diego do Couto, etc. *Observations sur les principales causes de la chute de la puissance portugaise en Asie*, par Diego de Couto; publiées par ordre de l'Académie royale des Sciences de Lisbonne, par Antoine Gaetan d'Amaral. *Lisbonne*, 1790. L'auteur, qui avait eu un commandement aux Indes, écrivit son ouvrage en forme de dialogue entre un soldat de retour de ce pays et un gouverneur récemment nommé et prêt à se rendre à son poste. Ce livre demeura en manuscrit jusqu'au moment où l'Académie de Lisbonne l'acheta et le fit imprimer. On y trouve des renseignements très-précieux et peu connus sur le misérable état de l'administration dans ce pays.

3. Tandis que ces désordres ébranlaient fortement la puissance portugaise, elle avait d'autant plus de peine à se défendre des attaques fréquentes des peuples voisins : l'alliance qu'elle conclut en 1581 avec l'Espagne, pour la défense de ses possessions aux Indes, ne lui procura point les secours qu'elle en avait espérés, et ne fit qu'aggraver sa situation en tournant contre elle tous les ennemis de l'Espagne.

4. Les possessions du Portugal en Afrique étaient uniquement destinées à lui fournir des esclaves pour l'exploitation du Brésil : les difficultés survenues à l'occasion de ce commerce amenèrent, en 1578, la fondation de Saint-Paul de Loanda, et, peu de temps après, l'occupation par les Portugais des provinces du Congo et d'Angola, que les missionnaires se chargèrent de maintenir dans le devoir.

5. L'Espagne augmenta considérablement son commerce et

sa puissance maritimes en acquérant dans les Indes orientales les possessions portugaises et les Philippines. En ouvrant des relations avec l'Inde et la Chine d'une part, d'autre part avec le Mexique et le Pérou, elle eût pu donner à ces îles une très-grande importance; au lieu de profiter des avantages d'une telle situation, elle prit à tâche d'exploiter exclusivement le commerce de tous ces pays, et ne put suffire à une aussi vaste entreprise.

Occupations des Philippines, en 1564, dans l'unique but d'y établir des missions. — Prise de l'île de Luçon en 1572, et fondation de Manille. — L'administration de ces îles est confiée à un vice-roi. — Les établissements religieux deviennent bientôt propriétaires presque exclusifs. — Commencements d'un commerce régulier entre Acapulco et Manille, entretenu tous les ans depuis 1572 par l'envoi d'un ou deux navires désignés sous le nom de *gallions de la mer du Sud*. — Le gouvernement espagnol fit des pertes considérables dans ces expéditions, et ce ne fut que par zèle pour les missions qu'il n'abandonna pas la propriété de ces îles.

6. Tandis que les Espagnols, devenus maîtres des colonies portugaises, prétendaient à la suprématie des deux Indes et des mers qui les séparent, l'Angleterre et la Hollande entrèrent en concurrence avec eux, et ne tardèrent pas de leur enlever ce qu'il leur était impossible de défendre. Les Hollandais, en même temps qu'ils combattaient pour leur liberté, se mettaient en possession du commerce du monde; bientôt ils reconnurent que celui des Indes serait le plus lucratif, et les prohibitions du roi d'Espagne ne firent que donner plus d'activité à leurs entreprises. Cornélius Houtman fut le premier qui réussit dans cette expédition lointaine (1595). Un tel succès enflamma le zèle de beaucoup d'autres négociants, et il se forma bientôt un grand nombre de sociétés libres pour exploiter cette nouvelle branche de commerce.

Les villes hollandaises faisaient depuis longtemps un grand commerce maritime sur toutes les côtes d'Europe, et possédaient de nombreuses pêcheries: durant la guerre avec l'Espagne, quelques bâtiments armés en corsaires ayant eu du succès dans leur expéditions, donnèrent le goût des entreprises aventureuses, et firent reconnaître en même temps la faiblesse de la marine espagnole. — Le port de Lisbonne ayant été fermé aux Hollandais, ils se virent dans l'alternative de renoncer au commerce des marchandises des Indes, ou d'aller les chercher directement dans le pays; enfin, un grand nombre de capitalistes des provinces belges allèrent s'établir dans les villes miritimes de la Hollande, et ces diverses causes suffisent pour expliquer le développement rapide du commerce hollandais.

Geschichte des Hollaendischen Handels, etc. *Histoire du commerce hollandais*, d'après l'ouvrage de Luzak, intitulé : *Hollands Rykdom*, etc. *Richesse de la Hollande*, par Luder. Leipzig, 1788.

7. **Fondation et organisation de la compagnie hollandaise pour le commerce des Indes orientales.** Il était dans la nature des choses que la puissance de cette grande corporation ne se développât que lentement et par le succès même de ses entreprises; et cependant, dès le principe, elle sut habilement poser les bases de sa future prospérité. Peu de temps après avoir reçu son premier privilége, elle devint société de monopole et corps politique; sous le premier rapport entièrement indépendante de l'autorité, sous le second soumise à l'influence et au contrôle des États-Généraux.

Le premier privilége lui fut accordé le 29 mars 1602, et lui conféra le monopole du commerce hollandais au-delà du cap Magellan, et le droit de conclure toutes les négociations politiques et de faire des établissements aux Indes, au nom des Etats-Généraux. Le fonds de la compagnie s'éleva, dès le principe, à six millions et demi de florins, et fut divisé en actions; on créa en Hollande six chambres de commerce ayant part dans l'association: celle d'Amsterdam y était à elle seule pour la moitié. L'administration suprême des affaires fut confiée, en Hollande, à un conseil de dix-sept directeurs choisis eux-mêmes dans le grand conseil composé de soixante membres. Aux Indes, on nomma, depuis l'année 1610, un gouverneur général pour l'administration civile et militaire, assisté d'un conseil supérieur, dans le sein duquel on choisissait toujours les gouverneurs particuliers et le gouverneur général. A mesure que la compagnie augmentait son commerce par de nouvelles acquisitions, le nombre des gouverneurs particuliers allait croissant.

8. S'il est vrai que le commerce des Indes ne pouvait être

entrepris et conduit avec succès qu'à l'aide de grands établissements devenus la propriété de ceux qui devaient exploiter cette industrie, la création des compagnies privilégiées se trouve suffisamment justifiée; car, à cette époque, ni les particuliers ni l'État ne pouvaient faire de pareilles spéculations ; d'ailleurs, il était à peu près impossible, dans le principe, de prévoir les conséquences du système de monopole. La compagnie hollandaise n'a pu se soustraire aux résultats inévitables de toute entreprise de cette nature ; mais sa création, ses succès prodigieux, et surtout la longue durée de sa puissance, n'en sont pas moins un phénomène unique, qui ne pouvait se réaliser que chez un peuple capable de s'enrichir indéfiniment, sans tomber dans l'oisiveté et la mollesse.

9. La compagnie ne tarda pas à manifester les principes d'action qui la dirigeaient. Sévérité excessive dans l'exercice du monopole et dans la surveillance de tous ses agents, interdiction absolue à ceux-ci de faire aucun commerce pour leur propre compte, reconnaissance empressée pour les bons services, et exactitude scrupuleuse dans tous les paiements, tels furent les principaux éléments de son crédit et de ses succès. Elle s'appliqua dès le principe à faire des établissements dans les îles, et, après s'être emparée des Moluques, elle désigna Batavia pour le centre de ses opérations et de son gouvernement. Peu à peu les îles devinrent le principal siége de son commerce, et assurèrent sa force en lui donnant les moyens d'échapper aux révolutions du continent indien, où l'empire du Mogol était, à cette époque, parvenu à un degré de puissance qui rendait impossible toute tentative d'envahissement.

Les Hollandais furent quelquefois obligés de protéger leurs établissements par la force de leurs armes ; mais ils surent se conduire avec modération, et profitèrent habilement de la haine que les vexations des Portugais avaient excitée dans ce pays. — Occupation d'Amboine et de Tidor en 1607. — Commencement du commerce avec le Japon en 1611. — Occupation de Java en 1618. — Conquête et destruction de Jacatra. — Fondation de Batavia par Koen.

10. Les succès de la compagnie excitèrent à tel point l'émulation, que l'on vit bientôt en Hollande les principales branches de commerce passer dans les mains de diverses compagnies privilégiées. La variété même des monopoles rendit moins sensibles et moins réels les inconvénients de ce système d'exclusion; et bientôt s'élevèrent de toutes parts ces superbes entreprises de fabrique et de commerce qui parvinrent à leur plus haut point de prospérité dans le cours de la période suivante.

11. L'Angleterre commença aussi sous le règne d'Elisabeth à porter ses spéculations dans toutes les parties du monde. Habituée depuis plusieurs siècles à commercer avec les puissances voisines, il était naturel qu'elle cherchât à étendre son industrie dans les pays les plus éloignés. Déjà elle avait pénétré à travers la Russie jusque dans la Perse, et ses expéditions s'étaient même étendues dans les deux Indes. Mais la résistance opiniâtre et les mesures coercitives adoptées par les Espagnols et les Portugais leur avaient suscité sur ces mers de nombreuses difficultés; en sorte que, jusqu'à la guerre de 1588, leurs expéditions lointaines ne furent jamais que des tentatives de piraterie, exécutées avec audace et encouragées par l'appât des riches butins.

Commencement du commerce de l'Angleterre avec la Russie en 1553; le czar Iwan Basilewitsch le favorise; les Anglais vont par la mer Caspienne en Perse, et même jusqu'aux Indes. — Expéditions infructueuses pour découvrir un passage par la mer du Nord, sous la conduite de Forbisher, de Davis, de Hudson, depuis 1576 jusqu'en 1610. — Voyage autour du monde, par Drake, de 1577 à 1580.

Anderson's historical and chronological Deduction of commerce from the earliest accounts to the present time, etc. *Histoire chronologique du commerce, depuis ses premiers essais jusqu'au temps présent*, par Anderson. *Londres*, 1789, 4 vol. in-4°. C'est un recueil immense de tous les matériaux qui se rapportent au commerce de la Grande-Bretagne.

12. L'esprit de monopole s'associa bientôt à toutes les entreprises lointaines, et Élisabeth se montra fort empressée à le favoriser : les branches les plus importantes du commerce extérieur furent confiées à des compagnies privilégiées ; on vit naître

successivement celles de Russie, d'Afrique (1554), du Levant (1581), et d'autres encore. Par suite de ce système, l'exploitation des Indes orientales fut aussi conférée par privilége; mais, dans le principe, cette association n'eut aucun caractère politique.

Création de la première compagnie des Indes, le 31 décembre 1600. — Elle obtint le monopole du commerce au delà du détroit de Magellan. Mais ne possédant que des comptoirs, tels que Bentam, Surate, et n'ayant encore aucun fort comme point de défense, elle ne put soutenir la concurrence des Hollandais, surtout dans les Moluques (objet particulier de leur jalousie), et ses affaires languirent pendant longtemps. — Etablissement de la compagnie à l'île Sainte-Hélène, en 1601.

13. A l'ouest, les Anglais commencèrent aussi, durant cette époque, à fonder sur les côtes de l'Amérique septentrionale des établissements dont le succès devait amener des colonies d'un nouveau genre, et principalement consacrées aux exploitations agricoles. Les obstacles que l'on rencontrait dans un sol et une population sauvages ne pouvaient être surmontés qu'à force de travaux et de persévérance; mais aussi, de telles entreprises fondent des empires, et semblent destinées à renouveler le monde.

Les premières tentatives eurent pour objet de chercher des pays abondants en mines d'or, et furent dirigées, sous le règne d'Elisabeth, par les soins de sir Raleig (depuis 1583). Ce ne fut cependant que sous le règne de Jacques I, et après la conclusion de la paix avec l'Espagne, que l'on créa dans ce but des compagnies privilégiées. Celles de Londres et de Plymouth furent fondées en 1606; la première pour la côte méridionale (la Virginie, du 34e au 41e degré), la seconde pour la côte septentrionale (Nouvelle-Angleterre, du 42e au 45e). Fondation de James-Town, dans la baie de Chesapeak, en 1606. Introduction de la culture du tabac dans la Virginie, en 1616. — Occupation des îles Bermudes par la compagnie de Londres, en 1612. — On entreprit dans le même temps l'exploitation de diverses pêcheries; et celle de la baleine, sur la côte du Groenland, prit une grande activité dès le commencement du dix-septième siècle.

14. Quoique les premières expéditions fussent encore peu productives, elles eurent du moins pour résultat de constater

d'abord la résistance aux prétentions des Espagnols et des Portugais, et d'établir successivement le principe et le fait de la liberté des mers, que les Anglais et les Hollandais conquéraient par la force des armes, tandis que Grotius en démontrait la nécessité dans ses écrits. Par là s'ouvrit une nouvelle carrière pour les intérêts politiques des peuples européens. Dans le principe, toutes ces entreprises furent des spéculations particulières que les gouvernements autorisaient, mais sans leur accorder aucune protection spéciale. Il se passa longtemps encore avant que les pirateries et les querelles des colonies devinssent un sujet de guerre entre les gouvernements et les métropoles.

Hug. Grotii Mare liberum, etc. *Dissertation sur la liberté des mers, ou du Droit qu'ont les Hollandais à commercer librement avec les Indes*; par Grotius Leyde, 1618.

15. La France fit aussi quelques tentatives pour fonder des établissements coloniaux : plusieurs furent infructueuses; celles qui réussirent n'acquirent même quelque importance que dans le cours de la période suivante, et lorsque l'exploitation du Canada et de l'Acadie (Nouvelle-France) put être protégée par la forteresse de Quebec (Quebec fut fondé en 1608). Du reste, ceux qui firent ces premiers essais eurent moins en vue de créer des colonies agricoles, que de s'emparer du commerce des pelleteries et des pêches.

QUATRIÈME ÉPOQUE.

DE 1618 A 1660.

Dans une époque où tant et de si grandes guerres furent préparées et accomplies, les relations entre les divers États européens dûrent être nécessairement beaucoup plus nombreuses et plus importantes; l'Angleterre seule continua de faire exception, favorisée qu'elle est toujours par sa position géographique, et occupée d'ailleurs, durant cet intervalle, par les divisions intérieures et par toutes les calamités de la guerre civile.

Sous le règne de Ferdinand II, l'ancienne alliance des maisons d'Espagne et d'Autriche fut renouvelée par l'influence des jésuites, qui étaient parvenus à s'introduire et à dominer dans les deux cours : le cardinal de Richelieu ne cessa, pendant la durée de son ministère, d'employer l'autorité que lui assuraient son crédit et ses talents à diriger la politique européenne contre les intérêts et l'existence même de la maison de Habsbourg; pour y réussir, il s'appliqua à faire intervenir les puissances du Nord et surtout la Suède dans les affaires de l'Europe méridionale, et ce fut par ces diverses combinaisons que tous les États du continent européen se trouvèrent amenés à prendre part au grand mouvement de cette époque.

Les affaires de la religion continuèrent à tenir le premier rang dans celles de la politique, et c'est encore à la réformation que l'on doit attribuer les orages et les guerres du dix-septième siècle. Tandis que dans l'époque précédente l'influence de ce grand événement s'exerça surtout dans chacun des États en particulier, durant le cours de celle-ci la même cause excita un ébranlement dans le système général de l'organisation européenne, et produisit par cela même de plus grands résultats.

HISTOIRE DE LA GUERRE DE TRENTE ANS, ET DE SES CONSÉQUENCES, JUSQU'AUX TRAITÉS DE WESTPHALIE ET DES PYRÉNÉES.

L'histoire de la Guerre de trente ans occupe une place importante dans celle de l'Empire germanique, et a été écrite par un grand nombre d'auteurs très-recommandables. Il est à regretter cependant que personne n'ait encore entrepris de traiter ce sujet sous un point de vue plus général, et de rechercher l'influence qu'elle a exercée sur l'Europe et sur tout le dix-septième siècle.

Histoire des guerres et des négociations qui précédèrent le traité de Westphalie, composée sur les mémoires du comte d'Avaux; par G. H. Bougeant. *Paris*, 3 vol. in-4° ou 6 vol. in-12. L'auteur était jésuite. — Les deux dernières parties sont exclusivement consacrées à l'histoire du traité de Westphalie.

Krause, Geschichte des dreyssigjaehrigen Kriegs, etc. *Histoire de la Guerre de trente ans et du traité de Westphalie*, par Krause. *Halle*, 1782, 1 vol. in-8°.

Idem, par Schiller. *Leipzig*, 1802. — Traduites en français.

Idem, par Laurent Westenrieder, insérée par fragments dans le Calendrier historique de Munich, de 1804 à 1806. On y touve des aperçus heureux et des recherches intéressantes.

1. Cette guerre transporta en Allemagne toute la politique européenne. Elle présente ce caractère particulier, qu'on ne la vit point, comme presque toutes les autres, entreprise et poursuivie jusqu'à la fin d'après un plan et pour un objet déterminés. Dans le principe, il eût été impossible de prévoir son intensité et sa durée. De toutes parts et à toute occasion il se présenta pour l'alimenter de nouveaux éléments d'agitation et de vengeance; toutes les animosités particulières, toutes les altercations qui naquirent et qui furent terminées durant son cours, vinrent se confondre dans cette grande querelle; et jamais on ne vit autant que dans ces circonstances la confirmation de cette triste vérité que la guerre nourrit la guerre.

La ligue allemande prit part à cette longue lutte; la vieille querelle qui subsistait entre la Hollande et l'Espagne se ranima et fit de nouveau prendre les armes à ces deux puissances (en 1621) : les États du Nord, et surtout la Suède (1630), furent entraînés dans la lutte ; la France prit parti en 1635. Telles furent au dehors les principales causes de la durée de la guerre : elle trouva d'autres aliments en Allemagne dans l'irritation des partis religieux, dans la suspension de la constitution germanique, qui en fut une des premières et des plus graves conséquences (depuis l'année 1613 la diète cessa de se rassembler) ; enfin, dans les prétentions exagérées et les projets *insensés* que cette malheureuse *désorganisation* fit naître de toutes parts.

2. La guerre qui éclata d'abord en Bohême semblait ne devoir occuper que l'Autriche : mais, excitée par les intérêts religieux, elle prit bientôt tous les caractères du fanatisme ; des deux côtés on s'irrita au-delà de toute expression ; les Bohémiens, aussi bien que l'empereur, prirent tour à tour les mesures les plus violentes, et le mal se répandit bien au-delà du territoire sur lequel la querelle s'était engagée.

Le parti des protestants (appelés dans ce pays *utraquistes*) se répandit promptement en Bohême, en Autriche, en Hongrie, et ce fut par lui que le prince Bethlen-Gabor, de Transylvanie, parvint à s'emparer de la couronne. Les premiers troubles éclatèrent à Prague : les représentants de l'empereur y furent maltraités le 23 mai 1618, et la guerre commença au mois de mars de l'année suivante. Sous le règne de Ferdinand II, la couronne fut donnée à l'électeur palatin Frédéric V (3 septembre 1619) de Bohême, chef de l'union protestante, gendre du roi d'Angleterre, allié même de Bethlen-Gabor : il semble qu'il avait en main tous les moyens nécessaires pour calmer le pays et apaiser l'agitation ; mais il ne sut profiter d'aucune de ces ressources. L'empereur, de son côté, s'unit avec l'Espagne, entraîna dans son parti la Saxe et la ligue allemande, par un traité conclu avec Maximilien de Bavière, et trouva moyen de rompre l'union protestante, et de la réduire à l'impuissance. Le 8 novembre 1620, Frédéric V fut battu sur la montagne Blanche par les armées impériales ; il abandonna la Bohême, et celle-ci, réduite à demander grâce, dépouillée de tous ses priviléges, subit dans toute sa rigueur le sort des vaincus.

3. Quoique cette guerre parût complétement terminée, les ressentiments et les fureurs qu'elle avait fait naître se propagèrent avec rapidité en Hongrie et dans toute l'Allemagne ; et l'acte de bannissement qui fut proclamé contre l'électeur palatin et tous ses adhérents excita plus vivement l'ardeur des partis. C'est par là que la guerre de trente ans prit le caractère révo-

lutionnaire qui lui devint particulier depuis cette époque. Après ce premier pas, il fallut aller plus loin ; mille projets plus hardis furent présentés dans les cours de Vienne et de Madrid : on résolut en Espagne de recommencer la guerre des Pays-Bas ; la destruction du protestantisme et le renversement des libertés allemande et hollandaise parurent désormais inséparables ; le succès des premières armées de l'empereur et de la ligue parut d'un favorable augure, et l'Espagne se disposa à leur prêter de nouvelles forces.

L'acte de bannissement de l'électeur palatin fut proclamé le 22 janvier 1621 et le 25 février 1623 ; son électorat fut concédé à la Bavière. — Dissolution de l'union protestante. La guerre s'établit dans le palatinat, et les troupes espagnoles entrent dans le pays sous le commandement de Spinola. — Le 29 avril 1622, le général autrichien Tilly est battu à Wisbach par Ernest de Mansfeld ; peu après il se venge sur le margrave de Bade et sur le prince de Brunswick, en battant le premier à Vimpfen le 6 mai, le second à Hoechst le 20 juin suivant : à la suite de ces victoires, Tilly s'empare du Palatinat.

4. La Saxe était, en Allemagne, le principal siége du protestantisme. Les États délibérèrent d'appeler à leur secours le roi de Danemarck, Christian IV, et de le mettre à leur tête, en sa qualité de duc de Holstein : par là une puissance du Nord se trouva engagée dans la querelle, et la guerre de Danemarck en fut le premier résultat. L'élévation d'Albert de Wallenstein (ou Valstein) aux dignités de duc de Friedland et de général en chef des armées impériales, fut un événement encore plus important. De ce moment, la guerre devint encore plus une véritable guerre de révolution ; le caractère et la situation particulière de Wallenstein, la composition et les habitudes désorganisatrices de l'armée qu'il avait lui-même formée, et dont il disposait à sa volonté, devaient amener le trouble et jeter la confusion dans tous les partis.

Guerre de Danemarck, de 1625 à 1629. — Défaite de Chistian IV à Lutter, le 27 août 1626. — Wallenstein repousse le comte de Mansfeld jusqu'en Hongrie, et celui-ci y meurt le 30 novembre de la même année. —

Continuation de la guerre contre Christian ; Wallenstein s'empare, en 1628, de toutes les côtes de la Baltique jusqu'à Stralsund. — Traité de Lubeck : le roi recouvre toutes ses possessions, renonce à toute participation aux affaires d'Allemagne, et abandonne ses alliés (12 mai 1629).

5. Le succès des armes impériales dans le nord de l'Allemagne servait à couvrir les projets audacieux de Wallenstein. Partout il entrait en conquérant, et lorsqu'il eut reçu l'investiture du Mecklembourg, il s'y montra en souverain absolu. Bientôt il s'arrogea le titre de général de la Baltique; son ambition ne connut plus de bornes ; parvenu au faîte de la gloire, il se trouva près de sa ruine.

Les ducs de Mecklembourg furent bannis de leurs États le 19 janvier 1628, et Wallenstein en prit l'investiture. En usurpant la domination dans la Baltique, il semblait diriger ses vues vers le Danemarck et la Suède, et il était impossible de prévoir un terme à ses entreprises.

6. Cependant Wallenstein, dans l'enivrement de ses succès, offensait les États catholiques aussi bien que les protestants : la ligue se déclara contre lui, de toutes parts on demanda la paix et la disgrâce du général en chef. L'empereur, qui s'était rendu à Augsbourg à l'assemblée des électeurs, se vit forcé de choisir entre son lieutenant et ses alliés : Wallenstein fut renvoyé, et son armée licenciée ; Tilly devint général en chef des armées de l'empereur et de la ligue.

Diplomatische Geschichte der teutschen Ligue, etc. *Histoire diplomatique de la Ligue allemande*, par Stumpf. *Erfurt*, 1800, 1 vol. in-8°.

7. Toutes les mesures adoptées par la cour de Vienne tendaient à prolonger la guerre. Le refus de rétablir l'électeur Frédéric V dans ses États, et la cession d'une partie du Palatinat à la Bavière, excitèrent de justes méfiances chez tous les princes allemands ; enfin, les jésuites parvinrent à arracher à l'empereur l'édit de restitution (9 mars 1629); mais ils y firent joindre des clauses qui rendaient toute réconciliation impossible, et qui mécontentèrent plusieurs États catholiques.

L'édit de restitution ordonna la réintégration du clergé dans les biens saisis antérieurement à la convention de Passau, et la paix de religion fut déclarée ne s'appliquer qu'aux chrétiens de la confession d'Augsbourg, et non aux réformés : des troupes impériales furent envoyées pour en assurer l'exécution, et leurs violences excitèrent un ressentiment général.

8. Cependant les succès de la cour d'Autriche excitaient l'animosité des puissances étrangères, et leur faisaient sentir chaque jour davantage la nécessité de lui résister. Déjà l'Angleterre avait fait d'inutiles tentatives pour soutenir l'électeur palatin : ce fut par suite de ses négociations que le roi de Danemarck intervint dans les affaires d'Allemagne. Le cardinal de Richelieu, dès qu'il fut parvenu au ministère, dirigea tous ses efforts contre l'Espagne et l'Autriche ; il suscita à la première les différends qui s'élevèrent à l'occasion de la Valteline, à la seconde la guerre de Mantoue ; il tenta de séparer la ligue de l'empereur, et s'il ne put y réussir, du moins il parvint à accélérer la chute de Wallenstein.

Intervention de la France dans la querelle de l'Espagne avec le pays des Grisons, au sujet de la Valteline : le traité de Monçon, conclu le 5 mars 1626, décida en faveur de la France et des Grisons. — Guerre entre la France et l'Autriche, pour la succession du duc de Mantoue, revendiquée par le duc de Nevers (de 1627 à 1630) ; elle se termina par le traité de Chierasco (6 avril 1631), et l'Autriche demeura en possession de Mantoue.

9. Lorsqu'en 1650, le roi de Suède Gustave-Adolphe prit parti dans la guerre d'Allemagne, ce fut encore par suite des intrigues du cardinal de Richelieu : ce ministre eût-il pu prévoir alors que celui qu'il ne considérait que comme un instrument, deviendrait bientôt le chef du parti protestant et le grand régulateur de cette guerre? Gustave gouvernait la Suède depuis dix-neuf ans ; il avait suivi avec succès les longues guerres de Pologne ; et cependant, lorsqu'il entra en Allemagne, on était loin de croire qu'il y déploierait autant de talents, qu'il y exercerait une influence aussi décisive.

Gustave entra en Allemagne le 24 juin 1630, et conclut en peu de temps un alliance avec la Saxe, la Poméranie, le Brandebourg. — Accession du landgrave Guillaume de Hesse à la confédération, le 9 novembre suivant. — Traité de subsides avec la France le 13 janvier 1631.

10. La victoire de Leipzig fut décisive pour Gustave-Adolphe et pour son parti, encore plus qu'on n'était fondé à l'espérer. De ce moment, la ligue catholique se trouva dissoute, et le roi de Suède maître absolu de tout le pays depuis les côtes de la Baltique jusqu'en Bavière, depuis le Rhin jusqu'à la Bohême. Un tel succès était bien propre à faire naître les espérances et les projets les plus extraordinaires chez ceux qui n'avaient plus qu'à en profiter. La mort de Tilly remit Wallenstein à la tête du parti impérial; il y rentra avec son pouvoir absolu et son ambition démesurée. En de telles circonstances, et pour de tels chefs, il n'était aucune entreprise assez hardie qui ne pût être tentée également des deux côtés : la victoire de Lutzen, chèrement achetée par la mort du roi de Suède, prépara en même temps la seconde chute de Wallenstein.

Victoire de Gustave à Leipzig le 7 septembre 1631. — Occupation de la Bohême par les troupes saxonnes. — Le roi de Suède pénètre dans les pays de la ligue catholique, et, après la bataille du 5 avril 1632, entre en Bavière et s'avance jusqu'à Munich (le 7 mai suivant). — Le siége de la guerre est transféré en Saxe. — Bataille de Lutzen et mort de Gustave-Adolphe et de Pappenheim, le 6 novembre 1632.

11. La mort de Gustave-Adolphe arrêta l'exécution des projets qu'il avait conçus, mais non de ceux de ses partisans. Déjà on commençait à craindre en Allemagne les entreprises de la Suède, et la Saxe, associée à tous les succès du roi, ne pouvait cependant se défendre de quelque inquiétude. Gustave laissa après lui plusieurs hommes habiles dans le cabinet et sur le champ de bataille, tels qu'ils devaient se former auprès d'un si grand maître ; mais, privés des avantages de sa situation, ils ne purent conserver la prépondérance, et le traité de Heilbronn, où le chancelier Oxenstiern déploya tout son talent, fut loin de produire tout ce qu'il avait pu en attendre.

L'intention de Gustave en entreprenant cette guerre fut de reconquérir et de consolider la prépondérance du parti protestant en Allemagne, et il y avait intérêt, soit pour assurer ses possessions, soit pour récompenser et pour fortifier ses amis et ses partisans. Du reste, dans un temps où l'on était accoutumé à déposséder violemment ses ennemis, à créer subitement des princes et des principautés, il était difficile de se promettre un succès solide pour une telle entreprise; et sans doute le roi de Suède avait déjà entrevu tous ces obstacles, lorsque la mort vint le frapper. — Traité de Heilbronn, conclu, sous l'influence de la Suède, entre les quatre États ci-dessus désignés. — La Saxe refusa d'y accéder.

S. Puffendorfii Commentariorum de rebus suecicis libri XXXVI (de 1630 à 1654). *Francofort*, 1707, 1 vol in-fol. *Histoire de Gustave-Adolphe* par M. de M. (Mauvillon). *Amsterdam*, 1764, in-4°.

12. Cependant Bernard, duc de Saxe-Weimar, et Gustave de Horn, tous deux élèves et lieutenants du roi de Suède, poursuivirent leurs succès et continuèrent d'occuper la plus grande partie de l'Allemagne, par suite de l'inactivité de Wallenstein, qui se tenait toujours en Bohême, et semblait résolu à les laisser agir sans opposition. La méfiance qu'on nourrissait à Vienne contre lui s'augmentait d'autant plus qu'il prenait moins de soin de la dissiper; enfin, il expia par sa mort, sinon de grands crimes, du moins une conduite ambiguë, propre à autoriser les soupçons: tout porte à croire que sa chute délivra l'Allemagne d'une grande catastrophe.

Les principaux griefs de l'empereur contre Wallenstein résultèrent des rapports d'un homme nommé Scesina, que le général avait envoyé à Vienne et qui l'accusa à la cour d'avoir entretenu une correspondance secrète avec le roi de Suède dès l'année 1630. — Wallenstein meurt assassiné à Egra le 25 février 1634.

Beytraege zur Geschichte der dreyssigjaehrigen Krieges, etc. *Matériaux pour l'Histoire de la Guerre de trente ans*, par God. de Murr. *Nuremberg*, 1790.

Die Ermordung Albrechts Herzogs von Friedland, etc. *Assassinat d'Albert, duc de Friedland*, par Murr. *Halle*, 1806. L'original du rapport de Scesina, écrit en latin, n'avait pas encore été publié.

13. Après la mort de Wallenstein, un prince de la maison

impériale, Ferdinand, roi de Hongrie et de Bohême, fut chargé du commandement général des armées, et cet événement changea tout-à-coup le caractère de la guerre. Dans la même année, la victoire de Nordlingue releva les affaires de l'Autriche, et amena la conclusion d'un traité de paix avec la Saxe : les Suédois, repoussés jusqu'en Poméranie, furent mis dans l'impossibilité de se soutenir désormais par leurs propres forces.

Défaite des Suédois à Nordlingue, 6 septembre 1634. — Préliminaires du traité de Prague (22 novembre suivant), et conclusion définitive de ce traité le 30 mai 1635. — La Saxe conserva la Lusace, et les biens ecclésiastiques qui avaient été réunis précédemment furent maintenus, pour quarante années, dans les mains de leurs possesseurs. — Plusieurs États protestants furent contraints dans la suite d'accéder à ce traité.

14. Cependant, en 1635, la France prolongea et étendit même la guerre, en se déclarant d'abord contre l'Espagne et bientôt après contre l'Autriche. L'Espagne avait en Italie des possessions qui devinrent le théâtre de nouvelles hostilités ; l'alliance conclue par le cardinal de Richelieu avec les Pays-Bas donna un nouvel aliment à la guerre d'Allemagne. Depuis longtemps la France ajoutait à l'intérêt qu'elle avait de défendre les ennemis de l'Autriche et de l'Espagne, le désir de faire pour elle-même de nouvelles acquisitions ; en sorte qu'il devint encore impossible de prévoir un terme à ces longues querelles.

Depuis 1621 les hostilités entre l'Espagne et les Pays-Bas avaient eu lieu sur le territoire espagnol, et s'étaient bornées au siége et à la défense des places fortes. Le 8 février 1635, le cardinal de Richelieu conclut alliance avec la république hollandaise, pour la conquête et le partage des Pays-Bas espagnols : son projet ne put réussir, mais, dès ce moment, la France conserva le désir de le mettre à exécution. — En Italie, la France s'allia, le 11 juillet 1635, avec la Savoie et les duchés de Mantoue et de Parme, pour la conquête du Milanais. Cette alliance lui servit, en 1638, à faire conserver la régence du Piémont dans les mains de la reine Christine, contre laquelle l'Espagne s'était déclarée.

15. Le traité que la France conclut avec Bernard, duc de Saxe-Weimar, lui donna d'abord la plus grande influence sur

la guerre d'Allemagne ; mais bientôt l'élève et l'ami de Gustave-Adolphe se montra animé du dessein de combattre pour ses propres intérêts bien plus que pour les querelles des autres ; sa mort prématurée fut une véritable délivrance pour la France aussi bien que pour l'Autriche : le général Banier rappela la victoire sous les drapeaux suédois ; et, après les négociations infructueuses de Lubeck, les deux puissances, également ambitieuses de conquêtes, s'unirent par une alliance plus étroite (1638).

Traité de subsides entre la France et le duc de Weimar, le 27 octobre 1635. — Celui-ci aspire à s'emparer de l'Alsace. — Prise de Brisach (3 décembre 1638). — *Mort inopinée du duc* (8 juillet 1639). — La France s'empare de son armée. — Victoire des Suédois à Wittstock, sous le commandement de Banier, contre l'armée impériale et saxonne (24 septembre 1636).

16. Les premières espérances de paix furent amenées par un concours de circonstances particulières, et nullement par le désir de mettre enfin un terme aux longues calamités de l'Allemagne. L'Espagne fut occupée, en 1640, d'une guerre contre le Portugal et des troubles de la Catalogne ; et son alliance avec l'Autriche perdit de sa force lorsque Ferdinand III fut parvenu à l'Empire : le crédit que le nouvel électeur de Brandebourg Frédéric-Guillaume sut acquérir en Allemagne, suspendit les projets et les espérances de l'Autriche et de la Suède, et détermina enfin l'empereur à consentir, dans la nouvelle assemblée des électeurs (10 octobre 1641), à une réconciliation qu'il décora du nom d'amnistie générale. Bientôt les ambassadeurs des principales puissances se réunirent à Hambourg pour signer les préliminaires (25 décembre 1641), et pour convenir du temps et du lieu où se rassemblerait le congrès. Richelieu mourut, le cardinal Mazarin lui succéda (1642) : ces deux événements suspendirent les négociations, et la guerre continua, chaque puissance espérant y trouver quelque moyen de traiter avec plus d'avantages. De nouvelles hostilités entre la Suède et le Danemarck prolongèrent encore les incertitudes (de 1643 à 1645) ;

enfin les négociations s'ouvrirent à Munster et à Osnabruck (avril 1645) : on employa trois ans pour parvenir à un résultat définitif, et, pendant ce temps, tout le midi de l'Allemagne, et surtout la Bavière, furent encore affligés par toutes les calamités de la guerre.

Campagne de Torstensohn, de 1642 à 1645, en Silésie, en Saxe (bataille et victoire de Leipzig, 23 octobre 1642), et en Bohême. Invasion dans le Holstein en 1644, et pour la seconde fois en Bohême en 1645. — Défaite de l'armée française à Dullingen, le 14 novembre 1643, par les Bavarois. — Turenne prend le commandement de cette armée. — Au mois de novembre 1645, Torstensohn est remplacé dans l'armée suédoise par Wrangel : celui-ci marche avec Turenne, entre en Bavière en 1646, et force Maximilien I à conclure un armistice à Ulm, le 14 mars 1647 : rompue au mois de septembre suivant, la trève est suivie d'une nouvelle invasion, et toute la Bavière est ravagée par les troupes étrangères pendant l'année 1648. Pendant ce temps, les Suédois pénétraient encore en Bohême sous le commandement du comte palatin Charles-Gustave et de Konigsmarck, et s'emparaient de la ville de Prague.

17. Tant de puissances engagées dans la lutte, tant de prétentions produites, tant de différends à résoudre, présentèrent à l'Europe un spectacle tout nouveau pour elle. L'Autriche était en guerre avec la Suède et la plupart des États protestants d'Allemagne; la Suède avec l'Autriche, la Bavière et la Saxe; la France avec l'Autriche, ses alliés et l'Espagne; l'Espagne avec la France, le Portugal et les Pays-Bas. Le congrès (20 janvier 1648) ne termina que la guerre de l'Espagne et des Pays-Bas et celles de l'Allemagne : la guerre de la France contre l'Espagne dura encore pendant onze ans, celle de l'Espagne et du Portugal fut aussi continuée. La paix d'Allemagne fut conclue à Munster entre l'empereur et la France ; à Osnabruck, entre l'empereur et la Suède ; et ces deux traités furent encore réunis et confirmés par celui qui reçut le nom de Traité de Westphalie.

Les ambassadeurs de la France à Munster étaient le comte d'Avaux et Servien ; ceux de la Suède à Osnabruck, Oxenstiern (fils du chancelier) et Salvius. Parmi les ambassadeurs de l'Autriche, le plus influent fut le comte de Trautmansdorf; l'Espagne et les Pays-Bas avaient chacun huit plénipotentiaires.

Négociations secrètes touchant la paix de Munster et d'Osnabruck, La Haye, 1725, 4 vol. in-fol.

J. Steph. Puetter, *Geist der Westphaelischen Friedens*, etc. *L'Esprit du Traité de Westphalie*, par Et. Puetter. *Goettingue*, 1795, 1 vol. in-8°.

Acta pacis Westphalicæ, etc. *Actes de la paix de Westphalie*, par Meyern. *Goettingue*, 1734, in-fol. C'est le recueil le plus complet des pièces authentiques. Le même auteur a donné à Goettingue, en 1747, l'édition la plus exacte que nous ayons du texte même des traités.

18. Le traité de Westphalie régla, 1° les indemnités à accorder aux puissances étrangères qui avaient pris part à la guerre et à chacun des États de l'Empire germanique; 2° les relations à établir entre ces derniers pour les affaires de la politique et celles de la religion; 3° enfin les rapports des deux puissances étrangères avec l'empire d'Allemagne. — Pour former une masse d'indemnités, on eut recours à la sécularisation de la plus grande partie des biens ecclésiastiques situés dans les États devenus protestants : parmi les puissances étrangères, la France et la Suède furent les seules à recevoir des indemnités; en Allemagne, on en alloua aux maisons de Brandebourg, de Hesse-Cassel, de Mecklembourg et de Brunswick-Lunebourg.

La France reçut la cession de l'Alsace, en tant que propriété de l'Autriche : on la confirma dans la possession de Metz, Toul et Verdun, et de Pignerol en Piémont, et elle conserva le droit de garnison à Philippsbourg.

La Suède obtint la Poméranie occidentale, l'île de Rugen, une portion de la basse Poméranie, Wismar, Brême et Verden; on lui accorda de plus le droit de présence aux diètes de l'Empire, et cinq millions d'écus.

L'électeur de Brandebourg eut pour sa part les villes de Magdebourg, Halberstadt, Camin et Minden, qui furent sécularisées.

Le Mecklembourg obtint Schwerin et Ratzebourg.

Hesse-Cassel reçut Hirschfeld et six cent mille écus.

L'électeur de Saxe conserva ce qui lui avait été cédé par le traité de Prague.

19. La fixation des rapports intérieurs entre les divers États de l'Empire germanique porta sur des points en litige ou incer-

tains. Quant aux affaires de religion, la paix d'Augsbourg fut confirmée, et l'on accorda l'égalité des droits à tous les réformés ; quant aux biens ecclésiastiques et au libre exercice de tous les cultes, on prit pour base l'état de l'Allemagne en 1624, et ce règlement fut appelé celui de l'*annus normalis* : le *reservatum ecclesiasticum* fut déclaré en vigueur pour l'avenir. — Sous le rapport politique, on prononça une amnistie générale et la réintégration de chaque prince dans ses États (seulement un huitième électorat fut créé pour la maison palatine, et ce qui lui avait été enlevé dans le Haut-Palatinat fut cédé à la Bavière). En ce qui concernait leurs relations avec l'Autriche, on confirma aux divers États l'exercice plein et entier de leur souveraineté, dans l'étendue de leur territoire et de tous leurs droits aux diètes générales de l'Empire.

20. La république des Pays-Bas-Unis et la Suisse furent déclarées entièrement indépendantes de l'Empire germanique.

21. En définitive, il n'y eut pas, à la suite de ces longues guerres, autant de déplacements et de divisions de territoires qu'on avait eu lieu de le craindre dans le principe ; et tout porte à croire que si Gustave-Adolphe et Wallenstein n'eussent été arrêtés dans leur course par une mort prématurée, l'Allemagne eût souffert des bouleversements beaucoup plus considérables. Tels qu'ils se présentent néanmoins, ces événements eurent de graves conséquences pour le système politique de l'Europe.

22. C'est par eux que la vaste confédération allemande reçut une organisation plus régulière et plus précise : les formes en furent déterminées quelques années après (en 1662) dans la diète de Ratisbonne ; la puissance impériale y fut resserrée dans de justes limites, et les princes devinrent les véritables chefs de leur gouvernement. Cette constitution convenait au caractère des Allemands, pour qui la fidélité à leur souverain est un devoir rigoureux : les vices qu'on y pouvait trouver, les fâcheux résultats qu'on en pouvait craindre, tenaient beaucoup moins à l'organisation intérieure de la société qu'aux rapports par lesquels

elle se rattachait aux puissances environnantes; et des difficultés de cette nature étaient plus difficiles à prévoir et surtout à corriger par avance.

23. Dans le système général de l'Europe, le traité de Westphalie ne régla point d'une manière définitive toutes les affaires ou tous les différends qui s'étaient élevés depuis le commencement de la guerre; mais il établit quelques principes importants: désormais il fut reconnu que le maintien de la constitution du corps germanique était du plus haut intérêt pour l'Europe, et cette opinion fut admise dans la pratique de tous les cabinets, même chez les plus malveillants. L'alliance de la France avec la Suède amena ce grave résultat de faire entrer les puissances du Nord dans les intérêts et dans les affaires de l'Europe occidentale. Par elle et par le traité qui mit fin à la guerre, la Suède s'éleva au rang des premières puissances continentales, et conserva cette position plus de cinquante ans; enfin, l'indépendance des Provinces-Unies fut unanimement reconnue.

24. La France et l'Espagne, espérant l'une et l'autre obtenir de meilleures conditions par la force des armes, ne voulurent point consentir à mettre un terme à leurs sanglantes querelles. L'Espagne se trouvait dégagée des soins que lui avait suscités la révolution des Pays-Bas, et comptait profiter des troubles que la guerre civile entretenait en France; d'autre part, la France fondait l'espoir de ses succès sur la faiblesse de son ennemie et sur l'insurrection du Portugal et de la Catalogne: l'intervention de Cromwell, qui déclara la guerre à l'Espagne en 1655, et qui s'allia par la suite avec la France, décida la question et amena la conclusion du traité des Pyrénées, qui fut signé par les deux ministres influents, le cardinal Mazarin et don Louis de Haro. Peu de temps après, la rupture du mariage convenu à cette époque entre Louis XIV et l'infante espagnole Marie-Thérèse devint une nouvelle cause de guerre.

Victoire du prince de Condé, à Lens, 20 août 1648. — En 1650 et 1651, les troubles de la Fronde jettent Turenne dans le parti espagnol; Condé y passa aussi en 1652, et y demeura jusqu'en 1659. En 1653 et 1654, les

Français, commandés par Turenne, reprirent tous leurs avantages dans les Pays-Bas ; le 3 novembre 1655, Mazarin conclut un traité d'alliance avec Cromwell. La mort de celui-ci mit fin aux hostilités de l'Angleterre. — Par le traité des Pyrénées signé le 7 novembre 1659, la France obtint le Roussillon et plusieurs places fortes sur les frontières des Pays-Bas : elle s'engagea à ne plus fournir de secours au Portugal ; le duc de Lorraine, allié de l'Espagne, recouvra une partie de ses États ; enfin, les deux puissances réglèrent leurs relations commerciales, et convinrent du mariage de Louis XIV avec l'infante Marie-Thérèse.

Histoire des négociations et du traité de paix des Pyrénées, 1750, 2 vol. in-12.

COUP D'OEIL SUR LES CHANGEMENTS LES PLUS IMPORTANTS SURVENUS DANS LES AUTRES ÉTATS DE L'EUROPE OCCIDENTALE ET SUR LEURS RÉSULTATS.

ESPAGNE ET PORTUGAL.

1. Les suites funestes de la seconde guerre entreprise par l'Espagne contre les Pays-Bas et tous les vices de l'administration intérieure entraînèrent la longue insurrection de la Catalogne. Lorsque Jean de Bragance eut relevé le trône du Portugal, ce pays se trouva de nouveau engagé dans une guerre contre ses voisins ; et ce ne fut qu'après une longue lutte qu'il parvint à faire reconnaître son indépendance (en 1668). Placé parmi les puissances du second ordre, le Portugal acquit cependant plus d'importance par le fait de sa position géographique, et se trouva l'allié naturel de tous les ennemis de l'Espagne ; mais il perdit sans retour l'éclat dont il avait brillé au temps de ses beaux établissements dans les Indes orientales.

FRANCE.

La France, durant presque tout le cours de cette époque, fut successivement gouvernée par deux prêtres, le cardinal de Richelieu et le cardinal Mazarin. Le premier joignait beaucoup de force de caractère à une grande étendue d'esprit : dans le cours d'une administration de dix-huit années (depuis 1624 jusqu'à 1642), on le vit, constamment fidèle à ses principes, chercher au dedans l'affermissement du pouvoir royal, au dehors l'accroissement de l'influence politique de la France. D'une part il apaisa les troubles excités à l'occasion des huguenots, d'autre part il s'attacha sans cesse à rabaisser la puissance des grands. A l'extérieur il établit le crédit de la France en Italie, dans les Pays-Bas, en Allemagne et jusque dans la Suède. L'Espagne et l'Autriche trouvèrent en lui un ennemi puissant et irréconciliable. Il se montra protecteur éclairé des arts et des sciences; et s'il n'est pas possible d'approuver tous les actes de son administration, on ne peut en même temps s'empêcher de reconnaître qu'elle eut un caractère de force et de grandeur qui jeta les premiers fondements de la puissance de Louis XIV.

3. Mazarin, appui de la régente Anne d'Autriche durant la minorité de ce roi, s'attacha à suivre le système qu'avait établi son prédécesseur (de 1642 à 1661). Mais bientôt on reconnut que la force lui manquait pour suivre une telle entreprise : les grands reprirent leur audace, et les troubles de la fronde éclatèrent (1648-1652), scène comique et nationale, dans son origine comme dans ses progrès, où les plus grands intérêts furent mis en jeu par les intrigues les plus bizarres, et livrés aux mains capricieuses des hommes et des femmes de la cour. Le principal ministre résista au démagogue cardinal de Retz; les traditions antérieures furent maintenues et les prétentions des princes du sang resserrées dans de justes bornes, dès que le prince de Condé fut réduit à l'impuissance.

Commencement des troubles au mois d'août 1648. — Guerre civile, sous la direction du grand Condé (octobre 1651). — Fuite du prince en Espagne, et fin de la guerre en octobre 1652. — Le prince de Condé ne rentra en grâce qu'après la conclusion du traité des Pyrénées.

L'Esprit de la Fronde, ou *Histoire politique et militaire des troubles en France pendant la minorité de Louis XIV*, par Mailly. *Paris*, 1772, 5 vol. in-12.

Mémoires du cardinal de Retz.

Idem *de Guy Joly.*

ANGLETERRE.

4. Les grands événements de cette époque mémorable, dans les annales de l'histoire anglaise, provinrent aussi de la Réforme. Mais ici ce furent les protestants eux-mêmes qui, par leur séparation en épiscopaux et en presbytériens ou puritains, créèrent le parti politique par lequel la lutte fut engagée. A peine commencée, elle trouva un nouvel aliment dans la diversité des principes suivant lesquels les Stuarts et le parti des puritains voulaient expliquer d'une manière abstraite l'origine et l'étendue de la puissance royale. Ainsi les rois se mirent en querelle avec la nation, au temps même où l'accroissement rapide de leurs besoins semblait devoir les rendre plus dépendants. Cette animosité entre le pays et son gouvernement commença sous le règne de Jacques I (1603-1625); son fils Charles I, après avoir augmenté l'embarras de ses finances par les guerres malheureuses qu'il soutint contre l'Espagne et la France (1627-1630), se brouilla de plus en plus avec le parlement, se crut même obligé plusieurs fois de le dissoudre, et entreprit enfin de gouverner sans sa participation (1630-1646). Lorsque les affaires d'Écosse le forcèrent à convoquer une nouvelle assemblée (novembre 1640), on vit paraître ce long parlement qui usurpa bientôt une puissance sans bornes (1640-1653).

5. Les attaques dirigées dans le long parlement contre l'autorité royale et contre tous ceux qui se montraient ses partisans, amenèrent enfin la guerre civile : durant cette guerre il se forma au sein même du parlement un parti composé d'hommes exaltés et farouches qui prirent le nom d'indépendants, et dont tous les efforts eurent pour objet l'établissement d'un régime de liberté et d'égalité; le fanatisme religieux les porta à tous les excès. Leurs chefs, et parmi eux Olivier Cromwell, s'emparèrent d'abord de l'armée, ensuite de la personne du roi, et le firent enfin périr sur un échafaud (29 janvier 1649). Conformément aux principes du parti, l'Angleterre fut érigée en république; l'Écosse et l'Irlande furent contraintes de se soumettre. Bientôt

les formes militaires du gouvernement devinrent un sujet de querelle entre les chefs de l'armée et le parlement; Cromwell, impatient de ses résistances, fit disperser l'assemblée par ses troupes, et reçut de son conseil d'État le titre de protecteur de la république (20 avril 1653).

6. Le protectorat, né au milieu des temps de troubles, prit les formes et les habitudes d'un gouvernement militaire, et, se trouvant par cela seul en contradiction avec le caractère national, il porta en lui-même le principe de sa propre destruction. Le protecteur eut à résister fréquemment aux tentatives par lesquelles on cherchait à ressaisir la liberté, du moins dans les assemblées parlementaires : il s'occupa avec habileté et avec succès de renouer les relations presque entièrement interrompues de l'Angleterre avec le reste du continent : les intérêts du commerce excitèrent particulièrement sa sollicitude; on lui doit l'acte de navigation publié en 1651, et les plans pour les établissements commerciaux dans les Indes occidentales et sur les côtes de la mer du Nord et de la Baltique.

L'acte de navigation, renouvelé en 1660 par Charles II, eut pour objet d'assurer à l'Angleterre le commerce exclusif avec ses colonies, en n'accordant aux étrangers que la permission d'importer les marchandises de leurs produits sur leurs propres navires. Cette mesure était une conséquence du système alors adopté par toutes les nations de s'isoler autant que possible pour les affaires de commerce; dans l'état de la navigation, elle ne fut applicable qu'à la Hollande : aussi la guerre éclata-t-elle dès l'année suivante entre les deux puissances; elle se termina le 15 avril 1654, à l'avantage de l'Angleterre. La guerre contre l'Espagne dura de 1655 à 1658 : dès la première année les Anglais conquirent la Jamaïque.

7. Après la mort de Cromwell (3 septembre 1658), son fils Richard lui succéda dans la dignité de protecteur : mais lui-même crut devoir abdiquer peu de temps après (avril 1659); et ce fut à la suite des querelles qui s'élevèrent à cette occasion entre les chefs de l'armée, que le général Monck entreprit et opéra la restauration (mai 1660). Du reste, cet événement fut l'ouvrage de l'esprit de parti beaucoup plus que de la raison :

on ne sut prendre aucune précaution pour l'avenir; et, tandis que Charles II portait sur le trône les vieux préjugés de sa famille, on laissa subsister tous les éléments de mésintelligence entre le roi et son peuple, et le gouvernement lui-même ne sut déployer aucune force.

The History of the Rebellion and civil wars in England, etc. — *Histoire de la Rébellion et de la Guerre civile en Angleterre, depuis* 1641 *jusqu'en* 1660, par Ed. Carendon. — Traduit en français.

PROVINCES-UNIES.

8. Lorsque la paix de Westphalie eut assuré l'indépendance de la république des Provinces-Unies, elle était déjà en pleine prospérité. La seconde guerre qu'elle eut à soutenir contre l'Espagne pendant vingt-sept ans n'empêcha point le développement de ses forces : sur terre, les hostilités furent constamment établies au milieu même des provinces espagnoles; sur mer, la république obtint toujours des succès décisifs. Durant le cours de ces longues querelles, l'État n'avait pu éviter de contracter des dettes, mais les particuliers étaient riches et pouvaient contribuer sans efforts à alléger ce fardeau. Cependant, à l'intérieur, on découvrait déjà des germes d'agitation et de parti : Maurice les réprima par la force; son frère Frédéric-Henri, qui lui succéda en 1647, les contint en sachant gagner l'affection de tous les sujets de la république. Ils se manifestèrent plus vivement lorsque Guillaume II, fils de ce dernier, parvint au stathoudérat : sa mort, survenue peu de temps après (octobre 1650), prévint une explosion qui semblait inévitable. L'abolition du stathoudérat dans cinq des Provinces-Unies assura une grande influence au syndic des États de Hollande, Jean de Witt (grand pensionnaire), et bientôt il eut en main la direction de toutes les affaires extérieures (de 1653 à 1672).

La guerre de la République contre l'Espagne, renouvelée en 1621, fut signalée sur le Continent par les siéges de Breda, de Bois-le-Duc et de plusieurs autres places fortes, avant l'alliance conclue en 1635 avec la France. Sur mer les flottes hollandaises firent de nombreuses prises et des établissements importants dans les colonies : l'année 1639 fut remarquable par plusieurs batailles navales livrées sur les parages des mers d'Europe, et dont l'issue fut toujours favorable aux armes de la république. — Par la paix du 24 janvier 1648, l'Espagne reconnut l'indépendance des Provinces-Unies et leur droit de propriété sur tout ce qu'elles occupaient alors, soit en Europe, soit dans les colonies ; elle consentit également à la clôture de l'Escaut.

AUTRICHE ET PAYS ORIENTAUX.

9. Tandis que l'influence de la maison d'Autriche en Allemagne était resserrée dans de justes limites, sa puissance s'accroissait du côté de la Bohême et de la Hongrie. Après les troubles dont nous avons rendu compte, la Bohême, dépouillée de tous ses priviléges, devint royaume héréditaire. La Hongrie fut encore longtemps agitée par les entreprises des princes de Transylvanie et par les intrigues des jésuites, et résista longtemps à l'intention avouée par l'Autriche de l'ériger aussi en royaume héréditaire.

Les princes de Transylvanie étaient électifs et vassaux à la fois de la Porte et de la Hongrie. S'ils eussent su tirer parti des avantages de leur situation, il est probable qu'ils eussent pu, à cette époque, jeter les fondements d'un grand empire. Gabriel Bethlen, qui régna depuis 1613 jusqu'en 1627, avait pris déjà le titre de roi de Hongrie, et l'Autriche fut forcée, pour obtenir la paix, de lui faire diverses cessions de territoire, en 1616 et 1621. Parmi ses successeurs, George Rakosi I s'allia en 1643 avec la France et la Suède, et conclut le 24 août de la même année une paix avantageuse pour lui et pour le parti protestant : George Rakosi II, qui régna après lui, fut principalement occupé des affaires de Pologne. — Les jésuites établis en Autriche surent habilement lier les intérêts de leur cause contre les protestants, à toutes les déterminations qui étaient arrêtées dans le cabinet de Vienne, et ce fut par-là qu'ils entretinrent en Hongrie les querelles des partis religieux.

10. Dans l'empire turc on pouvait déjà reconnaître, à cette époque, tous les principes de désorganisation intérieure par où s'annonça la chute des grands États de l'Orient : des princes faibles et indolents, élevés dans la mollesse du sérail ; une milice

audacieuse et indisciplinée, disposant du trône selon ses caprices; l'étendard de la révolte arboré fréquemment par les gouverneurs de provinces. Mais comme la force individuelle ne périt jamais chez les peuples barbares, la volonté d'un souverain actif et belliqueux comme Amurat IV eût suffi pour rendre de nouveau la Turquie formidable à ses voisins. Heureusement pour l'Autriche et pour l'Allemagne, ce prince, qui régna de 1622 à 1640, ne chercha point à intervenir dans les affaires d'Europe, et dirigea ses projets de conquêtes contre la Perse. Son successeur, Ibrahim, entreprit la guerre de l'île de Candie, qui ne fut enlevée aux Vénitiens que sous le règne de son fils Mohammed (1668). Les Turcs ne redevinrent dangereux pour les puissances européennes qui les avoisinaient, que dans le cours de la période suivante et à la suite des troubles de Transylvanie.

11. Cette époque fut encore remarquable sous le rapport des formes et des principes de gouvernement qui furent adoptés dans la politique pratique. Richelieu fut le fondateur de cette politique de cabinet, par laquelle on détermina plus exactement tous les procédés à suivre dans les négociations. Le congrès de Westphalie fut la première occasion importante où l'on put appliquer les nouveaux usages. Jamais l'Europe n'avait vu de négociations aussi compliquées et qui dussent avoir d'aussi graves conséquences; et, dès ce moment, il sembla que toutes les difficultés pouvaient être aplanies par un congrès. Depuis les ministères de Richelieu et de Mazarin, on adopta l'habitude d'employer fréquemment des ecclésiastiques pour les négociations; et cette pratique ne laissa pas d'exercer une grande influence sur la marche des affaires.

12. On vit aussi se développer des principes dont les premiers pas méritent d'être signalés : la révolution d'Angleterre éleva la grande question des droits des peuples et des rois; et, dès cette époque, elle fut discutée avec chaleur par les écrivains de toutes les opinions aussi bien que dans les camps : les écrits de Filmer sont tombés dans l'oubli; ceux de Hobbes et d'Algernon Sidney produisirent leur effet : les fautes des Stuarts ne firent qu'exciter

le zèle des écrivains politiques, et préparèrent, pour la période suivante, l'affermissement des libertés nationales.

Political discourses of Rob. Filmer, Lond. 1680. *Discours sur la politique*, par Rob. Filmer. Il se constitue défenseur de la puissance absolue des rois.

Th. Hobbes, Léviathan, sive de materia, forma et potestate civitatis, Lond. 1651. — Traduit en français.

Discourses on government, by Algernon Sidney, etc. — *Discours sur le gouvernement des peuples*, par Algernon Sidney. Cet ouvrage est traduit en français. A. Sidney fut défenseur intrépide et martyr du républicanisme. Il écrivit aussi contre Filmer.

13. L'économie politique fit peu de progrès durant cette époque. Le cardinal de Richelieu ne s'occupa jamais que de pourvoir aux besoins présents, et Mazarin ne songea qu'à faire sa fortune. Que pouvait-on espérer d'ailleurs pendant les guerres dévastatrices de l'Allemagne, pendant les troubles révolutionnaires de l'Angleterre? En Hollande même on ne sut faire face aux frais de la guerre qu'en empruntant au compte de l'État; du moins la prospérité des fabriques et du commerce extérieur, que l'on exploitait dans cette république, démontra que là se trouvait le principe le plus certain d'une richesse nationale; vérité salutaire, trop souvent compromise par les fausses mesures et les préjugés des gouvernements.

14. Au milieu de guerres aussi longues et aussi générales, l'art militaire dut éprouver d'importantes modifications. Les forces des armées permanentes ne furent cependant point augmentées. Les généraux continuèrent de lever des troupes et de les licencier après les campagnes; ce que Mansfeld et Christian de Brunswick faisaient sur de petites proportions, Wallenstein l'entreprit dans un plus grand cadre. Parmi tant de généraux distingués, Gustave-Adolphe fut pourtant le seul dont le génie ait fait époque dans les annales de l'art militaire: il créa une tactique nouvelle par laquelle il eut principalement pour objet de faciliter les mouvements des armées, soit en adoptant un meilleur mode de campement, soit en donnant aux soldats des

armes plus légères, soit enfin en perfectionnant le service de l'artillerie : ses brigades battirent les régiments impériaux, comme jadis les légions romaines avaient triomphé des phalanges macédoniennes. Gustave introduisit aussi d'utiles réformes dans le système de discipline.

III. HISTOIRE DU SYSTÈME COLONIAL DE L'EUROPE, DEPUIS 1618 JUSQU'EN 1660.

1. Le commerce des colonies fit de grands progrès pendant cette époque. Les Hollandais conservèrent leur suprématie, et leurs établissements furent considérablement agrandis : on en peut dire autant de ceux que les Anglais avaient déjà fondés au-delà des mers; l'Espagne et le Portugal semblaient se refuser constamment à toute amélioration.

2. A l'aide d'un système absolu de liberté, l'industrie manufacturière et commerçante parvint chez les Hollandais à un tel degré de prospérité, que la jalousie de tous leurs voisins en fut vivement excitée. Les indigènes s'appliquèrent avec succès au perfectionnement des fabriques et des manufactures; l'augmentation rapide de leurs capitaux aplanissait toutes les difficultés des premières entreprises, et les progrès de la civilisation, en suscitant sans cesse de nouveaux besoins, favorisaient puissamment le débit de tous les produits industriels.

Comme les combustibles étaient rares en Hollande, le système des manufactures se perfectionna, et les fabriques proprement dites se réduisirent chaque jour. Les efforts de la nation se portèrent principalement sur les manufactures de laine, de chanvre, et de lin; on fonda beaucoup de papeteries, et l'art de la construction des vaisseaux fit aussi de grands progrès. Il serait trop long d'énumérer les diverses branches d'industrie partielle qui se développèrent simultanément : la meule fut le principal agent de toutes ces exploitations; le génie mécanique s'appliqua à en perfectionner les formes et les procédés, et les provinces du nord de la Hollande devinrent l'objet de l'émulation de l'Europe.

3. Cependant le commerce des colonies conserva toujours le premier rang, et celui des grandes Indes continua d'être le plus

productif. La compagnie des Indes, devenue puissance politique, acquit chaque jour de nouvelles forces : le traité qu'elle avait conclu avec les Anglais, en 1619, se trouva rompu, quatre ans après, par les massacres d'Amboine, et les Anglais furent obligés de se retirer des Moluques. Indifférente sur le choix des moyens qui pouvaient servir son ambition, la compagnie employait tous ses efforts pour conquérir partout le monopole; dans les pays où elle s'établissait, des traités de commerce ou des guerres toujours heureuses contre les indigènes lui assuraient l'exploitation de tous les produits ; car il est à remarquer que les Hollandais, contents dans leur patrie, et n'ayant aucune raison d'en émigrer, ne colonisèrent jamais par des nationaux.

4. Dès que la ville de Batavia fut fondée, elle devint le centre du gouvernement et du commerce hollandais dans les Indes. Les expéditions militaires qui partirent de ce point assurèrent la domination de la métropole sur les côtes du Malabar et de Coromandel, à Ceylan et dans d'autres îles ; et ce fut aussi par les relations commerciales que ce pays entretenait avec la Chine et le Japon, que la compagnie des Indes parvint à étendre jusque-là ses opérations.

Les Portugais perdirent presque tous leurs établissements dans les Indes, par suite des conquêtes de la compagnie hollandaise : en 1615, elle leur ravit Paliacata, sur la côte de Coromandel, et, dans la suite (en 1658), elle établit le siége de son commerce à Negapatam : dans le Malabar, elle s'empara de Calicut en 1658, de Cochin et de Cananor en 1661, et devint ainsi maîtresse de tout le commerce du poivre dans ce pays : les comptoirs qu'elle établissait en même temps sur les deux côtes se prolongeaient jusqu'au Bengale. A Ceylan, les Hollandais s'allièrent d'abord (en 1638) avec le roi de Candie contre les Portugais ; ils prirent Colombo, la capitale, en 1656; Mannaar et Jaffanapatam en 1658. Peu de temps après, ils se mirent eux-mêmes en guerre avec le roi de ce pays, qui leur opposa une résistance longue et quelquefois heureuse. Plus loin, ils s'emparèrent de Malacca en 1640, et pénétrèrent jusqu'à Pégu et à Siam. Ils se répandirent aussi dans les îles de la Sonde, se rendirent complétement maîtres de Java, et firent de nouveaux établissements, tantôt en bâtissant des forts, tantôt en fondant des comptoirs, à Célèbes en 1660, à Sumatra, et dans d'autres îles. La révolution qui eut lieu dans le Japon en 1639 leur aida à en expulser les Portugais, et, par le consentement qu'ils donnèrent à toutes les restrictions qui leur furent imposées, ils parvinrent à se ménager quelques relations avec ce pays. Leur commerce dans la Chine perdit beaucoup de son importance, lorsqu'en 1661 ils furent obligés d'abandonner l'île Formose. La compagnie établit cinq gouvernements dans cette vaste étendue de pays : ils étaient situés à Java, à Amboine, à Ternate, à Ceylan et à Macassar, et se rattachaient tous au gouvernement central de Batavia, qui avait encore sous son autorité un grand nombre de directoires et de commanderies.

5. Ce fut surtout l'établissement qu'ils fondèrent au cap de Bonne-Espérance en 1653, qui devint le plus ferme boulevard de leurs possessions dans les Indes. Ils en firent avec intention une colonie agricole ; sous ce rapport la richesse du sol et la facilité de l'exploitation auraient pu la rendre beaucoup plus florissante encore, si la compagnie ne s'était bornée à la considérer comme un pied-à-terre pour les vaisseaux qu'elle expédiait aux grandes Indes et pour ceux qui en revenaient ; le cap de Bonne-Espérance devint le sixième gouvernement.

Kolbe, *Beschreibung des Vorgebirges der guten Hoffnung*, etc. — *Description du cap de Bonne-Espérance*, 1719. — Traduit en français.

Sparrmann, *Reise nach dem Vorgebirge*, etc. — *Voyage au cap de Bonne-Espérance*, par Sparrmann (trad. du suédois). *Berlin*, 1784, 1 vol. in-8°. — Traduit en français.

Beschreibung der Vorgebirges, etc. — *Description du cap de Bonne-Espérance*, par Mentzel. *Glogau*, 1785, 2 vol.

Barrow's travels in Southern Africa. — *Voyages de Barrow dans l'Afrique méridionale*, Lond. vol. 1 en 1801, vol. 2 en 1804. — Traduit en français.

6. Les succès de cette compagnie firent naître celle des Indes occidentales, qui reçut son privilége peu de temps après que la guerre eut recommencé entre la Hollande et l'Espagne : elle se constitua sur le même modèle, et dirigea ses premières tentatives d'invasion sur le Brésil ; mais bientôt elle eut occasion de reconnaître que la piraterie et les guerres sont des moyens peu solides pour la fondation des grands établissements commerciaux.

Elle fut créée le 3 juin 1621. Ses priviléges s'étendaient sur la côte occidentale de l'Afrique, depuis le tropique du nord jusqu'au Cap; sur presque toutes les côtes orientales et occidentales de l'Amérique, et sur les îles du grand Océan. On la divisa en cinq chambres, et la première mise de fonds fut de 7 millions de florins. — Dès le commencement elle fit de riches captures, et l'année 1628 fut signalée par la prise d'un galion. — Conquêtes au Brésil, depuis 1630 jusqu'en 1640, et principalement depuis l'an 1636, sous la conduite du comte Jean-Maurice de Nassau. — Mais comme ce pays était encore peu riche en productions, il n'y avait pas moyen d'y faire un grand commerce; et quoique la trève qui fut conclue en 1641 avec le Portugal eût garanti aux Hollandais les conquêtes que la compagnie y avait faites, elle fut néanmoins obligée de les abandonner quelques années après, et dès ce moment la compagnie déclina rapidement. — Conquête de St-George de la Mina, sur la côte d'Afrique, en 1637. — La compagnie fait divers établissements dans les Indes occidentales, à St-Eustache en 1632, à Curaçao en 1634, sur la petite île de Saba en 1640, à Saint-Martin en 1649; elle organisa sur tous ces points un commerce de contrebande qui lui fut fort avantageux.

7. Les pêcheries de la république, savoir la grande pêche ou pêche du hareng et la pêche de la baleine, n'avaient, il est vrai, aucun rapport avec le système colonial; mais elles acquirent une importance politique, durant cette époque, par la discussion qui s'éleva entre l'Angleterre et la Hollande à l'occasion de la pêche du hareng sur les côtes de l'Écosse : cette discussion favorisa beaucoup les projets de conquête de l'Angleterre.

Les premières difficultés avaient été élevées en 1608, par le roi Jacques I; Charles I les renouvela en 1635, Cromwell en 1652 : les Hollandais demeurèrent en possession du droit de pêche, mais sous la condition de ne l'exercer qu'à une distance de dix milles des côtes : la pêche de la baleine devint libre pour toutes les nations après la chute de la compagnie des Indes occidentales en 1645.

8. La navigation de la mer Baltique devint, pour la république hollandaise, une des branches les plus importantes de son commerce en Europe, et lui fournit les moyens de prendre une grande part à toutes les affaires du Nord. Comme les autres nations manquaient encore de vaisseaux, le commerce de transport fut aussi pour la Hollande une source d'immenses bénéfices;

mais l'acte de navigation rendu par le parlement d'Angleterre porta atteinte à cette industrie chez les Hollandais.

9. Tandis que la république redoublait d'efforts et d'activité pour s'emparer du monopole des mers, l'Angleterre poursuivait aussi ses entreprises et donnait carrière à la même ambition. La rivalité qui s'élevait entre ces deux nations occasionna les guerres qui eurent lieu sous Cromwell et sous Charles II; mais les intérêts de la politique empêchèrent la continuation de ces guerres, car alors les querelles des compagnies marchandes n'étaient pas encore devenues des querelles d'État. Durant cette époque et surtout sous le règne arbitraire de Charles I, le commerce, qui s'étendait considérablement, devint une source de richesses pour le trésor royal, et fournit un prétexte aux vexations du pouvoir; ces abus entretinrent et excitèrent la fermentation intérieure; mais la nation, qui avait fondé son commerce en dépit des obstacles que lui opposait son gouvernement, ne suspendit point ses travaux, et continua de marcher à la prospérité.

J. Seldeni Mare clausum, seu de Dominio maris, libri duo. Lond. 1635. Cet ouvrage, qui fut écrit par ordre du gouvernement, ne contient que des déclamations ridicules : l'auteur cherche à établir que les quatre mers qui environnent l'Angleterre sont la propriété de ce pays.

10. Le commerce des Indes orientales demeura dans les mains de la compagnie anglaise, et subit cependant quelques variations. Chassée par les Hollandais de toutes les îles qui produisent des épices, elle ne conserva que quelques factoreries sur les côtes de Malabar et de Coromandel. Dans le principe, l'acquisition de Madras ne lui fut d'aucune utilité; vers cette époque (en 1653), il parut même que la société allait se dissoudre, et l'on vit commencer des expéditions particulières et libres pour les grandes Indes; mais les fonds que Cromwell fournit à la compagnie, en 1658, lui firent reprendre l'exploitation de son privilége, et la guerre contre la Hollande favorisa cette nouvelle impulsion.

Le fort St-George, près de Madras, fut construit en 1620, du consentement du roi de Golconde. — Massacre des Anglais à Amboine en 1623 : lors de la paix de 1651, ils obtinrent, en forme de compensation, l'île de Poleron, fertile en épiceries de toute espèce ; mais ils ne purent s'y maintenir. — Les Anglais occupèrent l'île Sainte-Hélène en 1651.

11. Premiers établissements des Anglais aux Indes occidentales. Des particuliers commencèrent par fonder des comptoirs dans plusieurs îles des petites Antilles, qui ne fournissaient que de mauvais tabac et un peu de coton : on y fit d'abord peu d'attention ; mais lorsque la culture de la canne à sucre, transportée en 1641 au Brésil dans l'île de Barbade, eut aussi au-delà de toute attente, on reconnut l'importance que pouvaient acquérir ces îles ; et la conquête de la Jamaïque posa les premiers fondements des richesses que l'Angleterre devait exploiter plus tard dans cette partie du monde.

Occupation de la Barbade et d'une portion de l'île Saint-Christophe en 1625, de Berbude et de Nevis en 1628, de Monserat et d'Antigoa en 1632. Conquête de la Jamaïque en 1655 : la culture de la canne à sucre dans cette île commença en 1660. — Dès l'année 1649, les Anglais s'étaient également établis à Surinam. En 1629, ils s'étaient emparés des îles Bahama, qui étaient alors inhabitées, et de l'île de la Providence, qui peut être considérée comme la clef du commerce des Indes occidentales.

The History civil and commercial of the British Colonies in the West-Idies. — *Histoire civile et commerciale des colonies anglaises en Amérique*, par Bryan Edwards, 1793, 3 vol. in-4°. C'est l'ouvrage le plus important pour faire connaître l'histoire générale des colonies anglo-américaines. — Le troisième volume contient l'histoire des guerres de St-Domingue. Ce volume est le seul qui ait été traduit en français.

12. Dans les colonies du nord de l'Amérique, les progrès de la civilisation purent faire pressentir dès ce moment l'importance politique à laquelle ces provinces parviendraient un jour. Les troubles qui agitaient l'Angleterre à cette époque en firent sortir un nombre considérable d'habitants qui traversèrent les mers et vinrent se réfugier sur cette terre fertile. Le pays qui fut d'abord compris sous le nom de Virginie et de Nouvelle-Angle-

terre fut divisé en plusieurs provinces. La compagnie de Londres et la société de Plymouth ayant été dissoutes, la première en 1625, la seconde en 1637, ces provinces reçurent chacune une organisation régulière ; les constitutions qui leur furent données eurent pour objet principal de les mettre sous la dépendance de la métropole; mais les formes du gouvernement républicain, qui servirent alors à les réunir en un corps de nation, continuent en même temps un principe de liberté que la force même des choses développa naturellement.

Fondation de l'État de Massachuset en 1621, et de la ville de Boston en 1627, par des colons anglais, fanatiques en religion aussi bien qu'en politique. — Ceux qui furent chassés du Massachuset s'établirent, en 1630, dans Rhode-Island. — Lord Baltimore crée la province de Mariland, et des catholiques anglais commencent à élever la ville du même nom en 1632. La Virginie ne fut pas encore partagée, mais elle s'accrut considérablement par les progrès et l'extension de la culture du tabac. — Les premiers actes du parlement concernant les colonies de l'Amérique septentrionale parurent en 1660, et eurent pour objet de constater l'importance de ces colonies pour la navigation et le commerce de l'Angleterre.

Pour la première histoire de ce pays, *voyez* J. Oldmixon, *British Empire in America.* —*Possessions anglaises en Amérique*, par J. Oldmixon. *Lond.* 2 vol. 1708. (Dans la seconde édition, cette histoire est continuée jusqu'en 1741.)

Beschreibung der Brittischen America, etc.—*Description de l'Amérique anglaise*, par Christ. Leiste. —*Wolfenbuttel*, 1778, 1 vol. in-8°.

13. En France, les efforts tentés par le cardinal de Richelieu pour assurer à ce royaume une part dans le commerce des Indes orientales ne furent suivis d'aucun succès : aux Indes occidentales, un grand nombre de Français firent des établissements et des plantations dans plusieurs îles, et toutes leurs entreprises réussirent ; mais elles ne se rattachèrent pas à l'État, et demeurèrent propriétés particulières.

Les premiers établissements français à Saint-Christophe eurent lieu en 1625, en même temps que ceux des Anglais : dix ans plus tard, des négociants commencèrent à exploiter la Martinique et la Guadeloupe, et, vers la fin de cette époque, ces deux îles produisaient déjà beaucoup de sucre. Vers le même temps, on fit aussi les premières tentatives de colonisation à Cayenne et dans le Sénégal, sur les côtes de l'Afrique.

Voyez, pour les commencements de cette histoire, l'*Histoire générale des Antilles habitées par des Français*, par le P. Dutertre. *Paris*, 1667, 3 vol. in-4°.

14. L'Espagne perdit par la séparation du Portugal les colonies que ces deux États possédaient en commun, excepté Ceuta. Les conquêtes que firent les Hollandais dans les Indes orientales jusqu'à Diu et Goa enlevèrent aux Portugais toutes les colonies qu'ils y possédaient; et ceux-ci perdirent également le fort d'Ormus, qui leur fut ravi en 1622 par les Persans, assistés de l'Angleterre. Le Portugal ne conserva presque que le Brésil, dont la prospérité croissante ne suffit cependant pas pour compenser tant d'autres pertes.

PREMIÈRE PÉRIODE.

SECONDE PARTIE.

HISTOIRE DES ÉTATS DU NORD, DEPUIS LA RUPTURE DE L'UNION DE CALMAR JUSQU'AUX TRAITÉS D'OLIVA ET DE COPENHAGUE. 1523-1660.

J.-J. Schmauss, Einleitung zu der Staatswissenschaft, zweyter theil, etc. — *Introduction aux sciences politiques (seconde partie)*, contenant l'histoire de tous les traités conclus entre les puissances du nord de l'Europe, savoir : le Danemarck, la Suède, la Russie, la Pologne et la Prusse ; par J.-J. Schmauss. *Leipzig*, 1747, 1 vol. in-4°. L'ouvrage va jusqu'en 1743 : c'est ce que nous connaissons de meilleur pour l'histoire générale de la diplomatie chez les peuples du Nord.

1. Le commencement du seizième siècle fut aussi une grande époque pour le nord de l'Europe. Les cinq grands États qui le composent, la Suède, le Danemarck, la Pologne, la Russie et la Prusse, telle qu'elle était alors, subirent des changements importants qui déterminèrent ou qui du moins préparèrent dès ce moment leur constitution intérieure et leur existence politique.

2. Ces changements peuvent être attribués à la restauration du trône de Suède, par la rupture de l'union de Calmar, et à la Réformation. La dissolution régulière de l'alliance par laquelle les trois peuples du Nord avaient essayé de se réunir sous le gouvernement d'un seul roi, créa dans le Nord plusieurs États indépendants, mais toujours prêts à se rallier lorsque des intérêts communs leur en faisaient une nécessité.

3. On peut dire que la Réformation fut dans le nord de l'Europe une révolution politique encore plus que dans le midi. Elle pénétra rapidement et devint bientôt dominante en Danemarck, en Norwége et en Suède : dès qu'elle fut adoptée dans ce

dernier État, elle servit de base à la constitution politique du pays ; la Norwége et le Danemarck ne tardèrent pas à s'en emparer pour le même objet ; elle fut en Prusse la première cause des changements qui sont survenus depuis dans l'existence de ce royaume, et son influence prépara en partie les malheureuses destinées de la Pologne.

4. Les peuples qui occupaient le nord de l'Europe étaient d'origine moitié germanique et moitié slave ; et cette différence remarquable se retrouve encore dans leur constitution politique. Le régime féodal s'était introduit chez les premiers, à peu près de la même manière que chez les peuples occidentaux de l'Europe, et là aussi il s'était formé par degrés une bourgeoisie, malgré l'immense supériorité du clergé et de la noblesse. Dans les pays slaves, au contraire, en Pologne et en Russie, où l'on ne connaissait pas, à proprement parler, le principe de la féodalité qui consiste dans la hiérarchie des vasselages, la noblesse avait réduit le peuple à l'état de servitude ; et comme ces vastes États ne renfermaient aucune ville de commerce, il était impossible qu'il s'y formât une bourgeoisie. Chez les premiers on trouvait du moins les éléments du gouvernement municipal ; en Pologne et en Russie on n'en découvre pas même le principe.

1° *Danemarck*. Ses rois, choisis depuis 1447 dans la famille de Holstein-Oldenbourg, et destinés à gouverver les trois royaumes unis, eurent rarement ce bonheur ; tandis que Christian II faisait des efforts inutiles pour contraindre la Suède à l'exécution du traité d'union, une révolte qui éclata contre ce prince en Danemarck (1523) lui ravit le trône, et bientôt après la liberté. En 1527, la Réformation commença à pénétrer en Danemarck et en Norwége sous le règne de Frédéric I, successeur de Christian. En 1532, les deux États furent réunis en un seul royaume. L'autorité des rois électifs du Danemarck se trouva fort restreinte depuis cette époque par leurs propres capitulations et par la puissance des diètes et de la noblesse.

J.-M. Schrœck, Christliche Kirchengeschichte, etc. — *Histoire des Églises chrétiennes depuis la Réformation*, 2e partie, 1804 ; par J.-M. Schrœck. Ouvrage bon à consulter pour l'histoire de la Réformation dans les États du nord de l'Europe.

2° *Suède.* Gustave-Vasa releva le trône de Suède en 1523. Les changements survenus dans la constitution du Danemarck sous le règne de Frédéric I; le traité de Malmöe, que ce prince conclut avec Gustave en 1524; la Réformation qui s'introduisit en Suède et qui facilita le retrait des biens ecclésiastiques dès l'année 1527; enfin les résolutions de la diète tenue à Westeraes en 1544, assurèrent l'hérédité de la couronne de Suède dans la famille de Gustave-Vasa, et ce prince fut assez heureux pour présider lui-même à ces grands événements.

Geschichte Gustav's Vasa Koenig von Schweden, etc. — *Histoire de Gustave-Vasa, roi de Suède*, par J.-W. d'Archenholz, 1801, 2 vol.

3° *La Pologne*, réunie au grand duché de Lithuanie, demeura jusqu'en 1572 sous le gouvernement de la famille des Jagellons. On ne savait pas même dans ce pays si la royauté y était élective ou héréditaire. Nulle part on ne trouve autant de causes de désordre et d'agitation tant à l'intérieur qu'au dehors, nulle part aussi peu de motifs d'espérer quelques réformes utiles. Comment déterminer les frontières de ce royaume sans cesse exposé aux entreprises des Russes, des Tartares et de l'ordre Teutonique? Comment se faire une idée exacte de sa constitution et de son gouvernement intérieur? Quoiqu'il soit absurde de prétendre d'une manière absolue que la prospérité d'un État dépende de telle ou telle forme de gouvernement, on peut dire cependant qu'il est certaines constitutions politiques qui ne contiennent en elles que des principes d'anarchie et de destruction. Il eût fallu une main ferme et hardie pour briser cet édifice et reconstruire l'ordre social sur de nouvelles bases; nul ne l'a tenté en Pologne. — La Réformation y pénétra promptement, mais trop d'obstacles s'opposèrent à son influence : les nouvelles sectes ne purent jamais y former un parti politique; ces sectes mêmes se subdivisèrent bientôt, et les sociniens parurent en Pologne peu de temps après les autres confessions évangéliques.

4° La situation et le peu d'étendue de la Prusse semblaient lui interdire à jamais l'espoir de jouer un grand rôle en Europe; d'heureuses circonstances favorisèrent son agrandissement. L'on peut compter parmi les plus considérables, d'abord l'adoption du Christianisme, plus tard celle de la Réforme. La fondation et les progrès de l'ordre Teutonique (depuis 1230 jusqu'en 1283) garantirent d'abord la soumission des habitants du pays. On vit s'élever les premières villes qui aient fait le commerce en Allemagne; les chevaliers de l'ordre soutinrent des guerres sanglantes contre la Pologne et la Lithuanie; enfin, en 1520, ils se mirent eux-mêmes en querelle avec les villes et les habitants du pays qu'ils avaient d'abord occupés en maîtres. Par l'influence de la Réformation, la Prusse fut sécularisée en

1525, sous l'autorité d'Albert de Brandebourg; elle devint ensuite duché héréditaire et vassal de la Pologne (si toutefois le traité conclu à Thorn en 1469 n'en avait pas fait déjà une province polonaise). Enfin, en 1618, la Prusse devint le patrimoine exclusif de la famille électorale de Brandebourg, qui prépara dès lors les hautes destinées auxquelles ce pays est parvenu.

5° L'affranchissement de la domination des Mogols et la conquête de Novogorod, sous le règne d'Ivan Basilewitsch I (de 1462 à 1505), firent de nouveau de la Russie un royaume indépendant; quoiqu'il fût encore renfermé entre le Don et le Niéper, son étendue et l'esprit militaire de ses habitants le rendaient déjà formidable; du reste, placé complétement hors du cercle sur lequel la Réformation exerçait alors sa puissante influence, ce pays ne contenait en lui-même aucun principe qui fût propre à favoriser les progrès de la civilisation; et si l'autorité absolue exercée par le chef du gouvernement n'eût présenté un moyen de suppléer à ce défaut d'une force morale active et vivifiante, on peut croire que la Russie fût restée, comme la Pologne, dans un état complet d'anarchie; mais déjà à cette époque le règne d'Ivan Basilewitsch I, que l'on peut nommer le précurseur de Pierre le Grand, prouva que ce vaste empire avait droit d'attendre de meilleures destinées.

I. HISTOIRE DES NÉGOCIATIONS ET DES GUERRES DE LIVONIE, JUSQU'AU COMMENCEMENT DE LA QUERELLE POUR LA SUCCESSION DU TRÔNE DE SUÈDE (1553-1600).

1. Jusqu'au milieu du seizième siècle, les Etats du nord de l'Europe ne furent occupés que de leurs propres affaires, ou de petits démêlés avec leurs plus proches voisins. Ivan Basilewitsch I avait, il est vrai, manifesté des projets de conquête et porté ses armes en Livonie; mais il abandonna bientôt après ses prétentions, en signant une trève de cinquante ans avec la Pologne (en 1502). Plus tard, Ivan Basilewitsch II reprit le système d'envahissement, et dès ce moment la Livonie devint pour le nord de l'Europe ce qu'avait été le duché de Milan pour les Etats du midi.

En 1205, les chevaliers de l'Epée s'emparèrent de la Livonie et y introduisirent le christianisme; ils firent alliance avec l'ordre Teutonique en 1238. Le grand maître Walter de Plettenberg rompit cette confédération en 1513:

en 1525 il suivit l'exemple de la Prusse; et, en faisant adopter la Réforme dans son pays, il parvint à le séculariser, mais non à y faire admettre le principe de l'hérédité. Les archevêques de Riga conservèrent cependant leur domination dans toute l'étendue de leur diocèse métropolitain, en sorte que les grands maîtres ne gouvernèrent que la portion occidentale de la Livonie. Cette division fut la première cause des troubles et des guerres qui éclatèrent dans ce pays, et auxquels toutes les puissances du Nord prirent part.

2. Invasion d'Ivan Basilewitsch II dans la Livonie, en 1558. Le 28 novembre 1561, le grand maître Gotthard Kettler conclut avec la Pologne un traité par lequel la Courlande et la Semigalle furent érigées pour lui en duché héréditaire, sous la protection de l'autre puissance contractante, qui réunit la Livonie à ses possessions. Cet acte de partage força l'archevêque de Riga à s'allier avec la Suède en 1562. L'ambition du czar excita la guerre entre les trois grandes puissances du Nord; le Danemarck, sans cesse rival de la Suède, se trouva contraint d'y prendre part; enfin, après vingt-cinq ans de combats, la Russie se vit forcée de renoncer à ses prétentions, et la Livonie fut partagée entre la Pologne et la Suède.

La guerre de la Russie contre la Pologne et celle de la Pologne contre la Suède éclatèrent en 1562, quatre ans après l'invasion du czar en Livonie. Ce pays fut dévasté de toutes parts. L'année suivante, le Danemarck prit aussi parti dans cette querelle, sous le prétexte d'une ancienne alliance qui l'unissait à la Livonie: dès ce moment la guerre se fit sur terre et sur mer; cependant le Danemarck et la Suède, renonçant mutuellement à leurs prétentions, conclurent une paix qui fut signée au vieux Stettin le 13 décembre 1570: le czar poursuivit ses projets et fit de vains efforts pour établir sur le trône de Livonie un prince danois nommé Magnus: enfin la Suède et la Pologne, s'étant unies en 1577 contre la Russie, la forcèrent de se désister de ses entreprises. Par le traité de paix qu'il signa le 15 janvier 1582 avec la Pologne, et par la trêve qu'il conclut en 1583 avec la Suède, le czar abandonna toute la Livonie; il céda la Carélie à la Suède, et renonça à toute prétention sur le commerce de la Baltique. La Livonie tomba entre les mains des deux puissances victorieuses.

3. Pendant la duré de ces guerres et peu de temps après

qu'elles furent terminées, deux maisons régnantes s'éteignirent dans deux empires du Nord. En Russie, la race des Ruriks prit fin dans le fils d'Ivan Basilewitsch II, le czar Fédor I (1598), et ce ne fut qu'après une anarchie de quinze ans et à la suite de nouvelles guerres, que la maison de Romanoff parvint à occuper le trône. Dès l'année 1572 la famille des Jagellons avait cessé de fournir des rois à la Pologne. L'extinction de cette race fut le signal des troubles qui n'ont cessé d'agiter ce pays : devenu royaume électif, il parut au milieu de l'Europe comme un volcan, dont les éruptions, renouvelées à chaque changement de souverain, menaçaient sans cesse le repos des Etats même les plus éloignés.

Depuis la nomination de Henri de Valois en 1572, jusqu'à celle de Stanislas Poniatowski en 1764, il y a eu en Pologne onze élections de roi : à peine peut-on en citer trois qui aient été faites d'un commun accord ; et pendant tout ce temps ce malheureux pays n'a cessé d'être en proie aux intrigues des étrangers et à toutes les violences de l'anarchie et de l'esprit de faction.

II. HISTOIRE DE LA GUERRE POUR LA SUCCESSION AU TRÔNE DE SUÈDE, ET DE SES CONSÉQUENCES, JUSQU'AUX TRAITÉS D'OLIVA ET DE COPENHAGUE (1600-1660).

Indépendamment de l'ouvrage de Schmauss, que nous avons déjà cité, on peut consulter, pour l'histoire des États du Nord depuis 1578 jusqu'en 1687, les *Annales Ferdinandei* de Khevenhuller. (*Voyez* ci-dessus, page 63.)

1. Tandis que les puissances du Nord se disputaient la possession de la Livonie, qui devint enfin la proie de la Pologne et de la Suède, il s'élevait entre ces deux Etats une guerre de succession, qu'entretinrent pendant cinquante ans la différence des opinions religieuses et les manœuvres de la politique extérieure. Ce fut le premier fruit du système électif adopté en Pologne : en 1587, cette nation choisit pour son roi le prince Sigismond, héritier présomptif de la couronne de Suède ; et une telle nomination dut faire craindre aux Suédois les conséquences d'une réunion à laquelle s'opposaient également et la situation géographique de ces deux royaumes et la différence des doctrines religieuses.

Sigismond, fils de Jean III et de Catherine, princesse polonaise, était zélé catholique ainsi que sa mère ; tous deux obéissaient à l'influence des jésuites. L'élection de Sigismond au trône de Pologne ranima l'espoir qu'ils avaient déjà conçu de rétablir le catholicisme en Suède.

2. Après la mort de Jean III en 1592, son fils se prépara à prendre possession de son trône ; mais les Suédois ne se fièrent point à ses promesses, et Charles, oncle du nouveau roi et régent du royaume, entrevit la possibilité de régner sous son propre nom. Dès ce moment commencèrent des querelles sérieuses ; la guerre écla en 1592 : Sigismond et ses descendants furent déclarés exclus du trône de Suède, et son oncle, reconnu roi en 1600, s'empara de la couronne, sous le nom de Charles IX. Ces deux princes et leurs successeurs furent en querelle jusqu'à la conclusion des traités d'Oliva et de Copenhague, qui affermirent la domination suédoise dans la famille de Charles IX.

3. Cependant l'anarchie qui régnait en Russie suspendit pendant quelques années les effets de l'inimitié des couronnes de Suède et de Pologne, chacune de ces deux puissances nourrissant l'espoir de placer un de ses princes sur le trône que l'extinction de la famille des Ruriks avait rendu vacant. L'élection de Michel Fédorowitsch, chef de la branche des Romanoffs, et les traités que ce prince conclut à Stolbowa et à Moscou, mirent fin à toutes les prétentions des étrangers.

Démétrius, frère cadet du czar Fédor, avait été assassiné en 1591. Après la mort de Fédor en 1598, son beau-frère Boris monta sur le trône. En 1605, un faux Démétrius lui ravit la couronne, et ce prince se donna la mort. Le 17 mai 1606, ce même Démétrius fut assassiné par un nouveau prétendant, nommé Knaès Schuiskoy, qui réussit à se faire proclamer czar par une partie de la nation. La Pologne et la Suède intervinrent dans ces différends, soit pour mettre un de leurs princes sur le trône, soit pour conquérir la Russie. On vit paraître un nouveau Démétrius, soutenu par les Polonais, qui s'emparèrent de Moscou, et qui firent couronner czar leur prince Ladislas ; de son côté, Schuiskoy s'allia avec la Suède, par un traité qui fut conclu à Wibourg en 1609 : mais il fut chassé en 1610 ; et Charles IX, après s'être emparé de Novogorod, essaya de faire couronner czar son second fils Charles-Philippe : le roi de Suède ne put accomplir son projet ; il mourut le 30 octobre 1611, et fut remplacé sur le trône par Gustave-Adolphe, son fils aîné. Cependant les Russes firent de nouveaux efforts pour se démêler de ces difficultés, et, le 12 février 1613, une élection solennelle conféra la couronne au jeune Michel Féderovitsch, de la famille des Romanoffs et alliés des Ruriks. La Russie soutint la guerre contre la Suède jusqu'à la paix qui fut signée à Stolbowa le 27 février 1617, et par laquelle la Suède prit possession de l'Ingrie, de la Carélie et de Bornholm. Le 3 février 1619, la Pologne consentit à une trève de quatorze ans : elle fut conclue à Moscou ; et, peu après l'expiration de ce terme, les deux puissances signèrent un traité de paix à Wiasma, le 15 juin 1634. Le prince Ladislas renonça à ses prétentions sur le trône de Russie, et la Pologne y gagna Smolensk avec son territoire, la Sévérie et Tschernikoff.

4. Les affaires de Russie étant terminées, la guerre ne tarda pas à recommencer entre la Suède et la Pologne. En 1620, Gustave-Adolphe se hâta de transporter les hostilités en Livonie; et, comme les Polonais n'avaient nul désir de soutenir les prétentions de leur roi au trône de Suède, le jeune conquérant s'empara sans efforts, non-seulement de la Livonie, mais encore d'une portion de la Prusse polonaise. Si un autre champ de bataille n'eût présenté un plus beau théâtre à l'ambition de Gustave-Adolphe, le trône de Sigismond eût couru les plus grands dangers; mais la France parvint à lui faire accorder une trève, et le héros suédois se dirigea vers l'Allemagne.

Le 26 septembre 1629 on signa à Altmarck une suspension d'armes pour six ans entre la Pologne et la Suède, et le 12 septembre 1635 cette trève fut prolongée pour vingt-six ans. La Suède demeura en possession de presque toute la Livonie.

5. La guerre de trente ans, et celle que les Turcs soutenaient en même temps contre les Perses, assurèrent du moins le repos des peuples du Nord. Cependant la jalousie que le Danemarck ne cessait de nourrir contre la Suède, excitée par le caractère personnel de Christian IV et de Gustave-Adolphe, autant que par l'accroissement prodigieux de la puissance suédoise, établit entre ces deux nations une inimitié qui éclata plusieurs fois en guerres violentes : malgré tous ses efforts, le Danemarck ne put empêcher que le traité de Westphalie ne sanctionnât la suprématie de la Suède.

Tandis que Charles IX poursuivait ses projets de conquête en Russie, Christian IV avait tenté avec quelque succès une invasion dans la Suède. Le père de Gustave-Adolphe étant mort, celui-ci conclut la paix de Siorod le 20 janvier 1613, et racheta les provinces suédoises que le roi de Danemarck avait conquises, par une contribution d'un million d'écus. Christian ne fut pas aussi heureux dans la guerre qu'il soutint plus tard en Allemagne (*voyez* ci-dessus page 100); et la paix signée à Lubeck, en 1629, le contraignit de poser les armes. Pendant les négociations qui amenèrent le traité de Westphalie, les grandes prétentions de la Suède excitèrent de nouveau la jalousie du Danemarck que l'Autriche soutenait secrètement, et provoquèrent la guerre de 1643. Au mois de septembre de cette année, le général suédois Torstensohn s'empara du Holstein et du Jutland, et fit en même temps une invasion dans la Scanie, qui était alors province danoise. La Hollande envoya une flotte au secours de la Suède: cette guerre se termina par la paix de Bromsbroë, qui fut conclue le 13 août 1645. La Suède obtint son affranchissement complet du droit de visite et de péage dans le détroit du Sund et sur l'Elbe dans la ville de Glückstadt. Le Danemarck perdit pour toujours les provinces de Jempteland et de Herjedalen et les îles de Gothland et d'Oesel. Il fut de plus obligé d'abandonner pour trente ans la province de Halland, comme gage de sa fidélité.

6. Ce traité et celui de Westphalie assurèrent la prépondérance de la Suède, et, dès ce moment, il fut permis de croire que le sort des peuples du Nord dépendrait uniquement du caractère personnel des princes qui seraient appelés à gouverner ce pays. La reine Christine eut peu de succès dans les diverses négociations qu'elle entreprit après le traité de Westphalie; et, tant qu'elle resta sur le trône, les peuples voisins n'eurent aucun sujet de s'alarmer: il n'en fut pas de même lorsqu'elle eut déposé la couronne entre les mains de son parent Charles-Gustave. Ayant fait déjà dans les camps le métier de soldat et celui de général, ambitieux et plein d'activité, le nouveau roi porta sur le trône ses vastes projets de conquêtes, et les poursuivit sans relâche pendant tout son règne.

7. Le roi de Pologne, Jean-Casimir, n'ayant pas voulu reconnaître Charles-Gustave, reproduisit ses prétentions au trône de Suède, et la guerre entre ces deux états se trouva ainsi rallumée en 1655. Déjà, l'année précédente, la Pologne, sans cesse

insultée par les *Cosaques*, s'était vue obligée d'entreprendre la guerre contre la Russie, et cette guerre était malheureuse. D'un autre côté, les Suédois eurent de grands succès dès le commencement de leur campagne. Pressée par deux puissants ennemis, la Pologne semblait près de succomber à leurs efforts; le roi Charles-Gustave annonçait hautement ses projets de réunir le Danemarck à sa couronne, et de faire une vaste monarchie des *trois royaumes du Nord*. Effrayée de la hardiesse de ses entreprises, une portion de l'Europe s'ébranla pour y résister, et la mort subite du roi de Suède termina peu de temps après une guerre qui s'était annoncée avec tant de violence.

En 1655, le roi de Suède entra en Livonie et en Pologne, s'empara de Varsovie, et repoussa le roi Jean-Casimir jusqu'en Silésie. Les Polonais se soulevèrent dans le pays même qui venait d'être conquis, et livrèrent une grande bataille sous les murs de Varsovie, les 18, 19 et 20 juillet 1656; malgré leur valeur, ils furent battus par les Suédois. Cependant la guerre devint générale : le czar Alexis, l'empereur d'Autriche Léopold I, Frédéric III, roi de Danemarck (mai et juin 1657), l'électeur de Brandebourg Frédéric Guillaume (septembre 1657), se déclarèrent successivement contre la Suède. Obligés d'abandonner promptement la Pologne et même la Prusse polonaise, les Suédois portèrent leurs hostilités en Danemarck : les alliés les suivirent de près, et la paix fut signée à Roschild le 26 février 1658. Par ce traité, le Danemarck céda pour toujours à la Suède les provinces de Halland et de Scanie, Blekingue, Bahus, Drontheim et l'île de Bornholm; il confirma la franchise du droit de péage dans le détroit du Sund, et renonça à la *suzeraineté qu'il exerçait sur le duché de Holstein-Gottorp*.

Ce traité honteux, par lequel le Danemarck reconnaissait sa faiblesse, ne fut pas de longue durée. Au mois d'août de la même année, le roi de Suède, tourmenté par son ambition, fit une nouvelle invasion dans la Zélande, et mit le siége devant Cronenbourg, en même temps qu'il alla attaquer Copenhague; les habitants se défendirent avec vigueur, et donnèrent le temps aux étrangers de venir à leurs secours : la Hollande envoya promptement une flotte; l'Autriche, la Pologne, le Brandebourg et plusieurs autres princes allemands réunirent une armée qui fut bientôt transportée en Danemarck : les Suédois levèrent le siége de Copenhague, et Charles-Gustave mourut subitement le 23 février 1660.

8. Rien ne s'opposa plus à la conclusion d'une paix définitive;

tous les peuples du Nord la désiraient, et ce besoin commun aplanit les difficultés, et fit disparaître les semences de discorde, si l'on en excepte cependant les Cosaques, dont l'esprit inquiet et indocile menaçait sans cesse le repos des peuples qui les avoisinaient.

Le traité de Copenhague fut conclu le 27 mai 1660 entre la Suède et le Danemarck, sous la médiation de la France et des puissances maritimes. Ce fut une confirmation de la paix de Roschild; seulement le bailliage et la ville de Drontheim furent rendus au Danemarck.

Par le traité qui fut signé à *Oliva* entre la Suède et la Pologne, le 23 avril 1660, le roi Jean-Casimir renonça pour lui et ses descendants à ses prétentions sur la couronne de Suède; la Pologne céda la Livonie (à l'exception de la portion méridionale qui lui avait appartenu anciennement), l'Estonie, et l'île d'Oesel; enfin le duc de Courlande, prisonnier des Suédois, fut remis en liberté.

La paix de la Suède avec la Russie fut signée à Cardis, le 21 juin 1661; les conquêtes furent rendues et les relations de ces deux royaumes rétablies comme avant ces longues guerres.

S. Puffendorfii de rebus gestis Caroli Gustavi Lib. VII. *Nuremberg*, 1696, 1 vol. in-fol. C'est l'histoire la plus complète des guerres soutenues par le roi de Suède.

Mémoires du chevalier de Terlon, depuis 1656-1661. *Paris*, 1686, 2 vol. in-12. L'auteur était chargé d'affaires de la France auprès de Charles-Gustave, et avait su gagner la confiance de ce souverain.

9. Tandis que la Suède conquérait la Livonie et les provinces qui jusqu'à cette époque avaient appartenu au Danemarck le long de ses côtes, ce dernier royaume et la Prusse recueillaient d'autres fruits de la même guerre. L'électeur Frédéric-Guillaume profita de ces circonstances avec beaucoup d'habileté pour affranchir son pays de la souveraineté de la Pologne; et feignant, dans le principe, de vouloir s'allier avec la Suède, il assura d'abord l'indépendance du Brandebourg par le traité de Welau. Mais lorsque Charles-Gustave annonça l'intention de le réduire à l'état de vassal et de créer cette vaste monarchie du Nord, l'électeur reconnut promptement tout le danger de sa situation, et ne tarda pas à se déclarer le plus ardent adversaire du roi de

Suède. Le traité d'Oliva affranchit enfin la Prusse du joug des deux puissances qui avaient menacé de l'envahir.

10. En Danemarck, les guerres qui venaient d'être terminées amenèrent une révolution par laquelle la couronne fut déclarée héréditaire dans la famille du prince régnant Frédéric III, et le roi souverain absolu. Ce changement semblait préparé depuis longtemps par la mésintelligence qui régnait dans les États, mais il ne put être amené aussi promptement que par un concours de circonstances particulières. Deux souverains tels que Frédéric III et sa femme, assistés d'un serviteur aussi dévoué que Gabel, pouvaient beaucoup sans doute dans une telle entreprise; mais l'opposition qu'ils rencontraient dans l'évêque Svane et le bourgmestre Nansen aurait peut-être prolongé indéfiniment cette révolution, si de longues guerres n'étaient venues en hâter l'accomplissement : le roi et ceux de son parti désiraient depuis longtemps l'abolition du système électif et l'abaissement de l'aristocratie; mais ils n'avaient jamais songé à détruire la constitution des États. Ce fut cependant ce qui arriva le 10 janvier 1661, en vertu de l'*acte de souveraineté* et de la *loi royale* : dès ce moment le roi de Danemarck se trouva le souverain le plus absolu de toute l'Europe.

Geschichte der Révolution in Daenmarck. — *Histoire de la Révolution du Danemarck*, par L. T. Spittler. *Berlin*, 1796.

SECONDE PÉRIODE.

DU COMMENCEMENT DU SIÈCLE DE LOUIS XIV JUSQU'A LA MORT DU GRAND FRÉDÉRIC ET AU COMMENCEMENT DE LA RÉVOLUTION (1661 à 1786).

1. L'intervention de la religion dans la politique avait déterminé le caractère et les grands événements du seizième siècle et de la première moitié du dix-septième. La seconde période de notre histoire fut soumise à une nouvelle influence, celle des intérêts du commerce. Les progrès de la civilisation en Europe donnaient chaque jour plus de prix au perfectionnement du système des finances; elles seules pouvaient assurer désormais à toute puissance les moyens d'exécuter les entreprises qui semblaient les plus difficiles; mais dans ce développement d'un nouveau système, le défaut de principes fixes amena de graves erreurs qu'il importe d'examiner avec attention. Les États puisent toute leur force dans la richesse nationale, et les gouvernements s'appliquèrent en effet à favoriser le développement de cette richesse; mais, privés des lumières de l'expérience, ils méconnurent longtemps les principes de cette prospérité, l'espèce d'influence qu'ils pouvaient exercer sur elle, et les rapports qui lient la fortune publique avec celle de l'État : tendant à un but utile, ils s'égarèrent dans de fausses routes, et retardèrent de plus d'un siècle le triomphe des saines doctrines de l'économie politique.

Le système fondé durant cette période, et qui a été appelé *système mercantile*, est exposé avec beaucoup d'exactitude dans un ouvrage de Justi, intitulé : *Staatswissenschaften-Sciences politiques*, Goettingue, 1755, 2 vol.

2. On reconnaît maintenant que la principale richesse d'une nation consiste dans le plus ou moins de valeur de ses propriétés territoriales; on croyait alors qu'elle était exclusivement renfermée dans la plus grande somme d'argent possible : l'augmentation et la diminution de cette somme étaient seules considérées comme constituant un bénéfice ou une perte réelle, et tout l'encouragement accordé à l'industrie avait pour but l'acquisition d'une plus grande quantité d'argent. En resserrant dans d'aussi étroites limites le vaste domaine de l'économie politique, on se trouva engagé dans une série d'erreurs et de fausses mesures d'autant plus fâcheuses, qu'il ne fut pas même permis d'élever un doute sur les conséquences qui devaient en résulter.

3. Plus on pénétrait dans ce système, et plus on diminuait les chances de prospérité. La prodigieuse fortune d'un peuple qui exploitait d'immenses fabriques, et tout le commerce maritime, confirma l'Europe dans la croyance que là se trouvait renfermé tout le secret de la richesse des États; et dans la politique intérieure on s'appliqua uniquement à favoriser les fabriques et à prendre part au commerce des mers.

4. Dès lors les colonies acquirent beaucoup plus d'importance, et les puissances maritimes, qui peuvent seules les exploiter et les défendre, devinrent plus considérables en Europe.

5. Les gouvernements ne tardèrent pas à vouloir diriger eux-mêmes les travaux de leurs sujets et les conduire dans leurs entreprises commerciales ou industrielles : de là les fabriques privilégiées, les tarifs de douanes, les interdictions d'entrée ou de sortie pour certaines marchandises. Le prix ou la qualité des denrées en circulation semblaient de peu d'importance à côté de cet avantage de conserver l'argent dans le pays : on allait jusqu'à vouloir constater l'origine des connaissances et des procédés qui devaient servir à l'encouragement et aux succès de toutes les industries; et ce fut ainsi que se forma ce système d'isolement suivant lequel chaque État élève la folle prétention de se suffire à lui-même, ou, en d'autres termes, de ne point

acheter et de vendre. Inconséquence singulière, peu digne du temps où tout gouvernement attachait un prix infini à avoir un grand commerce.

6. Au premier coup d'œil, les reproches que nous exposons semblent complétement infirmés par ce fait constant, que, durant cette même période, le commerce est parvenu en effet à une prospérité jusqu'alors inconnue. Mais, d'abord, le système que nous attaquons ne s'est élevé que très-lentement; de plus, les fausses démarches des gouvernements servent elles-mêmes à constater qu'ils sentaient le besoin de lutter contre une puissance supérieure et dont les effets ne laissaient pas d'exercer une grande influence; enfin les productions de diverses contrées lointaines, qui avaient été d'abord un objet de luxe, devenant chaque jour plus nécessaires, se répandirent en Europe avec une prodigieuse activité et donnèrent une grande impulsion au commerce. Pour quelques peuples et pour quelques branches spéciales d'industrie, les mesures des gouvernements favorisèrent la circulation; mais ce fut malgré leurs efforts, sinon malgré leurs volontés, que le commerce en général acquit un plus grand développement.

7. Cette manière d'entendre et de régler les relations des États, en ce qui se rapporte au commerce, produisit aussi les plus funestes effets pour les Empires, en temps de paix aussi bien qu'en temps de guerre.

Pendant la paix, il en résulta d'une part une méfiance continuelle, chaque État se croyant lésé par son voisin si celui-ci lui fermait l'entrée de quelques-uns des produits de son industrie; et, d'autre part, il s'éleva entre les diverses puissances un sentiment de jalousie, qui croissait d'autant plus que l'une d'entre elles faisait de plus grandes affaires: cette rivalité, si mal entendue, n'amena que trop souvent des guerres longues et sanglantes.

Durant ces guerres on employait tous les moyens possibles pour détruire le commerce de ses ennemis; et ce fut là l'origine de la piraterie et la source de tous les désordres qui l'accompagnent : les hostilités s'étendirent jusque dans les colonies ; dès que les puissances belligérantes eurent assez de force, elles ne manquèrent pas d'apporter toutes les entraves possibles au commerce même des neutres ; et ces diverses causes, se développant successivement, réduisirent souvent les plus grands États aux plus dures extrémités.

8. On avait déjà des armées permanentes ; mais cet état de la société et des nations entre elles amenant des relations beaucoup plus multipliées, les armées devinrent plus nécessaires, et acquirent une plus grande importance sous les règnes de Louis XIV et de Frédéric II. Les guerres n'en furent point diminuées, et la morale des peuples et des gouvernements n'y gagna point ; il en résulta cependant de grands avantages : en temps de paix, les États et les citoyens jouirent de plus de repos ; les calamités que la guerre entraîne après elle furent adoucies, l'administration des finances mieux surveillée, et le sentiment de l'honneur éveillé dans tous les peuples favorisa le développement de l'esprit national. C'est par cette institution des armées permanentes que l'esprit militaire est devenu, comme l'esprit mercantile, un des caractères qui signalent le plus cette période.

9. On vit aussi durant cette époque renouveler plusieurs fois la tentative de réunir tous les États de l'Europe sous la domination d'une seule puissance ; mais ces entreprises furent successivement déjouées, et servirent par cela même à consolider le système de la distribution des couronnes. Les puissances maritimes, qui avaient un grand intérêt à le maintenir, s'y employèrent avec plus de succès qu'elle n'avaient pu faire jusque-là, par une suite naturelle de l'importance qu'acquéraient chaque jour le commerce et les colonies. Ainsi le corps politique de l'Europe demeura, malgré de grandes inégalités, composé d'États libres et entièrement indépendants.

10. L'organisation plus régulière du système des ambassades contribua beaucoup à resserrer les relations de ces divers États. Le cardinal de Richelieu avait donné à toutes les grandes cours

l'exemple de maintenir des ambassades permanentes même chez les plus petits princes, et ceux-ci en adoptèrent successivement l'usage. Le domaine des négociations politiques fut surchargé de beaucoup de détails et souvent même grevé de toutes les conséquences fâcheuses que peuvent entraîner les mécontentements ou les inimitiés personnelles; plus d'une fois des rapports infidèles sur les intentions des princes ou sur les habitudes de leurs courtisans devinrent des causes de guerres ou entretinrent celles qui subsistaient : toutefois le système des ambassades contribua puissamment à déterminer les formes de la politique extérieure; et quiconque sait voir dans l'observation de ces formes quelque chose de plus qu'un vain règlement de cérémonies, est amené à reconnaître toute l'importance de ce nouvel établissement.

Ferdinand le Catholique avait déjà adopté l'usage d'entretenir des ambassades permanentes, mais seulement auprès de certaines cours. Ce ne fut que sous les règnes de Louis XIII et de Louis XIV, et lorsque la politique française embrassa toute l'Europe dans ses combinaisons, que le système des ambassades devint plus général; les règles du cérémonial se fixèrent à mesure qu'il se perfectionna.

PREMIÈRE ÉPOQUE.

DE 1661 A 1700.

PREMIÈRE PARTIE.

HISTOIRE DES ÉTATS DU MIDI DE L'EUROPE.

1. Cette époque, qui fut pour la France l'âge d'or du règne de Louis XIV, a pris aussi en Europe le nom de ce souverain, et cela suffit pour prouver que pendant sa durée la France exerça

la prépondérance. Cette autorité, fondée en partie sur le succès des armes, doit être encore plus justement attribuée à la supériorité de la civilisation, dont l'éclat et l'activité imposèrent un juste respect à tous les autres peuples. La nation française lui dut la souveraineté de sa langue, et de tout temps cette souveraineté a assuré simultanément celle du peuple à qui elle appartenait : les conquêtes que Louis XIV dut à ses armes ont été dans la suite fort restreintes; mais d'autres conquêtes plus pacifiques envahirent le monde civilisé, et, fondées sur le libre consentement des nations, elles sont demeurées impérissables.

Histoire du Siècle de Louis XIV, par Voltaire. C'est une esquisse plutôt qu'un tableau complet.

Le *Cours de Littérature* de M. de La Harpe contient aussi l'histoire littéraire de ce siècle.

On la trouve encore dans le second volume de l'ouvrage de M. Bouterweck, intitulé : *Geschichte der franzœsischen Litteratur, Histoire de la Littérature française*. Gœttingue, 1807.

2. A cette époque, la population, l'étendue et la situation de la France, aussi bien que les services qu'elle avait reçus du cardinal de Richelieu, en cela que son administration avait fort agrandi l'autorité royale, tout concourait à faire de ce royaume le plus puissant Etat de l'Europe. Sa constitution intérieure était encore trop embrouillée pour qu'il fût possible au souverain de ce pays d'y établir un despotisme absolu : la noblesse et le clergé, et les franchises municipales, consacrées comme droits, opposaient de nombreux obstacles à la puissance royale : quelquefois redoutable aux individus, elle ne pouvait l'être à la nation entière, ni même dans toutes les occasions aux corps puissants qui administraient la justice; et ces circonstances réunies contribuèrent à entretenir l'esprit national, qui trouvait d'ailleurs un aliment dans l'éclat dont la France brillait alors. Enfin la situation intérieure des Etats voisins, l'Espagne, l'Angleterre, les Pays-Bas et l'Allemagne, servit encore à assurer la prépondérance de ce pays et favorisa puissamment les entreprises les plus hasardeuses de son roi.

1° L'Espagne, après la mort de Philippe IV, et sous le règne de Charles II, sembla ne prendre aucune part aux affaires de l'Europe, quoique ses possessions dans les Pays-Bas fussent incessamment exposées aux invasions de la France. La faiblesse et l'incapacité du gouvernement concouraient avec les vices de la constitution intérieure à entretenir cette inactivité. Dans un pays où les plus grandes places de l'État semblaient des bénéfices que l'on concédait pour trois ou pour cinq ans, où toutes les propriétés territoriales étaient dans les mains du clergé et de la noblesse, qui dédaignaient les soins de l'économie comme indignes de leur haute fortune, où le défaut de circulation empêchait la formation d'aucun capital, et où toute la richesse mobilière consistait en argenterie, il était impossible que la misère ne devînt pas générale, au milieu même des trésors; et lorsque dans les temps de guerre les expéditions d'Amérique se trouvaient arrêtées, l'État n'avait en lui-même aucune ressource pour suffire momentanément à ses premiers besoins.

Lettres de l'Espagne, par madame d'Aulnoy. *Paris*, 1682.
Relation de la Cour d'Espagne. Paris, 1687. C'est un tableau fort animé du misérable état de ce pays.

2° Sous le règne de Charles II et sous le gouvernement de ses faibles ministres (surtout après la mort de lord Clarendon, en 1667), l'Angleterre fut entièrement livrée à l'influence des étrangers, et n'eut aucun caractère politique. L'antipathie qui régna constamment entre la maison des Stuarts et la nation amena enfin la révolution de 1688, et l'expulsion de Jacques II donna le trône à Guillaume III.

3° Dans les Provinces-Unies, le parti des États qui dirigeait les affaires publiques par les mains du grand pensionnaire, Jean de Wit (depuis 1653 jusqu'en 1672), avait intérêt à agrandir la puissance maritime de la Hollande, au préjudice de sa force continentale, et suivit constamment cette tendance. Grand homme d'État et habile négociateur, Jean de Wit éprouva toutefois que ce système de tergiversations continuelles peut accélérer les catastrophes encore plus que les prévenir.

4° L'Autriche, sous le règne de Léopold I, était trop occupée des affaires de Hongrie et de sa guerre contre les Turcs, pour pouvoir tenir tête à la France. A cette époque même, il lui eût été impossible d'opposer une résistance efficace, tant sa faiblesse se décelait par l'incapacité du chef de l'État, de ses ministres et de ses généraux. De plus, Léopold I était entièrement livré à la direction des jésuites, et ces jésuites étaient tout-puissants. Aussi la cour de France pouvait par là même exercer une grande influence sur les décisions de l'Autriche.

5° Au milieu de semblables circonstances, l'empire d'Allemagne ne pouvait dissimuler sa faiblesse, et l'histoire du temps prouve assez que Louis XIV avait très-bien reconnu tout le parti qu'il pouvait tirer de cette situation, soit par la force des armes, soit par la politique. Le nouveau rôle de l'Empire, qui fut dressé en 1681, ne put sans doute réparer tous les vices que présentait la constitution germanique, surtout dans les temps de guerre; mais il servit du moins à prouver que la nation n'était point demeurée en arrière de son siècle, et bientôt l'influence que le grand électeur (1) sut acquérir dans les affaires de l'Europe montra que l'empire d'Allemagne pouvait à lui seul maintenir et faire respecter son indépendance.

AFFAIRES GÉNÉRALES DE 1661 A 1700.

Histoire de la Vie et du Règne de Louis XIV, publiée par M. Bruzen de la Martinière. *La Haye*, 1740, 5 vol. in-4°. Ouvrage précieux et écrit avec beaucoup d'indépendance.

Histoire du Règne de Louis XIV, par M. Reboullet. 1746, 9 vol. in-12. L'auteur était jésuite.

Mémoires historiques et Instructions de Louis XIV pour le Dauphin son fils. Voyez dans les *Œuvres de Louis XIV*. Paris, 1806, 6 vol.

Œuvres de Louis, duc de Saint-Simon. Paris, 1791, 13 vol. in-8°.

1. L'élévation rapide de la France amena de grands changements dans les relations des Etats de l'Europe occidentale. Le génie d'un homme suffit pour rétablir les finances dans ce royaume et pour créer bientôt après un commerce, des manufactures, des colonies, des ports, des canaux, une puissante marine. L'art militaire, les sciences, les lettres, secondèrent à l'envi cette brillante impulsion; mais, en même temps que Colbert portait la France au rang des premières puissances commerçantes, les moyens qu'il adopta pour y parvenir servirent à fonder l'influence du système mercantile sur la politique générale.

Les colonies et les sociétés de commerce, exerçant divers monopoles en France, lui créèrent de nouvelles relations au dehors. Les manufactures établies dans l'intérieur du pays, par les soins de Colbert, trouvèrent la

(1) Frédéric-Guillaume, électeur de Brandebourg, dit le grand électeur, mort en 1688.

ciété suffisamment préparée pour accueillir et pour exploiter avec succès tte branche d'industrie : au dehors, le ministre voulut fonder de vastes ntreprises commerciales sur le modèle de celles de la Hollande; mais la tuation des deux pays n'était pas la même, et la France ne put suivre ses vaux.

Tableau du ministère de Colbert. Amsterdam, 1774.
Éloge politique de Colbert, par M. Pelissery. *Lausanne*, 1775.
Du reste, ces deux ouvrages sont faibles et incomplets.

2. D'un autre côté, les règlements qui furent adoptés par les nglais et les Hollandais contribuèrent à entretenir la rivalité et jalousie des puissances commerçantes. En 1660, les premiers enouvelèrent leur acte de navigation; dans le même temps, les randes compagnies marchandes des Hollandais excitaient la aine de tous leurs voisins; et chacun de ces États ne cessait 'employer tous ses efforts pour détruire le commerce de tous es autres et pour s'emparer du monopole.

Mémoires de Jean de Wit, traduits du hollandais. Ratisbonne, 1700. On y ouve une discussion savante sur la question de savoir quels étaient à cette poque les véritables intérêts politiques et commerciaux de la Hollande.

3. Tandis que Colbert créait le commerce de la France et la olitique qui devait le protéger, Louvois secondait puissamment es entreprises en servant l'ambition de Louis XIV, et lui fourissant les moyens d'accomplir ses projets d'agrandissement. Les iscussions de préséance avec l'Espagne (1661), les querelles e la cour de France contre la police de Rome (1662), événenents fort peu importants en eux-mêmes, servaient cependant fonder les prétentions du roi de France à occuper partout la remière place; et ces prétentions choquaient singulièrement l'uage qu'avaient adopté les puissances européennes de se traiter vec une grande égalité.

En se livrant à la poursuite des projets qu'il avait formés de 'emparer de la portion des Pays-Bas appartenant à l'Espagne, ouis XIV se trouva engagé dans une foule de négociations imortunes; et l'alliance intime qu'il contracta, dans la même intention, avec la république hollandaise, ne tarda pas à lui devenir nuisible, en le détournant de ses relations avec l'Angleterre, qui lui avaient déjà valu l'acquisition de Dunkerque en 1662, et qui pouvaient lui procurer encore de plus grands avantages.

Les négociations entre le grand pensionnaire de Wit et le comte d'Estrades, pour arrêter les bases du projet de conquête des Pays-Bas espagnols, eurent lieu à la Haye; et le traité d'alliance entre la France et la République fut signé le 27 avril 1662.

Lettres, Mémoires et Négociations de M. le comte d'Estrades, Londres, 1743, 9 vol. in-12. — Cet ouvrage mérite d'être étudié par tous les diplomates.

Brieven van de Wit. Lettres de Jean de Wit. Amsterdam, 6 vol. — On y trouve tous les détails relatifs à cette histoire. — Traduites en français.

4. La guerre qui éclata entre l'Angleterre et la Hollande fut due à la rivalité de ces nations autant qu'à la haine que nourrissait le roi Charles II pour la république des Provinces-Unies. Quoique la France et le Danemarck fussent alliés à la Hollande, ces deux États ne prirent point une part active à la guerre; et la paix de Breda, qui y mit fin, n'assura la prépondérance à aucune des deux puissances belligérantes.

Les hostilités commencèrent en 1664 sur les côtes de Guinée, et la guerre fut déclarée au mois de janvier 1665. Il y eut divers combats sur mer, le 11 juin 1665, les 11 et 14 juin et 4 août 1666. La France s'était déclarée le 26 janvier de la même année. — L'année précédente, la Hollande ayant été obligée de soutenir une guerre de terre contre l'évêque de Munster, avait donné une nouvelle preuve de sa faiblesse. — Au mois de juin 1667, Ruyter pénétra jusque dans la Tamise; et le 31 juillet suivant, la paix de Breda fut signée. — Par le traité conclu entre la France et l'Angleterre, les îles de Saint-Christophe, d'Antigoa et de Montserrat furent rendues à l'Angleterre, et l'Acadie à la France. — Les relations de l'Angleterre et de la Hollande furent réglées par l'acte qui a été nommé *uti possidetis*. L'Angleterre conserva la Nouvelle-Belgique (New-Yorck et New-Jersey), et la Hollande, Surinam. L'acte de navigation fut modifié en faveur de la Hollande, en ce qui concernait la navigation du Rhin.

5. Mais avant que ce traité fût conclu, et immédiatement

après la mort de son beau-père Philippe IV, Louis XIV avait repris les armes pour reproduire ses vaines prétentions sur les Pays-Bas espagnols, les appuyant cette fois sur le prétexte d'un droit de dévolution, *jus devolutionis.* Une entreprise aussi contraire au droit de propriété parut une offense à l'Europe entière ; et le chevalier Temple profita habilement de cette disposition pour conclure à la Haye la triple alliance de l'Angleterre, de la Hollande et de la Suède. Louis XIV se vit bientôt forcé de signer le traité d'Aix-la-Chapelle ; mais on a lieu de s'étonner qu'à ce moment les alliés aient laissé leur œuvre incomplète, en abandonnant au roi de France une portion de ses conquêtes.

Louis XIV entra dans les Pays-Bas espagnols au mois de mai 1667, où il fit de rapides progrès. La triple alliance fut conclue le 23 janvier 1668, et la paix d'Aix-la-Chapelle le 2 mai de la même année. La France conserva douze places fortes sur la frontière des Pays-Bas, parmi lesquelles on comptait Douai, Tournai et Lille. La guerre entre l'Espagne et le Portugal (*voy.* ci-dessus, page 109) fut terminée cette même année par le traité du 13 janvier, qui décida de la séparation de ces deux couronnes et ne laissa que Ceuta à l'Espagne.

6. Cependant la paix ne rétablit point les relations politiques sur le même pied. On espérait que la triple alliance opposerait une résistance efficace aux entreprises de la France ; et dans ce même temps, au milieu même de la paix, la France conservait toutes ses troupes sous les armes. Ses premières liaisons avec la république hollandaise étaient entièrement rompues ; et il semblait presque impossible de les renouer, tant Louis XIV avait été blessé des procédés du gouvernement hollandais : d'un autre côté, l'Espagne, sans défense, avait laissé reconnaître tout le secret de sa faiblesse.

7. Quelques discussions de commerce qui survinrent encore à cette époque augmentèrent l'animosité et semblèrent se réunir pour exciter la France à tirer une vengeance éclatante de la république : il était probable qu'une guerre nouvelle serait le signal de l'entière destruction de cette puissance, et que l'espoir de s'emparer de son commerce et de son industrie produirait les

plus grands efforts. Mais comme une telle entreprise ne pouvait manquer d'exciter une commotion générale en Europe, la politique française s'appliqua d'abord à en prévenir les effets.

On avait interdit l'entrée de quelques marchandises hollandaises, et d'autres avaient été surchargées de nouveaux droits : au mois de janvier 1671, les Hollandais prirent des mesures semblables contre la France ; et cette fois il fut évident que l'erreur des gouvernements en matière de commerce devenait le premier prétexte de la guerre.

8. Le premier soin de la France fut de travailler à rompre la triple alliance ; il lui fut aisé d'y réussir : Charles II n'avait jamais eu l'intention de la maintenir, et la Suède n'y avait consenti que pour en faire une spéculation de finances sur l'Espagne. Non-seulement l'alliance fut rompue, mais encore les puissances qui y renonçaient se réunirent à la France.

Le 1er juin 1670, l'Angleterre conclut une alliance secrète avec la France ; et cette alliance eut pour objet l'anéantissement de la république hollandaise, et même celui de la constitution du royaume d'Angleterre : le 14 avril 1672, la France s'unit aussi avec la Suède, comme pour la protéger en cas de besoin, et elle commença par lui fournir des subsides.

9. Les négociations qui précédèrent ces guerres contribuèrent beaucoup à assurer l'influence de Louis XIV sur l'Empire germanique. Comme elles étaient conduites isolément avec chacun de ceux à qui le roi de France s'adressait, aucun prince d'Allemagne (à l'exception du grand électeur) ne se trouvait en état de résister aux propositions de neutralité, d'alliance avec subsides, ou de mariage qui lui étaient faites suivant les circonstances. Ce fut ainsi que l'électeur de Cologne et l'évêque de Munster devinrent alliés de la France. L'Autriche même et l'Espagne furent réduites au silence, et pendant ce temps le duc de Lorraine, ami de cette dernière puissance, était chassé de son pays : au milieu d'une telle agitation, il n'est pas surprenant que le grand pensionnaire de Hollande se soit laissé induire en erreur.

10. Jamais la politique n'avait déployé plus de ressorts, et

cependant tant de précautions devinrent inutiles. La guerre éclata; la république hollandaise ne succomba point; et la fin tragique de Jean de Wit ne fit que porter sur le trône de Hollande l'homme qui devait résister le plus efficacement aux efforts de la France, Guillaume III, prince d'Orange : digne héritier de celui qui avait défendu les libertés de son pays contre la tyrannie de Philippe II, il ne cessa de lutter pour la cause de la Hollande et pour celle de l'Europe entière, également habile et infatigable dans le cabinet et sur un champ de bataille.

Au mois de mai 1672, la France attaque la république hollandaise par terre et par mer, livre le combat de Solbay le 7 juin, et tente vainement une descente le 15 juillet. Son armée de terre, assistée de l'électeur de Cologne et de l'évêque de Munster, fit de rapides progrès, et conquit quatre provinces dans les mêmes mois de juin et de juillet. — La ville d'Amsterdam ne fut garantie que par une inondation. — Révolution à la Haye; les frères de Wit sont massacrés par le peuple, le 20 août de la même année.— Guillaume III est reconnu Stathouder par cinq provinces, et cette dignité est déclarée héréditaire dans sa famille.

11. Cependant le danger auquel était exposée la république hollandaise éveilla de nouveau l'attention de l'Europe, et créa une confédération entre l'Autriche, l'Espagne, l'Allemagne et le Brandebourg; en même temps la France perdit ses alliés, et ce ne fut qu'avec beaucoup de peine qu'elle obtint de la Suède de continuer ses hostilités en Allemagne pour occuper l'Empire et l'électeur de Brandebourg. La Hollande échappa au malheur qui la menaçait, dès que la guerre fut transportée loin de ses frontières : elle réussit même à sortir la première du combat; mais les plus faibles de ses alliés furent victimes de leur dévoûment, et les armes de Louis XIV demeurèrent encore victorieuses.

La république conclut son alliance avec l'empereur, l'Espagne et le duc de Lorraine, le 30 août 1673. L'empire germanique entra dans la confédération le 31 mars 1674. L'électeur de Brandebourg, qui, peu de temps auparavant, avait été forcé de conclure un traité particulier, saisit cette occasion de reprendre les armes ; et le Danemarck se joignit à lui au mois de juillet 1674. Dès l'année précédente, la guerre avait été transportée sur le Rhin. Le 1er juillet, les Français entrèrent dans Maestricht, et d'un autre côté ils firent trois tentatives de descente les 7 et 14 juin, et le 21 août de la même année. — Le 19 février 1674, le roi d'Angleterre, forcé par le parlement, qui lui refusa des subsides, signa un traité particulier avec la Hollande. — Depuis ce moment, la guerre se fit dans les Pays-Bas espagnols et sur le Haut-Rhin : le prince de Condé et le prince d'Orange commandaient les armées. La bataille de Senef fut livrée le 11 août 1674. — Un peu plus tard, Turenne attaqua les Impériaux. — Combats de Sinsheim le 16 juin, d'Ensisheim le 4 octobre, de Mulhouse le 29 décembre. — Turenne demeure vainqueur. — En 1675, les Suédois firent une invasion dans le Brandebourg, et perdirent le 28 juin la bataille de Fehrbellin. — Le Danemarck et l'Empire se déclarent contre la Suède. — Turenne et Montécuculli sont en présence sur le Haut-Rhin. — Le premier est tué à Salsbach le 27 juillet 1675. D'habiles généraux lui succèdent. — En 1676 et 1677, le maréchal de Luxembourg et le prince d'Orange tiennent campagne dans les Pays-Bas. — Combat de Mont-Cassel. — En 1678, Louis XIV pénètre jusque sur les frontières de Hollande.

12. Les chances variées de la guerre et l'intervention de toutes les puissances de l'Europe avaient détourné le coup qui semblait menacer la Hollande d'une ruine complète. En 1673, on avait fait de vains efforts pour poser les bases d'un traité de paix : les négociations entamées à Cologne étaient demeurées sans résultat ; on les reprit à Nimègue, et ce fut le rendez-vous général du congrès européen. Des prétentions nombreuses et exagérées de toutes parts, l'incertitude des formes de la négociation, toutes les variations qu'amenaient les chances d'une guerre poursuivie avec acharnement, enfin les vaines querelles du cérémonial, prolongèrent indéfiniment les conférences ; et cependant toutes ces discussions pour des préséances et pour de puériles formalités constatèrent en même temps ce principe, que toutes les puissances de l'Europe entendaient toujours traiter librement et comme souverains indépendants. Enfin, après de longues résistances, le traité fut conclu, grâce aux efforts de la Hollande, qui en sentait le besoin, et à l'attitude menaçante que prit l'Angleterre dans cette occasion. La France parvint

toutefois à dissoudre l'alliance, en concluant un traité particulier avec la république hollandaise, malgré tous les soins que prit le Stathouder pour empêcher cette division d'intérêts.

On commença à se rendre au congrès de Nimègue en 1676, et il ne fut ouvert que l'année suivante.

1° Le 10 août 1678, traité entre la France et la Hollande : celle-ci recouvra ce qu'elle avait perdu, et promit une neutralité absolue. Les Hollandais conclurent en même temps un traité de commerce, auquel ils attachaient le plus grand prix.

2° Par le traité du 17 septembre suivant, l'Espagne céda à la France la Franche-Comté, et douze places fortes sur les frontières des Pays-Bas ; les plus importantes furent Valenciennes, Condé, Cambrai, Ypres, etc.

3° La paix de la France avec l'empereur d'Autriche et l'Empire germanique fut signée le 5 février 1679. La France y gagna Fribourg, et abandonna le droit de garnison dans Philipsbourg. La restitution du duché de Lorraine fut mise à des conditions si dures, que le duc de Lorraine refusa d'y consentir.

13. Louis XIV se faisait un point d'honneur de n'abandonner aucun de ses alliés : la Suède avait perdu quelques-unes de ses possessions, et éprouvait de grandes difficultés pour conclure la paix avec l'électeur de Brandebourg et le Danemarck. Ces traités furent cependant signés à Saint-Germain, avec le premier le 29 juin 1679, avec le second le 2 septembre suivant. Le Danemarck restitua toutes ses conquêtes, et l'électeur de Brandebourg n'en garda que fort peu. Les traités de la Suède avec les autres alliés ne contiennent aucune condition importante.

Les principaux ambassadeurs au congrès de Nimègue furent : pour la France, le comte d'Estrades, le comte d'Avaux, neveu de celui qui avait signé le traité de Munster, et Colbert ; pour la Hollande, Van Beverning, Van Haren et Boreel ; pour l'Autriche, l'évêque de Gurck, le comte de Kinski ; pour l'Espagne, le marquis de los Balbasos, le comte de Fuentès. Comme médiateur de la part de l'Angleterre, le chevalier Temple, Hyde et Jenkins ; et de la part du pape, Bevilacqua.

Actes et Mémoires des Négociations de la paix de Nimègue. Amsterdam, 1680, 4 vol. in-12. — C'est un recueil de pièces officielles.

Histoire de la Paix de Nimègue, par Saint-Didier, secrétaire d'ambassade, attaché au comte d'Avaux. *Paris*, 1697, un vol. in-8°.

Histoire des Traités de paix de Nimègue, 1754, 2 vol.

14. Les acquisitions que fit la France par ces divers traités, et même la cession des places frontières de la Hollande, qui lui assura la faculté de pénétrer dans ce pays à la première occasion, ne furent cependant pas les conséquences les plus graves de cette longue guerre. Un danger plus grand pour l'Europe entière était renfermé dans le mode même des négociations qui amenèrent la conclusion de la paix. Après avoir soutenu la guerre avec succès contre la moitié de l'Europe, la France parvint encore à dissoudre l'alliance qui s'était formée contre elle, et put ainsi profiter de tous ses avantages contre des ennemis divisés, dont aucun n'aurait osé entreprendre une résistance individuelle. Toutes les puissances qui avaient pris part à cette lutte reconnurent trop tard le danger qui les menaçait encore, et les nouvelles difficultés qui se présenteraient à la première occasion : le prince d'Orange seul avait signalé dans le temps la nécessité de ne pas conclure des traités particuliers; il voulut défendre les intérêts de l'Europe, et ne fut point écouté.

15. Peu de temps après cette paix, le roi de France s'établit par violence en Alsace pour procéder à la réunion de diverses dépendances de cette province ou de l'Empire, et porta en même temps une armée dans les Pays-Bas espagnols : toutes ses démarches annoncèrent son intention d'étendre les frontières de la France sur la rive du Rhin.

En 1680, le roi créa les chambres dites des Réunions, à Metz, à Brisach, à Tournai et à Besançon. Le 30 septembre 1681, il fit prendre possession de Strasbourg et de Casal, qui étaient comme les clefs de la haute Allemagne et de la Lombardie. En 1683, il établit une armée dans les Pays-Bas espagnols, et s'empara de Luxembourg et de Trèves. La Lorraine continua d'être occupée par les troupes françaises; et Gênes, amie de l'Espagne, éprouva aussi la colère de Louis XIV.

16. Ces infractions aux droits des nations et aux traités les plus solennels excitèrent de vives réclamations; mais déjà toutes les relations étaient détruites : l'Espagne et l'Empire étaient trop faibles pour faire écouter leurs plaintes; Charles II favorisait en

secret les usurpations de la France ; en Hollande, le parti des États tenait pour la paix, et les ambassadeurs de Louis XIV ne manquaient pas d'encourager leurs dispositions ; enfin, l'Autriche avait besoin de toutes ses forces pour résister à l'invasion formidable des Turcs ; et, dans une telle situation de l'Europe, il semblait impossible d'opposer une digue aux envahissements de la France. Le prince d'Orange ne se découragea point ; à force de constance il parvint à former une nouvelle confédération : les quatre puissances qui y entrèrent eurent soin de stipuler qu'elles ne faisaient qu'une alliance défensive. En dépit de ces démonstrations, Louis XIV poursuivit ses conquêtes, au milieu même de la paix ; et lorsqu'il consentit à la trève de vingt ans, en conservant presque toutes ses acquisitions, il ne manqua pas de parler de sa générosité.

A la suite de quelques conventions particulières, le nouveau traité fut conclu à la Haye, le 6 février 1683, entre l'empereur d'Autriche, l'Espagne, la Suède et la Hollande ; il y est dit que ces puissances s'allient pour assurer l'observation des traités de Munster et de Nimègue, et cela seul semblait les constituer en état de guerre. Enfin, le 15 août 1684, le roi de France accéda à la trève de vingt ans : dans le traité qu'il conclut avec l'empereur et l'Empire, il se réserva la propriété de Strasbourg et des réunions qui avaient eu lieu avant le 1er août 1681 ; et l'Espagne fut obligée à la cession de Luxembourg et de tout ce qui avait été occupé avant le 26 août 1683.

Négociations de M. le comte d'Avaux en Hollande, depuis 1679 *jusqu'en* 1688. *Paris*, 1751, 6 vol. in-12. — Il était ambassadeur de France à la Haye.

J.-V. Luchesini Historiarum sui temporis libri XIV. Romæ, 1779, 3 vol. in-4°.

17. Une suspension d'armes achetée à un tel prix ne pouvait être durable ; et l'Europe était réduite à n'attendre le repos que de l'entier épuisement du pays qui l'avait inondée de ses armées, ou de l'éloignement de quelques-uns des hommes qui conduisaient les affaires en France. Mais un tel royaume pouvait demeurer longtemps en proie aux souffrances intérieures, sans

que sa misère se produisît au dehors : après la mort de Colbert (1683), Louvois demeura ministre, et ne renonça pas à sa passion pour la guerre. Ainsi, malgré la stricte exécution du dernier traité, il se prépara peu à peu de nouveaux éléments de trouble ; et divers événements, qui semblaient n'avoir entre eux aucune connexité, contribuèrent cependant à exciter de nouveau les ressentiments de l'Europe contre le souverain qui y occupait la première place : il se forma par degrés tant de petites animosités particulières, et sur un si grand nombre de points, qu'il fut facile de prévoir que la première guerre deviendrait bientôt générale : les nouveaux démêlés de la cour de Versailles avec le pape, les affaires de la succession du palatinat, et les querelles survenues pour l'élection de l'archevêque de Cologne, eurent une grande part aux événements qui survinrent dans la suite : les persécutions organisées contre les protestants, la révocation de l'édit de Nantes, en 1685, achevèrent de brouiller Louis XIV avec les puissances protestantes de l'Europe ; enfin, les tarifs de douanes et les prohibitions de marchandises continuèrent d'être un sujet de querelles entre la France et la Hollande.

Les discussions de Louis XIV avec le pape Innocent XI, au sujet de la régale, commencées en 1673, amenèrent en 1682 la convocation d'un concile national, qui détermina par les quatre articles de sa délibération les principes des relations du clergé avec la cour de Rome, ou ce qu'on appelle *les libertés de l'Eglise gallicane*.

Après l'extinction de la branche palatine de Simmern dans la personne de l'électeur Charles, qui mourut en 1685, Louis XIV ayant voulu appuyer les prétentions de la sœur de ce prince, la duchesse d'Orléans, sur la portion allodiale du territoire palatin, excita la querelle qui naquit à cette occasion, et ne manqua pas de demander une part plus considérable du pays. — En 1688, il soutint également une discussion au sujet de l'élection de l'archevêque de Cologne, en se déclarant pour le prince de Furstemberg, évêque de Strasbourg, contre le prince J. Clément de Bavière, qui avait été nommé par le pape, quoiqu'il n'eût eu que la minorité des voix dans le chapitre.

18. Ces offenses réitérées et les craintes qu'elles inspiraient facilitèrent au prince d'Orange les moyens de négocier une nou-

velle alliance pour assurer le maintien de la trève de Ratisbonne : le roi de France ne put méconnaître que cette confédération était formée contre lui ; Louvois s'appliqua pendant quelque temps à en retarder les effets ; mais il fut facile de voir que la guerre ne tarderait pas à recommencer.

Cette alliance fut signée à Augsbourg le 29 juillet 1686, entre l'empereur, l'Espagne, la Suède, l'électeur de Bavière, les cercles de Souabe, de Bavière et de Franconie, et quelques autres princes allemands. L'élection de l'archevêque de Cologne décida la rupture de la trève, et la guerre fut déclarée contre l'empereur et l'Empire le 24 septembre 1688.

19. Immédiatement après cette déclaration de guerre, on vit arriver en Angleterre un grand événement qui seul eût suffi pour la décider, l'expulsion du roi Jacques II et l'occupation du trône par Guillaume III son gendre (janvier 1689). Louis XIV reçut dans sa cour le roi détrôné, et le traita en frère et en ami.

20. Ainsi s'alluma une nouvelle guerre, dont il fut impossible de prévoir l'étendue et la durée. Quelques mois après qu'elle eût commencé, il n'y eut plus dans toute l'Europe occidentale aucun État qui pût maintenir sa neutralité, et Louvois s'appliqua sans relâche à les exciter au combat.

La déclaration de guerre contre l'empereur et l'Empire fut suivie d'une déclaration contre le pape, en sa qualité de souverain temporel : le 16 novembre 1688, la France ouvrit aussi la campagne contre la république hollandaise, et contre l'Espagne le 25 avril 1689 ; l'Angleterre se mit en hostilité contre la France le 17 mai suivant : le 12 mai de la même année, il fut conclu à Vienne une nouvelle alliance, et le duc de Savoie, excité par Louvois, y fut admis au mois de juin : enfin, le Danemarck promit aussi à l'Angleterre de lui fournir un secours en hommes.

21. Cette guerre de neuf ans, qui fut remarquable aussi par les nouvelles prohibitions qui eurent lieu dans le commerce, éclata et fut soutenue à la fois dans les Pays-Bas, sur le Rhin, en Italie, en Irlande, sur les frontières d'Espagne, sur la Méditerranée et sur l'Océan ; il semblait qu'elle dût finir par l'anéantissement complet ou par le triomphe le plus décisif de la France,

et cependant elle n'eut point d'aussi grands résultats : les généraux français, surtout Luxembourg et Catinat, soutinrent l'honneur de leurs armes; mais déjà l'épuisement de la France se faisait reconnaître sur tous les points : Turenne avait laissé de dignes successeurs ; mais Colbert n'était pas remplacé.

En 1688 et 1689, les horribles dévastations du Palatinat, que Louvois ordonna dans l'intention de couvrir sur ce point les frontières de la France, annonçaient déjà le sentiment de la faiblesse : sur le Rhin, les Français ne purent obtenir aucun avantage dès l'année 1693, lorsque le prince Frédéric de Bade eut pris le commandement de l'armée qui leur était opposée : le principal théâtre de la guerre fut encore dans les Pays-Bas : le 1er juillet 1690, le maréchal de Luxembourg remporta la victoire de Fleurus : le 3 août 1692, il battit Guillaume III à Steinkerque, et le 29 juillet 1693 à Nervinde : il prit ensuite Namur et plusieurs autres places fortes. Le prince d'Orange, souvent vaincu, jamais abattu, continua de tenir la campagne; et ce que Luxembourg ne pouvait pas contre lui, Villeroi, qui lui succéda en 1695, le pouvait encore moins : en Italie, le maréchal de Catinat combattait contre Victor-Amédée II, duc de Savoie. Il gagna la bataille de Staffarde le 18 août 1690, occupa la Savoie, et en 1691 une partie du Piémont. La victoire de Marsaille eut lieu le 4 octobre 1693 ; et dès ce moment la France entreprit des négociations secrètes avec le duc de Savoie. Sur les frontières de Catalogne, la guerre fut longtemps indécise : elle se termina en 1697 par la prise de Barcelone : sur mer, Tourville commença par gagner la bataille de Dieppe, le 10 juillet 1690 ; et cette campagne se lia avec un projet de descente en Angleterre et en Irlande en faveur du roi Jacques II. La France entreprit en effet cette descente ; mais l'expédition, mal secondée dans le pays même, échoua par la victoire que remporta Guillaume III sur la Boyne, le 11 juillet 1690 : les Anglais se vengèrent de leur défaite à Dieppe par leur victoire au combat de la Hogue (29 mai 1692), et dès ce moment ils reprirent tout l'avantage sur mer. — La guerre s'étendit jusque dans les deux Indes : le 5 mai 1697, les Anglais conquirent Carthagène dans l'Amérique méridionale. — Dès le commencement de la guerre, cette puissance avait redoublé la sévérité de son système prohibitif : en 1678, un acte du parlement avait déjà interdit tout commerce avec la France : plus tard, Jacques II avait supprimé cet acte : il fut renouvelé le 22 août 1689, avec cette singulière clause, que le commerce était interdit non-seulement aux Anglais, mais encore aux étrangers qui se trouvaient en guerre avec l'ennemi commun.

22. La France, fidèle à sa politique, continua d'employer tous ses soins pour semer la désunion parmi les alliés. Elle entreprit particulièrement de détacher le duc de Savoie de la coalition, et, après de longs efforts, elle y réussit en effet.

Cette négociation fut terminée par le traité de Turin, du 29 août 1696. Le duc de Savoie obtint la restitution de tous ses Etats, et même de Pignerol, avec quelques restrictions cependant pour cette dernière ville. Sa fille fut mariée au duc de Bourgogne, petit-fils de Louis XIV. Il promit enfin de faire garantir la neutralité de l'Italie par l'Autriche et l'Espagne, et le traité de Vigevano, du 7 octobre suivant, acquitta cet engagement.

23. Quelque importante que fût cette première séparation, il restait encore de grands obstacles à la paix générale; l'Autriche élevait de grandes prétentions, et la France ne voulait pas reconnaître Guillaume III. Celle-ci cependant sentait la nécessité de ne pas différer plus longtemps les préparatifs qu'elle avait à faire pour l'accomplissement de ses projets sur la monarchie espagnole; et d'autre part la mésintelligence qui commençait à s'établir entre les alliés leur rendait la paix nécessaire. Un congrès, rassemblé au château de Ryswick, en Hollande, entreprit les premières négociations sous la médiation de la Suède, et Louis XIV réussit une nouvelle fois à diviser les intérêts et les traités.

Le congrès fut ouvert le 9 mai 1697. Il y eut d'abord un arrangement préliminaire entre les puissances maritimes.

1. *Traité entre la France et l'Angleterre.* — Guillaume III fut reconnu par la France, et toutes les conquêtes réciproquement rendues.

2. *Entre la France et la Hollande.* — Restitution réciproque, et traité de commerce.

3. *Entre la France et l'Espagne.* — Cette dernière puissance recouvra tout ce qu'elle avait perdu en Catalogne et dans les Pays-Bas. La France demeura en possession de la partie de Saint-Domingue qu'elle avait conquise avant cette guerre, et il n'en fut pas même question dans le traité.

4. *Entre la France, l'empereur et l'Empire.* — 1° La France conserva tout ce qu'elle avait réuni en Alsace, et Strasbourg. 2° Elle rendit tout ce qui avait été réuni hors de l'Alsace (une clause particulière statua que les intérêts de la religion catholique resteraient *in statu quo*). 3° Les

affaires de la succession palatine furent remises à une décision arbitrale. 4° Le duc de Lorraine fut complétement rétabli dans ses possessions.

Les principaux ambassadeurs à ce congrès furent : pour la France, de Gallière et de Harlay ; pour l'Angleterre, le comte Pembrocke, lord Lexington ; pour la Hollande, Heinsius, J. Boreel ; pour l'empereur, le comte Kaunitz, Stratmann, Sailern ; pour l'Espagne, don Quiros ; et de la part de la Suède, comme médiateurs, le comte Bonde et Lilienroth.

Actes, Mémoires et Négociations de la paix de Ryswick, par Ad. Moëtjens, 5 vol. *La Haye*, 1707.

Mémoires politiques pour servir à la parfaite intelligence de la paix de Ryswick, par Dumont, 1699, 4 vol. C'est une histoire diplomatique des négociations qui ont eu lieu en Europe depuis le traité de Westphalie jusqu'en 1676.

24. Si les alliés ne parvinrent point par cette longue guerre à rétablir complétement les traités de Nimègue ou ceux de Westphalie et des Pyrénées, ils réussirent du moins dans un objet plus important peut-être, celui de constater et d'affermir la liberté et l'indépendance réciproque des États de l'Europe. Trois grandes guerres, entreprises dans cette intention et terminées par des traités solennels, avaient servi à faire reconnaître combien il importait de maintenir ce principe d'équilibre.

25. C'est à cette époque que l'on doit rapporter l'origine du système de politique continentale qui a été suivi par l'Angleterre. Son inimitié contre la France, suscitée d'abord par la jalousie qui animait alors tous les peuples commerçants, fut fondée plus solidement sous le règne de Guillaume III. Trop faible pour résister à la France comme puissance de terre, elle s'allia sur le continent avec l'Autriche, et par là avec l'Espagne, tant qu'une branche de la maison de Habsbourg occupa ce trône. L'adoption de Guillaume III établit une alliance intime avec les Pays-Bas ; en Italie, le duc de Savoie acquit chaque jour plus de prépondérance et de crédit ; dans l'Empire germanique, il se trouvait une foule de petits princes dont l'alliance n'était pas difficile à conquérir.

26. Tandis que ces guerres ébranlaient l'occident de l'Europe, de grands événements se passaient aussi dans l'orient. Jamais la

puissance des Turcs n'avait été aussi menaçante pour l'Autriche; il semblait que le sort de cet Empire dût se décider dans sa capitale même. Les querelles survenues à l'occasion de la Transylvanie, et les rigueurs exercées par l'Autriche dans la Hongrie, procurèrent aux Turcs de nombreux partisans; trop faibles tacticiens pour résister en bataille rangée aux armées allemandes, ils trouvèrent des chefs qui surent conduire avec habileté des corps nombreux de troupes légères, et exciter avec succès les sentiments d'orgueil et de haine nationale qui les animaient. Ces guerres eurent une grande influence sur les affaires des puissances occidentales de l'Europe. Louis XIV, scrupuleux observateur des convenances en politique comme dans la vie privée, ne contracta point d'alliance formelle avec les ennemis de la chrétienté; dans un besoin même, il envoya contre eux un corps d'armée; mais dans le même temps ses envoyés à Constantinople et ses négociateurs en Hongrie s'employaient à exciter le feu de la guerre.

La querelle pour l'élection d'un prince de Transylvanie fit naître la guerre dans ce pays entre Kemeny, soutenu par l'Autriche, et Michel-Abaffi, protégé de la Porte, depuis 1661 jusqu'en 1664. Celui-ci s'empara des forteresses de Groswaradin en 1661 et de Neuhausel en 1662. Dans ce danger, l'empereur sollicita et obtint des secours de l'Empire et même de la France. Le 22 juillet 1664, Montécuculli remporta la victoire du Saint-Gothard sur Achmet Kupruli et près de la rivière de Raab. Lors de la trêve de vingt ans, les Turcs conservèrent les deux forteresses de Groswaradin et de Neuhausel.

27. La seconde guerre, qui commença avant l'expiration de cette trêve, et qui ne finit qu'avec le siècle par le traité de Carlowitz, fut beaucoup plus sérieuse. Louis XIV employa secrètement tous ses efforts pour la faire déclarer. Dès la première campagne, Vienne même fut menacée: l'Allemagne défendit l'Autriche; la domination de cette puissance sur la Hongrie se trouva consolidée, et l'Empire germanique put se croire désormais à l'abri de l'invasion des Turcs. La Pologne et la Russie prirent

également part à cette guerre, qui se répandit ainsi dans tout le nord et l'orient de l'Europe.

La trève de vingt ans fut rompue par la protection que les Turcs accordèrent en Hongrie au comte Tékéli en 1682. Ils pénétrèrent en Autriche, et mirent le siége devant Vienne le 22 juillet 1683. L'armée alliée des Allemands et des Polonais, sous la conduite du duc de Lorraine et de Jean Sobieski, fit lever le siége le 2 septembre suivant. Depuis cette époque les princes allemands prirent une part active aux affaires d'Autriche, et Venise entra dans l'alliance en 1684. La Hongrie demeura toujours le théâtre de la guerre. Le 22 août 1686, les Allemands s'emparèrent de Bude : les Turcs furent battus à Mohatz le 7 août 1687, et perdirent la Slavie la même année. La république de Venise faisait en même temps des conquêtes en Dalmatie et dans la Morée. En 1690, le visir Kupruli Mustapha prit le commandement des armées et montra ce que peuvent le courage et l'intrépidité des Turcs. Il s'empara de Neissa et de Belgrade au mois d'octobre de la même année, et mourut en héros à la bataille de Salankemen le 19 août 1691. Les hostilités se ralentirent, et les intrigues de l'Angleterre et de la France à la cour de Constantinople furent suivies avec plus d'activité. Le roi de France réussit à empêcher la conclusion de la paix ; et lorsque l'empereur Mustapha II se mit lui-même à la tête de ses armées (1695), la guerre recommença plus vivement. En 1697, le prince Eugène prit le commandement des troupes alliées ; et la bataille de Zenthe décida enfin cette longue querelle, et amena le traité qui fut conclu à Carlowitz le 26 janvier 1699. L'Autriche conserva la Transylvanie, et la Porte la forteresse de Témeswar. La république de Venise y gagna la Morée et les îles de Saint-Maur et d'Egine. (Voyez plus bas pour les traités de la Turquie avec la Pologne et la Russie.)

Guerre des Turcs avec la Pologne, la Moscovie et la Hongrie, par de Lacroix. *La Haye*, 1698, 1 vol. in-8°.

COUP D'OEIL SUR LES CHANGEMENTS LES PLUS IMPORTANTS QUI EURENT LIEU PENDANT CETTE ÉPOQUE DANS LES ÉTATS DE L'EUROPE OCCIDENTALE, ET SUR LEURS PRINCIPAUX RÉSULTATS.

ESPAGNE ET PORTUGAL.

1. La nation portugaise gagna peu à recouvrer son indépendance, en se séparant du royaume d'Espagne. Toutefois elle se trouva à cette époque dans un état plus prospère que le peuple

qui l'avoisinait; et l'on vit se développer chez celui-ci tant de principes d'anarchie et de dissolution, qu'il serait difficile d'expliquer comment il a pu, malgré tant de dangers, conserver son existence politique.

FRANCE.

2. L'éclat du règne de Louis XIV flattait l'orgueil national, et quoique le peuple l'expiât par les vexations qu'il endurait, quoique les conquêtes qui assuraient l'accroissement du territoire fussent trop chèrement achetées, les mécontentements partiels qui éclataient sur plusieurs points ne purent exciter nulle part une résistance efficace. Si la puissance française fut augmentée, l'influence politique et morale de cette nation fit encore de plus grands progrès; l'expulsion des protestants, en transportant chez les peuples vaincus par elle les fortunes et l'industrie d'un grand nombre de citoyens, contribua de plus à faire connaître partout la langue et les mœurs de la France.

3. Vers le même temps, d'autres discussions religieuses préparaient lentement, mais d'une manière certaine, des résultats de la plus haute importance. Le jansénisme, en sa qualité d'adversaire du jésuitisme, provoqua, dès sa naissance, la liberté de la pensée et l'esprit d'investigation; sous ce rapport même on peut dire qu'il compensa en quelque sorte le dommage que la France subissait par l'expulsion des protestants. Peu à peu l'influence que les jésuites exerçaient dans les affaires d'Europe donna aussi au jansénisme un caractère politique, et ce fut par là qu'il parvint dans la suite à créer une véritable opposition.

L'origine du jansénisme se rapporte aux discussions que les jésuites élevèrent à l'occasion du livre publié en 1640 par Jansénius, évêque d'Ypres, sous le titre de *Augustinus*, seu *Sanctus de Gratiâ*. La condamnation des cinq propositions prononcée en 1656 par le pape Alexandre VII, et la demande de la fameuse formule du serment en 1665, firent de cette querelle une affaire fort importante dans le clergé : ses conséquences politiques ne se développèrent que dans le cours de l'époque suivante.

ANGLETERRE.

4. Nul État de l'Europe n'éprouva durant cette époque des

changements aussi importants. Ils déterminèrent le caractère politique de la nation anglaise, et marquèrent sa place dans le continent européen. L'élévation de Guillaume III au trône, que son beau-père fut obligé d'abandonner, rétablit entre le peuple et son gouvernement une concorde si souvent troublée sous le règne des Stuarts, et tous les éléments de la plus belle prospérité se développèrent en même temps. La nation avait vivement désiré la suprématie du protestantisme et la liberté constitutionnelle ; elle obtint l'une et l'autre par cette importante révolution, et le *bill des droits* les sanctionna solennellement.

5. L'ancienne forme du gouvernement fut presque entièrement conservée, mais on détermina plus exactement tous les droits et les devoirs. La vigoureuse résistance opposée par la chambre basse aux entreprises de l'autorité royale avait appris à la nation à s'occuper de ses affaires, et cette lutte développa un esprit et des intérêts nationaux ; la révolution ne put faire disparaître sur-le-champ les partis des Whigs et des Torys ; mais leur existence même attesta la force publique et le règne de la liberté.

6. Le bienfait de cette révolution consista donc principalement dans l'autorité et l'influence pratique qu'elle assura au parlement et surtout à la chambre des communes, et dans l'alliance que le monarque contracta avec celle-ci par l'intermédiaire de ses ministres. Leur importance s'accrut par la dignité de ces nouvelles relations ; et dès qu'il fut bien reconnu qu'il fallait marcher d'accord avec la volonté nationale, la première condition de l'influence ministérielle fut d'acquérir et de conserver la majorité dans le parlement. L'opposition, ne craignant plus de se produire, garantit le gouvernement de toutes les trames secrètes : de tous côtés l'union devint le premier besoin et le premier devoir, et ce fut ainsi que l'on parvint à imposer au ministère des conditions d'une rigueur absolue.

7. Aussi nul État de l'Europe ne parut dans la suite animé d'autant de vie et de force nationale, et c'est à juste titre que l'Angleterre a été admirée pendant le cours du siècle dernier comme le véritable modèle d'une monarchie constitutionnelle :

toutefois, comme on avait cherché les garanties dans les formes du gouvernement plus que dans les principes constitutifs de la société, il était impossible qu'il ne sortît pas de la constitution même des germes de discorde et de corruption : ils étaient surtout déposés dans les vices d'une représentation défectueuse, qui devait tôt ou tard amener de graves abus dans le système des élections, seule ressource qui soit offerte au ministère pour conserver la majorité dont il a besoin.

Enfin, le changement de ministère amenant presque toujours un changement dans la conduite politique de la nation, et les ministres qui parvenaient au pouvoir ayant pour habitude de respecter peu les engagements de leurs prédécesseurs, il en résulta pour les puissances du dehors la nécessité d'agir avec une extrême circonspection lorsqu'elles eurent à suivre des négociations avec le gouvernement anglais.

Delolme, sur la Constitution d'Angleterre. in-8°.
Schmalz, Staatsverfassung von Gross-Britannien, etc. — *Constitution de l'empire britannique*, par Schmalz.

PROVINCES-UNIES.

8. La création de l'hérédité au stadhoudérat, ouvrage de la nécessité, et seul moyen de salut à l'époque où elle fut introduite, aurait eu sans doute de grandes conséquences pour le gouvernement intérieur de ce pays, si celui en faveur de qui elle fut érigée avait laissé des enfants. Toute l'activité de ce grand homme se dirigea vers le soin de la politique extérieure; au dedans, il se borna à former dans les États et dans le gouvernement des hommes qui fussent animés de ses principes : homme d'État plus que guerrier, Guillaume III sut cependant exciter l'admiration de l'Europe par sa constance à soutenir les revers dans les combats; il fonda une école de diplomates habiles : Heinsius, Fagel, et d'autres encore suivirent la marche qu'il leur avait tracée, et persistèrent dans son système d'opposition constante à la France et d'alliance avec l'Angleterre.

EMPIRE D'ALLEMAGNE.

9. Le traité de Westphalie semblait avoir fixé les rapports des divers États qui composaient l'Empire : mais ces rapports étaient si nombreux, et la méfiance qui s'était établie entre les différentes sectes religieuses, et qui avait amené en 1653 la création du *corpus evangelicorum*, fit naître si souvent de nouvelles difficultés, qu'il était impossible de compter sur une longue paix. Peut-être même serait-il injuste de considérer comme un mal cette variété d'intérêts qui excitaient incessamment l'attention des peuples et des princes : c'est à cette cause qu'il faut rapporter la fondation des *diètes permanentes*, qui eut lieu en 1663, et qui servit à consolider l'existence du corps germanique. Les formalités observées jusque-là pour la convocation des diètes avaient été adoptées dans l'intérêt du temps : les changements survenus dans les cours de l'Europe durent aussi en amener dans cette sorte de représentation ; les États de l'Allemagne eurent besoin de veiller de plus près à leurs affaires, et le congrès permanent fut établi ; il serait difficile de dire comment on y parvint, mais le fait demeura constant.

10. L'influence française contribua beaucoup à augmenter la puissance politique et militaire des princes allemands. Louis XIV jugea qu'il était plus conforme à ses intérêts de traiter avec chacun d'eux en particulier, et chacun d'eux se considéra comme une petite puissance. Un simple électeur de Brandebourg se vit amené, par suite de ce système, à jouer un rôle important dans les affaires générales de l'Europe, et la fondation d'un neuvième électorat (celui de Hanovre) fut considérée comme un grand événement. Tous les membres du corps germanique acquirent individuellement une plus grande autorité, et par elle s'augmenta aussi l'importance de leur confédération.

11. Ce fut ainsi que, pressé de deux côtés par de puissants voisins, cet État parvint cependant à maintenir son intégrité. Les guerres qu'il soutint contre les Turcs devinrent l'école des Allemands, formèrent les fils des princes au métier des armes,

et créèrent un nouvel intérêt qui devint un point de ralliement pour l'empereur d'Autriche et pour l'Empire. Les fréquentes hostilités de la France servirent aussi à resserrer cette union, et l'attachement à la commune patrie triompha toujours en temps de guerre des efforts que faisait pendant la paix le cabinet de Versailles pour détruire cette alliance si naturelle.

AUTRICHE ET AUTRES PAYS A L'ORIENT DE L'EUROPE.

12. La monarchie autrichienne employa tous ses soins pour établir l'unité politique dans ses États, et ne négligea surtout aucun moyen pour assurer son autorité dans la Hongrie : il en résulta pour cet empire un état habituel de trouble et d'anarchie ; les guerres violentes qu'il eut à soutenir à l'Orient et à l'Occident augmentèrent encore pour lui les dangers de cette situation. Toutefois, tant que la confédération germanique conservait son intégrité et servait de barrière à l'Autriche, cette puissance avait peu à redouter les entreprises de la France.

13. Les troubles de Hongrie furent beaucoup plus propres à exciter ses alarmes. Ils prirent naissance dans les persécutions des protestants, et dans les efforts de l'Autriche pour y établir une monarchie héréditaire et absolue. L'empereur suivit ses projets avec une fureur qui excita plusieurs fois de vives insurrections. La Hongrie devint royaume héréditaire, mais la nation conserva du moins sa constitution, et par elle une sorte d'indépendance. Il est à regretter qu'elle n'ait pas saisi cette occasion pour adopter les réformes que le temps avait rendues nécessaires.

Les troubles de Hongrie éclatèrent principalement pendant la trêve de vingt ans : en 1670, le palatin Wesseleny se mit à la tête des insurgés : leur défaite fut suivie de nombreuses exécutions, et l'on institua à cette occasion le tribunal redoutable d'Eperiès. En 1681, le gouvernement autrichien parut revenir à des mesures plus modérées ; mais le comte Tékéli, fuyant la persécution, excita la nouvelle guerre de Turquie : en 1687, l'Autriche, victorieuse des Turcs, en profita pour déclarer le royaume de Hongrie héréditaire dans la maison de l'empereur Léopold, et différa l'exécution de ses autres projets.

14. Elle y gagna de plus de réunir la Transylvanie à la Hongrie, par suite de l'abdication du prince Michel Abaffi II. Cette conquête, importante par elle-même, lui servit encore à la garantir des invasions des Turcs.

Michel Abaffi abdiqua en 1699, par suite du traité de Carlowitz. En 1703, le jeune Rakotzi excita un nouveau soulèvement en Hongrie, et ce ne fut qu'en 1711 que ce pays fut complétement soumis par l'Autriche.

15. Par suite de ces conquêtes de l'Autriche, l'empire turc cessa de lui être redoutable, et la Hongrie devint pour elle une barrière insurmontable. Dès ce moment aussi la Turquie devint le théâtre des plus violents désordres, l'anarchie s'établit au sein de son gouvernement; et, malgré ces maux intérieurs, cet empire a prouvé plus d'une fois, depuis cette époque, quelle est la puissance d'un peuple qu'animent à la fois l'orgueil national et le fanatisme religieux.

16. Un esprit nouveau s'introduisit dans tous les détails de la politique pratique. Dans les affaires générales, les intérêts religieux cessèrent d'occuper la première place, et leur influence diminua chaque jour dans les relations particulières qu'entretenaient les divers États. Ils ne perdirent cependant pas tout leur crédit sur la politique intérieure, et y intervinrent souvent, tantôt par les querelles et les agitations que surent exciter les jésuites, tantôt par les discussions qui présidèrent à l'établissement des constitutions. Si les protestants furent persécutés en France et en Hongrie, les catholiques le furent aussi en Irlande.

17. L'intérêt commercial, dont Colbert avait favorisé le développement, établit promptement son nouvel empire chez les gouvernements et chez les peuples, et ne tarda pas à exciter les jalousies, les haines et les guerres. Ces tristes résultats se manifestèrent dès que l'on crut avoir découvert le secret de la *balance du commerce*.

Les premières recherches sur cette question de savoir quelle est la perte ou le gain du commerce, par le plus ou moins d'argent monnayé qu'acquiert une nation, commencèrent en Angleterre sous le règne de Charles II. Elles furent dues à cette opinion erronée, que l'argent est la seule mesure de la richesse nationale, et elles provoquèrent toutes les fausses démarches par lesquelles les gouvernements firent tous leurs efforts pour en attirer la plus grande masse possible : parmi les ouvrages écrits à ce sujet dans cette époque, on peut citer les *Discourses on trade*, *Dissertations sur le commerce*; par J.-Jos. Child. Londres, 1670.

18. Les formes de l'administration intérieure furent plus exactement déterminées. Depuis l'abolition de la place de principal ministre en France, les affaires y furent réparties en un certain nombre de départements, que l'on attribua à des chefs indépendants entre eux. Chez les autres puissances de l'Europe, ces divisions et l'organisation régulière d'un ministère rencontrèrent des obstacles dans le peu de lumières des gouvernements; toutefois ils se conformèrent plus ou moins à l'exemple de la France, et ce fut elle encore qui leur apprit combien le choix des hommes était une affaire importante. En général, cette époque produisit plus de grands capitaines que d'habiles ministres.

19. L'économie politique fut aussi cultivée avec plus de soin durant le cours de cette époque; elle devenait chaque jour plus nécessaire, et se rattachait par tous les points au nouveau système de gouvernement, puisque tous les efforts que l'on faisait pour augmenter la richesse nationale par le commerce, par l'industrie ou par l'exploitation des colonies, avaient pour principal but d'accroître aussi les ressources de l'État. Mais de telles lumières ne se produisent qu'avec lenteur; Colbert, qui avait donné le premier exemple, ne laissa pas même en France un successeur digne de lui, et les autres nations étaient moins avancées que celle-ci.

On a souvent comparé Colbert à Sully; l'un et l'autre firent de grandes et d'utiles réformes, mais Colbert créa plus que le ministre de Henri IV. D'une part, il sut mettre l'administration des finances en rapport avec les produits des exploitations industrielles, qu'il encourageait d'ailleurs de tout son pouvoir; d'autre part, il consolida le crédit national, et fut le premier à fonder un système d'emprunt sur cette base : il trouva de nombreux obstacles dans l'ignorance du siècle; et la nécessité de fournir à d'énormes dépenses, toujours croissantes, lui suscita moins de difficultés que la perpétuelle interruption de ses projets par l'effet de la guerre sans cesse renouvelée. Sully fut assez heureux pour ne point rencontrer ce dernier obstacle, le plus dangereux de tous ceux que l'on peut prévoir. Après la mort de ces deux grands hommes, l'édifice qu'ils avaient élevé ne put trouver dans les institutions un appui suffisant, et ne tarda pas à disparaître presque complétement.

20. Le système financier de l'Angleterre prit aussi naissance vers la fin de cette époque, par la fondation des intérêts servis par l'État pour des emprunts dont le capital, non exigible, fut déclaré transférable à des tiers. Il eût été difficile, dans les premiers temps, de prévoir toute l'importance à laquelle cette institution devait parvenir; mais on put reconnaître, dès l'origine, que son succès était fondé sur la constitution elle-même et sur la garantie d'un parlement national; l'augmentation des richesses du pays durant tout le cours du siècle dernier servit sans relâche au développement de cette immense ressource: cette fondation ne fut point l'ouvrage d'un homme, mais le résultat nécessaire du nouvel état de la société, lorsque la révolution se fut consolidée dans le pays.

21. Dans d'autres États, on commença à éprouver la nécessité de recourir à de nouveaux moyens pour faire face à l'acquittement des dettes publiques, et l'on créa des fonds d'amortissement par la réduction des intérêts qui étaient servis pour ces dettes : ce mode de libération, n'ayant pas été suivi avec exactitude, ne produisit pas les effets qu'on aurait dû en obtenir; mais enfin le principe fut établi.

Le premier fonds d'amortissement fut créé en Hollande en 1655; le pape Innocent XI suivit cet exemple en 1685. La réduction de l'intérêt fut en Hollande de 5 à 4 pour cent; dans les Etats romains, de 4 à 3.

22. L'art de la guerre et tout ce qui touche à l'état militaire d'un peuple se trouva changé en Europe dès que la France eut adopté l'usage de tenir de grandes armées sur pied, même en temps de paix. Toutes les autres puissances, grandes et petites, suivirent cet exemple; les troubles et les insurrections de la

Hongrie forcèrent l'Autriche à entretenir en tout temps de nombreuses armées ; en Angleterre et en Hollande, où le peuple craignait pour sa liberté, cet usage ne put s'introduire que très-lentement, les parlements, aussi bien que les États-Généraux, ne cessant de protester contre le danger qu'ils redoutaient. Ce nouvel état des choses servit beaucoup au perfectionnement de l'art militaire.

Turenne et les autres grands généraux de ce siècle créèrent et mirent en pratique l'art de la guerre en ce qui touche aux expéditions et aux combats; Letellier, et Louvois, son fils et son successeur, furent les fondateurs du nouveau système en tout ce qui se rapporte à l'organisation des armées. Henri IV eut en temps de paix 14,000 hommes sous les armes; après le traité de Nimègue, Louis XIV en entretint constamment 140,000. — Cette seule différence prouve un changement absolu dans l'état de la société.

Recherches sur la force de l'armée française, depuis Henri IV jusqu'en 1805. Par Grimoard. *Paris*, 1806.

23. Les progrès de la marine suivirent ceux de la force continentale, et furent le résultat immédiat du développement du système mercantile. En peu d'années la France se plaça au premier rang des puissances maritimes, et sans doute elle serait devenue la première, si ses deux rivales ne s'étaient réunies pour lui résister, après la bataille de la Hogue en 1692. Depuis ce moment, la marine française n'a eu à aucune époque l'éclat dont elle brillait alors : mais dès ce moment aussi l'influence politique que donnait ce genre de force se fonda d'une manière irrésistible.

HISTOIRE DU SYSTÈME COLONIAL DEPUIS 1661 JUSQU'EN 1700.

1. La France, durant cette époque, prit une part fort active au système colonial, et le gouvernement ne tarda pas à donner une attention sérieuse à ce nouveau genre d'industrie : les établissements des Anglais se développèrent avec beaucoup de succès ; ceux qu'avaient fondés les autres nations européennes demeurèrent à peu près dans le même état.

2. La France exploita principalement dans les colonies trois diverses sortes d'industrie, le commerce proprement dit, l'agriculture, et les plantations. Ces entreprises ne réussirent pas également : l'administration française, voulant tout soumettre, ne cessa de contrarier les entreprises commerciales; le caractère national, impatient et peu propre à supporter une longue contrainte, mit obstacle aux succès des exploitations agricoles. Il n'en fut pas de même des colonies à plantations : ici le planteur n'avait qu'à exercer une inspection facile, et les bénéfices considérables qu'il retirait promptement de ses entreprises excitaient son zèle à les étendre : les Français réussirent au-delà de toute espérance dans les exploitations de cette nature.

3. Si le gouvernement français suivit, à l'égard du commerce maritime, le système de vexation qu'avaient adopté toutes les autres puissances, il se montra du moins plus libéral sous d'autres rapports. Il n'interdit point aux étrangers de parcourir les colonies et d'y former des établissements. Le ministre de la marine fut seul chargé de la surveillance, à l'exclusion des commissaires spéciaux, comme d'autres gouvernements en avaient établi : enfin, l'administration militaire et civile des possessions françaises au-delà des mers fut partagée entre un gouverneur et un intendant, qui se réunissaient pour agir de concert dans toutes les occasions importantes.

4. Quant aux commerce proprement dit, Colbert céda tout-à-fait à l'esprit du temps, tant pour le système des règlements prohibitifs que pour celui des compagnies exclusives : il leur accorda des priviléges nombreux; et, malgré tous ses soins, aucune de ces compagnies ne prospéra longtemps : le commerce n'obtint quelque succès que dans les lieux où il fut entièrement libre.

5. Nous avons dit que les Français avaient fait des établissements particuliers dans plusieurs îles des Indes occidentales. Colbert, en les achetant, les fit passer dans la main du gouvernement, et y établit une administration régulière.

Les îles de la Martinique, de la Guadeloupe, de Sainte-Lucie, de Grenade et des Grenadilles ; les petites îles de Marie-Galande, Saint-Martin, Saint-Christophe, Saint-Barthélemi, Sainte-Croix et de la Tortue, avaient été d'abord vendues par leurs fondateurs, les premières à des particuliers, les cinq dernières aux Maltais, en 1651 ; Colbert les racheta toutes pour moins d'un million, et pour le compte du gouvernement. En 1664, une société envoya des colons à Cayenne ; mais cette première entreprise eut peu de succès.

Raynal, *Histoire philosophique et politique des îles françaises dans les Indes occidentales*, Lausanne, 1764. Extrait de l'*Histoire des établissements européens dans les deux Indes.*

6. La France s'empara aussi, vers le même temps, de cette portion de l'île de Saint-Domingue, qui devait devenir dans la suite la plus importante de ses possessions maritimes. Elle dut cette bonne acquisition, comme celle de plusieurs autres îles, à la tyrannie qu'y exerçaient les Espagnols : ceux-ci, par la funeste habitude qu'ils prirent de traiter tous les étrangers en ennemis, organisèrent aux Indes occidentales une guerre permanente, dont le résultat fut de pousser tous ceux qui cherchaient des établissements à les conquérir par la piraterie et par la force des armes. Telle fut l'origine de ces fameux flibustiers qui furent les premiers fondateurs de la colonie française de Saint-Domingue : à la paix de Ryswick, toute la partie occidentale de cette île demeura à la France, sans que le consentement de l'Espagne fût cependant exprimé ; et cette possession fut confirmée plus tard lorsque le petit-fils de Louis XIV monta sur le trône de Charles II.

Les boucaniers et les flibustiers commencèrent leurs conquêtes en 1530, en expulsant les Français et les Anglais de l'île Saint-Christophe. Ils se firent un établissement dans l'île de la Tortue, puis ils s'emparèrent de la côte occidentale de Saint-Domingue ; et, en 1664, la France leur reconnut cette propriété et les prit sous sa protection.

Histoire des aventuriers flibustiers qui se sont signalés dans les Indes, par Oxmelin, 1775, 4 vol. in-12.

Geschichte der Flibustiers, etc. — *Histoire des Flibustiers*, par Archenholz. Cet ouvrage ne peut être consulté qu'avec circonspection.

Bryan Edwards's History of S. Domingo, etc. — *Histoire de Saint-Domingue*, par Bryan Edwards.

7. La première compagnie privilégiée pour le commerce des Indes occidentales fut établie en 1664 : la contrebande lui fit un si grand préjudice, qu'au bout de dix ans elle fut obligée de se dissoudre. La faculté de commercer fut accordée à tous les Français ; mais on la soumit à de telles restrictions, qu'il en résulta peu de profits. Il était d'ailleurs impossible que ces colonies prospérassent rapidement tant que les productions qu'on y recueillait n'étaient pas devenues en Europe l'objet d'une consommation universelle. Avant la culture du café, le sucre et le coton furent les principaux objets du commerce de ces îles.

La compagnie des Indes occidentales, fondée par Colbert, eut pour domaine non-seulement toutes les possessions françaises en Amérique, depuis le Canada jusqu'au fleuve des Amazones, mais aussi en Afrique toute l'étendue des côtes, depuis le Cap-Vert jusqu'au cap de Bonne-Espérance : cette dernière concession avait pour objet le commerce des nègres. La compagnie fut dissoute en 1674. — L'élévation des tarifs de douane sur tous les produits des Indes occidentales entretint longtemps la gêne et le malaise dans le commerce des colonies. — Celui de l'Afrique fut concédé à diverses sociétés privilégiées. En 1679, on fonda celle du Sénégal ; elle conclut d'abord son marché pour toute la côte occidentale, depuis le Cap-Blanc jusqu'au cap de Bonne-Espérance ; en 1685, elle fut obligée de partager avec la compagnie de Guinée, à qui l'on concéda le privilége du commerce depuis Sierra-Leone jusqu'au cap.

Nouveau Voyage aux îles d'Amérique, par J. Labat. *Paris*, 8 vol. in-12. On y trouve un tableau complet de l'état des possessions et du commerce de la France aux Indes occidentales.

8. Le Canada, auquel la France joignit l'Acadie, doit être considéré comme une colonie agricole : toutefois, durant cette époque, les exploitations de ce genre n'eurent lieu que dans la portion inférieure de ce pays, et firent peu de progrès : le commerce des peaux et les pêcheries de Terre-Neuve continuèrent d'être la principale richesse de cette colonie : après les voyages qui avaient été entrepris pour explorer les rives du Mississipi, les Français essayèrent de faire un établissement dans la Louisiane, et ne purent y réussir.

La France et l'Angleterre furent longtemps en guerre pour la possession de l'Acadie ; enfin, en 1661, cette province demeura à la France. A Terre-Neuve, on fonda la ville de Plaisance, et dès ce moment les pêcheries devinrent un nouveau sujet de querelle avec l'Angleterre. — L'expédition sur le Mississipi, conduite par La Salle en 1680, échoua complétement.

Description de la Louisiane, par Hennequin. *Paris*, 1683. L'auteur était missionnaire.

9. La France rencontra de plus grands obstacles dans ses entreprises sur les Indes orientales, où elle trouvait des rivaux plus redoutables, et où elle n'avait encore aucun établissement. Colbert accorda un privilége à une compagnie, mais elle ne put y prospérer; et, vers la fin de cette époque, elle était sur le point de se dissoudre.

Cette compagnie fut aussi fondée en 1664 : on lui donna un privilége de quinze ans, la propriété exclusive des conquêtes qu'elle pourrait faire, et un secours de quinze millions. Elle fit d'abord des tentatives sur Madagascar, singulier commencement pour un pays où l'on ne trouvait rien à acheter ou à vendre. En 1675, elle créa un comptoir à Surate, sur la côte de Malabar. Sur celle de Coromandel, Pondichéry fut fondé en 1679, et devint bientôt le centre des opérations. Les guerres de l'Europe, qui excitèrent aussi l'esprit de conquête dans les Indes, et plus encore les mesures désastreuses adoptées par le gouvernement français, surtout après la mort de Colbert, détruisirent toutes les espérances de cette compagnie. Il était impossible en effet qu'elle se maintînt lorsque, pour assurer le succès des fabriques françaises, le gouvernement se décida à interdire l'importation des produits industriels de l'Inde.

10. Le succès des colonies anglaises dépendait de la volonté nationale, beaucoup plus que des caprices du gouvernement, et fut, par conséquent, bien mieux assuré. La politique de Charles II et de Jacques II leur était favorable, et, sous ce rapport, elle servit beaucoup à l'agrandissement du commerce et à l'accroissement de la richesse publique : les traités de paix et d'alliance qui unissaient l'Angleterre à l'Espagne favorisèrent les établissements anglais en Amérique; et leurs succès dans la Jamaïque furent le premier indice de leur prospérité future. Dès

le principe, ces colonies reçurent une constitution libérale : un gouverneur, assisté d'un conseil, les administrait en chef, et réunissait de plus auprès de lui une assemblée qui se composait des députés de paroisses; un tel gouvernement servait à souhait les intérêts des colonies, et le commerce se trouvait dégagé par là de toutes les entraves qui l'embarrassaient ailleurs : la vente des nègres fut seule réservée pour les compagnies privilégiées.

L'Angleterre s'allia avec l'Espagne en 1670 : celle-ci reconnut expressément toutes les possessions britanniques, et conclut un traité de commerce : en 1674, on fonda une quatrième compagnie d'Afrique ; elle eut le sort de celles qui l'avaient précédée, et ne put maintenir son monopole. Les Anglais firent construire, vers le même temps, les forts de Saint-James et de Sierra-Leone.

11. L'Amérique septentrionale, les établissements des Anglais acquirent encore plus de prospérité, et furent singulièrement favorisés par les migrations européennes et par la révolution qui eut lieu dans la métropole. Les colons surmontèrent les premières difficultés à force de patience et de courage ; peu à peu ils prirent possession de toutes les côtes depuis le Canada jusqu'en Géorgie; on vit naître successivement les provinces de New-York, de New-Jersey, la Pensylvanie, la Caroline ; d'autres, comme le Connecticut et le Rhode-Island, obtinrent des franchises importantes et une meilleure constitution.

Les changements politiques qui survinrent dans les provinces du Nord furent dus principalement à l'invasion que firent en 1664 les Hollandais, partis des rives de la Delaware, où se trouvaient les provinces de la nouvelle Belgique et des nouveaux Pays-Bas : celles-ci furent cédées à l'Angleterre par la paix de Breda ; et ce fut ainsi que se formèrent les États de New-York et de New-Jersey en 1665 (*voy.* ci-dessus, page 123), et celui de *New-Hampshire*, qui fut séparé du Massachussetts en 1691. En 1663, Charles II accorda à huit lords anglais la propriété des pays situés entre les 31e et 36e degrés nord, et qui formèrent depuis la Caroline : séparée dès lors de la Virginie, cette province fut en 1729 divisée encore en Caroline-Sud et Caroline-Nord ; ce fut le philosophe Locke qui rédigea sa constitution, et ce n'est pas le meilleur de ses ouvrages. En 1682, Guillaume Penn, fils de l'amiral de ce nom, ayant reçu donation en toute propriété du pays situé entre les 40e et 42e degrés nord, en compensation d'une créance dont il poursuivait le remboursement, s'établit sur cette portion de la côte et y fonda la province de Pensylvanie : les nouveaux colons conclurent divers traités avec les Indiens ; la liberté des opinions religieuses fut reconnue, sans restrictions, sur tous les points de ce vaste territoire, et cette pensée philanthropique, inconnue dans toute l'Europe, a suffi pour immortaliser celui qui en fit la première application. — Les villes de Philadelphie et de Germantown furent fondées vers le même temps.

12. Au nord de ces colonies, la pêche de Terre-Neuve continua de faire une branche importante de commerce pour les Anglais, et ils s'emparèrent en outre de tout le pays situé vers la baie d'Hudson[1]; une nouvelle compagnie reçut le privilége d'y faire le commerce de la pelleterie, et n'y trouva que de modiques bénéfices.

Elle fut fondée en 1669. — On fit aussi de nouvelles découvertes dans les environs du Canada, et ce fut une source de nouvelles querelles entre l'Angleterre et la France.

13. Le commerce des Indes orientales continua d'être exploité par la compagnie qui en avait reçu le privilége ; elle subit de grandes modifications, et vit enfin s'élever une seconde entreprise du même genre. Ses possessions s'agrandirent plus que son commerce, et les Hollandais demeurèrent ses concurrents les plus redoutables. Dès l'année 1670, elle importa en Angleterre une grande quantité de mousselines et de soieries de l'Inde ; et c'est surtout à cette opération qu'il faut attribuer l'inimitié du peuple anglais pour la compagnie, et toutes les dénominations auxquelles elle fut exposée.

Charles II renouvela son privilége en 1661, et lui accorda de nouveaux droits politiques. L'année suivante, le mariage du roi valut à l'Angleterre l'acquisition de Bombay. Après avoir perdu Bantam, la compagnie fit, en 1683, un établissement à Bencoolen, et y exploita le commerce du poivre ; elle fonda aussi des comptoirs à Hugly et à Calcutta. L'introduction des marchandises de soie et de coton excita les mécontentements des fabricants anglais et de la compagnie du Levant. Les rigueurs exercées dans les Indes par les gouverneurs, ayant enfin amené une guerre très-vive contre l'empereur Aureng-Zeb, fournirent de nouveaux motifs de plainte, et la compagnie fut accusée dans le parlement de 1692. Cependant, deux ans après, elle réussit à se faire allouer, pour une somme déterminée, le renouvellement de son privilége. Une seconde compagnie, ayant fait de semblables propositions au gouvernement, fut également autorisée à s'établir en 1698. — Les deux compagnies se réunirent en 1702.

14. Les Hollandais continuèrent donc d'exploiter concurremment le commerce des Grandes-Indes, et le privilége de leur compagnie fut renouvelé en 1668, malgré l'opinion de Jean de Wit, qui, sous ce rapport, était plus éclairé que son siècle, et s'était prononcé contre de pareilles concessions. A cette époque, la Hollande avait la possession exclusive des îles à épices. La guerre qu'elle soutenait contre les Portugais lui fournit l'occasion de faire des établissements sur les côtes de Malabar et de Coromandel, et de s'emparer de Cochin et de Negapatam; mais les îles et le commerce des épiceries et des drogueries demeurèrent toujours la principale source de ses richesses, tandis que les Anglais et les Français s'étaient principalement attachés à l'exploitation des fabriques et des autres produits industriels.

Par le traité conclu entre la Hollande et l'Espagne en 1669, ces deux puissances reconnurent réciproquement leurs possessions dans les deux Indes. La même année, la compagnie fit un établissement à Célèbes, et elle s'empara de Batam en 1683; ces deux colonies étaient également importantes pour le commerce des épices. Dans la guerre de 1672, la compagnie française dans les Indes ayant fait quelques tentatives sur l'île de Ceylan, les Hollandais les repoussèrent avec avantage.

15. Aux Indes occidentales, ils s'emparèrent vers la même époque de Surinam; et ce n'est qu'à force de patience et de travaux qu'ils parvinrent successivement à faire de cette terre malsaine une de leurs plus belles colonies.

Surinam fut d'abord exploité par des Portugais, surtout des juifs, qui fuyaient l'inquisition en 1642. Peu de temps après, des négociants anglais y firent aussi des établissements: en 1667, les Hollandais s'en emparèrent, et la paix de Breda leur en garantit la propriété. En 1679, le gouvernement la vendit à la compagnie des Indes occidentales, et Paramaribo fut fondé la même année. Les plantations de Berbice et d'Essequibo demeurèrent aussi aux Hollandais.

16. Les colonies espagnoles acquirent plus de repos par suite des alliances que la métropole conclut avec les autres puissances maritimes : il n'y eut, du reste, aucun changement considérable pendant le cours de cette époque. Les missionnaires jésuites faisaient de rapides progrès sur les rives du Paraguai et du Maragnon; mais l'Europe n'y donnait aucune attention, et les colonies elles-mêmes semblaient ne pas remarquer la décadence de la métropole : c'était un monde qui ne tenait de l'Espagne que le nom ; l'immense étendue de leur territoire les mettait à l'abri des conquêtes, et il n'y eut dans ce temps que les ports de mer qui furent quelquefois ravagés par les pirateries des flibustiers.

17. Après sa séparation de l'Espagne, le Portugal ne conserva que de faibles débris de ses possessions aux Indes orientales : il fut plus heureux pour le Brésil, dont la propriété lui fut garantie par le traité qu'il conclut avec la Hollande, au commencement de cette époque. Un gouvernement habile eût pu en tirer le plus grand parti ; mais les Portugais crurent que le commerce de contrebande leur serait plus avantageux, et ce fut à cette intention qu'ils fondèrent *Saint-Sacrement* en 1681. Au Brésil, les mines d'or ne furent découvertes que vers la fin de cette époque : dans l'intérieur des terres, les missionnaires jésuites poussèrent leurs recherches sur les rives du Maragnon jusqu'à ce qu'ils se rencontrèrent avec ceux de l'Espagne.

Dans les années 1630 à 1640, les Hollandais s'étaient emparés de presque toutes les côtes, et ils en conservèrent la jouissance lors de la trève de 1661. En 1645, la guerre recommença dans ces contrées lointaines, tandis que les métropoles demeuraient en paix ; Juan de Viera combattit les Hollandais avec avantage ; enfin le traité de 1661 assura aux Portugais la propriété de ce pays, qui devait un jour devenir une seconde patrie. Les mines de Geraes ne furent découvertes qu'en 1696, et les premières exploitations eurent peu de succès.

18. Le Danemarck doit être aussi compté au nombre des puissances coloniales de cette époque ; il possédait Tranquebar, et fit tous ses efforts pour exploiter, à l'aide de cette colonie, une portion du commerce des Grandes-Indes.

Christian IV avait fondé en 1678 une compagnie des Indes orientales; elle acheta la propriété de Tranquebar, du Rajah de Tanjore, et, malgré tous ses soins, elle fut obligée en 1634 de renoncer à ses entreprises commerciales. En 1670, on fonda une nouvelle société, qui prolongea son existence jusqu'en 1729, sans avoir jamais fait de bonnes spéculations.

19. A mesure que le système colonial des puissances européennes s'agrandissait dans les deux Indes, les difficultés pour les délimitations devenaient aussi plus sérieuses. Déjà, dans le cours de cette époque, les guerres que la politique excitait sur le Continent s'étendirent souvent jusque dans les colonies, et les temps n'étaient pas éloignés où les querelles mêmes des colonies devaient amener des guerres sanglantes entre les métropoles européennes.

PREMIÈRE ÉPOQUE.

DE 1661 A 1700.

SECONDE PARTIE.

HISTOIRE DES ÉTATS DU NORD DE L'EUROPE.

J.-J. *Schmauss, Einleitung zu der Staatswissenschaft*, etc.—*Introduction aux Sciences politiques*, 2e partie. (*Voy.* ci-dessus, page 125.)

1. Ce qu'étaient pour les peuples du midi de l'Europe les traités de Munster, d'Aix-la-Chapelle, de Nimègue et de Ryswick ; ceux d'Oliva, de Roschild, de Copenhague et de Cardis, le furent pour les puissances du Nord. Les relations politiques de celles-ci semblaient fixées à cette époque, de manière à prévenir toute querelle fâcheuse, et elles n'avaient à redouter au dehors que les intrigues des cabinets, étrangers à leurs intérêts, ou bien

encore les guerres des Turcs, contre lesquelles la politique aurait cherché vainement à se prémunir.

2. Il n'en était pas de même des affaires intérieures de chacune de ces nations ; et l'on y voyait au contraire tant de causes de troubles et de divisions, qu'il était impossible d'espérer qu'elles pussent jouir de quelque repos. Depuis que le trône de Pologne était devenu électif, et que l'unanimité dans les diètes était une condition de rigueur, ce pays ne put goûter aucune tranquillité, et se trouva livré à toutes les intrigues des cours étrangères : bientôt ces cours poussèrent leurs prétentions jusqu'à vouloir faire désigner le successeur à la couronne durant la vie même de celui qui l'occupait ; et ce fut ainsi que l'on organisa dans l'intérieur une agitation qui, chez un pareil peuple, tendait chaque jour à exciter la guerre civile.

La nomination des rois de Pologne, étant en quelque sorte mise à l'enchère, présenta, dès ce moment, une double difficulté : les vœux publics demandaient celui qui serait le plus digne de faire le bonheur de l'État ; les négociations secrètes avaient pour objet le plus grand avantage de ceux qui avaient droit de vote dans l'assemblée. La puissance polonaise se maintint tant que la nation demeura fidèle à la vigueur des Sarmates, dont elle tirait son origine, et tant que les peuples voisins lui furent inférieurs dans l'art de la guerre. Dans les combats comme au conseil, il n'était pas rare de trouver chez ce peuple des caractères dignes de l'ancienne Rome ; mais ces brillantes qualités furent inutiles, et les aberrations de l'orgueil national ne permirent jamais à un gouvernement d'adopter les principes d'une sage politique.

3. La Suède était alors en possession de presque toutes les côtes de la Baltique, et occupait encore le rang de première puissance du Nord. Toutefois ses propriétés au dehors, l'exposant sans cesse à toutes les guerres du Continent, étaient souvent une occasion de sollicitude ; et à l'intérieur, les troubles qui survinrent pendant la minorité de Charles XI furent sur le point de la réduire à l'état d'anarchie sous lequel gémissait la Pologne : le roi fut à temps de recouvrer ses droits et l'administration des finances publiques ; mais la puissance royale devint presque illimitée,

et la Suède ne tarda pas à déplorer ces nouvelles usurpations.

4. La Prusse, devenue État souverain, demeura cependant sous la dépendance du Brandebourg, parce que les électeurs continuèrent de résider dans la ville qui porte ce nom; l'intérêt de leur politique les engagea dans les affaires des peuples occidentaux de l'Europe, et les détacha tous les jours davantage de leurs relations avec le Nord.

Ce fut l'électeur Frédéric-Guillaume qui assura le premier l'indépendance politique de la Prusse, en tant qu'elle pouvait se concilier avec les obligations de ce pays envers la diète germanique : à l'intérieur, les concessions volontaires du peuple, suite inévitable de l'état de guerre, servirent à fonder l'autorité absolue du gouvernement : les autres institutions sur lesquelles le royaume de Prusse s'est élevé, ne se sont développées que dans l'époque suivante.

5. La Russie avait besoin d'une organisation intérieure plus régulière et plus solide, avant de pouvoir prendre une part active dans les affaires du Nord : les difficultés de cette situation furent encore aggravées par les troubles qui s'élevèrent au sein même de la famille régnante : l'occupation d'Azof et la prise de possession de l'Ukraine annonçaient cependant, dès cette époque, la force de cet empire et la puissance à laquelle il pouvait prétendre.

Sous les règnes du czar Alexis (1676) et de son fils Fédor (1682), la Russie s'occupait principalement à faire le commerce avec les peuples voisins. Vers le même temps, elle réussit par ses ambassadeurs à contracter des alliances avec des puissances éloignées, telle que celle qu'elle conclut avec la France en 1687. — La princesse Sophie excita en 1682 une insurrection dans la milice des Strélitz, et se fit remettre l'autorité pour gouverner au nom de son frère Ivan, qui en était incapable : en 1689, Pierre, né d'un second mariage du czar Alexis, dépouilla sa sœur de tout pouvoir, et devint maître absolu en Russie, laissant toutefois à son frère Ivan le titre stérile de souverain.

6. En Danemarck, l'établissement de l'autocratie avait donné une grande force au gouvernement; mais la querelle qui s'était élevée entre les deux branches de la famille royale, la branche régnante et la branche ducale de Holstein-Gottorp, entretint

le longues agitations, et fut la première cause de la guerre qui éclata dans le cours de la période suivante, et à laquelle toutes es puissances du Nord prirent part.

La maison de Holstein-Gottorp descendait d'Adolphe, fils cadet du roi Frédéric I. En 1544, le partage de la succession de ce monarque assura à la branche ducale de Gottorp la moitié des duchés de Sleswic et de Holstein; e premier sous la suzeraineté du Danemarck, le second sous celle de l'Empire germanique. Lors du traité de Roschild, le duc Frédéric II demanda et obtint, par l'intervention de son beau-frère Charles-Gustave, roi de Suède, la suppression de ce droit de vasselage pour le duché de Sleswic; et elle fut confirmée en 1660 par le traité de Copenhague. Le roi Charles V recouvra son droit de suzeraineté par la convention de Rendsbourg en 1675; le duc protesta contre cette usurpation, prit la fuite, et le roi de Danemarck s'empara de Sleswic. Il fut de nouveau restitué par la médiation de la France, lors du traité de Fontainebleau, en 1679. En 1684, le Danemarck occupa une troisième fois le duché de Sleswic; enfin, à la paix d'Altona en 1689, l'empereur et les électeurs de Brandebourg et de Saxe firent rétablir le duc dans ses possessions. En 1698, le jeune duc Frédéric IV épousa Hedwige-Sophie, sœur aînée du roi Charles XII, et contracta alliance avec la Suède.

7. Les querelles survenues entre les puissances du Nord, à l'occasion du voisinage des Cosaques, furent, durant le cours de cette époque, la seule affaire qui présenta un intérêt puissant et général. Importantes par elles-mêmes, puisqu'elles devaient décider du sort de l'Ukraine et de ses belliqueux habitants, elles le devenaient encore plus par la situation de ce pays, qui servait de frontière aux Russes, aux Polonais, aux Tartares alliés de la Porte, et aux Turcs eux-mêmes. La guerre qui avait commencé à ce sujet en 1654, entre la Russie et la Pologne, fut continuée avec vivacité; et quoique cette dernière eût essuyé de nombreux échecs, elle partagea avec l'autre puissance la domination des Cosaques, par suite de la trêve qui fut conclue à Andrussow.

La nation cosaque était formée de peuplades russes, polonaises, et tartares, qui s'étaient établies dans la Podolie et la Vohlynie (l'Ukraine), sur les deux rives du Niéper, et qui, depuis le quinzième siècle, s'étaient mises sous la protection de la Pologne. En 1576, Etienne Bathori leur avait donné une organisation militaire, et s'en était fait un rempart contre les Turcs et les Tartares. Les vexations des seigneurs polonais, jointes aux haines religieuses, excitèrent un soulèvement chez les Cosaques en 1648; ils se rallièrent sous la conduite de leur hetman Chmelnizki, furent d'abord soumis, puis se révoltèrent de nouveau en 1651, et se mirent enfin sous la protection de la Russie, le 6 juin 1654. C'est ainsi que la Pologne se trouva engagée dans une guerre contre la Russie, tandis qu'elle avait à soutenir d'un autre côté l'invasion du roi de Suède; et comme une portion des Cosaques se soumit vers le même temps à la Porte, la Pologne fut menacée d'un nouvel ennemi. Dans ce danger pressant, elle fut obligée de souscrire à la trêve d'Andrussow, qui fut conclue pour treize ans, le 30 janvier 1667, renouvelée à l'expiration de ce délai, et convertie en paix définitive par le traité de Moscou, de 1686. La Pologne conserva une partie de sa domination sur les deux rives du Niéper; la Russie acquit la propriété de Smolensk, d'une portion considérable de territoire sur la rive orientale du Niéper, et des forts de Severien et de Tschernikoff. Plusieurs grands généraux polonais, entre autres Jean Sobieski, firent leur éducation militaire durant ces hostilités.

Müller, vom Ursprunge der Cosacken, etc.—*De l'Origine des Cosaques*, par Müller (dans son *Recueil des Histoires de Russie*).

8. Pendant ce temps, la Pologne continuait à être en proie aux agitations intérieures, et la France faisait tous ses efforts pour établir un prince de sa maison royale sur le trône que Jean Casimir avait laissé vacant. Lorsque enfin, fatigué de ses inutiles travaux, le prince de Conti eut renoncé à ses prétentions, les étrangers se trouvèrent exclus de la nouvelle élection, et Michel Wisnowiecki fut proclamé roi: il éprouva aussi toutes les difficultés de cette situation; une guerre malheureuse contre les Turcs, aggravée par l'intervention des Cosaques et terminée par une paix honteuse, ébranla de nouveau le royaume, et excita un trouble général dans le nord de l'Europe. Le roi mourut sur ces entrefaites, et au moment où il allait être déposé.

Jean Casimir était entré dans les intérêts de la France par son mariage avec la princesse Marie-Louise, de la maison des ducs de Nevers. Son projet d'assurer la couronne de Pologne à un prince de la famille de Condé excita le soulèvement dont Lubomirski se déclara le chef, et amena une guerre civile en 1665. La reine mourut en 1667, et le roi abdiqua le 17 septembre de l'année suivante. Six étrangers se disputèrent le trône, qui fut enfin dévolu à Michel Wisnowieki. Les Cosaques se soulevèrent de nouveau sous la conduite de Doroscensko, qui s'allia avec les Turcs en 1672. Ceux-ci saisirent promptement ce prétexte de recommencer la guerre; les Polonais s'allièrent avec les Russes, et furent cependant battus: ils perdirent Kaminieck; les Turcs pénétrèrent jusque dans le centre de la Pologne; enfin le roi Michel signa, le 18 octobre 1672, un traité par lequel il renonça à toute prétention sur la domination des Cosaques, et s'engagea à payer un tribut. Le peuple polonais ne pouvait supporter une telle humiliation; la guerre recommença; Jean Sobieski remporta une grande victoire à Choczim, le 11 novembre de la même année, et le roi mourut la veille même de cette bataille.

9. L'élection de Jean Sobieski (le 19 mai 1674) parut un événement important pour la Pologne et pour tout le nord de l'Europe. Grand guerrier, habile général, il effaça la honte des derniers traités; mais il se montra peu capable de gouverner: un grand seigneur Polonais pouvait difficilement entreprendre les réformes qu'il eût fallu faire pour rétablir l'ordre dans l'intérieur; et si la Pologne prit alors une part fort active à toutes les affaires du Nord, son influence fut peu durable, parce qu'elle procédait du chef, beaucoup plus que de la nation.

La guerre contre les Turcs fut terminée par le traité de Zurawno du 16 octobre 1676: la clause du tribut fut rapportée; les Turcs conservèrent Kaminieck et un tiers de l'Ukraine; mais ils continuèrent la guerre contre les Russes, et ceux-ci leur enlevèrent ces conquêtes, et en retinrent la propriété par la trêve de Radzin, en 1680.

Histoire de Jean Sobieski, roi de Pologne, par l'abbé Coyer. 1771, 3 vol.

10. Tandis que la Pologne et la Russie se disputaient le pays des Cosaques, la France avait engagé la Suède dans les guerres de Hollande et d'Allemagne, en la faisant déclarer contre l'électeur de Brandebourg, et en la mettant ainsi en querelle avec le roi de Danemarck et l'Empire germanique. Elle perdit par là ses possessions sur la Baltique, et jusqu'à sa réputation militaire, par la malheureuse bataille de Fehrbelin, livrée le 28 juin 1675. La France lui fit rendre ses propriétés par les traités de Saint-

Germain et de Fontainebleau ; il lui fallut le règne de Charles XII pour rétablir l'honneur de ses armes.

La politique extérieure de la Suède était toujours décidée par les subsides qu'elle recevait tantôt de la France, et tantôt de l'Espagne : traiter ainsi avec le plus offrant n'était pas un moyen de s'honorer, ni d'avoir une puissance bien solide.

11. La Pologne et la Russie s'allièrent avec l'Autriche dans la nouvelle guerre que celle-ci eut à soutenir contre les Turcs : la délivrance de Vienne fut le jour le plus glorieux de la vie de Sobieski : depuis ce moment la fortune parut l'abandonner, et l'alliance de la Russie dut être achetée par la confirmation de la trêve d'Andrussow et par la conclusion d'un traité définitif. Sobieski ne vit point la fin de la guerre contre les Turcs, et ce fut la Russie qui en recueillit les principaux avantages.

Depuis 1684 jusqu'en 1687, la Pologne fit d'inutiles efforts pour s'emparer de Kaminieck et de la Moldavie. Elle s'allia avec la Russie en 1686. Deux ans après, l'Autriche fit des conquêtes en Hongrie, et la Russie, dans l'Ukraine, contre les Tartares; mais les troubles intérieurs survenus dans cet empire empêchèrent la continuation de la guerre, jusqu'au moment où Pierre I se mit à la tête des affaires. Il assiégea et prit Azoff en 1695 et 1696. Dans la trêve qui fut conclue le 25 décembre 1698, et renouvelée pour trente ans en 1700, la Russie conserva Azoff et ses dépendances, et obtint la liberté de commerce sur la mer Noire. Le traité de Carlowitz fit rendre à la Pologne la forteresse de Kaminieck et la Podolie.

Ainsi furent terminées des guerres qui, sans avoir une influence décisive sur la destinée des peuples du Nord, préparèrent cependant des changements beaucoup plus considérables. Parmi les souverains qui occupèrent les trônes du Nord vers la fin de cette époque, on vit s'élever deux hommes extraordinaires, qui devaient rivaliser de gloire et fixer l'admiration de l'Europe.

SECONDE ÉPOQUE.

DE 1700 A 1740.

PREMIÈRE PARTIE.

HISTOIRE DES ÉTATS DU MIDI DE L'EUROPE.

1. CETTE période commence par une guerre longue et sanglante, qui fut entreprise dans l'*intérêt* de la balance politique de l'Europe, et tandis que les États du Nord se trouvèrent aussi engagés dans une lutte non moins terrible, mais tout-à-fait distincte de celle qui agitait l'Occident. Les traités d'Utrecht et de Rastadt mirent fin à celle-ci, mais sans détruire toutes les prétentions qui avaient été soulevées ; l'Europe se trouva dans un état d'incertitude et d'anxiété, qui ralluma bientôt la guerre ; elle fut une seconde fois arrêtée, et l'on vit renaître ce système de négociations, d'alliances et de contre-alliances, qui caractérise l'histoire des deux derniers siècles, et qui servit à consolider la grande confédération européenne.

2. Comme les colonies acquéraient chaque jour plus d'importance, l'intérêt mercantile continua à dominer, et prit même un plus grand développement dès que les denrées coloniales, telles que le café, le sucre et le thé, furent entrées dans la consommation des peuples d'Europe. Il serait difficile d'apprécier avec exactitude l'influence que ces nouvelles marchandises ont exercée non-seulement sur la politique, mais aussi sur les formes et les habitudes de la société. Par elles, les peuples ont exploité avec succès de nouvelles branches de commerce, les gouvernements ont créé des tarifs de douanes, sources de revenus considérables ; et si l'on veut pousser plus loin l'examen, on trouvera

que l'institution, dans les principales villes de l'Europe, de ces maisons que l'on appelle *cafés*, a puissamment contribué à donner plus d'activité à toutes les affaires de la politique, du commerce et de la littérature; en sorte que l'on peut dire que, sans l'adoption aussi générale de ces produits des deux Indes, l'Europe occidentale surtout ne fût point parvenue aussi promptement à son état de civilisation actuelle.

3. Cependant les guerres du siècle précédent avaient appauvri tous les États, et les dettes qu'ils avaient contractées à cette occasion furent augmentées encore par les nouveaux combats qu'ils eurent à soutenir durant l'époque dont nous nous occupons. De là naquit l'usage du papier-monnaie, tantôt trop étendu lorsque les gouvernements ne consultèrent que leurs besoins, sans prendre garde aux intérêts du commerce, tantôt trop borné lorsqu'ils crurent que la somme de l'argent monnayé en circulation pouvait être la seule hypothèque solide, ainsi presque toujours nuisible aux intérêts des États. S'il est certain que ce mode d'emprunt augmenta les ressources actuelles des gouvernements, et leur fournit les moyens de conduire jusqu'au bout des entreprises qu'ils n'auraient pu terminer sans ce secours, remarquons encore combien il est heureux que l'on n'ait pas prévu dès le principe toute l'étendue des ressources que peut offrir le crédit public dans une nation bien gouvernée.

I. AFFAIRES GÉNÉRALES DE L'EUROPE.

Pièces originales.

Recueil d'actes, négociations, etc., depuis la paix d'Utrecht, par Rousset, 21 vol. in-8°, *Amsterdam*, 1728 et années suivantes. Ce recueil contient tout ce qui est relatif à l'histoire politique depuis 1713 jusqu'en 1748.

Matériaux à consulter.

Mémoires pour servir à l'histoire du dix-huitième siècle, contenant les négociations, traités, etc., concernant les affaires d'État, par M. de Lamberty. *La Haye*, 1724, 14 vol in-4°. C'est l'ouvrage le plus recommandable pour l'histoire des dix-huit premières années du siècle dernier. Il est écrit avec une grande impartialité, et contient une grande quantité de détails curieux. L'auteur, qui avait suivi longtemps la carrière diplomatique, consacra les dernières années de sa vie à composer ce tableau des affaires dont il avait été témoin.

Mémoires de M. de Torcy, pour servir à l'histoire des négociations depuis le traité de Ryswick jusqu'à la paix d'Utrecht, 3 vol. in-12.—M. de Torcy avait été ministre et ambassadeur de France.

Mémoires et Négociations secrètes de diverses Cours de l'Europe, par M. de la Torre. *La Haye*, 1721, 5 vol. in-8°.—Depuis 1698 jusqu'en 1714.

Les gazettes politiques du temps peuvent être aussi considérées comme d'utiles matériaux ; mais on doit les consulter avec circonspection, attendu qu'elles étaient entièrement dépendantes de l'esprit des gouvernements qui les autorisaient. Les plus remarquables sont :

Mercure historique et politique de La Haye, de 1686 à 1782, 187 vol.

Die Europaeische Fama, etc.—*La Renommée européenne*, 360 cahiers (de 1702 à 1734). *Die newe Europaeische Fama.—La Nouvelle Renommée européenne*, 197 cahiers (de 1735 à 1756). Journal fortement anti-français.

Tablettes générales.

Haeberlin's volstaendiger Entwurf der politischen. Historie des 18ten Jahrhunderts, etc.— *Tableau complet de l'histoire politique du dix-huitième siècle*, par Haberlin. C'est une exposition par ordre chronologique de tous les événements, depuis 1700 jusqu'en 1740, avec l'indication des matériaux originaux.

4. L'extinction de la branche cadette d'Autriche dans la personne de Charles II, roi d'Espagne, occasionna cette fameuse querelle de la succession, qui, depuis la paix de Ryswick, occupa presque exclusivement tous les cabinets de l'Europe occidentale, qui provoqua enfin une guerre générale, et dont l'influence se prolongea même fort au-delà du traité qui parut y mettre fin. Cette affaire était d'une haute importance pour l'Europe, et fut considérée sous le double rapport du droit et de la politique ; elle fut traitée entre les gouvernements ; et la nation espagnole, quoiqu'elle eût des États, ne fut seulement pas consultée.

5. Sous le rapport du droit, trois principaux concurrents produisaient leurs prétentions sur la vaste monarchie espagnole : Louis XIV, comme époux de Marie-Thérèse, sœur aînée de Charles II, se présentait pour le dauphin ; Léopold I, empereur d'Autriche, comme époux de Marguerite-Thérèse, sœur cadette du roi d'Espagne, et de plus, en vertu du testament de Philippe IV, proposait à sa place l'un de ses fils du second lit; et

l'électeur de Bavière produisait les titres de son fils mineur, Joseph-Ferdinand, en sa qualité de petit-fils de Marguerite-Thérèse. Le droit de première descendance appartenait, sans contestation, au dauphin de France; mais on lui opposait les renonciations solennelles de sa mère à tous les titres sur la couronne d'Espagne. Après lui, le plus proche héritier était le prince électoral de Bavière : Léopold eût pu triompher de ses deux compétiteurs, s'il eût su prendre le moment opportun. Enfin le duc de Savoie, Victor-Amédée II, intervenait encore pour réclamer une portion de l'héritage.

Deductionen des Rechts für Oestreich, etc.— *Exposition des droits de l'Autriche*, par Thucelius.

Défense du droit de Marie-Thérèse, reine de France, à la succession d'Espagne, par d'Aubusson. *Paris*, 1699.

6. Quant à la politique, les cabinets européens, et surtout les puissances maritimes, avaient principalement pour objet de maintenir l'équilibre. L'Espagne, et surtout les provinces espagnoles des Pays-Bas, faisaient un grand poids dans cette balance; et, soit que ces pays passassent sous la domination de l'Autriche ou sous celle de la France, toute égalité se trouvait détruite, surtout si les deux couronnes venaient à être réunies sur la même tête. Pour prévenir ce danger, Louis XIV avait déclaré depuis longtemps que les droits du dauphin seraient transférés sur le fils cadet de celui-ci, le duc Philippe d'Anjou; et de son côté l'empereur d'Autriche s'était désisté de ses prétentions personnelles en faveur du second fils de son second mariage, l'archiduc Charles.

7. Ces négociations furent conduites à Madrid durant la vie de Charles II : le comte d'Harcourt, ambassadeur de France, obtint tous les avantages sur le comte de Harrach, ministre de l'empereur. Louis XIV, qui savait combien l'assentiment des puissances maritimes était nécessaire, s'entendit avec elles pour proposer, le 11 octobre 1698, un projet de partage, suivant lequel le prince de Bavière aurait acquis le continent d'Espagne et les colonies, et les autres compétiteurs se seraient partagé les

possessions de l'Espagne en Italie et dans les Pays-Bas. Cet arrangement semblait devoir concilier les intérêts particuliers et ceux de la politique européenne; mais la mort du prince de Bavière, survenue le 6 février 1699, en empêcha l'exécution, et fit renaître toutes les difficultés de ce grand procès.

Mémoires et Négociations secrètes du comte de Harrach, par M. de la Torre. *La Haye*, 1720, 2 vol. in-8°. — Depuis 1695 jusqu'au premier traité de partage.

8. Le 2 mars 1700, la France et les puissances maritimes signèrent un nouveau traité de partage : cependant, à ce moment même, il y avait peu de sujet d'espérer qu'il pût être exécuté sans trouble, l'empereur d'Autriche refusant d'une part d'y accéder, et d'autre part le roi d'Espagne et la nation elle-même étant persuadés que tout morcellement serait fatal à la monarchie espagnole, et que l'abandon de ses possessions sur le continent d'Europe entraînerait la destruction de sa puissance et de son commerce.

9. Enfin la mort qui s'approchait, et de plus encore l'influence du cardinal Portocarrero, déterminèrent le roi Charles II à faire un testament (le 2 octobre 1700), dans lequel Philippe d'Anjou fut institué héritier sans partage de la monarchie espagnole, avec clause de substitution en faveur de l'archiduc Charles d'Autriche, en cas de non-acceptation de la part de la France. Le roi mourut le 1er novembre suivant. Louis XIV hésita quelques moments : il eût voulu à cette époque éviter la guerre qui se préparait; il se décida cependant pour son petit-fils; dans l'intérêt de sa couronne et de la France, il semble qu'il était impossible de prendre un autre parti.

10. Philippe V fut aussitôt reconnu roi en Espagne, dans les colonies et dans les autres États d'Europe annexés à ce trône; il parut même, dans le premier moment, que le traité conclu par la France avec les puissances maritimes serait respecté. Léopold se montra d'autant plus sensible à ce grand événement, qu'il pouvait se reprocher d'avoir perdu par sa faute un aussi bel héritage.

11. Des deux côtés on se prépara donc à la guerre, et l'on s'occupa d'abord à chercher des alliances. La France s'assura de l'Italie en mariant le roi d'Espagne à la fille cadette du duc de Savoie, et en achetant le secours du duc de Mantoue. Dans les Pays-Bas espagnols, elle garnit de troupes toutes les places fortes, et suscita une puissante diversion à l'Autriche, en excitant en Hongrie l'insurrection dont Rakozi se déclara le chef. Enfin elle attira dans son parti Maximilien II, électeur de Bavière, et son frère, l'électeur de Cologne; armant ainsi contre son ennemi l'un de ses plus puissants voisins.

12. Malgré tous ses efforts, la France ne put empêcher la formation d'une puissante ligue, destinée à lui ravir en peu de temps les avantages d'une situation qui parut d'abord triomphante. L'Autriche trouva des alliés en Allemagne dans le nouveau roi de Prusse, dans d'autres princes souverains, et bientôt dans tout l'Empire germanique; et, d'un autre côté, les puissances maritimes, voyant avec peine l'occupation des Pays-Bas espagnols par la France, ne tardèrent pas à se déclarer contre elle, lorsque Louis XIV se décida à enfreindre le traité de Ryswick, en reconnaissant le fils de Jacques II pour roi d'Angleterre (16 septembre 1701). Guillaume III, étant mort le 19 mars de l'année suivante, laissa vacants le trône de la Grande-Bretagne et le Stathoudérat de Hollande; mais sa politique lui survécut, et l'alliance de ces deux États avec l'Autriche fut maintenue.

Elle fut conclue à La Haye le 7 septembre 1701, et n'eut d'abord pour objet que la conquête des Etats détachés de l'Espagne sur le continent européen, et celle des colonies: plus tard, elle se renforça de l'accession de la Prusse, le 20 janvier 1702; de celle de l'Empire germanique, qui fit préalablement une confédération générale, et prit part au traité le 28 septembre 1702; du Portugal, à qui l'on promit des subsides et un accroissement de territoire en Espagne et dans les colonies, le 16 mai 1703; enfin du duc de Savoie, mécontent de la France, le 15 octobre 1703.

13. Considérée en elle-même, cette confédération semblait peu solide, et l'on devait croire qu'une alliance entre les puissances maritimes et l'Autriche ne pourrait durer longtemps, puisque

celles-là voulaient le partage de la succession, tandis que celle-ci prétendait la recueillir tout entière. Elle fut cependant maintenue par les rares talents des trois hommes qui furent chargés de la conduire. Unis d'intérêts et de principes, le prince Eugène, Marlborough et Heinsius formèrent un triumvirat dont l'histoire ne fournit aucun autre exemple : singulière association, qui dut ses succès autant à l'habileté qu'aux faiblesses mêmes de ceux qui la composaient. Marlborough avide de richesses et de pouvoir, Heinsius naturellement timide, mais en même temps obstiné, poursuivirent leur entreprise sans relâche, et le grand Eugène, exempt de tout reproche, eut aussi les honneurs de la constance.

La situation personnelle de ces trois hommes leur donnait une grande influence : le prince Eugène était général en chef, et, depuis 1705, président du conseil de guerre; Heinsius était grand pensionnaire des Etats-Généraux de Hollande, à défaut d'un stathouder, et Marlborough était à la fois général, homme d'Etat et chef de parti : tant que les wighs demeurèrent en possession du pouvoir, il conduisit les affaires de son pays : diplomate habile, guerrier illustre, mais homme peu estimable, et sur qui il était impossible de compter.

14. Ainsi cette guerre, qui semblait d'abord devoir se passer entre la France et l'Autriche, devint bientôt générale, et se répandit dans tout l'occident de l'Europe. Le pays même dont on se disputait la propriété y demeura en quelque sorte étranger ; l'Italie, les Pays-Bas, et surtout l'Allemagne, furent tour à tour le théâtre de ces sanglantes querelles.

L'Autriche commença la guerre en faisant entrer le prince Eugène en Italie, au mois de juillet 1701, et en occupant la Lombardie. Celui-ci, après la défaite et la prise du maréchal de Villeroi, le 1er février 1702, trouva dans le duc de Vendôme un adversaire plus digne de lui. — Bataille de Luzzara, le 16 août de la même année. — La guerre commença sur le Rhin par la prise de Landau (le 10 septembre 1702), et dans les Pays-Bas par l'invasion du duc de Marlborough. En 1703, elle éclata sur tous les points à la fois : en Allemagne, la Bavière ayant contracté une alliance intime avec la France, l'électeur entra dans le Tyrol au mois de juin ; en Italie, le duc de Savoie passa cette même année aux alliés ; en Espagne même, le Portugal étant aussi entré dans la confédération, l'archiduc

Charles vint débarquer sur cette côte, pour établir aussi la guerre au sein de la monarchie à laquelle il aspirait. La grande victoire que les Impériaux remportèrent sur les Français à Hochstet ou Blenheim, le 13 août 1704, leur valut l'occupation de la Bavière et l'évacuation de l'Allemagne. En Espagne, la guerre entre l'archiduc Charles et le roi Philippe V n'eut aucun résultat sérieux : le premier se maintint en Catalogne, le second dans la Castille. Les hostilités commencèrent aussi sur mer, principalement dans la Méditerranée ; et, le 4 août de la même année, les Anglais prirent possession de Gibraltar. L'empereur Léopold I étant mort le 5 mai 1705, Joseph I lui succéda et continua la guerre. Marlborough et le prince Louis de Bade firent de vains efforts pour pénétrer dans l'intérieur de la France. La campagne de 1706 fut encore plus heureuse pour les alliés : Marlborough gagna, le 23 mai, la bataille de Ramillies, qui lui assura la conquête des Pays-Bas ; et, le 7 septembre, le prince Eugène remporta à Turin une grande victoire, qui obligea les Français à conclure, le 7 mars suivant, la convention de Milan, en vertu de laquelle ils évacuèrent la Lombardie. Au mois de mai de la même année, Naples fut prise sans faire presque aucune résistance, et la flotte des alliés fit une tentative sur Toulon ; elle fut repoussée deux fois, aux mois de juillet et d'août. En 1708, Louis XIV fit les plus grands efforts pour reprendre les Pays-Bas ; Marlborough gagna la bataille d'Oudenarde, le 11 juillet, et, peu après, la ville de Lille fut assiégée et prise le 23 octobre suivant.

15. De telles défaites, jointes à d'autres calamités intérieures, réduisirent la France à la plus déplorable situation : Louis XIV n'était point préparé à de tels événements, et cependant il eut la gloire de supporter l'adversité mieux que ses adversaires leur haute fortune. Disposé à restituer tout ce qu'il ne lui serait pas permis de conserver, il demeura inébranlable dans ses refus, dès qu'on lui proposa des conditions qui devaient le déshonorer. Les négociations de la Haye et de Gertruidenberg peuvent fournir les plus utiles leçons aux princes que poursuit une mauvaise fortune. La constance fut récompensée ; les alliés, qui ne voulaient pas faire la paix, laissèrent échapper le moment favorable, et peu d'années après, Louis XIV la conclut à des conditions qu'il eût alors regardées comme impossibles.

Les négociations commencèrent, au mois de mars 1709, entre le président Rouillé et les commissaires hollandais Buys et Vander Dussen, d'abord à Mardick, ensuite à Woerden : au mois de mai suivant, le ministre même des affaires étrangères, M. de Torcy, fut envoyé à La Haye, et l'ambassadeur du roi de France attendit une audience dans les appartements du grand pensionnaire de Hollande : les alliés demandaient l'union complète de la monarchie espagnole à la maison d'Autriche ; les Hollandais voulaient pour eux des places de garantie dans les Pays-Bas espagnols, et le rétablissement du tarif de douanes de 1664; les Anglais demandaient que la France reconnût chez eux la succession protestante et les agrandissements de leurs colonies; l'empereur et l'Empire germanique exigeaient que tout fût remis entre eux selon les bases du traité de Munster. Toutes ces demandes furent consenties, et le 27 mai on arrêta ces préliminaires en 40 articles ; mais les deux clauses qui furent ajoutées dans les articles 4 et 37, et d'après lesquelles Louis XIV devait se soumettre à travailler seul au détrônement de son petit-fils, ne pouvaient être acceptées par lui ; et les négociations furent rompues.

16. La France n'avait pas épuisé son malheur : à tant de victoires les alliés ajoutèrent encore, la même année, celle de Malplaquet ; leur triomphe semblait à son comble : ils ne voulurent point accorder la paix, et toutefois ils ne purent réussir à pénétrer dans l'intérieur de la France ; d'une part le duc de Vendôme reprenait ses avantages en Espagne, d'autre part les maréchaux de Villars et de Boufflers défendaient avec acharnement les frontières du royaume, et les alliés ne recueillaient de tant de succès que le stérile honneur de s'emparer de quelques places fortes.

La bataille de Malplaquet eut lieu le 11 septembre 1709. Marlborough et le prince Eugène furent vainqueurs; Villars et Boufflers se couvrirent de gloire par leur savante retraite. Les alliés prirent Mons le 20 octobre 1710, Douai et quelques autres villes, dans le cours de la même année. Cette même année aussi, le duc de Vendôme rendit infructueux les succès que l'archiduc Charles avait obtenus en Espagne, et la prise même de Madrid. La France fit de nouveaux efforts pour reprendre les négociations de Gertruidenberg : le maréchal d'Huxelles et l'abbé de Polignac consentirent même aux subsides contre le roi d'Espagne : les alliés persistèrent à vouloir que Louis XIV se chargeât seul de détrôner Philippe V.

17. Cette grande querelle devait être terminée autrement que par les armes. La chute du ministère anglais, qui entraîna celle

de Marlborough, et la mort de l'empereur Joseph, survenue le 19 avril 1711, changèrent bientôt la face des affaires. Le parti des torys demandait depuis longtemps la fin d'une guerre qui ruinait leur pays et ne pouvait lui rapporter aucun véritable profit. Dès qu'ils eurent pris la conduite des affaires, la France put espérer de conclure avec l'Angleterre un traité à part. Joseph I étant mort, son frère et son successeur Charles VI se trouvait le dernier et le seul représentant de la maison de Habsbourg; et il devenait assez probable que les puissances maritimes ne voudraient pas consentir à laisser réunir sur une seule tête la couronne impériale dont relevaient celle de Hongrie et de Bohême, et cette vaste monarchie espagnole, objet de si longues contestations.

La retraite de Sunderland et de Godolphin, au mois d'août 1710, amena la chute du ministère wigh. Le comte d'Oxford et le vicomte de Bolingbroke devinrent les chefs du ministère tory, et entamèrent bientôt après des négociations secrètes avec la France, d'abord par les soins de l'abbé Gaultier, ensuite par ceux de Prior. Dès ce moment, les alliés perdirent toute confiance; Marlborough fut rappelé au mois de janvier 1712, et, le 24 juillet suivant, le maréchal de Villars remporta la grande victoire de Denain, qui rétablit l'honneur des armées françaises. Mais déjà, à cette époque, les préliminaires de paix avaient été signés entre la France et l'Angleterre (11 octobre 1711), et communiqués aux alliés, comme pouvant servir de base aux négociations ultérieures.

18. La rupture de la confédération rendit possible la conclusion d'un traité tel que la France n'était pas en droit de l'attendre deux ans plus tôt; la Hollande étant alors le principal théâtre de la guerre, on choisit la ville d'Utrecht pour le lieu des conférences. L'état des affaires amena naturellement la conclusion de divers traités particuliers, tant entre la France qu'entre l'Espagne et chacune des autres puissances alliées, qui cherchèrent tour à tour à stipuler séparément les conditions les plus avantageuses. Tandis que l'Autriche insistait fortement pour que ses prétentions à la monarchie espagnole fussent reconnues, l'Angleterre et les autres puissances n'étaient pas éloi-

gnées de consentir au maintien de Philippe V, à la condition toutefois que les possessions de l'Espagne sur le continent européen en fussent détachées, et que les couronnes d'Espagne et de France ne pussent être jamais réunies sur la même tête. D'un autre côté, les deux puissances maritimes, l'Angleterre et la Hollande, étaient en méfiance l'une contre l'autre, chacune d'elles aspirant à obtenir les conditions les plus favorables à son commerce : la France ne pouvait entreprendre ses négociations sous de meilleurs auspices, et elle profita en effet de la division des alliés.

Le congrès fut ouvert à Utrecht le 29 janvier 1712, et les négociations commencèrent entre les ambassadeurs de France, d'Angleterre et de Savoie ; ceux des autres puissances n'arrivèrent que plus tard. L'alliance se trouva rompue dès le principe, par la résolution que l'on adopta que chacune des puissances qui la composaient présenterait séparément ses demandes. Les Anglais eurent la prépondérance dans les négociations, et il y eut une correspondance secrète fort active entre les cabinets de Saint-James et de Versailles. — La maison d'Anjou et les princes français renoncèrent réciproquement aux couronnes de France et d'Espagne ; l'Autriche et la France convinrent provisoirement, le 14 mars 1713, de l'évacuation de la Catalogne, et de la neutralité de l'Italie, sous la médiation de l'Angleterre ; et, le 11 août suivant, la France conclut ses divers traités définitifs.

Avec l'Angleterre : La France reconnut la successsion protestante dans la maison de Hanovre, et consentit à éloigner le prétendant ; elle renouvela la clause de la renonciation absolue à la couronne d'Espagne, et promit la démolition du port de Dunkerque : elle céda Terre-Neuve à l'Angleterre, en se réservant le cap Breton et la participation à la pêche de la morue ; elle céda aussi l'Acadie, la baie d'Hudson et les pays circonvoisins, ainsi que la portion de territoire qu'elle occupait à Saint-Christophe. Elle restreignit son commerce dans les colonies espagnoles à l'état où il se trouvait sous le règne de Charles II, et renonça à tout nouveau privilége ; de plus, elle signa un traité de commerce dans lequel l'Angleterre se fit accorder encore de grands avantages.

Avec les Pays-Bas : La république hollandaise reçut en dépôt la portion des Pays-Bas qui appartenait à l'Espagne, à la condition de les remettre à l'Autriche, après s'être assuré par un traité une barrière contre la

France : celle-ci fut remise en possession de Lille et des autres places frontières qu'elle avait perdues ; elle signa aussi un traité de commerce, favorable aux intérêts de la Hollande.

Avec la Savoie : Le duc de Savoie obtint une meilleure délimitation pour ses Etats, et reçut l'île de Sicile avec la dignité royale : il réserva aussi ses prétentions sur la couronne d'Espagne, en cas d'extinction de la maison d'Anjou.

Avec le Portugal : La France consentit à une nouvelle délimitation dans l'Amérique méridionale; et le Portugal y gagna la portion de territoire située entre le Maragnon et l'Oyapoc.

Avec la Prusse : Le roi de Prusse fut reconnu par la France souverain de ce pays et du *comté* de Neuchâtel ; il céda à celle-ci ses droits héréditaires sur la principauté d'Orange, et reçut le duché de Gueldres, qui lui fut abandonné au nom du roi d'Espagne.

De son côté, l'Espagne conclut deux traités avec l'Angleterre et la Savoie, le 13 juillet 1713.

Avec l'Angleterre : Elle céda à celle-ci Gibraltar et l'île de Minorque ; et, en conséquence d'un traité conclu à Madrid, le 29 mars précédent, avec la compagnie de l'Assiento des Nègres, elle lui accorda un privilége de trente ans, pour importer annuellement 4,800 nègres en Amérique, et de plus la permission d'expédier tous les ans un navire de 500 tonneaux à Portobello ; enfin, elle s'engagea à ne donner à aucune autre nation de privilége pour le commerce des Indes, et à n'aliéner aucune de ses possessions coloniales.

Avec la Savoie : L'Espagne lui céda la Sicile, et approuva toutes les conditions du traité conclu par le duc de Savoie avec la France.

Le 26 juin 1714, l'Espagne traita aussi avec la Hollande et le Portugal, et adopta les clauses des traités signés par la France avec ces deux puissances.

Les principaux ambassadeurs au congrès d'Utrecht furent : pour la France, le maréchal d'Huxelles, l'abbé depuis cardinal de Polignac, et Ménager ; pour l'Angleterre, le comte de Strafford ; pour les Pays-Bas, Buys et Vander-Dussen ; pour l'empereur, le comte de Sinzendorf; pour la Savoie, le comte de Maffei.

Actes, mémoires et autres pièces authentiques concernant la paix d'Utrecht, 1714, 6 vol. in-12. C'est un recueil complet de tous les actes et écrits qui se rapportent à cette grande négociation.

Letters and Correspondence of the R. H. Lord Visc. Bolingbroke. — *Lettres et Correspondance du lord vicomte de Bolingbroke*, recueillies par G. Parke. *Londres*, 1798, 4 vol. in-8°. Elles contiennent toute la correspondance diplomatique de ce ministre, depuis 1710 jusqu'en 1714.

Histoire du Congrès de la paix d'Utrecht, comme aussi celle de Rastadt et de Bade. Utrecht, 1716, 1 vol in-12.

19. Par suite de ces divers traités, l'empereur d'Autriche et l'Empire germanique se trouvèrent réduits à leur propre force. L'empereur y gagna les provinces espagnoles des Pays-Bas; l'Empire fut sommé d'accepter le renouvellement du traité de Ryswick : on leur assigna un terme de rigueur; ils le laissèrent écouler sans réponse, et la guerre continua sur le Rhin, au détriment de l'Autriche; enfin, l'hiver suivant, les négociations furent reprises à Rastadt, et amenèrent la conclusion d'un traité auquel l'Empire se vit forcé d'accéder par la convention de Bade.

Le maréchal de Villars s'empara de Landau le 20 août, et de Fribourg le 16 novembre 1713. Dans ce même mois commencèrent, entre le général français et le prince Eugène, les négociations de Rastadt, qui durèrent jusqu'au mois de mars suivant, et se terminèrent par la conclusion du traité qui a pris le nom de cette ville. L'Autriche consentit à ne prendre possession des provinces espagnoles des Pays-Bas qu'après avoir déterminé les frontières de la Hollande. Elle reçut en Italie, Naples, la Sardaigne, Milan et les *Stati degli presidi*; souscrivit à la réintégration des électeurs de Bavière et de Cologne dans la confédération germanique, et reconnut l'électorat de Hanovre. L'Empire fut rétabli dans le même état qu'avant le commencement de la guerre, et son acceptation fut reçue à Bade le 7 septembre 1714.

20. Ainsi, la séparation des provinces espagnoles d'avec leur métropole, et leur réunion à l'Autriche, furent les seuls résultats de cette longue querelle, et ne suffirent pas pour en détruire le principe : l'Espagne et l'Autriche, conservant chacune leurs prétentions, ne voulurent point y mettre fin par la conclusion d'un traité solennel; l'Europe fut menacée pendant plus de dix ans de voir recommencer une lutte aussi dangereuse; et le maintien du traité d'Utrecht présenta les plus grandes difficultés.

21. La guerre de la succession et les traités qui y mirent fin, ayant fait passer la monarchie espagnole dans une branche de la maison de Bourbon, firent disparaître cette ancienne rivalité de la France et de l'Espagne qui avait si longtemps agité l'Europe. Plus tard on eut occasion de reconnaître que les alliances de famille sont de peu de poids en politique : les craintes que l'Europe avait conçues de la réunion des deux couronnes ne se réalisèrent point, et la France se trouva tellement épuisée à l'issue de cette guerre, qu'une alliance intime avec l'Espagne lui eût été même inutile pour reprendre aucun projet de conquête.

22. Au surplus, cette cession de la partie espagnole des Pays-Bas à l'empereur d'Autriche parut l'événement le plus propre à rétablir l'équilibre européen : durant le cours des prospérités de la France, les autres puissances avaient vivement désiré une séparation qu'elles jugeaient éminemment propre à arrêter tous les projets d'envahissement; et dès que ce but fut atteint, la république hollandaise, l'Empire germanique et l'Autriche même se trouvèrent suffisamment défendus.

23. L'influence de l'Angleterre sur les affaires de l'Europe s'accrut beaucoup par suite de la guerre de la succession. Le système d'emprunt, qui se développait rapidement dans ce pays, lui fournit les moyens de conclure des traités de subsides avec la plus grande facilité, et de suivre avec succès toutes les combinaisons de la politique continentale. L'occupation des Pays-Bas espagnols par l'Autriche lui rendait précieuse l'alliance de l'empereur; la république hollandaise lui était complétement dévouée; la Savoie et les princes de la confédération germanique étaient toujours disposés à accepter des subsides. Le traité d'Utrecht venait d'être conclu sous la direction de cette puissance, et elle avait heureusement le plus grand intérêt à en maintenir l'exécution rigoureuse : toutes ces circonstances réunies expliquent assez la prépondérance que l'Angleterre acquit à cette époque, et l'influence qu'elle exerça sur les affaires d'Europe.

24. A la suite de cette même paix, l'intérêt mercantile reprit

son ascendant, et se développa avec la plus grande activité. Les puissances maritimes avaient stipulé en leur faveur les conditions les plus avantageuses, et les divisions de territoire furent principalement exigées dans l'intérêt du commerce. C'est dans ce traité que se trouve le principe de la force maritime de l'Angleterre, comme aussi des deux grandes guerres qui éclatèrent dans la suite ; mais de tels résultats ne purent se développer que lentement, et la république hollandaise conserva quelque temps encore la première place dans le commerce des mers.

25. La guerre et les mutations de souverains ou de dynastie amenèrent des changements considérables dans plusieurs des États du Continent. Philippe V fonda en Espagne les droits d'une nouvelle maison royale ; mais ce prince indolent ne put relever la monarchie de l'état d'abaissement dans lequel elle gémissait, ni léguer à ses successeurs la force qu'il n'avait pas su prendre pour lui-même : sa seconde femme, Élisabeth de Parme, ne cessa de sacrifier les intérêts de l'État aux intérêts particuliers de sa famille.

26. Pendant la guerre de la succession, la politique avait uni le Portugal à l'Angleterre ; après la paix, cette alliance fut continuée en raison des relations commerciales qu'entretenaient ces deux puissances : le traité conclu en 1703 par Methuen porta le plus grand préjudice à l'industrie manufacturière des Portugais, et la faute peut en être attribuée également à la nation et à son gouvernement (1).

27. Louis XIV ne survécut que deux ans au traité d'Utrecht, et le premier septembre 1715 il laissa la couronne à son arrière-petit-fils Louis XV, prince d'une santé chancelante, et qui n'avait encore que cinq ans. Son autorité expira tout entière avec lui ; et ce fut contre sa volonté expresse que Philippe d'Orléans, son neveu, obtint la régence et fut investi de tout le pouvoir souverain jusqu'en 1723. Les sollicitudes qu'excitait à la cour

(1) Le Portugal s'engagea par ce traité à recevoir les étoffes de laine anglaises, à condition que les vins de Portugal payeraient en Angleterre les deux tiers seulement des droits que payaient les vins de France.

de France le mauvais état de la santé du jeune roi eurent une grande influence sur la politique du temps, et sur les relations de cette cour avec la branche de la maison d'Espagne : la mort du roi eût fait naître la question de savoir lequel des deux Philippes devait lui succéder, et cette seule chance suffit pour établir la mésintelligence entre eux ; elle se trouva de plus fortifiée par les alliances et les négociations étrangères.

Mémoires secrets de la Régence, par le duc de St-Simon.

28. En Angleterre, la reine Anne étant morte sans enfants, le 12 août 1714, la couronne passa à la maison de Hanovre, dans la personne de George I. La religion protestante, que professait cette famille, lui avait valu cette belle succession, et c'est par elle qu'elle devait la conserver, à l'exclusion de la famille des Stuarts. Ainsi rien ne fut changé dans le pays que la dynastie ; du reste elle suivit les mêmes principes de gouvernement, et continua d'exercer la même influence sur les affaires continentales ; l'alliance du trône et de la nation se consolida plus fortement encore.

Le ministère des torys s'était rendu fort suspect à la nation par sa conduite incertaine à l'égard du prétendant ; il fut remplacé en 1714 par un ministère tout composé de wighs.

29. De puissance maritime la république hollandaise devint presque, par cette guerre, puissance continentale : il lui en coûta plus de 350 millions de florins, et ce fut le prix du traité de la Barrière, dans lequel elle crut voir la garantie de son existence future : toutefois elle apprit à ses dépens qu'il n'y avait rien à gagner à se mêler des querelles des grandes puissances, et dès ce moment elle s'appliqua à éviter autant que possible d'y prendre aucune part. Mais cette modération même pouvait devenir bien dangereuse pour une puissance qui s'était placée d'elle-même au premier rang ; dès qu'elle eut renoncé à entretenir une force militaire, elle déclina sensiblement, et perdit peu à peu son importance aux yeux des souverains et des peuples d'Europe.

Le traité de la Hollande avec l'Autriche, connu sous le nom de traité de la Barrière, fut conclu à Anvers le 15 novembre 1715, sous la médiation de l'Angleterre. La république reconnut la souveraineté de l'empereur dans les Pays-Bas espagnols, et obtint le droit de mettre garnison exclusive dans les villes de Namur, Tournay, Menin, Warneton, Ypres et le fort Knocke, et d'occuper Ruremonde en commun avec les Autrichiens; mais les places fortes sont inutiles à qui n'a pas suffisamment de troupes pour les garder.

30. Naples, la Sardaigne, Milan et les Pays-Bas augmentèrent considérablement la monarchie autrichienne. La conduite du gouvernement pouvait seule décider la question de l'utilité de ces nouvelles acquisitions : si elle était habile, l'Autriche, alliée naturelle de l'Empire, se trouvait encore renforcée d'une double barrière ; mais aussi elle offrait plus de prise à ses ennemis en cas de faiblesse ou de mauvaise administration, et l'on en vit bientôt la preuve sous le règne de l'empereur Charles VI.

Après avoir apaisé les troubles suscités en Hongrie par François Rakosi, l'Autriche en demeura paisible maîtresse, à partir de l'année 1711.

31. La Bavière ayant pris parti pour la France dans la guerre de la succession, l'Empire germanique s'était trouvé divisé : la paix d'Utrecht rétablit les relations antérieures ; mais ce premier exemple d'une défection eut de graves conséquences, et le temps n'était pas éloigné où l'Allemagne devait être livrée à de plus vives discordes.

32. Deux nouveaux trônes furent fondés, l'un pour la maison de Brandebourg en Prusse, l'autre pour le duc de Savoie en Sicile, et bientôt après en Sardaigne, en remplacement de cette première province. Ces deux royaumes n'étaient alors que des puissances du second ordre, mais avec cette différence que la Prusse attendait encore ceux qui devaient l'élever, tandis que la Savoie avait déjà perdu ses plus habiles souverains : cette observation explique suffisamment la part d'influence que chacun de ces deux États exerça sur les affaires générales dans le cours du dernier siècle.

33. Toutes les négociations diplomatiques de ce temps eurent

pour objet principal d'assurer le maintien du traité d'Utrecht, auquel se rattachaient les plus grands intérêts.

34. Les puissances qui y avaient le plus gagné témoignaient aussi le plus d'empressement pour en assurer la durée, et l'Angleterre, qui en avait réglé les conditions, tenait fortement à les faire respecter. La prospérité de son commerce extérieur en dépendait exclusivement, et le maintien de la succession protestante y était aussi attaché. D'autre part, la maison d'Anjou ayant formellement renoncé au trône de France, le régent, qui devait sa nouvelle dignité à cette clause importante, avait fort à cœur de faire exécuter le traité dans toutes ses parties. L'Autriche y trouvait aussi la garantie de ses nouvelles acquisitions. La république hollandaise ne prenait aucune part aux affaires d'Italie; mais elle désirait la continuation de la paix, pour tirer le meilleur parti possible des avantages commerciaux qui lui avaient été concédés : un intérêt commun unissait donc toutes ces puissances, et c'est même à cette cause qu'il faut attribuer la suspension de la haine qui divisa si longtemps la France et l'Angleterre.

L'Angleterre et l'Autriche conclurent une alliance défensive le 25 mars 1716, et la France y entra le 4 janvier 1717.

35. L'Espagne ne pouvait se consoler de la perte de ses possessions sur le Continent, et principalement de sa domination en Italie. Philippe V était incapable par lui-même de faire aucune entreprise pour les recouvrer, mais il se trouva livré, après la mort de Louis XIV, à l'autorité de quelques personnes qui avaient un grand intérêt à recommencer la guerre. Sa femme, Élisabeth de Parme, eut de son mariage deux fils, dont la destinée excita sa sollicitude maternelle. Ce fut par elle que l'abbé Alberoni, son compatriote, parvint à la haute fortune de premier ministre et de cardinal : doué d'un génie actif et entreprenant, il se livra avec une sorte de fureur aux projets les plus extraordinaires; et, après avoir bouleversé l'administration intérieure du royaume, il entreprit aussi de faire une révolution générale dans la politique extérieure.

Le cardinal Alberoni résolut d'abord de reprendre pour l'Espagne tout ce qu'elle avait perdu en Italie ; il organisa la conjuration de Cellamare, qui fut découverte en décembre 1718, et par laquelle il avait prétendu enlever la régence de France au duc d'Orléans, et la faire donner au roi son maître ; enfin, il essaya aussi de rétablir le prétendant sur le trône d'Angleterre, et conclut une alliance avec la Suède dans cette intention.

On trouve dans les *Mémoires* de Saint-Simon, vol. 1, liv. 4, un tableau très-piquant de l'état de la cour d'Espagne à cette époque, et un portrait du cardinal Alberoni.

Histoire du cardinal Alberoni et de son ministère, par M.-J. R. *La Haye*, 1720.

Schmauss Geheime Geschichte des spanischen Hofes, etc. — *Histoire secrète de la Cour d'Espagne*, par Schmauss.

36. Vers le même temps, l'Autriche se trouvant engagée dans une guerre contre les Turcs, pour assurer l'exécution du traité de Carlowitz, le ministre d'Espagne en conçut l'espoir de réussir plus facilement dans ses entreprises sur l'Italie.

Les Turcs déclarèrent d'abord la guerre à la république de Venise, et occupèrent la Morée et l'île de Cérigo, en juillet 1715. Ils mirent le siége devant Corfou et ne purent s'en emparer. En 1716, l'Autriche prit parti pour les Vénitiens, et le prince Eugène se mit à la tête des armées. Il remporta, le 5 août, la fameuse victoire de Péterwaradin, et prit possession, au mois d'octobre, de la Servie et de la Valachie : l'année suivante, il alla assiéger Belgrade au mois de juin, battit le grand visir le 16 août, et s'empara des forteresses d'Orsowa, de Semendria et de Belgrade. En 1718, on conclut d'abord un armistice; puis, le 21 juillet, le traité définitif de Passarowitz, sous la médiation des puissances maritimes, et sur le principe de l'*uti possidetis*. L'Autriche conserva Belgrade, Téméswar, et les portions de la Servie et de la Valachie qui s'étendent jusqu'à la rivière d'Aluta : Venise retint les places qu'elle avait prises dans la Dalmatie, et céda à la Porte la Morée et l'île de Cérigo : l'Autriche conclut en même temps un traité de commerce avec la Turquie, qui lui céda l'entrée de tous ses Etats.

37. Cependant, sous l'influence du cardinal Alberoni, empressé d'exécuter ses vastes projets, les armées espagnoles entrèrent en Sardaigne, et s'en emparèrent au mois d'août 1717 : en

juillet de l'année suivante, elles prirent possession de la Sicile, et se disposèrent à de nouvelles conquêtes.

38. Mais l'Angleterre avait préparé de loin ses alliances, et il ne lui fut pas difficile de renverser à cette occasion les traités qui avaient eu pour objet d'assurer le maintien du traité d'Utrecht. Cette nouvelle confédération, connue sous le nom de la quadruple alliance, commença par un traité par lequel la France et l'Angleterre s'engagèrent à obtenir le consentement de la Hollande, et auquel l'Autriche accéda volontairement peu de temps après.

La quadruple alliance fut conclue entre la France, l'Angleterre et l'Autriche, le 2 août 1718. Il y fut convenu que l'empereur devait renoncer à l'Espagne et aux Indes, comme le roi d'Espagne à l'Italie et aux Pays-Bas; que l'infant don Carlos, fils aîné de la reine Elisabeth, aurait l'investiture des duchés de Toscane, de Parme et de Plaisance, comme fiefs de l'Empire; et que, pour garantie de cette clause, ces pays seraient occupés provisoirement par des troupes neutres; enfin que l'Autriche recevrait la Sicile en échange de la Sardaigne. On donna trois mois au roi d'Espagne pour se décider; on envoya une flotte anglaise dans la Méditerranée pour protéger la Sicile, et, le 22 août de la même année, cette flotte remporta une victoire sur les Espagnols auprès du cap Passaro.

39. La Savoie ne se décida qu'avec peine à souscrire à ce traité et à accepter le royaume de Sardaigne en échange de la Sicile, qu'on lui faisait rendre : elle y accéda cependant le 8 novembre de la même année. Le cardinal Alberoni rejeta, au contraire, toute proposition d'accommodement; ses projets sur la France et sur l'Angleterre ayant été découverts peu après, ces deux puissances déclarèrent la guerre à l'Espagne, le 9 janvier 1719, et la Hollande se présenta en même temps comme médiatrice. La présence d'Alberoni était le plus puissant obstacle à la paix; on gagna la reine par la promesse du trône et de la main du roi de France pour sa fille, qui n'était encore âgée que de trois ans : Alberoni fut renvoyé; l'Espagne accepta, le 5 décembre de la même année, les conventions de la quadruple alliance; mais comme il se présentait une foule de questions importantes,

qu'il fallait d'abord examiner, on convint d'un nouveau congrès qui fut convoqué à Cambrai.

40. Tandis que l'Angleterre prenait chaque jour une plus grande influence sur les affaires du Continent, et dictait la paix en se préparant à la guerre, l'Europe eut le bonheur de voir arriver à la tête du ministère anglais, et y demeurer pendant vingt et un ans, sous le règne de deux rois, un homme sincère et véritablement ami de la paix. Robert Walpole, appelé au gouvernement de son pays en 1721, sut mériter la confiance et l'estime universelles, et mit la bonne foi au premier rang des vertus politiques, tandis qu'Alberoni et le cardinal Dubois déshonoraient les hautes fonctions dont ils étaient revêtus. Robert Walpole fut constamment guidé par ce principe, qu'il fallait autant que possible être ami de tout le monde ; il se trouva entraîné par là dans une foule d'affaires et de négociations difficiles, dont il n'appartenait qu'à l'Angleterre de se démêler, favorisée qu'elle était par l'indépendance de sa position topographique.

Memoirs of Robert Walpole, etc. — *Mémoires de Robert Walpole*, publiés par W. Coxe, 3 vol. in-4°. 1798.

Memoirs of Horace Walpole, 1802. in-4°. — *Mémoires d'Horace Walpole*. Ces deux ouvrages contiennent les meilleurs matériaux pour l'histoire du siècle dernier. Horace était frère cadet de Robert Walpole ; il fut habituellement employé dans les ambassades, et principalement à Paris et à La Haye.

41. Au moment où l'on se disposait pour le congrès, l'empereur Charles VI prit deux mesures fort importantes, et qui donnèrent lieu à de longues négociations. L'empereur n'avait que des filles, et voulant toutefois régler la succession de la couronne d'Autriche dans sa famille, il résolut d'y pourvoir par une *Pragmatique Sanction*, qui serait soumise à l'acceptation et à la garantie de toutes les puissances européennes. Cette première décision donna lieu à des conférences et à des propositions dont les cabinets étrangers ne manquèrent pas de faire leur profit.

La *Pragmatique Sanction* avait été arrêtée dès l'année 1713 et acceptée en Autriche en 1720. Depuis ce moment elle fut comprise dans toutes les négociations dirigées par la cour de Vienne.

42. L'empereur conçut de plus le projet d'ouvrir pour ses États un commerce dans les Grandes-Indes, par la voie des Pays-Bas et par le port d'Ostende, et, en conséquence, il créa dans cette ville une *compagnie privilégiée.* Une telle détermination parut bien plus grave en Europe que celle qui avait rapport à la succession de l'Autriche : les puissances maritimes prétendirent que l'empereur usurpait sur leurs droits, consacrés par le traité de Westphalie : ceux qui, un siècle auparavant, avaient réclamé la liberté des mers contre les injustes prétentions de l'Espagne, voulaient à leur tour exclure tout nouveau concurrent.

Le privilége qui fut accordé à la compagnie d'Ostende pour le commerce des deux Indes est du 19 décembre 1722. Les Hollandais se fondaient, pour refuser leur consentement, sur les clauses du traité conclu à Munster avec l'Espagne, suivant lesquelles le commerce des Indes devait rester dans l'état où il se trouvait alors. La question était de savoir si cette condition était obligatoire pour le souverain à qui les Pays-Bas avaient été cédés.

43. Ces deux affaires, et d'autres encore plus ou moins importantes, furent portées à la décision du congrès, sous la médiation de l'Angleterre et de la France. L'Autriche, l'Espagne, la Sardaigne, Parme, exposèrent leurs mutuelles prétentions. Pour vouloir les concilier à l'amiable, on ne prenait de parti sur aucune : les petits intérêts mirent en jeu les petites passions; les négociations traînèrent en longueur, et furent chaque jour interrompues par de nouveaux incidents; enfin, au moment où le congrès se sépara, sans avoir rien conclu, il sembla qu'une guerre générale était inévitable.

Après de longues discussions, l'Angleterre et la France s'engagèrent, par un acte du 21 septembre 1721, à garantir les renonciations mutuelles de l'Autriche et de l'Espagne. De nouvelles difficultés furent encore aplanies, et le congrès s'ouvrit enfin à Cambrai au mois d'avril 1724. Ces difficultés consistaient principalement dans l'opposition qu'avaient faite les ducs de Parme et de Plaisance et le grand-duc de Toscane, à la cession de leurs principautés et à l'investiture de l'infant don Carlos, sous la suzeraineté de l'Autriche; il s'éleva aussi quelques différends entre les ministres sur la distribution de l'ordre de la Toison-d'Or.

44. Sur ces entrefaites, la rupture du projet de mariage qui avait été conclu entre la France et l'Espagne changea tout-à-coup les relations politiques des principales cours ; il en résulta naturellement une animosité très-vive entre les deux puissances qui avaient d'abord arrêté cette union ; et, par suite de la querelle, l'Espagne se réconcilia et fit même une alliance avec l'Autriche.

Le 5 avril 1725, le duc de Bourbon, premier ministre en France, renvoie chez sa mère la jeune infante d'Espagne, que l'on élevait à Paris, et le 15 août de la même année, le roi Louis XV épouse Marie, fille du ci-devant roi de Pologne, Stanislas Leczinski. La reine Elisabeth, irritée de ce procédé, donne ordre de terminer promptement la négociation que le baron de Ripperda, son ministre, avait entamée à Vienne dès le mois de novembre précédent. Le traité de paix et d'alliance entre l'Espagne et l'Autriche fut conclu le 30 avril 1725 : les deux cours reconnurent le traité d'Utrecht, et se garantirent mutuellement leurs possessions actuelles et l'ordre de succession à la couronne, tel qu'il était établi dans chacune des dynasties ; elles stipulèrent également un secours réciproque en cas de guerre. Dans le traité de commerce qui fut arrêté le premier mai suivant, l'Espagne reconnut et approuva la création de la compagnie des Indes orientales. Le rappel des ministres d'Espagne, au mois de juin 1725, fit dissoudre le congrès de Cambrai.

45. Cette réconciliation inattendue excita d'autant plus de surprise et d'agitation dans les cabinets européens, que les conditions du traité leur furent soigneusement cachées. L'Angleterre et la France, qui s'étaient offertes pour médiatrices, se trouvèrent blessées de n'avoir pas même été consultées, et crurent voir dans ces négociations un projet de haute importance, tel que celui d'un mariage, et, par suite, de la réunion des deux monarchies : cette perspective suffit pour faire naître une contre-alliance ; elle fut conclue à Herrenhausen entre la France, l'Angleterre et la Prusse ; et bientôt après le Danemarck et la Suède y accédèrent, en même temps que la Russie se joignait de son côté à l'Autriche.

Le traité d'alliance fut conclu à Herrenhausen le 3 septembre 1725 ; mais la Prusse n'y demeura pas longtemps fidèle, et passa du côté de l'empereur, qui lui promit divers avantages, à la suite d'un traité secret signé à

Wusterhausen, le 10 août 1726. — La Danemarck et la Suède reçurent des subsides, et entrèrent dans l'alliance de Herrenhausen le 25 mars 1727; les princes de Hesse-Cassel et de Wolfenbuttel s'y joignirent également; enfin, la Hollande, qui avait intérêt à empêcher l'établissement de la compagnie des Indes, y accéda aussi le 9 août suivant, tout en ayant soin d'agir avec beaucoup de circonspection. — Le 10 août 1726, l'empereur d'Autriche s'allia avec la Russie; et dans l'Allemagne, indépendamment de la Prusse, il attira à lui presque tous les Etats de l'Empire.

46. Ainsi toute l'Europe se trouva divisée et prête à combattre, sans qu'il fût possible de dire précisément pour quel motif : bientôt l'Angleterre mit ses flottes en mer, l'Espagne l'attaqua dans Gibraltar, et la guerre parut inévitable : elle fut cependant arrêtée, et même sans de grandes difficultés, parce qu'en effet il n'y avait d'aucun côté aucune raison sérieuse de l'entreprendre : heureusement pour l'Europe, les affaires de France étaient conduites à cette époque par un ministre déjà avancé en âge, et qui se montra ami sincère de la paix autant que l'était en Angleterre sir Robert Walpole. Le cardinal de Fleury était entré au ministère au mois de janvier 1726; il y resta dix-sept ans : et si son administration à l'intérieur ne fut pas exempte de reproche, sa conduite au dehors fut du moins utile et bienfaisante pour l'Europe. Son intervention aplanit toutes les difficultés, et facilita les négociations par lesquelles la paix fut rétablie : les relations d'amitié et de bonne intelligence qui s'établirent entre ce ministre et celui d'Angleterre, et qui furent soigneusement entretenues par Horace Walpole, alors ambassadeur en France, donnèrent à l'Europe une nouvelle sécurité; et Robert Walpole étant demeuré premier ministre lorsque George II succéda à son père (le 11 juin 1727), cet événement n'exerça aucune influence sur les relations des cours européennes.

Les préliminaires furent arrêtés à Paris entre l'Autriche et les alliés de Herrenhausen, le 31 mai 1727. Le plus grand obstacle fut écarté par la suspension du privilége de la compagnie des Indes pour un terme de sept ans. L'Espagne consentit à ces conventions le 13 juin suivant, et conclut un traité de paix avec l'Angleterre, le 6 mars 1728, à Pardo; les autres points en litige furent remis à la décision d'un congrès, que l'on convoqua à Soissons pour le mois de juin de la même année. Sur ces entrefaites, la reine d'Espagne ouvrit de nouvelles négociations, et les suivit avec une telle activité, qu'elle amena l'Angleterre et la France à consentir au traité qui fut signé à Séville le 9 novembre 1729, et suivant lequel l'Espagne fut autorisée à faire occuper par ses troupes les duchés de Parme et de Plaisance, pour garantir à l'infant don Carlos la cession qui lui en avait été faite : le congrès de Soissons se trouva rompu, et l'Autriche offensée se prépara à la guerre. Il fut facile d'apaiser l'empereur en reprenant l'affaire de la pragmatique sanction, qui l'intéressait plus que toute autre. De là le traité conclu à Vienne, le 16 mai 1731, par lequel l'Angleterre et la Hollande lui donnèrent leur garantie pour sa pragmatique, et obtinrent en échange son consentement à l'occupation des provinces d'Italie par l'Espagne, et à l'abolition de la compagnie d'Ostende. L'Espagne et l'Empire souscrivirent à cette convention le 14 juillet suivant.

47. Ces divers arrangements amenèrent enfin la conclusion d'une paix définitive, et qui parut solide, quoique le système politique des États du Continent eût reçu une atteinte par l'acte de la cour d'Autriche. La France et l'Espagne étaient réconciliées ; l'empereur n'avait plus de différends avec cette dernière puissance, et il voyait sa pragmatique reconnue et garantie généralement ; l'Angleterre était en bonne intelligence avec tout le Continent. Toutes les rivalités étaient au moins assoupies ; mais les gouvernements ne savent pas résister au désir d'étendre les limites de leurs États, et le moindre prétexte suffisait pour le ranimer ; l'occasion ne tarda pas à se présenter. Après la mort de Frédéric-Auguste, roi de Pologne, l'élection de son successeur suscita une guerre dans le nord de l'Europe, et elle éclata au commencement de l'année 1733. La Russie et l'Autriche se déclarèrent pour l'électeur de Saxe ; la France mit en avant le roi déjà détrôné, Stanislas Leczinski, et vit dans ce projet une occasion favorable de s'agrandir aux dépens de l'Empire, et d'agrandir l'Espagne et la Savoie aux dépens de l'empereur. Une guerre promptement terminée amena des changements plus considérables que celles qui l'avaient précédée : la république hollandaise et l'Angleterre même, malgré leurs engagements, et

sans égards pour leurs promesses de garantie, demeurèrent spectateurs tranquilles de cette lutte, qui enleva à l'Autriche, leur alliée, ses plus importantes acquisitions.

La France s'allie à la Sardaigne le 10 septembre, et à l'Espagne le 25 octobre 1733. Le maréchal de Berwick passe le Rhin et s'empare du fort de Kehl (l'Empire se déclare contre la France le 26 février 1734) : une armée française s'établit dans le duché de Lorraine; les troupes françaises et sardes, réunies sous le commandement de Villars, entrent dans le duché de Milan; les Espagnols s'emparent de Naples en 1733, et de la Sicile au mois de mai 1734. Les alliés sont bientôt maîtres de toutes les possessions autrichiennes en Italie. — (Quant aux Pays-Bas, la France s'était engagée envers la Hollande, le 24 novembre 1733, à ne pas y porter la guerre.) — L'Autriche, hors d'état de se défendre, se hâta de conclure avec la France des préliminaires de paix, qui furent signés à Vienne le 3 octobre 1833; la Sardaigne y accéda le 1er mai 1736, et l'Espagne le 15 novembre suivant. Il fut convenu que l'Autriche céderait à l'Espagne, et au profit de l'infant don Carlos, Naples, la Sicile, l'île d'Elbe, et les *Stati degli presidi*; que les duchés de Bar et de Lorraine appartiendraient au roi Stanislas, et à la France après la mort de celui-ci; que le duc de Lorraine aurait l'expectative du grand-duché de Toscane (il devint vacant, le 9 juillet 1737, par la mort de Jean Gaston, dernier duc de la maison de Médicis); que l'empereur recevrait en compensation les duchés de Parme et de Plaisance; que l'on céderait à la Sardaigne quelques cantons dans le Milanais; que la France garantirait solennellement la pragmatique sanction. Ces diverses conventions ne furent converties en traité de paix définitif que le 31 décembre 1738.

48. Ainsi, les projets de conquêtes que le cardinal Alberoni avait voulu poursuivre en Italie se trouvèrent à peu près accomplis à l'issue de cette guerre : l'Espagne y gagna de créer en faveur de l'un de ses princes le royaume indépendant des Deux-Siciles; l'acquisition du duché de Lorraine fut d'un avantage plus solide pour la France, et l'Empire germanique y perdit l'une de ses plus fortes barrières. Quoique les puissances maritimes eussent manqué à leurs engagements en ne prenant aucune part à cette guerre, leurs relations avec le reste de l'Europe demeurèrent telles qu'elles avaient été fixées auparavant.

II. CHANGEMENTS SURVENUS DANS LES DIVERS ÉTATS DE L'EUROPE OCCIDENTALE.

1. Cette époque ne fut remarquable par aucun de ces grands événements qui influent d'une manière sensible sur la destinée des Empires ; mais on vit se développer, durant son cours, les principes de prospérité ou de décadence que nous avons signalés précédemment.

2. L'établissement de la nouvelle dynastie d'Espagne n'amena dans l'intérieur aucun changement qui mérite d'être observé. Tandis que cette puissance prenait une part fort active aux affaires de l'Europe, la nation elle-même ne sortait point de son indolence, et se laissait conduire au gré des passions ou des intérêts de ceux qui la gouvernaient ; les succès mêmes qu'elle obtint à la guerre ne purent la ranimer, et elle vit avec indifférence les conquêtes et les nouveaux établissements de la famille royale.

3. La France, en s'alliant avec l'Angleterre, se trouva engagée au dehors dans de nouvelles relations : mais le caractère et les intérêts de sa politique ne furent point changés ; et, malgré l'union des deux gouvernements, les principes de rivalité que le commerce avait fait naître entre les deux peuples continuèrent à se développer, et préparèrent les guerres ultérieures. Au dedans, Louis XIV, en acceptant avant sa mort la bulle *Unigenitus*, laissa le germe d'une agitation qui ne devait pas se borner à l'explosion de la querelle des jésuites contre les jansénistes ; c'est aussi à cette cause que l'on doit attribuer l'opposition qui se manifesta dans la suite contre le gouvernement, que les parlements appuyèrent plus tard de leur autorité, et dont la force alla croissant à mesure que la nation eut appris à connaître et à regretter ses anciennes libertés.

La bulle *Unigenitus* fut publiée par le pape Clément XI le 8 septembre 1713, et acceptée en France le 14 février 1714. Elle fut le signal d'une division dans le clergé ; mais les conséquences les plus importantes ne se développèrent que dans la période suivante.

C.-M. Pfaffii Acta publica constitutionis Unigenitus. Tubingue, 1723.

Anecdotes ou Mémoires secrets sur la constitution Unigenitus. Utrecht, 1732, 3 vol.

4. Les billets de banque de l'Écossais Law, et la compagnie du Mississipi, dont la fondation fut liée au nouveau système de finances, ne tardèrent pas d'amener un immense désastre, dont la France, durant tout le cours du siècle dernier, ressentit les déplorables effets. Plusieurs milliers de familles furent entièrement ruinées, et le gouvernement, qui avait entrepris de plein gré des opérations de commerce aussi chanceuses et suivies d'un aussi mauvais succès, perdit tout son crédit en Europe. Dès ce moment, il lui fut impossible de créer aucun papier de confiance, et l'administration même des finances fut en quelque sorte frappée de stérilité.

Au mois de mai 1716, l'Ecossais Law fonda une banque à Paris, et l'établit sur des principes fort raisonnables : mais au mois de janvier 1719, le gouvernement s'en étant rendu acquéreur, et ayant voulu entreprendre des opérations sur une échelle beaucoup plus vaste, y trouva bientôt sa ruine. L'édit du 21 mai 1720 imposa l'acceptation forcée des billets, et fut bientôt suivi de la ruine de la banque et de l'Etat.

Histoire du Système des finances sous la minorité de Louis XV, 1719 et 1720. *La Haye*, 1736, 6 vol in-12.
Histoire générale et particulière du Visa, 1733, 2 vol in-12.

5. En 1707, l'Angleterre se fortifia de la réunion de l'Écosse, et sa prospérité croissante augmenta chaque jour la considération dont elle jouissait en Europe. Cette sorte d'autorité n'était pas seulement le résultat de sa puissance, mais aussi de l'influence salutaire qu'elle exerçait à cette époque sur les affaires du Continent.

6. Cependant le poids des dettes contractées par le gouvernement anglais fit naître aussi dans ce pays une foule de projets de finances, qui jetèrent le désordre dans toutes les têtes, et qui accréditèrent, comme en France, la folle présomption qu'il était facile d'éteindre promptement la dette publique. On fonda, à cette occasion, la *compagnie de la mer du Sud*, qui n'eut pas plus de succès que celle du Mississipi ; mais en Angleterre du moins,

le gouvernement, n'osant prendre aucune mesure arbitraire, parvint à maintenir son crédit ; bientôt on put, en réduisant l'intérêt, créer un fonds d'amortissement ; et ce seul établissement eût amené les résultats que l'on en attendait, si d'ailleurs son administration eût été plus régulièrement conduite.

Le parlement vota la création du fonds d'amortissement, en consentant la réduction des intérêts de 6 à 5 pour 100 en 1717, et de 5 à 4 pour 100 en 1727.

7. La mort de Guillaume III n'amena aucun changement considérable dans la république des Provinces-Unies. Les titres de ce prince ayant passé, en 1711, à son cousin Guillaume, prince de Frise, et ensuite au fils de celui-ci, appelé aussi Guillaume, et gouverneur de la Frise et de Groningue, le parti d'Orange subsista dans la république, et conserva l'espoir du rétablissement du Stathoudérat héréditaire, à la première occasion favorable. La nouvelle alliance que cette branche cadette contracta en 1734 avec la famille royale d'Angleterre, par le mariage du prince Guillaume avec Anne, fille de George II, détermina les relations ultérieures de ces deux États.

8. La monarchie autrichienne, en perdant plusieurs de ses possessions sur le continent d'Europe, se vit contrainte de changer son système de politique extérieure. L'empereur Charles VI, plus occupé de l'avenir que du présent, parvint, à force de persévérance, à obtenir de tous les États d'Europe des promesses de garantie pour sa pragmatique sanction : l'honneur de ses armes fut soutenu tant que le prince Eugène put conduire ses armées ; mais après la mort de ce grand homme, la force militaire de l'Autriche se trouva comme anéantie ; et dans l'intérieur on put observer les mêmes principes de décadence, soit dans le système de finance, soit dans toutes les branches de l'administration publique.

9. L'Empire germanique fut conduit, par son alliance avec l'Autriche, à prendre part à toutes les guerres qu'elle soutint, quoiqu'il n'y eût d'ailleurs aucun intérêt, mais parce qu'il lui

eût été tout-à-fait inutile de prétendre conserver sa neutralité. Quatre des princes les plus considérables de l'Allemagne, ceux de Brandebourg, de Saxe, de Hanovre et de Hesse-Cassel, parvinrent, durant cette époque, à des trônes étrangers; et, dès ce moment, il fut difficile de démêler jusqu'où s'étendrait l'influence que devaient exercer les événements sur le sort de la confédération : l'Empire, déjà fort affaibli, ne pouvait tirer aucun avantage de ces agrandissements; il y avait tout lieu de croire que les intérêts des États héréditaires seraient souvent sacrifiés à ceux des nouvelles couronnes; et, dans tous les cas, l'Allemagne ne pouvait du moins éviter de se trouver désormais engagée dans toutes les affaires de l'Europe.

10. La conduite des affaires publiques prit, dans les mains des ministres de cette époque et de leurs principaux agents, ce caractère d'intrigue qu'on a depuis appelé politique de cabinet. Jamais on ne vit en Europe autant de négociations, et jamais on n'avait entrepris de décider autant et d'aussi grandes choses par cette voie.

11. L'économie politique ne faisait point encore une science; on ne connaissait que la fausse théorie des bénéfices en argent, et le système mercantile acquérait chaque jour plus de force et d'activité. Le commerce extérieur paraissait la meilleure et presque l'unique source de richesse, et l'on ne croyait à la prospérité publique que lorsqu'on avait en sa faveur la balance des exportations.

12. L'art de la guerre fit de nouveaux progrès sous la direction des grands capitaines qui illustrèrent cette époque, et à mesure que le système des armées permanentes acquit plus de force et de développement : la Prusse se distingua dans cette carrière, et donna une puissante impulsion au perfectionnement de la tactique militaire.

HISTOIRE DU SYSTÈME COLONIAL, DE 1700 A 1740.

1. Les puissances européennes firent peu d'acquisitions considérables durant le cours de cette époque, et si l'on en excepte

quelques cessions de territoire, faites par la France à l'Angleterre, il survint aussi peu de mutations de propriété. Ce calme fut favorable à la prospérité intérieure des colonies. Les productions naturelles de ces pays, surtout celles des Indes occidentales, trouvèrent en Europe un débit fort supérieur à tout ce qu'on avait pu espérer; les colons et les planteurs y trouvèrent de nouveaux encouragements à leurs exploitations; et à mesure que les produits de cette industrie devinrent plus nécessaires dans le commerce du monde, les États s'accoutumèrent à les considérer comme la première source de la richesse et de la force publique.

2. Les propriétés coloniales devenant chaque jour plus importantes, les nouvelles relations qui en résultaient exercèrent aussi une plus grande influence sur la politique. Les métropoles persistèrent, autant qu'il leur fut possible, dans le système du commerce exclusif avec leurs colonies; mais elles furent obligées de se relâcher sur quelques points: on ferma les yeux sur le commerce de contrebande que les colonies faisaient entre elles, et l'on en vint peu à peu à tolérer d'autres libertés, dans l'espoir d'en obtenir la réciprocité.

3. Les conventions stipulées par le traité d'Utrecht avaient, sous plusieurs rapports, assuré à l'Angleterre la prépondérance dans le commerce maritime. Le traité de l'Assiento, conclu par cette puissance avec l'Espagne, et par lequel celle-ci lui avait cédé, pour trente ans, le privilége d'approvisionner l'Amérique espagnole et le marché de Portó-Bello, offrit de plus aux Anglais tous les moyens d'établir dans ces vastes contrées un commerce de contrebande, qui devint la source des bénéfices les plus considérables.

La compagnie de la mer du Sud fut fondée le 1er août 1711, et reçut un privilége exclusif pour le commerce des côtes à l'est, depuis le fleuve Orénoque, à l'ouest sur toute la longueur des côtes. Du reste, ce commerce fut plus avantageux aux agents de la compagnie qu'à la compagnie elle-même.

4. Vers l'an 1732, les colons anglais introduisirent dans leurs possessions la culture du café, qui resta toutefois fort inférieure

à celle du sucre, et qui, dans les commencements, ne donna que de faibles produits. Le commerce de contrebande, que les colonies de l'Amérique septentrionale entretenaient avec les îles françaises, et la prospérité toujours croissante de celles-ci, enlevaient aux Anglais une portion des ressources qu'ils avaient à exploiter; mais ces causes mêmes amenèrent dans la suite les actes divers par lesquels le parlement leva successivement les entraves qu'il avait d'abord imposées au commerce, et dès lors l'industrie publique put se développer dans toute son activité.

En 1733, les sucres étrangers furent chargés d'un impôt à leur entrée dans les colonies anglaises de l'Amérique septentrionale. En 1739, le parlement leva les difficultés qui gênaient l'extraction du sucre des colonies et son transport en Europe, et ne laissa d'autre charge que celle de faire ce commerce sur bâtiments anglais.

5. Les colonies anglaises situées sur la côte prospérèrent beaucoup plus rapidement, en dépit des efforts que faisait la métropole pour conserver le commerce exclusif. L'immense étendue de ses côtes, et le voisinage des colonies françaises et espagnoles, donnaient une grande activité au commerce de contrebande, et assuraient aux colons des bénéfices considérables; ce fut un sujet fréquent de mésintelligence et de querelle entre l'Angleterre et les colonies; et, dans ces longues discussions, la métropole se vit constamment obligée de céder.

6. Ce furent surtout les provinces situées sur la côte méridionale qui profitèrent de tous les avantages de leur situation. La culture du riz, importée en 1702 de Madagascar dans les deux Carolines, fut pour celles-ci une grande source de richesses; et les émigrations que causèrent les persécutions religieuses, qui eurent lieu à cette époque dans le midi de l'Allemagne, formèrent par degré la province de Géorgie, la plus moderne des treize Provinces-Unies.

La Géorgie se sépara de la Caroline-Sud, et le privilége du commerce dans cette province fut donné, en 1732, à une compagnie particulière; l'Angleterre eut, à cette occasion, une longue discussion avec l'Espagne, qui voulait considérer la Géorgie comme une enclave des Florides. Les émigrations furent nombreuses, et la colonie languissante tant qu'elle préféra le commerce de la pelleterie à la culture des terres : en 1752, les négociants renoncèrent à leur privilége.

7. La Nouvelle-Écosse, cédée à l'Angleterre par le traité d'Utrecht, n'était encore à cette époque qu'un vaste désert. Elle acquit beaucoup d'importance par la pêche de la morue, qui employait un grand nombre de bâtiments; et comme la France avait aussi obtenu le droit d'exercer concurremment cette industrie, cette rivalité devint entre les deux puissances une cause de jalousie et de querelles.

8. Les possessions anglaises aux Indes orientales ne se composaient encore que de Bombay, Madras, le fort William dans le Bengale, et de Bencoulen à Sumatra. A la suite de discussions interminables, les deux compagnies privilégiées se déterminèrent enfin à se réunir, et formèrent ainsi celle qui s'est perpétuée jusqu'à ce jour. Depuis cette époque, le commerce anglais dans les Grandes-Indes s'accrut considérablement, surtout par la fabrication des étoffes de coton; elles trouvèrent un grand débit en Europe, et cette industrie devint si puissante, qu'elle excita les réclamations des fabricants établis en Angleterre, et amena l'acte de 1721, par lequel ces marchandises furent prohibées.

9. Cependant les plaintes qui s'étaient élevées dès le principe contre le monopole des compagnies privilégiées ne cessaient de se reproduire : on les voyait surtout recommencer avec plus de vivacité, toutes les fois qu'il était question de renouveler leurs priviléges. Malgré toutes ces résistances, le gouvernement anglais se détermina, en 1733, à concéder un nouveau titre à la compagnie; il le lui assura pour trente-sept ans, et rejeta le plan qui avait été proposé pour former une association libre, qui aurait exploité ce commerce sans mettre de fonds en commun.

Les querelles des deux compagnies trouvèrent un nouvel aliment dans l'esprit de parti, la plus moderne étant protégée par les wighs, et la plus ancienne par les torys : cette animosité devint telle, que plus d'une fois on put craindre qu'elle ne compromît le repos public. Enfin, le 22 juillet 1702, les deux compagnies se réunirent en une seule qui s'appela : *The united Company of merchants of England, trading to the East-Indies. Compagnie unie des négociants anglais, faisant le commerce dans les Indes orientales.* Chacune d'elles versa dans le fonds commun un million de livres sterlings; mais ce ne fut que sept ans après que l'on forma une seule maison centrale pour la direction des affaires.

10. Insensiblement, et surtout depuis l'avénement de la maison de Hanovre, le gouvernement anglais renonça au système d'exclusion, et adopta des mesures plus favorables au commerce. Les priviléges de monopoles, autres que ceux de la compagnie des Indes, furent successivement abolis, et le gouvernement s'accoutuma à intervenir moins souvent dans les affaires du commerce. On ne renonça pas formellement aux principes du système mercantile, ou du moins on n'annonça pas l'intention de suivre une conduite plus libérale; mais on eut occasion de reconnaître que le plus grand bienfait d'une bonne constitution consiste dans le libre développement de toutes les forces individuelles, et qu'il est de l'intérêt des gouvernements de favoriser l'action de l'industrie, et de la dégager de toutes les entraves. On adopta diverses institutions conformes à ces principes : le système des douanes reçut d'importantes améliorations, et l'Angleterre fut la première puissance en Europe qui donna l'exemple d'une politique plus libérale en ce qui touche les intérêts du commerce; elle fut aussi la première à en recueillir les fruits, et l'accroissement rapide de la richesse publique la porta bientôt au plus haut point de gloire et de prospérité.

11. La France conserva, durant le cours de cette période, le rang que le génie de Colbert lui avait fait prendre parmi les puissances coloniales. Les deux Indes offraient alors un champ si vaste au commerce et à l'industrie, que tous les grands États de l'Europe pouvaient y chercher fortune sans se gêner mutuellement; les concessions auxquelles la France crut devoir accéder furent de peu d'importance, et elle en fut amplement dédom-

magée en se maintenant en paix avec l'Angleterre après la mort de Louis XIV.

12. Ce fut surtout aux Indes occidentales et dans les îles de la Martinique, de la Guadeloupe et de Saint-Domingue que le commerce français se développa avec succès. La culture du café, importée de Surinam à la Martinique, en 1728, ouvrit une nouvelle source de richesse, qui demeura toutefois fort inférieure aux avantages qu'assurait l'exploitation de la canne à sucre dans cette colonie. La prospérité de ces îles dépassa bientôt celle de tous les autres pays environnants, soit par suite de la liberté de commerce que leur accordait la métropole, soit à cause des bénéfices considérables qu'elles retiraient de la contrebande avec l'Amérique espagnole, soit enfin par une conséquence naturelle de l'usage qu'adoptèrent les colons de s'établir au milieu de leurs propriétés, et d'en diriger eux-mêmes l'exploitation, moyen infaillible d'accélérer leur fortune, et de retourner plus promptement dans leur patrie pour y jouir du fruit de leurs travaux.

Par le règlement de 1717, le gouvernement accorda une grande liberté au commerce de ces îles : les produits de l'industrie française y purent entrer sans payer de droits ; ceux des colonies purent être réexportés des ports français à des conditions très-faciles ; enfin, on autorisa les colons à faire des expéditions directes de leurs îles dans les ports étrangers. La France fit, à cette époque, quelques tentatives pour former des établissements dans les îles dites *neutres* (elles appartenaient encore aux Caraïbes), telles que Saint-Vincent, la Dominique et Sainte-Lucie. Cette entreprise l'engagea dans de longues discussions avec l'Angleterre : commencées en 1722, elles se terminèrent, en 1733, par un traité dans lequel les deux puissances consentirent réciproquement à évacuer le pays.

13. Au nord de l'Amérique, la cession de la Nouvelle-Écosse et de Terre-Neuve avait réduit l'étendue des possessions qu'occupait la France ; mais tant qu'elle y conserva le Canada, et surtout la Louisiane, qui devenait chaque jour plus importante, elle eût été peu fondée à se plaindre de cette diminution de territoire : malheureusement le voisinage des colonies anglaises était bien propre à exciter la sollicitude du gouvernement ; et les pre-

mières tentatives qui furent faites pour garnir les frontières de quelques *forts ne tardèrent pas à faire naître les méfiances* et les craintes qui amenèrent plus tard une longue guerre.

14. Dans les Indes orientales, le commerce français subit de nombreuses variations. Le gouvernement demeura fidèle au principe de le faire exploiter par une compagnie privilégiée; mais cette compagnie ne cessa d'être, dans les mains des ministres, comme un instrument applicable à toutes sortes d'expériences: elle ne pouvait exercer d'influence sur ses propres affaires, que par l'habileté des directeurs qu'elle envoyait sur les lieux, et dont quelques-uns furent en effet des hommes très-distingués; mais leur autorité même était insuffisante, et la mobilité des ministres et de leurs systèmes déjouait sans cesse les projets les mieux combinés.

L'ancienne compagnie des Indes orientales, longtemps chancelante et menacée de ruine, se réforma en 1719, lorsqu'on la réunit avec la compagnie du Mississipi et de l'Afrique, qui avait été fondée deux ans auparavant : la nouvelle association prit le titre de *Compagnie indienne* ou *du Mississipi*. Immédiatement après son institution, elle s'associa avec la banque pour la liquidation des dettes de l'Etat, et succomba comme elle en 1721. — Le gouvernement la releva, en lui accordant de grands priviléges, entre autres, celui du monopole du tabac en 1723. La paix maritime, qui succéda à ce premier désastre, lui aida à réparer ses affaires; et sous le ministère du cardinal de Fleury, le contrôleur général Orry, qui fut nommé en 1737, lui accorda une protection active et efficace.

15. Pondichéry était, à cette époque, la seule place vraiment importante que la France possédât sur le continent indien. Vers le même temps, elle fit l'acquisition de deux petites îles dont la propriété lui devint chaque jour plus précieuse, tant à cause de la fertilité de leur sol que par leur situation comme postes militaires.

L'île de France et l'île de Bourbon, qui furent abandonnées par les Hollandais et occupées par la France en 1720. Le comte de Labourdonnaie en fut nommé gouverneur en 1736; elles prospérèrent beaucoup sous son administration, et la culture du café en fit bientôt de riches colonies.

Ch. Grant, Vic. de Vaux, *History of the Isle Mauritius*. Lond. 1801, 1 vol in-4°. On trouve dans cet ouvrage d'excellents matériaux pour l'histoire de ces deux îles, dont le père de M. de Vaux avait été gouverneur.

16. Le commerce maritime des Hollandais demeura à peu près dans le même état; ils conservèrent leur supériorité aux Indes orientales, et nulle puissance européenne n'essayait encore de les troubler dans leurs possessions lointaines; toutefois c'est à cette époque que l'on doit rapporter le principe de leur décadence.

Quant aux Indes occidentales, la colonie hollandaise de Surinam acquit une grande prospérité par la culture du café, qui y fut introduite en 1718.

Les archives de la compagnie hollandaise des Indes orientales seraient peut-être insuffisantes pour éclairer l'histoire de sa décadence et de sa chute. Elle périt par le fait du temps, comme toutes les institutions humaines, et surtout comme toutes les associations de commerce fondées sur les prétentions du monopole, entreprise injuste qui porte toujours en soi le principe de sa destruction. On trouve aussi les causes extérieures de cette chute dans le caractère personnel de quelques-uns de ceux qui conduisirent les affairesde la compagnie, et dans l'instabilité de ces fonctions. (Depuis 1704 jusqu'en 1741, la compagnie changea onze fois de gouverneur général.)

17. Il semble que les révolutions qui agitèrent la monarchie espagnole durant la première moitié du dernier siècle eussent dû se faire ressentir jusque dans les colonies; il n'en fut cependant rien. La guerre de la succession fut réduite, par l'habileté de ceux qui la conduisirent, à n'être qu'une guerre continentale; et les colonies demeurèrent en paix, malgré le traité de l'Assiento, qui donnait entrée aux étrangers: la nouvelle dynastie s'occupa aussi peu de ses possessions au-delà des mers que du gouvernement de la métropole; et si l'Amérique espagnole prospéra pendant le cours de cette époque, elle le doit à ses propres ressources, et nullement à la sollicitude de ses maîtres.

Don Ulloa, *Voyage historique dans l'Amérique méridionale*, 1757, 2 vol. in-4°. C'est le meilleur ouvrage qui ait été écrit sur ce sujet.

18. Cependant, vers la fin de cette époque, les colonies espagnoles devinrent, pour la première fois, la cause immédiate d'une guerre entre deux grandes puissances de l'Europe. Les concessions que l'Espagne avait faites à l'Angleterre, par le traité de l'Assiento, firent naître, comme nous l'avons déjà dit, un commerce de contrebande fort actif; les deux puissances se mirent réciproquement en état de défense, et la guerre éclata enfin en 1739, avant l'expiration du terme de trente ans qui avait été fixé par le traité, et malgré les efforts que fit Walpole pour prévenir cette rupture.

La véritable difficulté consistait dans la demande que faisait l'Espagne du droit de visiter les vaisseaux anglais en pleine mer, et qu'elle fondait sur sa vieille prétention à la domination exclusive de la mer des Indes. Le 15 janvier 1739, il fut signé à Madrid un traité par lequel on ne faisait que remettre à une autre époque la décision de ces querelles : aussi ne fut-il pas de longue durée; le peuple anglais se prononça avec force pour la guerre, et elle fut déclarée la même année. Les Anglais prirent Porto-Bello, et mirent le siége devant Carthagène : plus tard, cette guerre se confondit avec celle qui eut lieu pour la succession d'Autriche.

19. Le Brésil acquérait chaque jour plus d'importance pour le Portugal par la découverte de nombreuses mines d'or, et par le commerce des diamants. On y exploitait aussi avec succès divers produits agricoles, tels que la canne à sucre, le coton, les bois de teinture; et cette belle colonie prospérait sous tous les rapports.

20. Le Danemarck conserva Tranquebar dans les Indes orientales, et y fonda des missions évangéliques en 1705. Ce royaume acquit aussi quelques propriétés en Amérique. En Suède, on fonda en 1731 une société qui exploita directement le commerce de la Chine, mais sans avoir fait un fonds permanent, et sans établir de comptoir aux Indes.

En 1719, les Danois prirent possession de la petite île de Saint-Jean, et en 1733 ils achetèrent à la France celle de Sainte-Croix. — L'île de Saint-Thomas leur appartenait depuis 1671.

SECONDE ÉPOQUE.

DE 1700 A 1740.

SECONDE PARTIE.

HISTOIRE DES PEUPLES DU NORD DE L'EUROPE.

Mémoires de Lamberty. Voy. ci-dessus, page 186.

Schmauss Staatswissenschaft, etc. Voy. ci-dessus, page 125.

Biographies de Pierre le Grand et de Charles XII, et entre autres :

Leben Peters des Grossen, etc. *Vie de Pierre le Grand*, par M. de Halcim, 1804. 3 vol. in-8°, avec une notice critique sur les matériaux de cette histoire.

Nordberg, *Leben von Carl XII*, etc. *Vie de Charles XII*, par Nordberg. 3 vol. in-folio, 1745. — Traduite en français, 4 v. in-4°.

Histoire de Charles XII, par Voltaire, 1754.

Histoire militaire de Charles XII, par Adlerfeld, 1740, 4 vol. in-12.

1. Ici commence la plus grande époque de l'histoire des peuples du Nord : jusque-là on avait vu que de grandes forces pouvaient être déployées dans ces vastes contrées; mais nul souverain n'avait encore entrepris d'en régler l'emploi, et de leur donner une utile direction : il s'agissait donc de déterminer d'abord les relations réciproques de ces divers États, et de commencer une ère nouvelle pour les peuples qui les occupaient, en introduisant chez eux la civilisation européenne.

2. Vers la fin de la période précédente, de nouvelles familles avaient pris possession des trônes du Nord, et les changements qui survinrent dans la suite furent dus, en grande partie, au caractère personnel des nouveaux souverains. La Suède et la Russie exerçaient une prépondérance marquée, et il était réservé

à ces deux puissances de décider de l'issue d'une lutte dans laquelle tous les autres États se virent en même temps forcés de prendre parti. Deux souverains, d'une valeur et d'une énergie peu communes, se trouvèrent en présence, comme pour rendre ce spectacle plus imposant; mais le czar employait toute la force de son caractère au profit de la raison, et le roi de Suède semblait user la sienne pour l'unique plaisir de satisfaire une passion dominante. Cette différence essentielle entre deux grands hommes décida de l'issue de leurs querelles: tous deux se livrèrent à des entreprises extraordinaires; mais Pierre, plus habile que son rival, ne tenta jamais que ce qu'il était sûr de pouvoir obtenir de son peuple.

1° Pierre le Grand monta sur le trône en 1689: la Russie était déjà, à cette époque, le plus grand empire de l'Europe, et s'étendait depuis Archangel jusqu'à la mer d'Azof. Ses habitants étaient barbares, mais ils étaient unis et formaient bien un corps de nation: les grands, esclaves soumis du chef de l'Etat, suivaient son exemple et ses ordres, en adoptant peu à peu les mœurs et les usages des peuples occidentaux; une langue et une religion particulières suffisaient pour donner au reste de la population un caractère et des sentiments nationaux. Après la suppression des Strélitz, l'état militaire fut reconstitué sur le modèle des autres puissances continentales: à la fin du siècle Pierre le Grand eut à ses ordres une armée toute nouvelle et bien disciplinée.

2° En Suède, Charles XII parvint à la couronne en 1697, n'étant encore âgé que de quinze ans. Il trouva un royaume bien réglé, le premier et le plus puissant parmi ceux du Nord, un trésor bien pourvu, une flotte et une armée bien entretenues. Mais la grandeur politique de la Suède était intimement attachée à la possession des provinces situées sur la mer Baltique; et il était difficile à un Etat où l'on ne comptait pas encore trois millions d'habitants, de conserver longtemps, dans son intégrité, tout le pays qu'elle n'avait conquis que par des efforts extraordinaires.

3° Depuis 1696 la Pologne était gouvernée par Auguste II, électeur de Saxe. Ce prince, en introduisant dans sa cour des mœurs et des habitudes nouvelles, ne cessa d'exciter les méfiances, et son administration altéra sensiblement ce caractère énergique que les Polonais avaient hérité des Sarmates: sous son règne la nation toujours inquiète se tint sans cesse en défense contre tout projet de réforme; le roi cependant était peu propre à se jeter dans des entreprises aussi hasardées; mais la résolution qu'il prit de maintenir ses troupes saxonnes, et les querelles de religion qui survinrent dans la suite, entretinrent l'agitation et donnèrent un nouvel aliment à la méfiance et aux habitudes anarchiques.

4° La Prusse fut érigée en royaume en 1701, sous le règne de Frédéric I, électeur de Brandebourg. L'empereur d'Autriche y donna d'abord son consentement; les autres États de l'Europe ne tardèrent pas à reconnaître cette nouvelle puissance, et, dès ce moment, la maison de Brandebourg ne cessa d'employer tous ses efforts pour élever le pays qu'elle gouvernait au niveau des autres puissances continentales.

5° Frédéric IV, devenu roi de Danemarck en 1700, gouverna ce pays jusqu'en 1730. D'abord violemment agité, et menacé dans son existence politique par la guerre qui s'alluma à cette époque, le Danemarck échappa cependant à tous ces dangers, et trouva même des avantages réels dans l'abaissement de la Suède, et dans l'élévation de la Russie; celle-ci, en effet, *était trop éloignée pour l'opprimer*, et le joug de la Suède avait été toujours pesant pour lui.

3. Telle était la situation des États du Nord, lorsqu'on vit éclater, au commencement du dix-huitième siècle, cette terrible guerre de vingt ans, où deux hommes d'un génie supérieur se disputèrent avec acharnement la victoire, entraînant dans leur querelle tous les peuples qui les avoisinaient, et excitant ainsi un soulèvement général.

Pierre le Grand avait formé le projet d'étendre les frontières de la Russie jusqu'à la mer Baltique, et cette augmentation de territoire ne pouvait s'acquérir qu'aux dépens de la Suède: d'un autre côté, le roi de Pologne, cédant aux instances de Patkul, voulut entreprendre de s'emparer de la Livonie; enfin, Frédéric IV, roi de Danemarck, entretint la querelle de sa famille avec la branche cadette de Holstein-Gottorp, et ces diverses causes amenèrent la guerre du Nord.

4. Le 11 novembre 1699, les rois de Danemarck et de Pologne conclurent une alliance secrète contre la Suède, et Pierre le Grand ne tarda pas d'y accéder. L'année suivante, Frédéric IV entra dans le duché de Holstein, et les deux autres souverains firent une invasion en Livonie. Charles XII, pris au dépourvu, attaqué aussi injustement dans ses possessions, se hâta de se mettre en défense, et commença, d'une manière presque mi-

raculeuse, cette carrière de victoires qui a immortalisé son nom.

Les Danois attaquèrent Sleswic et Tonningen au mois d'avril 1700. Le duc de Brunswick, l'Angleterre, la Hollande, qui s'étaient rendus garants de l'exécution du traité d'Altona, se déclarèrent en faveur du duc de Holstein-Gottorp. Charles XII débarqua au mois de juillet dans l'île de Zélande, et força le roi de Danemarck à signer, le 18 août de la même année, la paix de Travendal, par laquelle il s'engagea à rétablir le duc de Holstein et à ne commettre aucun acte d'hostilité contre la Suède.

5. Délivré de l'un de ses ennemis, Charles se porta rapidement en Livonie pour attaquer le czar et le roi de Pologne : mais ceux-ci étaient plus forts et plus redoutables ; la victoire de Narva ne suffisait pas pour mettre la Russie hors de combat ; et Charles commit la faute d'exciter des troubles en Pologne, et d'y créer ainsi un parti qui se dévoua à la défense du roi.

Auguste II entra en Livonie avec une armée saxonne, et mit le siége devant Riga : le czar, en sa qualité d'allié du roi de Pologne, déclara la guerre à la Suède le 19 août 1700, et attaqua la forteresse de Narva ; Charles XII marcha sur lui, et remporta une grande victoire le 30 novembre suivant. Cette défaite de l'armée russe fut attribuée principalement à la mésintelligence qui régnait entre les chefs réunis sous le commandement d'un étranger, le duc de Croï.

6. Après le grand succès qui amena l'évacuation de la Livonie, Charles XII eut à choisir entre le czar et le roi de Pologne, et il encourut encore, à cette occasion, le reproche de n'avoir pas reconnu lequel de ses deux ennemis était le plus redoutable et devait être le plus promptement attaqué. Cédant à un sentiment de haine personnelle, il marcha contre Auguste II, qui, déjà vaincu, sollicitait la paix ; et, par cette détermination imprudente, il laissa au czar le temps de se remettre d'une première défaite, et de rassembler de nouvelles forces.

Au mois de février 1701, le czar et le roi de Pologne eurent une entrevue à Birzen, et renouvelèrent leur alliance. Le 18 juillet suivant, Charles battit encore les Saxons à Riga, et dans le cours de cette campagne il se borna à tenir deux petits corps d'observation en présence de l'armée russe.

7. De plus en plus animé contre la Pologne, le roi de Suède entreprit d'y exciter la guerre civile, de détrôner Auguste II, et de faire nommer un autre roi; résolution funeste pour lui, et qui prépara la chute de la puissance suédoise. Il ne réussit que trop à ranimer dans ce malheureux pays toutes les fureurs de l'esprit de parti et du fanatisme religieux; mais il perdit cinq années à poursuivre de vains projets, et d'autres ennemis plus habiles ne manquèrent pas de mettre à profit le délai qu'il leur accordait.

Le parti de Sapieha contracta alliance avec Charles XII. Ce prince vainquit les Polonais à Klissow le 19 juillet 1702, et à Pultusk le 1er mai 1703. Une nouvelle confédération se forma contre lui à Sendomir, le 2 août de la même année, et, le 14 janvier suivant, il réussit à rassembler un autre parti, qui se réunit à Varsovie sous la conduite du prince primat, et qui élut pour roi de Pologne Stanislas Leczinski, palatin de Posnanie. Charles, qui l'avait proposé, se hâta de le reconnaître, et conclut avec lui un traité de paix et d'alliance. La guerre, cependant, continuait en Pologne et en Lithuanie; Charles défit l'armée saxonne à Fraustadt, le 16 février 1706; il entra en Saxe, et força le roi à signer le traité d'Altranstadt, le 24 septembre de la même année. Auguste renonça à la couronne de Pologne et à son alliance avec le czar; il reconnut Stanislas Leczinski roi de Pologne, et accorda à l'armée suédoise des quartiers d'hiver en Saxe, s'engageant de plus à lui fournir la solde et les vivres.

8. Pendant ce temps, Pierre le Grand avait établi sa puissance sur la mer Baltique, objet de son ambition : l'Ingrie et la Carélie étaient redevenues provinces russes; et, au milieu de ses nouvelles conquêtes, il commençait à s'élever une nouvelle capitale. Cinq ans auparavant, le roi de Suède n'avait pu prévoir que son rival déploirait tant d'activité et de génie: son plus grand tort fut de persister dans son insouciance pour un si puissant adversaire, jusqu'au moment où il eut terminé les affaires de Pologne.

En 1701 et 1702, Pierre défit les corps d'armée suédois que Charles XII avait laissés dans la Livonie et dans l'Ingrie; il s'empara de Nottebourg (Schlusselbourg) le 11 octobre 1702, et de Nyenschanz le 1er mai 1703. Dans la même année, il jeta les premiers fondements de la ville de Saint-

Pétersbourg; l'année suivante, il prit définitivement possession de la Livonie, et occupa la forteresse de Narva.

9. Sur ces entrefaites, Charles XII se détermina à attaquer son ennemi au centre de son empire ; mais la Russie était plus difficile à conquérir que la Pologne, et le czar devait résister plus que n'avait fait le faible électeur de Saxe. Il marcha d'abord vers la capitale de la Russie, puis, cédant aux propositions qui lui furent faites de la part de l'hetman des cosaques Mazeppa, il changea de route, et se dirigea vers l'Ukraine ; dès ce moment il fut possible de prévoir l'issue d'une entreprise aussi hasardeuse.

Le roi de Suède partit de Saxe au mois de septembre 1707. Il traversa la Pologne, et donna ordre au général Lewenhaupt de le rejoindre en Courlande : le 11 août 1708, il passa le Nieper, et pénétra dans l'Ukraine ; pendant ce temps, Lewenhaupt était arrêté par les armées de Pierre le Grand : il fut battu à Liesna le 28 septembre de la même année, et, pour comble de malheur, Charles ne put obtenir de Mazeppa les secours qu'il en avait attendus : au mois de mai 1709, il mit le siége devant Pultawa, et le czar se hâta de marcher sur lui.

10. La bataille de Pultawa (8 juillet 1709) décida du sort du nord de l'Europe. Nulle autre dans les temps modernes n'eut de plus graves conséquences : elle consolida d'une part tous les travaux entrepris par Pierre le Grand, d'autre part elle renversa en un instant une puissance colossale, élevée trop haut pour pouvoir se soutenir.

11. Toutes les alliances que Charles XII avait contractées ou arrachées par la force furent dissoutes à la suite de cet événement. Le Danemarck ne se crut plus engagé par le traité de Travendal, la Saxe par celui d'Altranstadt; Auguste rentra en Pologne, reprit possession de son trône, et renouvela ses traités avec le czar ; mais celui-ci eut soin de retenir pour lui la Livonie, qu'il avait en effet conquise à lui seul.

Renouvellement de l'alliance de la Saxe et du Danemarck avec la Russie, au mois d'août 1709. — L'électeur de Saxe rentre dans Varsovie, et est reconnu de nouveau roi de Pologne. — Le roi de Danemarck déclare la guerre à la Suède, et fait une invasion en Scanie, au mois de novembre de la même année.

12. Les troupes suédoises s'étant retirées en Poméranie, et les provinces allemandes appartenant au roi de Suède se trouvant ainsi en état de défense, il semblait que la guerre allait s'établir en Allemagne, et se lier à celle qui se faisait pour la succession d'Espagne. Afin d'éviter ce nouvel embarras, les puissances intéressées dans la querelle reconnurent, par la convention de La Haye, la neutralité de ces provinces; mais Charles XII ne voulut point y consentir, et refusa tout accommodement.

La convention fut signée à La Haye, le 31 mars 1710, sous la médiation des puissances maritimes et de l'empereur d'Autriche, entre le sénat suédois, les alliés et l'empire d'Allemagne. Les provinces suédoises allemandes furent déclarées neutres, ainsi que le duché de Sleswic et le Jutland, sous la garantie formelle de la Prusse, du Hanovre et des autres puissances maritimes. Le 30 novembre de la même année, Charles XII fit connaître sa protestation contre ce traité.

13. Privé du secours même de son pays, le roi de Suède chercha à s'en assurer chez les étrangers; et bientôt il fonda tout son espoir sur l'assistance de la Turquie, où il avait été reçu avec les plus grands honneurs. Les Turcs avaient un vif intérêt à soutenir de tous leurs moyens l'ennemi de Pierre le Grand et de la Russie; Charles XII entreprit de leur faire déclarer la guerre, et réussit, à force de persévérance, à faire adopter dans le divan une résolution conforme à ses désirs.

Charles s'étant réfugié en Turquie, s'établit à Bender au mois de septembre 1709, et y resta jusqu'au 10 février 1713. La trève qui avait été conclue pour trente ans fut rompue, et la Turquie déclara la guerre aux Russes en décembre 1710.

14. Après cette décision, le roi de Suède reprit courage, et parut espérer de voir revenir le temps heureux où il triomphait de tous ses ennemis. Ces illusions ne tardèrent pas à être détruites de la manière la plus cruelle : au moment où le czar,

enfermé avec toute son armée dans la Moldavie, semblait n'avoir plus aucune ressource, l'habileté d'une femme et l'avidité du grand vizir amenèrent un autre dénoûment ; le traité du Pruth fut signé ; traité plus funeste à la fortune du roi de Suède que n'avait pu l'être la bataille même de Pultawa.

Le 13 avril 1711, le czar conclut une alliance avec le prince de Moldavie, Démétrius Cantemir, sous la promesse de rendre la dignité de prince héréditaire dans sa famille, et de le mettre sous la protection immédiate de la Russie. Le 16 juin suivant, Pierre passa le Niester, et se réunit au prince de Moldavie à Jassy. Lorsque, par une suite des manœuvres de l'armée turque, les Russes se virent enfermés et hors d'état de se défendre, Catherine proposa au czar d'entamer une négociation qu'elle conduisit elle-même, et qui amena le traité du 24 juillet 1711 ; les principales conditions furent que le territoire d'Azof serait rendu à la Turquie, que l'on raserait les forteresses nouvellement construites sur la frontière russe, et principalement Tangarock ; que le roi de Suède aurait libre passage pour retourner dans ses États. — Aux premières nouvelles qu'il avait reçues, Charles était parti de Bender en toute hâte, et il arriva à temps pour voir l'armée russe sortir de la prison où elle avait été enfermée quelques instants. — Toutefois, Charles ne désespéra pas de faire recommencer la guerre ; il obtint même une nouvelle déclaration ; mais les puissances maritimes intervinrent encore, et firent conclure le second traité du 16 avril 1712, par lequel on ajouta aux conditions antérieures celle de l'évacuation de la Pologne par les armées russes.

W. Theyls, *Mémoires pour servir à l'Histoire de Charles XII pendant son séjour dans l'empire ottoman.* Leyde, 1722, in-8°.

15. Cependant le refus du roi de Suède d'accéder à la convention de La Haye avait, pour le nord de l'Europe, les conséquences les plus graves. Les provinces suédoises, en Allemagne, excitèrent l'ambition des alliés, et le nouveau roi de Prusse, Frédéric Guillaume I, parvenu au trône en 1713, voulut aussi prendre part à toutes ces affaires. Les rois de Danemarck et de Pologne entrèrent en Poméranie : le premier ne s'empara d'abord que de Brême et de Verden ; mais bientôt il trouva un nouveau prétexte pour occuper aussi le duché de Holstein-Gottorp : le roi de Prusse, de son côté, mit le siége devant Stettin, déclarant toutefois qu'il ne voulait que protéger sa neutralité.

Les Danois et les Saxons entrèrent en Poméranie en 1711; Brême et Verden furent prises l'année suivante; le comte de Steenbock débarqua au mois de septembre, et gagna contre les Danois la bataille de Gadebusch le 12 décembre suivant. Après l'incendie d'Altona (le 8 janvier 1713), le général suédois fut enfermé dans le fort de Tonningen, et fait prisonnier par une armée russe le 6 mai suivant.

Mémoires concernant les campagnes de M. le comte de Steenbock, de 1712 et 1713, avec sa justification, par M. N....., 1745, in-8°.

16. Le roi de Danemarck se hâta de tirer parti de ses conquêtes; et, tandis que la guerre durait encore, il vendit à l'électeur de Hanovre les villes de Brême et de Verden, sous la condition de maintenir l'exécution de ce traité contre les armes de la Suède. Charles XII témoigna sa juste indignation contre George I, et le Hanovre et l'Angleterre se trouvèrent ainsi engagés dans la querelle des peuples du Nord. Sur ces entrefaites, le roi de Suède, attiré d'ailleurs par les nouvelles qu'il recevait de son royaume, se décida à tenter un dernier effort; et, au moment où on l'attendait le moins, il reparut à Strelsund, espérant encore renverser par la force de son génie la ligue puissante qui poursuivait sa ruine.

Les villes de Brême et de Verden, également importantes pour le Hanovre et pour l'Angleterre, furent vendues par le roi de Danemarck, le 26 juin 1715. — La résolution du roi d'Angleterre de s'engager dans cette lutte, et d'envoyer une escadre dans la Baltique, fut provoquée principalement par la sévérité des édits que publiait Charles XII contre la navigation des neutres. — Au mois de décembre 1713, on fit en Suède quelque tentative pour transférer la régence à la sœur du roi, Ulrique-Eléonore, et il y eut une diète assemblée à cette occasion. — Le roi revint à Stralsund le 22 novembre 1714.

17. La ville de Stralsund restait seule au roi de Suède de tout ce qu'il avait possédé hors de son royaume; le nombre de ses ennemis s'était augmenté par l'accession de la Prusse et du Hanovre à la confédération générale, et plusieurs provinces même de l'intérieur se prononçaient presque ouvertement pour le czar, nouveau souverain des pays situés sur la Baltique : bientôt

Stralsund même fut obligée de se rendre, et le roi de Suède rentra dans ses États entièrement dépouillé et dénué de toute ressource.

Alliance entre la Prusse, la Saxe, le Danemarck et le Hanovre, au mois de février 1715. — Au mois d'octobre suivant, nouveau *traité* entre la Prusse, le Hanovre et la Russie. — Wismar et Stralsund sont attaqués par les alliés; et cette dernière place se rend, le 12 décembre de la même année, peu après le départ de Charles XII.

18. Au milieu d'une situation aussi désespérée, Charles eut encore le bonheur de trouver l'ami et le conseiller dont il avait besoin pour la conduite de ses affaires, dans la personne du baron Goertz, ministre à la cour de Holstein-Gottorp. Ces deux hommes, de caractères entièrement opposés, semblaient cependant destinés à se prêter un mutuel secours. Instruit par l'adversité, Charles XII avait reconnu que la force des armes ne fait pas seule tous les succès; Goertz lui apprit quelles ressources on pouvait trouver dans la politique et dans un système régulier de finances; le roi l'écouta et prit confiance en lui; il le mit à la tête du gouvernement, malgré l'opposition de toute la noblesse. En peu de temps, le baron de Goertz trouva moyen de rétablir le crédit de la Suède, et de fournir à son maître les ressources dont il avait besoin pour continuer la guerre; mais il voulut que cette guerre fût faite avec prudence et sans rien donner au hasard: et d'abord il conseilla au roi de laisser le czar jouir en paix de ses conquêtes, de se maintenir en bonne harmonie avec les plus puissants de ses ennemis, et de commencer par ceux qui seraient le moins en état de lui résister. Ce plan de conduite était indiqué par la situation, et Pierre le Grand, qui n'avait plus d'intérêt à faire la guerre à la Suède, ne pouvait manquer d'y accéder; le baron de Goertz avait des relations dans toutes les cours de l'Europe, et, dès qu'il eut obtenu l'autorisation d'agir, il entama des négociations sur tous les points.

Les alliés, et surtout le Danemarck et l'Angleterre, eurent un premier sujet de mécontentement contre le czar, lorsqu'en 1716 l'expédition qu'il avait dirigée en Scanie fut rappelée sans avoir rien entrepris. — Goertz négocia dans le même temps avec Alberoni et le prétendant, contre George I. — Le czar entreprit même, en 1717, pendant son voyage en France, de faire déclarer cette puissance contre l'Angleterre, mais il ne put y réussir. — Au mois de mai 1718, on entreprit dans l'île d'Aland une négociation secrète entre la Suède et la Russie : elle était conduite d'un côté par le baron de Goertz et Gyllenborg, de l'autre par Ostermann et Bruce. On y proposa que la Norwége et le Hanovre fussent donnés à la Suède, à titre d'indemnité, et que le duc de Holstein-Gottorp et le roi de Pologne Stanislas fussent rétablis dans leurs Etats.

Rettung der Ehre und Unschuld des Freyherrn von Goertz, etc. — *Défense du baron de Goertz*, 1776, in-8°.

19. Charles XII périt dans la tranchée de Fridérickshall, le 11 décembre 1718, au moment où la fortune semblait se lasser de le poursuivre : deux mois après, les ennemis du baron de Goertz lui firent expier sur l'échafaud son zèle pour le service du roi et le commencement de ses succès. La mort de ces deux grands hommes amena un changement complet dans la politique du gouvernement suédois. Il rompit toutes les négociations avec la Russie, et contracta une alliance avec l'Angleterre : peu après, et sous la médiation de cette puissance, la Suède conclut des traités, chèrement achetés, avec le Hanovre, la Prusse, le Danemarck et la Pologne.

1° Avec le Hanovre, 9 novembre 1719. La Suède abandonne Brême et Verden, et reçoit un million de rixdalers.

2° Avec la Prusse, 1er février 1720. La Prusse conserve Stettin et une portion de la Poméranie, ainsi que les îles de Wollin et d'Usedom, à la condition de payer à la Suède deux millions d'écus.

3° Avec le Danemarck, 14 juillet 1720. Le Danemarck cède tout ce qu'il avait pris sur la Suède : celle-ci renonce à l'exemption des droit de péage dans le Sund, et paie six cent mille écus : la France et l'Angleterre garantissent au Danemarck la possession tranquille du duché de Sleswic ; le duc de Holstein-Gottorp est sacrifié dans tous ces arrangements, et la Suède s'engage à ne lui prêter aucune assistance.

4° Quant à la Pologne, les conditions de la trève qui avait été signée le 7 novembre 1719 furent toutes confirmées.

20. Mais ces sacrifices étaient peu de chose en comparaison

de ceux auxquels la Suède fut obligée de souscrire pour conclure un traité de paix avec le czar, et pour mettre un terme à la guerre de dévastation que celui-ci entreprit en 1720 sur les côtes de Finlande, sans que la flotte anglaise mise en mer pût parvenir à la défendre.

Le traité de paix conclu à Nystadt le 10 septembre 1721 acheva l'œuvre entreprise par le czar Pierre depuis plus de vingt ans. La Suède céda à la Russie la Livonie, l'Estonie, l'Ingrie, la Carélie, une portion du territoire de Wiborg, les îles d'Oesel, Dagoé et Moen, et toutes les autres depuis la frontière de Courlande jusqu'à Wiborg : elle reprit possession de la Finlande, et reçut un engagement de deux millions d'écus. Le czar promit de ne pas se mêler des affaires intérieures de la Suède ; la Pologne et l'Angleterre stipulèrent aussi dans ce traité.

21. L'histoire de cette longue guerre et de son dénoûment indique déjà les changements qui s'opérèrent dans la situation des États du Nord : toutefois, en se transportant à cette époque, il est facile de se convaincre que les augmentations ou les diminutions de territoire, résultat des divers traités, exercèrent une moins grande influence sur la destinée ultérieure de ces peuples, que ne le purent faire les modifications importantes survenues vers la même époque dans les mœurs et les habitudes des gouvernements du Nord.

22. La Russie était devenue la première de toutes les puissances dans l'Europe orientale. Le chef habile de ce vaste empire était parvenu à donner une importance européenne à son armée et à la capitale de ses États : la ville de Pétersbourg, création de son vaste génie, s'agrandissait chaque jour ; le czar put désormais entreprendre avec honneur de poser sur sa tête la couronne impériale, et cette cérémonie s'accomplit en 1721, dans la nouvelle résidence. A cette époque, la Suède avait déjà perdu toute sa supériorité dans le Nord, et la Russie avait assuré sa prépondérance en conquérant la domination dans la mer Baltique.

23. Dans une telle situation, il dépendait du chef même de l'Empire de fixer les limites de ses États : sous le règne de

Pierre le Grand, cette puissance ne s'étendit pas au-delà du nord de l'Europe ; sur la mer, elle se maintint dans la Baltique ; sur le Continent, elle ne se montra redoutable qu'à ses voisins. Les dernières années de la vie du czar furent employées assez inutilement à de longues guerres contre la Perse ; et, quoiqu'il prît le soin de désigner lui-même son successeur, on ne tarda pas de reconnaître, après sa mort, que l'empire avait changé de maître. Dès ce moment, le trône et la cour furent exposés à de fréquentes révolutions ; mais le pays même n'en était point atteint, et tout restait calme dans l'intérieur de l'empire. La situation de la ville de Pétersbourg et des autres ports de la Baltique assurait au commerce la circulation des produits de l'intérieur et de l'étranger, et préparait lentement, mais avec sûreté, l'accroissement des forces réelles de la nation.

24. La Suède, pauvre et dépouillée, était encore réservée à des maux plus grands que ceux que lui avait causés une longue guerre. Après la mort de Charles XII, on entreprit de réprimer les abus d'un pouvoir illimité, et les mesures par lesquelles on voulut y remédier amenèrent de plus grands malheurs : l'aristocratie s'empara de toute l'autorité ; le trône devint électif ; la diète exerça le pouvoir souverain, et le roi ne conserva que son titre et une vaine représentation.

La sœur cadette de Charles XII, Ulrique-Éléonore, fut nommée reine le 21 février 1719, et monta sur le trône, au préjudice du duc de Holstein-Gottorp, fils d'une sœur aînée du roi. On publia une nouvelle constitution, en vertu de laquelle la souveraineté absolue fut déclarée abolie dans la personne du monarque et la diète admise à prendre part au gouvernement. Le 3 mai 1720, la reine remit les droits de sa couronne au prince Frédéric de Hesse, son époux, qui fut obligé de se soumettre à de nouvelles restrictions.

25. La Pologne présentait un spectacle encore plus triste. En proie, pendant les guerres, aux fureurs des étrangers et de ses propres enfants, elle fut de plus ravagée par la peste et par la famine, et la paix n'amena que de nouvelles calamités. Les dissensions religieuses que le roi de Suède avait excitées pendant

son séjour dans ce pays survécurent à tous les traités ; les jésuites prirent grand soin de les entretenir, et c'est à cette époque que les dissidents se virent contraints, par les persécutions qu'ils essuyèrent, à se constituer en parti politique.

La diète de 1717 dépouilla tous les dissidents de leur existence politique. Leurs églises furent renversées, et les cruautés qu'ils essuyèrent à Thorn, en 1724, furent sur le point d'amener une guerre entre la Pologne et la Russie.—En 1733, ils furent solennellement exclus des diètes, de toutes les places élevées et des starosties.

26. Tandis que la Pologne marchait à sa ruine, la monarchie prussienne s'agrandissait, et prenait chaque jour plus de consistance. La chute de la Suède délivra la Prusse du voisinage le plus dangereux, et lorsque Frédéric-Guillaume I succéda à son père en 1713, on vit, comme en Russie, une nouvelle puissance s'élever rapidement, avec cette différence remarquable que le czar trouva du moins dans la vaste étendue et dans la population de ses États quelques éléments de force et de grandeur, tandis que le roi de Prusse, ne possédant que peu de ressources, ne put devoir ses succès qu'à sa persévérance dans le système de la plus sévère économie.

27. De plus, cette économie était encore commandée par la situation particulière d'un État dont les principaux revenus consistaient dans les produits de ses domaines : l'exploitation de ces biens devint l'objet le plus important de l'administration intérieure ; les baux emphytéotiques furent résiliés ; le roi créa en 1713 les chambres des domaines ; en 1723, il les soumit à la surveillance d'un directoire central, et posa ainsi les premiers principes du régime administratif en Prusse. Dès que cet ordre fut bien établi, les revenus et les dépenses de chaque année purent être régulièrement arrêtés, et la sévérité de la surveillance donna de plus les moyens de travailler à la formation d'un fonds de réserve, lequel put encore s'accroître du produit éventuel des impôts, dont le temps et les progrès de l'industrie faisaient reconnaître la possibilité.

28. Ce fut par ces moyens que la monarchie prussienne acquit en quelques années une importance et une force qui semblaient ne pouvoir appartenir qu'à un État beaucoup plus considérable. Animé par le succès, le roi s'attacha tous les jours davantage à ce système d'économie; peu jaloux de conquêtes, et dénué d'ailleurs des qualités propres à faire un grand capitaine, il avait toutefois les goûts et les habitudes militaires; et les soins qu'il prit pour former une bonne armée complétèrent l'œuvre de son règne, en préparant la puissance de la Prusse à l'extérieur.

29. Il fallut tout le génie du successeur de Frédéric I pour donner à cette armée la force et l'influence qu'elle a acquises plus tard en Europe. Mais déjà, à l'époque dont il s'agit, les autres puissances continentales trouvèrent dans l'organisation militaire de la Prusse d'utiles leçons dont elles ne manquèrent pas de profiter, et qui fixèrent les principes suivant lesquels les armées permanentes sont maintenant organisées en Europe. Un peu plus tard, le désir insensé d'avoir une force militaire plus considérable que ne peut la fournir la population, amena l'habitude de faire des enrôlements à l'étranger; et c'est ainsi qu'on est parvenu successivement en Europe à donner à l'état militaire une importance et un crédit forts supérieurs aux vrais besoins de chaque puissance.

30. La situation géographique de la Prusse la força dès ce moment à prendre part aux affaires de l'Europe, tant à l'orient qu'à l'occident : les intérêts des puissances maritimes, et ceux que pouvaient faire naître les guerres de Turquie, lui demeurèrent seuls étrangers. On voit la confirmation de cette vérité sous le règne du premier Frédéric : à cette époque, la Prusse, en paix avec l'Autriche, eût même borné ses prétentions à la conservation de ce qu'elle possédait en Westphalie, si la guerre du Nord ne lui eût fourni une excellente occasion de s'agrandir fort utilement du côté de la Poméranie.

31. Le Danemarck, qui prit une part fort active à cette guerre, n'y gagna que le duché de Sleswic; et le temps n'était pas éloigné

où la maison de Holstein-Gottorp, offensée à bon droit d'une telle iniquité, devait lui faire expier chèrement cette usurpation.

32. Les derniers traités de paix n'avaient laissé aucune question politique dans l'indécision; la supériorité de la Russie, l'anéantissement de la Suède, étaient trop bien constatés pour qu'il fût possible que cette cause d'inimitié se reproduisît de longtemps. Après la mort de Pierre le Grand, et sous le règne de Catherine I et de Pierre II, on s'occupa peu en Russie de la politique extérieure et des affaires de l'Europe; les Menzikoff et les Dolgorouki, qui gouvernèrent successivement l'Empire, bornèrent tous leurs soins à satisfaire leur ambition et celle de leur famille: le traité d'alliance que l'impératrice Catherine conclut avec l'Autriche en 1726 n'eut pour la Russie aucun résultat important.

Menzikoff parvint au pouvoir le 9 février 1725, et le conserva jusqu'à la mort de Catherine, arrivée le 16 mai 1727. Au mois de septembre de la même année, il fut exilé par Pierre II, successeur de Catherine, et remplacé par le prince Dolgorouki.

33. Au mois de février 1730, la nièce de Pierre le Grand, Anne, veuve du duc de Courlande, monta sur le trône: son règne, de dix années, fut signalé par des changements considérables dans la situation et dans la politique extérieures de la Russie. Les efforts que les grands de l'empire ne cessaient de faire pour diminuer la puissance absolue du monarque précipitèrent leur chute, et firent passer la direction des affaires publiques dans les mains des étrangers. Ceux-ci, animés de projets et d'espérances diverses, s'entendaient néanmoins sur la nécessité de relever au dehors le crédit et l'importance de la Russie. Élèves de Pierre le Grand, Munich et Ostermann ne cherchèrent dans les intrigues des cours que les moyens de parvenir à l'exécution de leurs vastes projets; et Biren lui-même, favori de l'impératrice et maître absolu du gouvernement, trouva dans la politique extérieure les armes les plus puissantes pour satisfaire ses passions despotiques.

Mémoires politiques et militaires sur la Russie, depuis l'année 1727 *jusqu'à* 1744, par le général de Manstein, in-8°.

Voy. aussi le *Magasin* de Busching, tomes 1, 2 et 3.

34. Ce fut d'abord sur le duché de Courlande que s'exercèrent les négociations et les intrigues du cabinet de Russie. Relevant de la Pologne, cette province devait lui être réunie à l'extinction de la maison ducale de Kettler ; mais les États avaient déjà annoncé leur intention de s'opposer à cette réunion, et l'impératrice de Russie profita de cette circonstance pour y établir son premier ministre.

En 1726, les Etats de Courlande, voulant prévenir la réunion de ce pays à la Pologne, avaient élu le comte Maurice de Saxe pour successeur du duc Ferdinand qui régnait encore : celui-ci étant mort en 1737, Maurice ne put se faire reconnaître, et l'influence de la Russie détermina l'élection d'Ernest de Biren. Il en fut chassé en 1741 ; la Courlande demeura occupée par des troupes russes ; plus tard, en 1759, le prince Charles de Saxe reçut de la Pologne l'investiture de ce duché à titre de fief; enfin, en 1763, Biren, rappelé de l'exil par Pierre III, fut de nouveau reconnu duc de Courlande, et en conserva la dignité à l'avénement de Catherine II.

35. Auguste II, roi de Pologne, étant mort en 1733, la nation se prononça pour le choix d'un Polonais; et, sous la protection de la France, elle nomma, pour la seconde fois, Stanislas Leczinski, beau-père de Louis XV. Mais Auguste de Saxe attira dans son parti la Russie, en assurant à Biren la possession tranquille du duché de Courlande, et l'Autriche, en promettant à Charles VI sa garantie pour la Pragmatique Sanction. Une armée russe fut envoyée en Pologne, et sa présence décida en faveur d'Auguste III.

Stanislas Leczinski s'étant rendu secrètement en Pologne, fut présent à son élection, qui eut lieu le 9 septembre 1733. L'armée russe, aux ordres du général Lascy, hâta sa marche; et le 5 octobre suivant, Auguste III fut nommé par une assemblée qui n'était composée que d'un petit nombre d'électeurs. Stanislas se retira à Dantzick; le comte de Munich fut investi du commandement en chef des troupes russes; il alla mettre le siége devant la ville, et s'en empara le 30 juin 1734, après que Stanislas se fut échappé à l'aide d'un déguisement. Les querelles de parti excitées par l'élection se prolongèrent jusqu'à la diète, qui fut tenue au mois de juillet 1736. On signa alors un traité de pacification, à la suite duquel les Russes évacuèrent le territoire polonais.

36. Le règne d'Auguste III parut n'être que la continuation de celui de son père ; en sorte que les germes d'anarchie et de dissolution qui s'étaient précédemment manifestés purent se développer librement et sans obstacle, à l'aide de l'état de paix qui succéda à de plus vives agitations. Les grands seigneurs, encouragés par l'exemple du monarque, ne mirent plus de bornes à leurs prodigalités ; ils allèrent porter leur désœuvrement dans toutes les cours d'Europe, achevant ainsi de détruire ce qu'il y avait de dignité et de force dans leur caractère : dépravation d'autant plus funeste en ce pays, que les grands et la noblesse y formaient à eux seuls la nation, et que les mœurs et les habitudes nationales pouvaient seuls contre-balancer les graves inconvénients de l'anarchie politique.

37. Tandis que la Pologne marchait ainsi à sa dissolution, tandis qu'en Suède les factions s'animaient de plus en plus et se préparaient à la guerre civile, la Russie se disposait à prendre les armes contre les Turcs. A cette *époque*, les chefs de parti qui conduisaient les affaires à la cour de Pétersbourg crurent que le moment était venu de poursuivre l'exécution des projets du czar Pierre, et d'effacer la honte du traité du Pruth : on forma donc la résolution d'étendre la domination de la Russie jusque sur les bords de la mer Noire ; on profita de cette occasion pour éloigner Munich de la cour, en lui donnant le commandement général des armées, et l'on se hâta de commencer la guerre tandis que les Turcs étaient occupés en Asie à résister aux conquêtes des Persans.

Les campagnes du maréchal Munich, depuis 1735 jusqu'en 1739, furent brillantes, mais peu fructueuses. En 1736, il s'empara de la forteresse d'Azof, et pénétra dans la Crimée, mais sans pouvoir s'y maintenir. L'année suivante il s'établit vers l'embouchure du Nieper, et prit Ocsacow. En 1738, la famine et la peste firent d'effroyables ravages dans l'armée russe. Enfin, en 1739, le maréchal Munich s'avança sur le Niester le 28 août ; il gagna la bataille de Slavutschane, et s'empara du fort de Choczim et de toute la Moldavie.

Lebensbeschreibung des Russ. Kayserl. Generalfeld-marschalls Grafen von *Münich*, etc. — *Vie du feld-maréchal-général comte de Munich*, par Halem. *Oldenbourg*, 1803. — Traduite en français.

38. Le traité d'alliance que l'impératrice Catherine avait conclu avec l'Autriche fournit à cette puissance un prétexte pour prendre part à la guerre contre les Turcs, et ce fut un malheur pour la Russie. Le prince Eugène n'était plus à la tête des armées impériales ; les Turcs profitèrent habilement de la mésintelligence qui ne manqua pas de s'établir entre les alliés ; l'Autriche vaincue se vit forcée de conclure un traité honteux à Belgrade, et bientôt après la Russie reconnut aussi la nécessité de consentir à un accommodement.

Les Autrichiens entrèrent en campagne en 1736, et furent successivement chassés de la Servie, de la Bosnie et de la Valachie. Le grand vizir mit le siége devant Belgrade en 1739; et, le 18 septembre de la même année, un traité de paix fut conclu entre l'Autriche et la Turquie, sous la médiation de la France : traité honteux, dont l'empereur Charles VI se crut obligé de s'excuser auprès de l'impératrice de Russie. L'Autriche céda à la Porte Belgrade, Orsowa et Sabacz, et abandonna la Servie et la Valachie autrichienne, ne conservant que le bannat de Temeswar. La Russie conclut la paix peu de temps après; elle restitua à la Porte toutes ses conquêtes, sauf une portion de territoire dans l'Ukraine, et la forteresse d'Azof fut démolie.

39. Ainsi l'Autriche perdit le fruit de toutes les victoires du prince Eugène, et la Russie se vit forcée de remettre à des temps plus opportuns ses projets d'agrandissement sur la mer Noire. Il faut reconnaître cependant que cette guerre répara pour elle la honte du traité du Pruth : la supériorité de la Russie dans l'Europe orientale fut reconnue par toutes les puissances ; les armées russes acquirent une consistance et une renommée à l'égal de toutes celles des autres États ; et l'on peut dire à cet égard que le maréchal Munich fut l'Eugène du nord de l'Europe.

TROISIÈME ÉPOQUE.

DE 1740 A 1786.

PREMIÈRE PARTIE.

HISTOIRE DES ÉTATS DU MIDI DE L'EUROPE.

1. Voici l'époque la plus intéressante de l'histoire que nous écrivons, et celle qu'il est le plus difficile de considérer sous tous les points de vue qu'elle présente. La civilisation européenne se développa avec une plus grande activité, et les peuples de cette portion du monde se lièrent de plus en plus par de nouveaux rapports qui tendirent chaque jour à détruire les caractères essentiels par lesquels on pouvait auparavant les distinguer. On étudia les diverses langues qui se parlent en Europe, et ce fut un puissant moyen d'établir une espèce de communauté dans les idées et les opinions; enfin, les gouvernements avaient déjà renoncé à l'importance qu'on avait longtemps attachée aux différences des cultes religieux, et cette révolution s'opéra également chez les peuples.

2. Les principes de l'administration et ceux de l'économie politique se dégagèrent successivement des préjugés sous lesquels ils étaient demeurés enfouis si longtemps; le commerce prit un nouvel essor; les mers, les contrées les plus lointaines furent visitées et explorées avec soin; l'art de la guerre se perfectionna. Il est à remarquer que ces nombreux succès ne se manifestèrent pas seulement par d'utiles réalités, et que l'esprit du temps se signala surtout par un zèle extrême à fonder des théories : tout fut soumis aux expériences, le raisonnement fut appliqué à tout;

et cette méthode investigatrice devint le caractère principal de l'époque dont nous nous occupons.

3. L'un des premiers résultats d'un tel état des choses fut que les écrivains, et en général tous ceux qui se distinguèrent par les travaux de l'esprit, obtinrent un grand crédit et beaucoup d'autorité dans le monde. Les classes éclairées de la société se rapprochèrent insensiblement; la distance que les mœurs et les habitudes de la vie avaient mise jusqu'alors entre les bourgeois et la noblesse disparut à mesure que le goût des lettres et des études devint commun à tous et fut honoré de tout le monde; plus la noblesse était disposée à ne rien céder des priviléges qui lui restaient, plus elle sentait la nécessité de renoncer aux autres prétentions, et de se montrer facile dans les relations de la vie commune. Le premier exemple de ce grand changement fut donné dans la ville où l'Europe avait l'habitude de prendre les leçons du bon goût et des bonnes manières, et les autres capitales ne tardèrent pas à s'y conformer.

4. Dans la politique et dans les négociations de cabinet on demeura fidèle aux anciennes formes; mais on fut en même temps entraîné par des influences et des opinions jusqu'alors inconnues. De grands écrivains, admis, recherchés même dans les cercles les plus distingués, y apportaient les lumières de leur esprit et l'autorité de noms devenus célèbres. Quoiqu'ils n'eussent pas eux-mêmes l'entrée dans les cabinets diplomatiques, quoiqu'ils n'exerçassent pas d'influence directe sur les décisions de chaque jour, leurs conversations contribuaient puissamment à agrandir le cercle des idées, et par là à introduire dans la conduite des affaires de nouvelles habitudes et de nouveaux sentiments. Dans plusieurs cours de l'Europe on vit des hommes d'État, des rois même devenir écrivains et passer leur vie dans la société des gens de lettres. Un tel mouvement dans les esprits devait nécessairement amener une révolution notable dans la politique; insensiblement il s'opéra un changement plus important encore; les idées et les sentiments religieux s'affaiblirent chaque jour chez les grands et chez les peuples mêmes : ce fut par le déve-

loppement simultané de ces diverses influences que l'Europe préluda à la révolution morale et politique qui s'accomplit en ce moment.

AFFAIRES GÉNÉRALES DE 1740 A 1786.

§ I. *Jusqu'à l'alliance de la France avec l'Autriche, de 1740 à 1756.*

Geschichte der merkwurdigsten Bündnisse und Friedens-schlüsse, etc. *Histoire des grands traités de paix ou d'alliance conclus en Europe dans le cours du dix-huitième siècle*, par Voss, 5 vol. in-8°. 1802.

Adelungs pragmatische Staatsgeschichte Europas von dem Ableben Kayser Carls VI, etc. *Histoire générale de l'Europe, depuis la mort de l'empereur Charles VI* (1740-1759), 6 vol. in-8°.

Vers cette époque, les mémoires commencent à devenir plus rares : parmi les ouvrages de cette nature, les plus curieux sont ceux du grand Frédéric.

Œuvres posthumes de Frédéric, 1788. T. 1-5, savoir :

Histoire de mon temps, de 1741 à 1745, t. 1 et 2. C'est l'ouvrage le plus remarquable de l'auteur, mais il n'est pas exempt de partialité.

Histoire de la guerre de sept ans. On n'y trouve presque que les affaires militaires. T. 3 et 4.

Histoire depuis 1763 *jusqu'en* 1778, t. 5.

Au lieu de mémoires, on a un plus grand nombre de gazettes et de journaux périodiques.

Politisches Journal, etc. *Journal politique d'Altona*, commencé seulement en 1781, et publié par Schirach.

Wedekind, Chronologisches Handbuch, etc. *Manuel chronologique pour l'histoire moderne*, de 1740 à 1807, par Wedekind. *Lunebourg*, 1808.

1. Au commencement de l'époque dont nous nous occupons, l'extinction de la famille régnante en Autriche (maison de Habsbourg) amena en Europe un mouvement considérable, et menaça le système continental d'une grande révolution.

L'empereur Charles VI mourut le 20 octobre 1740. Il ne laissa qu'une fille, Marie-Thérèse (née en 1717), instituée héritière de tous les Etats autrichiens par la Pragmatique Sanction, et qui avait épousé François-Etienne, devenu d'abord duc de Lorraine, et, en 1737, grand-duc de Toscane. — Le frère de Charles VI, l'empereur Joseph I, n'avait laissé également que deux filles : l'aînée, Marie-Josèphe, mariée à Auguste III, roi de Pologne et électeur de Saxe ; la cadette, Marie-Amélie, mariée à Charles-Albert, électeur de Bavière.

2. La même année, Frédéric II avait succédé à son père (31 mai 1740). Il monta sur le trône avec le désir d'élever la Prusse au rang des premières puissances continentales; et pour y réussir, il crut devoir agrandir son territoire. Quant au droit, il s'occupa peu lui-même de justifier ses prétentions; mais il sut se distinguer des conquérants ordinaires en se faisant un plan et en marchant vers un but déterminé. Il ne voulut que ce qui lui était nécessaire pour y parvenir; la conquête de la Silésie lui parut suffisante; quelques réclamations qu'il avait à faire valoir sur une petite portion de ce pays lui servirent de prétexte, et dès la même année on vit commencer la première guerre de Silésie.

Le duché de Jaegerndorf avait appartenu anciennement à une branche cadette de la maison électorale de Brandebourg; mais le duc Jean-George, qui s'était déclaré pour l'électeur palatin Frédéric V, avait été dépouillé de ses possessions par l'empereur Ferdinand II, en 1623, et il ne les avait jamais recouvrées, non plus que ses descendants. Les prétentions de la Prusse sur les duchés de Lignitz, Brieg et Wohlau, se fondaient sur un traité de succession réciproque, conclu, en 1537, entre le duc alors régnant et l'électeur Joachim II, qui avait protesté en même temps contre la suzeraineté de Ferdinand I, en sa qualité de roi de Bohême. A l'extinction de la famille ducale, l'Autriche s'était emparée de cette principauté (1675); et, en 1686, l'électeur Frédéric-Guillaume l'avait abandonnée par un traité en forme, en échange du cercle de Schwibuss. — Du reste, la conduite du roi de Prusse dans toute cette affaire prouve qu'il se mit peu en peine d'établir la légitimité de ses titres; il préféra la voie des armes à celle des négociations, attendu que c'était pour lui le seul moyen de s'emparer de toute la Silésie. Au mois de décembre 1740, il entra donc dans ce pays dégarni de troupes et privé de tout moyen de défense, et il l'occupa sans efforts jusqu'au mois d'avril 1741, que fut livrée la bataille de Molwitz.

3. Cette entreprise inattendue contribua beaucoup à donner plus d'activité aux négociations que la cour de France avait entamées depuis quelque temps pour l'exécution d'un projet plus considérable; le cardinal de Fleury y était complétement étranger; mais une portion de la cour, dirigée par le maréchal

de Belle-Isle et par son frère, s'était jetée vivement dans cette espérance : il ne s'agissait de rien moins que de détruire la monarchie autrichienne, et de partager les débris de la couronne impériale.

4. Nul prétexte cependant ne pouvait servir à faire excuser un projet aussi extravagant, car la France avait reconnu et garanti même la Pragmatique Sanction. Malgré ces obstacles, on crut que le moment était favorable ; on espéra pouvoir détruire facilement cette antique rivale de la France et distribuer ses dépouilles. La monarchie autrichienne, réduite aux dernières extrémités, semblait hors d'état d'opposer aucune résistance, et l'on se crut certain de trouver partout des alliés disposés à concourir à la spoliation ; mais la France, eût-elle même réussi dans cette entreprise, ne pouvait pas prétendre à en tirer des avantages qui pussent compenser les premiers sacrifices ; et l'espoir que nourrissaient les partisans de ce projet d'acquérir ainsi la prépondérance en Europe, contrastait singulièrement avec la situation actuelle de ce pays, et surtout avec le caractère des hommes qui y conduisaient les affaires.

Mémoires pour servir à l'histoire de l'Europe depuis 1740 *jusqu'en* 1748, 3 vol. in-8°, 1752 (par M. de Spohn). Ouvrage écrit dans l'intérêt de la France.

5. Le secret de la faiblesse se trouva dans la nécessité où se vit la France de chercher des alliés dont elle eût du moins à soutenir quelques prétentions. Toute puissance qui veut établir sa domination sur les autres ne doit compter que sur ses propres forces ; et l'on vit une nouvelle preuve de cette vérité dans les événements de cette époque. Aucune des grandes guerres qui avaient précédé celle-ci ne fut aussi féconde en alliances rompues et renouées ; car ici aucune des parties n'avait d'intérêt commun qui les portât à s'entendre et à s'unir entièrement, et, hors la France, nulle d'entre elles ne pouvait désirer ou espérer sérieusement l'entière destruction de la monarchie autrichienne.

6. La séduction fut telle cependant, que dans les premiers

moments la France trouva de nombreux et de puissants alliés. La Bavière, qui avait combattu avec elle pour la succession d'Espagne, fut attirée d'abord par la promesse de la couronne impériale, et l'électeur Charles-Albert se laissa persuader aisément que la monarchie autrichienne lui devait être dévolue par droit d'héritage. L'Espagne éleva les mêmes prétentions ; bientôt après l'électeur de Saxe pensa que la Pragmatique Sanction ne méritait aucun respect, et qu'il avait les droits les plus certains par sa femme, fille aînée de Joseph I. En peu de temps, l'Europe vit le singulier spectacle de trois puissances prétendant exclusivement à la possession de ce magnifique héritage, et s'alliant dans cette intention avec la France, qui ne put elle-même justifier son intervention qu'en alléguant son désir de faire rendre justice à tous.

Les prétentions de la Bavière se fondaient sur un testament de l'empereur Ferdinand I ; toutefois il était à remarquer que la pièce originale de cet acte ne contenait pas précisément ce qu'on voulait y trouver. — L'Espagne faisait valoir une généalogie très-savante et très-compliquée, dans laquelle elle découvrait les droits les plus certains ; de plus, elle produisait un traité conclu entre Charles-Quint et son frère Ferdinand, lors de la séparation des États d'Allemagne ; enfin, elle s'étayait aussi d'une réserve faite, en 1617, par Philippe III, dans son acte de renonciation à la succession d'Autriche. L'électeur de Saxe (roi de Pologne) se présentait comme époux de Marie-Josèphe, fille aînée de l'empereur Joseph I. — Le 18 mai 1741, la France, la Bavière et l'Espagne conclurent une alliance secrète à Nymphenbourg, et la Saxe y accéda le 1er novembre suivant.

7. Vers ce même temps, le roi de Prusse jugea convenable d'entrer dans la confédération contre l'Autriche, et, pour la première fois, la Prusse devint l'alliée de la France. Le traité fut signé le 1er novembre 1740. On ne fut pas longtemps à reconnaître que les projets de ce monarque étaient bien différents de ceux des autres alliés. Il ne voulait en effet que se servir de leur assistance pour parvenir plus sûrement à son but, se réservant en secret de se retirer d'une telle association lorsque ses arrangements particuliers seraient terminés.

8. Marie-Thérèse avait admis son époux à la régence, en ne lui laissant toutefois qu'une faible part à la conduite des affaires publiques; dans les premiers moments, elle vit plus d'une moitié de l'Europe liguée contre elle, et nul espoir d'obtenir des secours de l'étranger : l'Angleterre était occupée d'une guerre avec l'Espagne; en Suède, les intrigues du dehors excitaient l'animosité des factions, et s'appliquaient à faire déclarer la guerre contre la Russie; l'impératrice régente se trouvait ainsi abandonnée à ses propres forces; l'électeur de Bavière fut proclamé empereur le 24 janvier 1742, sous le nom de Charles VII; la guerre avait commencé sous de funestes auspices : tout enfin semblait annonc ela perte certaine de la fille de Charles VI.

Au mois de septembre 1741, l'armée française, commandée par le maréchal de Belle-Isle, fit sa jonction avec l'armée de Bavière; elle pénétra dans la haute Autriche et en Bohême, et s'empara de Prague le 16 novembre suivant, en se réunissant à une armée saxonne. Le 19 décembre, Charles VII se fit proclamer roi de Bohême dans cette ville, en même temps que Frédéric II recevait les serments des Silésiens, dont il venait d'achever la conquête. Une seconde armée française, sous les ordres du maréchal de Maillebois, s'établit en Westphalie pour maintenir la neutralité des puissances maritimes; et, le 27 septembre de la même année, il y eut à ce sujet un traité conclu entre la France et l'Angleterre.

9. Cependant la monarchie autrichienne se trouvait exposée aux plus grands dangers, et, dans une telle situation, il était impossible à l'Angleterre de rester plus longtemps inactive; la nation entière prit parti pour l'impératrice régente, reconnaissant avec raison qu'elle ne pouvait abandonner son premier et son plus ancien allié sur le Continent, sans renoncer à des engagements sacrés et aux préceptes d'une sage politique. Le ministre Walpole était peu propre à conduire les affaires dans un temps aussi orageux; le 24 janvier 1742, il céda la place au lord Carteret, qui s'occupa immédiatement des moyens les plus propres à soutenir la cause de l'Autriche : peu de temps après, le roi de Sardaigne accepta les subsides qui lui furent offerts.

Dès le 24 juin 1741, l'Angleterre avait conclu un traité de subsides avec l'Autriche : le nouveau ministre se hâta de rassembler une armée dans les Pays-Bas, en même temps qu'il négocia un traité avec le roi de Sardaigne, par lequel celui-ci s'engagea (le 1er février 1742) à maintenir la neutralité de l'Italie.

10. Avant la fin de cette même année, l'alliance formée contre l'Autriche commença à se dissoudre par la retraite du roi de Prusse ; il possédait déjà la Silésie ; et la victoire qu'il remporta à Czaslau le 17 mai 1742 ôta à l'Autriche tout espoir de reprendre cette importante province. Marie-Thérèse se résolut à conclure la paix avec Frédéric, et elle fut signée à Breslau le 11 juin suivant.

Ce traité fut ratifié à Berlin le 28 juillet. La Prusse renonça à toutes ses alliances contre l'Autriche ; Marie-Thérèse lui céda la haute et basse Silésie et le comté de Glatz, et ne se réserva que la principauté de Teschen et quelques districts environnants dans la haute Silésie.

11. Délivrée d'un de ses plus redoutables ennemis, l'Autriche se vit en mesure de résister plus efficacement aux attaques des autres. La Bohême fut reprise, la Bavière envahie, l'empereur Charles VII contraint de fuir ; l'année suivante, l'armée anglo-allemande gagna la bataille de Dettingue, rejeta les Français au delà du Rhin ; et les deux nouveaux alliés, profitant de ces premiers succès, se hâtèrent de conclure deux traités par lesquels ils admettaient dans leur confédération en Italie le roi de Sardaigne, en Allemagne l'électeur de Saxe. Déjà, lorsque l'armée anglaise avait été organisée dans les Pays-Bas, la république, sur la demande formelle de l'Angleterre, s'était prononcée en faveur de l'Autriche et avait fourni un corps auxiliaire.

L'armée française fut bloquée dans Prague au mois de juin 1742 ; le maréchal de Belle-Isle, obligé de capituler, évacua la place au mois de décembre, et le couronnement de Marie-Thérèse y fut célébré immédiatement après. En mai 1743, l'armée impériale entra en Bavière, et gagna la bataille de Dettingue le 27 juin suivant. L'Autriche conclut à Worms un traité d'alliance avec le roi de Sardaigne le 13 septembre, et avec la Saxe le 20 décembre de la même année.

12. Le cardinal de Fleury étant mort le 29 janvier 1743, la

France, loin de penser à la paix, résolut de prendre une part plus active dans cette grande querelle; et, renonçant au rôle d'auxiliaire qu'elle avait soutenu jusqu'alors, elle se disposa à déclarer la guerre pour son propre compte à l'Angleterre et à l'Autriche.

Tant que l'Angleterre et la France ne s'étaient présentées que comme auxiliaires, la guerre ne s'était point étendue sur mer ni jusqu'aux colonies; elle ne tarda pas à éclater sur tous les points. Le 24 février 1744, les Anglais remportèrent une victoire devant Toulon sur les flottes réunies de la France et de l'Espagne, et cet événement amena la déclaration de guerre qui fut signifiée à l'Angleterre le 15 mars, à l'Autriche le 27 avril suivants.

13. Cependant le roi de Prusse crut devoir rentrer dans son alliance; l'honneur de sa couronne semblait en effet lui imposer l'obligation de ne pas abandonner dans son malheur l'empereur, à l'élection duquel il avait contribué; mais un motif plus puissant le détermina: l'Autriche ayant trouvé de nouveaux alliés, et s'étant raccommodée avec la Saxe, pouvait faire une invasion en Silésie et lui enlever cette précieuse conquête; il fallait prévenir un tel danger et se mettre en état de défense; il se résolut donc à renouveler ses alliances avec la France et dans l'Empire: on avait besoin de lui, et ses propositions furent acceptées avec empressement, sans que personne fût trompé sur les motifs qui le faisaient agir.

Seconde alliance de la France et de la Prusse au mois de mars 1744; union de Francfort le 22 mai suivant avec Charles VII, l'électeur palatin et le landgrave de Hesse-Cassel.

14. La guerre recommença avec plus d'activité: Frédéric II entra en Bohême; les Autrichiens se virent forcés d'abandonner les bords du Rhin; la France se trouva dégagée par ce mouvement de retraite; Charles VII recouvra l'espoir de rentrer dans ses États héréditaires. Mais bientôt sa mort (survenue le 20 janvier 1745) changea la face des affaires: son fils et son successeur, Maximilien-Joseph, renonça sans peine à la couronne impériale, à la condition qu'on lui restituerait la Bavière.

Le traité de Fussen entre l'Autriche et la Bavière fut signé le 22 avril 1745 : l'Autriche rendit toutes ses conquêtes en Bavière, et l'électeur promit sa voix à l'époux de Marie-Thérèse.

15. Par suite de ce traité, l'Allemagne cessa d'être le théâtre de la guerre, et l'Autriche parvint, malgré l'opposition de la Prusse, à faire reconnaître et proclamer l'empereur François I (13 septembre 1745). La France continua la guerre ; le roi de Prusse s'assura la possession définitive de la Silésie par de nouvelles victoires et par un traité conclu avec l'Angleterre, et connu sous le nom de *convention de Hanovre :* avant la fin de l'année, il signa, pour la seconde fois, la paix avec l'Autriche aux mêmes conditions que pour la précédente.

Le 4 juin 1745, le roi de Prusse remporta en personne la victoire de Friedberg sur les Autrichiens et les Saxons réunis, sous le commandement du duc Charles de Lorraine ; la convention de Hanovre, par laquelle l'Angleterre lui garantit la propriété de la Silésie, fut signée le 26 août suivant ; il fallut de nouvelles victoires pour arracher à l'Autriche un consentement définitif ; le 30 septembre, le roi vainquit les Autrichiens à Sore, et le 15 décembre suivant le prince de Dessau battit les Saxons à Kesselsdorf. Enfin la paix fut signée à Dresde le 25 décembre, entre la Prusse d'une part, et l'Autriche et la Saxe d'autre part, sur les bases établies par la convention de Hanovre. Les stipulations du traité de Breslau furent rappelées et confirmées, Frédéric II reconnut François Ier pour empereur, et la Saxe paya à la Prusse un million de rixdalers.

16. La France et ses autres alliés poussèrent la guerre avec activité dans les Pays-Bas et en Italie ; et, dans le même temps, le prétendant Charles-Édouard fit une descente en Écosse, et commença par des succès une campagne qui devait finir par de grands revers. Un étranger, au service de France, se signala par les victoires qu'il remporta dans les Pays-Bas, et la gloire du maréchal de Saxe appartint dès ce moment au pays qui l'avait adopté.

Le 11 mai 1745, le maréchal de Saxe remporta la fameuse victoire de Fontenoy, sous les yeux du roi de France et de son fils, contre le duc de Cumberland. La campagne d'hiver fut également heureuse ; il s'empara de Bruxelles et occupa le Brabant autrichien au mois de février 1746. Cependant les succès du prétendant forcèrent le duc de Cumberland de retourner en Angleterre avec ses meilleures troupes; la bataille de Culloden, que ce jeune prince gagna le 29 avril suivant, renversa toutes les espérances du prince Edouard. — Le maréchal de Saxe poursuivit ses conquêtes dans les Pays-Bas; le 11 octobre 1746 il gagna la bataille de Raucoux contre les alliés, et le 2 juillet suivant celle de Laufeld contre le duc de Cumberland.

Lettres et mémoires du maréchal de Saxe, 5 vol. in-8°. *Paris*, 1794.
Mémoires sur les campagnes des Pays-Bas en 1745, 1746 *et* 1747 (par S. A. le prince régnant de Valdeck), publiés par Heeren. *Goettingue*, 1803. Extraits des papiers et manuscrits du prince de Valdeck, qui commandait un corps d'armée hollandais.

17. L'Italie fut aussi, durant cette guerre, le théâtre de plusieurs campagnes : la reine d'Espagne Élisabeth, seconde femme de Philippe V, désirait y trouver un royaume pour son fils cadet, l'infant don Philippe; mais l'Angleterre et l'Autriche, qui avaient attiré la Sardaigne dans leur parti, et qui exerçaient par la flotte anglaise une domination non contestée dans la Méditerranée, arrêtèrent longtemps les progrès de la famille des Bourbons; enfin, la république de Gênes ayant donné du secours à ceux-ci, leurs armées s'emparèrent de la Lombardie; mais ils furent contraints de l'abandonner peu de temps après, lorsque l'Autriche eut signé le traité de Dresde, qui lui rendait la disposition d'une partie de ses troupes.

Les Espagnols entrèrent en Italie au mois de novembre 1741, et furent d'abord reçus chez le roi de Naples leur allié. Le 1er février suivant, la Sardaigne conclut un traité avec l'Angleterre et l'Autriche, sous la réserve de ses prétentions sur le duché de Milan. Cependant une flotte anglaise força le roi de Naples à conserver sa neutralité. En 1743 l'infant don Philippe reçut un renfort par un corps d'armée français. Le traité conclu à Worms le 13 septembre 1743 confirma l'alliance de la Sardaigne avec l'Angleterre et l'Autriche, et détermina la retraite des armées espagnole et française. En 1744 elles firent sur le Piémont une tentative qui ne fut suivie d'aucun succès. Le 29 juin 1745, la république de Gênes, s'étant alliée avec la famille des Bourbons, facilita à leurs armées la conquête du duché de Milan et de Parme. Dès l'année suivante, et après le traité de Dresde, les Autrichiens portèrent de plus grandes forces en Italie; ils chassèrent les Espagnols de la Lombardie, et s'emparèrent de la ville de Gênes le 5 septembre.

18. Philippe V étant mort le 9 juillet 1746, la France perdit un allié dont elle avait obtenu de puissants secours : sa marine était presque entièrement détruite; ses colonies dans les deux Indes, ou perdues, ou du moins menacées. Elle espéra un moment pouvoir semer la division parmi ses ennemis, en faisant une irruption dans les Pays-Bas et en y excitant des troubles; mais bientôt un adversaire plus puissant lui inspira de nouvelles craintes : l'Autriche négociait depuis quelque temps pour attirer la Russie dans la querelle ; elle réussit à l'y engager, et l'on vit, pour la première fois, un corps de troupes russes se présenter sur les bords du Rhin.

Invasion des Français dans le Brabant hollandais, et prise de Berg-op-Zoom le 16 septembre 1747. — Traité d'alliance défensive entre l'Autriche et la Russie le 12 juin de la même année, et traité de subsides entre la Russie et l'Angleterre le 30 novembre suivant.

19. Dans ces circonstances, on se détermina enfin à ouvrir le congrès d'Aix-la-Chapelle : la France, fidèle à ses principes, employa tous ses soins pour diviser les alliés; le 15 avril 1748, une armée française mit le siége devant Maëstricht, et menaça même de raser la ville de Berg-op-Zoom ; par ce moyen, la France parvint à conclure des traités préliminaires avec les puissances maritimes ; l'Autriche et ses autres alliés se virent plus tard forcés d'y accéder.

Le congrès d'Aix-la-Chapelle fut ouvert au mois d'avril 1748. Le 30 du même mois, les préliminaires furent signés entre la France et les puissances maritimes, et l'Autriche les accepta le 25 mai suivant. Les négociations durèrent tout l'été : le traité définitif fut signé le 18 octobre entre la France et les puissances maritimes; l'Espagne, l'Autriche, Gênes et la Sardaigne le ratifièrent peu après.

Les conquêtes faites par la France et l'Angleterre furent réciproquement rendues ; la France recouvra le Cap-Breton, l'Angleterre Madras, la république hollandaise les places fortes, dont plusieurs étaient presque détruites. Parme, Plaisance et Guastalla furent cédés à l'infant don Philippe, pour être possédés par lui et par ses descendants, à charge de retour, en cas d'extinction de la ligne directe. La Sardaigne obtint les portions du territoire milanais, dont elle s'était emparée en 1743; l'Angleterre fit confirmer le traité de l'Assiento pour les quatre années qu'il devait encore durer (deux ans plus tard il fut remplacé par le traité de Buen-Retiro, signé le 5 octobre 1750). Les fortifications de Dunkerque furent conservées du côté de la terre. *Tous les signataires du traité garantirent au roi de Prusse la Silésie et le comté de Glatz.* La Pragmatique de l'empereur Charles VI fut reconnue et confirmée : enfin on garantit aussi à la maison de Hanovre la succession du trône d'Angleterre et de ses États en Allemagne.

Les principaux ambassadeurs à ce congrès étaient : pour la France, le comte de Saint-Severin et La Porte du Theil ; pour l'Angleterre, le comte de Sandwich ; pour l'Autriche, le comte de Kaunitz ; pour la république hollandaise, le comte de Bentinck, Wassenaar, Haren ; pour l'Espagne, don de Lima ; pour la Sardaigne, don Ossorio ; pour Gênes, le marquis Doria.

20. Le traité d'Aix-la-Chapelle renversa le projet insensé de l'anéantissement de la monarchie autrichienne. Elle perdit, il est vrai, la Silésie et les duchés de Parme et de Plaisance, mais elle demeura au rang des premières puissances de l'Europe ; et la direction mieux entendue de ses affaires et de ses immenses ressources lui donna bientôt après les moyens de se relever avec avantage.

21. Cependant cette guerre eut des conséquences importantes ; elle changea la nature des relations qui unissaient jusqu'alors plusieurs des puissances qui y avaient pris part.

22. Il semble, au premier coup d'œil, que la paix rétablit les choses dans le même état qu'elles étaient auparavant : la France et l'Autriche demeurèrent en effet les deux premières puissances continentales, et leur rivalité survécut à leur raccommodement ; l'Angleterre avait renouvelé ses anciennes alliances avec l'Autriche, et contribué puissamment à son salut.

23. La politique anglaise, en tant qu'elle avait pour objet de maintenir sur le Continent le système d'équilibre qui dominait depuis longtemps, était souverainement bienfaisante pour l'Europe ; mais les moyens qu'elle employait pour y parvenir devenaient de plus en plus dangereux. L'Angleterre ne pouvait prendre part à la guerre continentale que par des subsides ; cette fois encore elle avait réussi à rapprocher les puissances et à les

rétablir à peu près dans leurs anciennes relations ; mais il avait fallu pour y parvenir donner des subsides, même aux puissances du premier ordre, et non-seulement à l'Autriche, envahie de toutes parts, mais encore à la Russie, simple auxiliaire dans cette grande querelle. Ce fut ainsi que l'Angleterre acheta la direction de la guerre, et, par conséquent, de la paix en Europe. Dès lors elle se persuada aisément que son influence deviendrait chaque jour plus absolue ; et comme sa puissance maritime augmentait aussi avec une rapidité étonnante, rien ne lui parut désormais impossible.

24. Ce fut un spectacle nouveau de voir la Russie prendre part aux guerres de l'Europe occidentale, et contribuer même à y amener une conclusion. Son intervention se borna, pour la première fois, à un déploiement de forces ; mais enfin elle s'était engagée, et, dès ce moment, elle se trouva liée à toutes les affaires du Continent.

25. Mais la plus importante de toutes les conséquences de cette guerre fut l'élévation de la Prusse au rang des premières puissances. Il était impossible qu'un tel événement n'amenât pas des changements considérables dans toutes les relations des États : parvenue à ce degré de prospérité, la Prusse ne pouvait cependant se dispenser de chercher au dehors des amis et des alliés, et elle ne pouvait en acquérir qu'en dérangeant les combinaisons précédentes.

26. De plus, il est dans la nature des choses qu'une si haute fortune excite le mécontentement et la jalousie de ses voisins. Le cardinal de Fleury éprouvait un profond sentiment d'amertume en reconnaissant que le roi de Prusse était devenu l'arbitre de l'Europe. Cette indignation, commune à plusieurs souverains, était encore plus vivement excitée par la conduite même de Frédéric. Son vaste génie lui servit seul pour se démêler d'une situation aussi compliquée ; durant tout le cours de la guerre, il n'eut pas un seul allié sur lequel il pût compter ; et il eût été très-difficile d'y prétendre, en suivant le système qu'il avait adopté de conclure et de rompre des traités en ne consultant que la mar-

che des événements : une telle conduite ne peut être excusée que par le succès ; mais alors aussi elle excite l'admiration pour le génie capable de concevoir et de mener à bien d'aussi vastes projets.

27. Que si l'on considère que cette nouvelle puissance fut surtout redevable de son élévation à la force de ses armes, l'étonnement redoublera encore ; mais il sera facile de concevoir l'animosité que dut exciter un si grand succès : l'Autriche, par les traités de Vienne et de Belgrade, avait fait des cessions considérables de territoire à l'Espagne et à la Porte ; mais du moins elle était sortie de cette lutte sans déshonneur, tandis que la perte de la Silésie fut pour elle un véritable sujet d'humiliation : dans le premier cas, il lui restait l'espoir de remplacer un jour ce qu'elle avait perdu ; dans le second, il semblait qu'elle fût engagée d'honneur à tirer vengeance d'un tel affront ; et l'on vit en effet, dans la suite, qu'elle n'avait consenti au traité d'Aix-la-Chapelle que dans l'espoir de prendre des mesures plus efficaces pour se préparer à de nouveaux combats.

28. Aussi l'état de paix fut-il précaire ; la Prusse et les autres puissances continentales ne déposèrent point les armes ; toutes les troupes restèrent sur pied : la Silésie devint ouvertement le sujet de la querelle ; l'Autriche et la Prusse conservèrent leur attitude hostile, et toute l'Europe demeura en suspens par suite des alliances ou des engagements que chacun des États qui la composaient avait contractés ou voulait contracter avec l'une ou l'autre de ces puissances.

19. Cependant on reconnut en Autriche qu'il était impossible d'entreprendre le renversement de la Prusse, sans s'être d'abord assuré du concours de quelques puissants alliés. On conservait, il est vrai, même après le traité d'Aix-la-Chapelle, des relations fort intimes avec la Russie et la Saxe ; et il était facile de prévoir qu'on pourrait aisément les engager dans une nouvelle querelle, en excitant l'aversion que l'impératrice Élisabeth et le premier ministre de Saxe, comte de Bruhl, n'avaient cessé de manifester contre Frédéric.

30. Mais ces alliés ne suffisaient pas pour le succès d'une telle entreprise; la France pouvait dans une nouvelle guerre prendre parti pour la Prusse et lui assurer la victoire : c'était donc celle-ci qu'il importait surtout de détacher d'une telle alliance, et, malgré les difficultés qui se présentaient, l'Autriche essaya de les surmonter.

31. Il y avait alors à la cour de Vienne un homme qui s'empara de ce projet avec ardeur, fondant sur l'espoir du succès celui de l'agrandissement de sa fortune. Le prince de Kaunitz était depuis longtemps à la tête du cabinet autrichien; chancelier de cour et chancelier d'état, il gouvernait toutes les affaires et semblait le représentant de la monarchie. Adversaire naturel de Frédéric, il était toujours disposé à agir contre lui; du reste, affectant la mollesse et l'oisiveté, cachant, sous l'indolence dans laquelle il se complaisait, un esprit vaste et capable de concevoir et de conduire les plus grands projets, il poussait les soins de l'indifférence jusqu'à ne vouloir pas agir lui-même, et c'était toujours par les autres qu'il faisait faire tout ce qu'il voulait. D'ailleurs il connaissait mieux que personne tous les ressorts et toutes les voies de la politique des cabinets, et comme il avait pour principe de tenter toujours tout ce qu'il était humainement possible de faire, on le voyait rarement s'arrêter dans la poursuite d'une entreprise.

Il manque à l'histoire une biographie complète de cet homme extraordinaire, qui fut, après le roi de Prusse, le plus influent sur les affaires de l'Europe; on trouve dans la gazette intitulée *Jason* (mois d'août 1808) un article intéressant, où son caractère est très-bien exposé.

32. L'état de la cour de France pouvait excuser jusqu'à un certain point le projet d'y tenter les choses qui paraissaient les plus impossibles : dans le siècle précédent, on avait vu à la même cour Louis XIV céder quelquefois à l'influence de ses maîtresses et suivre de bizarres caprices; mais il y avait loin de là à ce gouvernemeut de femmes qui s'empara des affaires sous le règne de Louis XV, et qui les conduisit pendant plus de vingt ans : ce qui s'était conservé de principes d'ordre et de politique

sous le ministère du cardinal de Fleury avait disparu avec lui ; il était assez naturel qu'un homme du caractère et de l'habileté de Kaunitz espérât pouvoir tout obtenir de ses faibles successeurs, et qu'il trouvât d'ailleurs un nouveau stimulant à son ambition dans la singularité même de l'entreprise.

33. Kaunitz se fit d'abord nommer ambassadeur extraordinaire en France ; il s'y rendit au mois de décembre 1750 pour mesurer son terrain ; puis retournant à Vienne reprendre la conduite des affaires, il chargea Staremberg de lui succéder et de suivre les négociations. Le cabinet d'Autriche fit donc proposer à la cour de France de concourir au renversement du roi de Prusse, et de partager ensuite entre les deux monarchies la domination de l'Europe : proposition singulière, puisque, en supposant même la possibilité de voir accomplir ce projet, il ne pouvait en résulter que la destruction des plus faibles, et la souveraineté de la maison d'Autriche en Allemagne.

Le premier traité d'*alliance défensive* entre la France et l'Autriche fut conclu le 1er mai 1756, par les soins de l'abbé de Bernis : il avait été précédé d'une convention par laquelle l'impératrice de Russie s'était engagée à la neutralité dans la guerre qui éclatait au même moment entre la France et l'Angleterre, par où l'on vit l'Autriche renoncer à sa plus ancienne alliance. Dans le cours de la guerre de sept ans, et par une convention passée en 1757, mais qui ne fut point ratifiée, on régla les conditions du partage de la monarchie prussienne ; l'Autriche devait reprendre la Silésie, la Suède aurait eu la Poméranie ; la Saxe Magdebourg, don Philippe les Pays-Bas en échange de ses duchés en Italie. Le 30 décembre 1758, le duc de Choiseul, qui était devenu premier ministre en France, renouvela le traité de 1756, et y ajouta de nouvelles clauses, entre autres celles que les deux hautes parties contractantes s'assisteraient réciproquement de toutes les forces dont elles pouvaient disposer, et qu'elles ne feraient la paix que d'un commun accord.

34. Ainsi, dans ce traité vraiment extraordinaire, l'Autriche stipula en sa faveur tous les avantages qui pouvaient survenir, et n'en concéda aucun à la France ; à moins que l'on ne compte pour beaucoup l'honneur auquel elle lui permit de prétendre, celui de concourir au renversement de son ennemi et de partager

ensuite avec elle la domination de l'Europe : du reste, la grande faute de la France en cette occasion ne fut pas tant de souscrire à un traité dans lequel on ne lui laissait que les charges, que de consentir à donner un démenti public au rôle politique qu'elle avait adopté jusqu'à ce jour. Depuis plus de deux siècles, adversaire constante de l'Autriche, la France avait tenu le rang le plus élevé parmi les puissances continentales; il semblait impossible qu'elle s'y maintînt en se faisant aussi officieusement l'auxiliaire de sa rivale.

§ II. *Depuis l'alliance de l'Autriche et de la France jusqu'aux traités de Paris et de Hubertsbourg.* 1756—1763.

35. Un événement aussi important, et qui attaquait dans son principe le système de la politique européenne, aurait suffi sans doute pour exciter une guerre générale : à cela vint se joindre encore une nouvelle cause d'animosité et de querelle entre la France et l'Angleterre, par suite des relations de voisinage qu'entretenaient ces deux puissances au delà des mers.

36. Depuis que les Anglais avaient réussi dans la guerre précédente à détruire les forces navales de leurs ennemis, ils se montrèrent peu disposés à leur permettre de réparer ces désastres et de reprendre leur rang. Les relations amicales qui s'étaient rétablies entre la France et l'Angleterre disparurent une seconde fois devant cette nouvelle cause de rivalité; les haines nationales et celles des gouvernements se ranimèrent à mesure que le commerce extérieur de chacune de ces puissances prit un plus grand développement, et se créa de nouvelles ressources dans l'exploitation des colonies. La seule difficulté de fixer des limites au milieu de ces vastes pays, exposés sans défense à l'ambition de tous les conquérants, suffisait pour exciter des discussions et des guerres éternelles; on ne tarda pas à en sentir tous les inconvénients : ils étaient d'autant plus fâcheux que leur nature était de se renouveler sans cesse; et l'on ne peut douter que si les points qui se trouvaient alors en litige eussent été réglés lors du traité d'Aix-la-Chapelle, il ne se fût présenté peu après des sujets de discus-

sion encore imprévus. Enfin, comme pour ajouter de nouveaux obstacles, le gouvernement anglais, dès qu'il eut acquis la conviction de sa supériorité, adopta une pratique qui devait lui attirer la haine générale, et qui consistait à se faire justice au delà des mers et sans déclaration de guerre préalable, toutes les fois que dans les affaires du Continent on lui refusait satisfaction sur quelque nouvelle demande.

La France et l'Angleterre avaient alors plusieurs sujets de discussion. 1° Les limites de la Nouvelle-Ecosse avaient été convenues dans le traité d'Utrecht, et l'Angleterre prétendit plus tard que le nouveau Brunswick devait entrer dans la portion qui lui était échue; comment pouvait-on décider, si les limites n'avaient pas été marquées? En consultant les localités, il semblait que la France eût raison; mais l'Angleterre alléguait l'opinion générale, qui lui attribuait la propriété de ce pays. 2° De plus, les Anglais ne voulaient pas se dessaisir de plusieurs forts qui avaient été construits sur l'*Ohio* pour réunir la Louisiane et le Canada; et dans les années 1754 et 1755, il y eut à cette occasion plusieurs actes d'hostilité. 3° On n'était pas d'accord sur l'occupation par les Français de quelques îles situées dans l'archipel des Antilles, telles que Tabago, Saint-Vincent, la Dominique, Sainte-Lucie. 4° Enfin, à ces nombreux sujets de querelles se joignait encore la rivalité du commerce des deux nations sur la côte de Coromandel; aux Indes orientales, les Anglais commencèrent les hostilités, en s'emparant, au mois de juin 1755, de plusieurs vaisseaux marchands et de deux vaisseaux de ligne français.

37. Les affaires du commerce maritime et des colonies acquirent une telle importance, que chaque jour les déserts les plus lointains, les plus petites îles pouvaient devenir l'occasion d'une guerre en quelque sorte universelle, et dont il était toujours impossible de prévoir les frais et les conséquences.

L'Angleterre déclara la guerre à la France le 15 mai 1756. — Attaque de la France contre l'île de Minorque et prise de Port-Mahon le 29 juillet suivant, par une armée française sous les ordres du maréchal duc de Richelieu.

38. Au moment où cette guerre maritime éclata, les négociations et les alliances entreprises pour l'anéantissement de la Prusse étaient à peu près terminées, et la guerre continentale inévitable.

L'Autriche ayant rompu ses engagements avec l'Angleterre, celle-ci devint l'alliée naturelle de la Prusse ; et le roi George II se porta d'autant plus volontiers à la conclusion de ce traité, qu'il y vit le meilleur moyen de protéger ses États d'Allemagne contre la France, ne pouvant espérer d'obtenir cette garantie de la part de la Russie. Ainsi ces deux guerres commencèrent en même temps, puis elles furent divisées et terminées par des traités de paix séparés.

Il fallut un renversement aussi complet de toutes les relations établies entre les Etats d'Europe pour amener cette alliance du Hanovre et de la Prusse, qui jusqu'alors avaient été presque toujours divisés d'intérêts et de parti. Le premier traité fut signé à Whitehall le 15 janvier 1756 pour le maintien de la neutralité en Allemagne : une nouvelle alliance fut conclue le 11 janvier 1757 ; l'Angleterre donna un million de subsides à la Prusse, qui s'engagea à lui fournir un corps d'armée de 20,000 hommes comme auxiliaires.

39. Lors de la première guerre de Silésie, le roi de Prusse avait été l'assaillant ; dans celle-ci, qui fut appelée la guerre de sept ans, il entra le premier en campagne, mais ce ne fut que pour se défendre. La gloire qu'il y recueillit lui fut d'autant mieux acquise qu'il l'acheta plus chèrement et à travers les plus grands dangers. La puissante confédération formée contre lui trouva sa force dans les passions ambitieuses de ceux qui la conduisaient, et demeura étroitement unie jusqu'à la mort de l'impératrice Élisabeth. D'un autre côté, l'alliance de la Prusse et de l'Angleterre présente ce caractère très-singulier que ces deux puissances étroitement unies n'agissaient cependant point de concert. Guillaume Pitt et le roi de Prusse suivaient chacun leur marche, d'après leurs convenances et leurs opinions particulières : ainsi tous deux se dirigeaient vers le même but, et tous deux eurent une part à peu près égale aux honneurs du succès.

Le ministère de Guillaume Pitt, nommé depuis lord Chatham, dura du 20 octobre 1756 au 5 octobre 1751. Ce grand homme contribua puissamment à élever la fortune de l'Angleterre.

Life of W. Pitt, 2 vol. in-4°. 1780. *Vie de G. Pitt.*

40. La guerre continentale commença au mois d'août 1756 par l'invasion du roi de Prusse dans la Saxe : il y trouva les preuves certaines des projets de ses ennemis.

Un traité de partage des États prussiens, signé le 18 mai 1745, et confirmé après la paix de Dresde, avait servi de base aux négociations secrètes entre les cours de Vienne, de Saxe et de Russie ; et, le 22 mai 1746, l'Autriche et la Russie avaient conclu à Pétersbourg une alliance défensive, qui contenait quatre articles secrets contre la Prusse : l'électeur de Saxe s'était engagé à y accéder aussitôt que les circonstances le lui permettraient. Il paraît que le plan général d'attaque avait été préparé à Pétersbourg vers la fin de 1755.

Recueil des manifestes, traités, etc., qui ont été rédigés et publiés pour la cour de Prusse, depuis 1756 jusqu'à 1778, par le comte de Herzberg. *Berlin*, 3 vol.

Invasion de Frédéric en Saxe au mois d'août 1756. Occupation de Dresde; blocus de l'armée saxonne dans Pirna au mois de septembre. Victoire du roi de Prusse contre les Autrichiens à Lowositz le 1er octobre suivant, et capitulation des Saxons le 15 du même mois.

41. Une attaque aussi brusque engagea sur-le-champ dans la guerre tous les alliés de la Saxe : l'influence de l'Autriche dans l'Empire germanique et celle de la France en Suède détermina ces deux puissances à entrer dans la confédération ; en peu de temps le roi de Prusse eut à combattre contre plus d'une moitié de l'Europe.

L'Empire déclara la guerre à la Prusse le 17 janvier 1757 ; et, le 21 mai suivant, les alliés signèrent une convention avec la Suède, et l'engagèrent dans la querelle, sous le vain prétexte qu'elle devait sa garantie au traité de Westphalie, et avec la promesse qu'on lui restituerait la Poméranie.

42. Heureusement pour Frédéric, la France se détermina à attaquer l'Angleterre dans le Hanovre : les habitants de ce pays et ceux des duchés de Hesse et de Brunswick devinrent les zélés défenseurs du roi de Prusse : réunis sous le commandement du duc Ferdinand de Brunswick, élève et ami de Frédéric, ils déployèrent la plus grande activité, et prirent part à toutes les chances de cette guerre.

L'armée française entra dans le Hanovre sous la conduite du comte d'Estrées, qui, le 26 juillet 1757, remporta la victoire de Hastenbeck contre le duc de Cumberland.—Convention de Kloster-Seven, conclue le 8 septembre suivant par le duc de Richelieu, et rompue le 26 du même mois. — Le duc Ferdinand de Brunswick est nommé au commandement des troupes alliées de la Prusse.

43. L'histoire des campagnes de Frédéric pendant le cours de la guerre de sept ans est sans doute l'une des plus intéressantes et des plus instructives à la fois pour l'homme de lettres et pour le tacticien. L'intérêt de la politique et des négociations de cabinet fut en quelque sorte suspendu durant cet intervalle; mais un spectacle plus grand fixa l'attention de l'Europe, celui que présentait un souverain luttant presque seul contre toutes les autres puissances, supportant les revers avec fermeté, et ne négligeant aucune occasion de s'emparer de la victoire.

En 1757, Frédéric entre en Bohême et gagne la bataille de Prague contre Charles de Lorraine le 6 mai. Siége de Prague. Après la défaite de Collin (18 juin), il se retire de Bohême, attaque les armées française et impériale, et les bat à la fameuse journée de Rosbach le 5 novembre; puis il reprend la Silésie en remportant la victoire de Leuthen le 5 décembre. — Le 30 août de la même année, les Russes, sous les ordres du général Apraxin, battent un corps d'armée prussien, près du grand Jaegersdorf, mais ils ne surent pas profiter de leur succès. — En 1758, bataille de Zorndorf le 25 août. L'armée du roi de Prusse est défaite à Hochkirchen le 14 octobre. — En 1759, les armées russe et autrichienne, conduites par le général Laudon, attaquent et battent les Prussiens à Kunersdorf le 12 août. — En 1760, siége de Dresde au mois de juillet: combat de Liegnitz au mois d'août; les Prussiens reprennent la Silésie. Combat de Torgau. Le 3 novembre le roi de Prusse occupe la Saxe. En 1761, guerre défensive contre les armées alliées, etc.

L'Histoire de cette guerre mémorable a été consignée dans de nombreux écrits:

Histoire de la guerre de sept ans, dans les *œuvres posthumes de Frédéric II*. Tom. 3 et 4. *Berlin*, 1788.

Histoire de la guerre de sept ans, par Tempelhof. *Berlin* 1794.

Idem, par Archenholz, 2 vol., 1772.—Traduite en français.

Warnery, *Campagnes de Frédéric II*, 1788.

44. Pendant tout le cours de la guerre, les victoires du duc de Brunswick garantirent constamment le roi de Prusse sur l'un des côtés par où il se trouvait attaqué; heureux d'avoir pu se défendre de l'invasion des armées françaises plus efficacement que de celles des Russes qui ne cessaient de le presser du côté de la Saxe.

En 1757, le duc Ferdinand de Brunswick tint la campagne tout l'hiver et chassa les Français du Hanovre, après la rupture de la convention de Klester-Seven. *L'année suivante*, il passa le Rhin, gagna la bataille de Grefeld le 23 juin, et fit sa jonction avec l'armée anglaise. Le 1er août 1759, il remporta la victoire de Minden contre le maréchal de Contades, douze jours avant la défaite du roi son allié à Kunersdorf. En 1760 et 1761, le duc de Brunswick maintint constamment sa supériorité, et protégea par ses manœuvres une partie des Etats de Hanovre.

Mauvillon, *Geschichte des Herzogz Ferdinands von Braunschweig*, etc.— *Histoire du duc Ferdinand de Brunswick*, par Mauvillon. 2 vol. 1790.

45. Cependant la guerre s'étendit au delà des mers, et jusque dans les deux Indes. Les Anglais ne tardèrent pas à y obtenir tous les avantages, et se préparèrent ainsi à la conquête des colonies. Dans l'Amérique septentrionale la guerre ne fut d'abord que la continuation des anciennes hostilités; bientôt une attaque plus générale enleva à la France tout le Canada : ses possessions les plus importantes dans cette partie du Nouveau-Monde et en Afrique lui furent successivement ravies; dans les Indes orientales elle perdit Pondichéry, et bientôt son commerce maritime fut presque entièrement anéanti.

Au mois de juillet 1758, les Anglais s'emparèrent du Cap-Breton : le 13 septembre de l'année suivante, le général Wolf gagna contre les Français la grande bataille de Quebec, qui lui valut la conquête immédiate du Canada. — Le 20 novembre même année, l'amiral Hawke défit une flotte française près de Brest. — Dans l'Amérique, les Anglais s'emparèrent de la Martinique, de la Guadeloupe, de la Grenade, Sainte-Lucie et Saint-Vincent. — Aux Indes orientales, ils prirent Pondichéry le 16 janvier 1761. — Sur les côtes d'Afrique, le Sénégal et Gorée tombèrent entre leurs mains en 1758.

46. Le roi d'Angleterre, George II, mourut le 25 octobre

1760 ; mais sa mort n'apporta aucun changement à la marche de la guerre. Il n'en fut pas de même de celle de l'impératrice Élisabeth, survenue le 5 janvier 1762 : elle avait été l'ennemie la plus déclarée et la plus violente du roi de Prusse ; son neveu et son successeur Pierre III devint, au contraire, son plus zélé admirateur ; il conclut d'abord avec ce monarque un traité de paix qui força la Suède à poser les armes ; bientôt après il lui proposa une alliance ; et l'Europe vit pour la première fois le spectacle singulier d'une armée quittant les rangs de ses alliés pour passer chez ceux contre lesquels elle avait d'abord combattu.

Une première trève fut signée le 16 mars 1762 ; et, le 5 mai suivant, la Russie et la Prusse conclurent un traité de paix, dans lequel ces deux puissances convinrent de la restitution réciproque de toutes leurs conquêtes. Un traité particulier fixa les conditions de la nouvelle alliance. La paix entre la Prusse et la Suède fut signée à Hambourg le 22 mai, et les relations rétablies comme avant la guerre.

47. Pierre III ne survécut pas longtemps à ses traités ; Catherine, qui lui succéda, conserva la neutralité, et le roi de Prusse y gagna beaucoup plus sans doute qu'il n'aurait pu le faire par la continuation de l'alliance ; car il lui importait surtout qu'une puissance du premier ordre donnât l'exemple de la modération. Les victoires de Frédéric, durant toute cette campagne, amenèrent enfin le résultat qu'il désirait depuis longtemps.

Victoires du roi de Prusse à Burkersdorf, le 21 juillet 1762, et du prince Henri à Freyberg, le 29 octobre suivant.

48. Cependant, cette même année, la guerre prit une nouvelle activité du côté de l'Occident par l'accession de l'Espagne et du Portugal dans la grande alliance. La première avait constamment maintenu sa neutralité sous le règne de Ferdinand VI. Après sa mort, en 1759, Charles III, fils de la reine Élisabeth, quitta le trône de Naples pour venir occuper celui d'Espagne ; dès ce moment, la France acquit une autorité sans bornes à la cour de Madrid ; elle s'en servit pour entreprendre de former une confédération générale de toutes les branches de la maison

de Bourbon, espérant par là réparer ses désastres et reprendre sa toute-puissance en Europe. Ce fut dans ce dessein que se forma l'alliance connue sous le nom *de pacte de famille*, d'après laquelle l'Espagne se vit engagée dans la querelle générale. Mais à cette époque l'Angleterre était trop puissante et trop sûre de ses immenses conquêtes, pour qu'un nouvel ennemi pût l'intimider. L'un des résultats les plus importants de ce nouveau traité fut la retraite du premier ministre de George III.

Le pacte de famille fut d'abord signé entre la France et l'Espagne le 15 août 1761; on y supposa l'accession du roi de Naples et du duc de Parme: les parties contractantes se garantirent réciproquement leurs possessions, et conclurent une alliance offensive et défensive. Le ministre Pitt se retira des affaires le 5 octobre 1761, pour n'avoir pu obtenir sur-le-champ une déclaration de guerre contre l'Espagne. — Le cabinet de Saint-James ne tarda pas à s'y déterminer, et cette déclaration eut lieu le 4 janvier suivant. L'amiral Pocock s'empara de la Havane le 11 août. Prise de Manille le 6 octobre de la même année.

49. L'Angleterre et la Prusse, malgré leurs succès presque constants pendant tout le cours de la guerre, ne purent cependant rester unies jusqu'à la fin. L'Angleterre avait atteint son but: la puissance maritime de la France était détruite; presque toutes ses colonies avaient passé aux mains de son ennemie. Les Anglais, voyant avec inquiétude l'augmentation rapide de leur dette publique, se prononçaient chaque jour plus fortement contre la guerre continentale; et cette opinion devint encore plus générale et plus forte lorsque Pitt fut sorti du ministère: les premières propositions de la France furent donc accueillies avec empressement; il en résulta bientôt un traité de paix particulier entre ces deux puissances; la France s'engagea à rester neutre dans la querelle du roi de Prusse. Celui-ci se plaignit avec raison d'être abandonné par ses alliés; mais lui-même en avait donné l'exemple, et on ne manqua pas de le lui rappeler.

Les premières négociations furent conduites par le duc de Nivernois à Londres, et par le duc de Bedford à Paris. Le 3 novembre 1762, on signa à Fontainebleau les préliminaires de la paix entre l'Angleterre d'une part, et d'autre part la France et l'Espagne ; ce traité fut converti en paix définitive à Paris le 10 février 1763. La France renonça à toutes ses prétentions sur la Nouvelle-Écosse, et céda le Cap-Breton et le Canada ; elle se réserva une part aux pêches de Terre-Neuve, avec les petites îles de Saint-Pierre et Miquelon : le Mississipi fut déterminé pour limite entre les colonies anglaises et la Louisiane. Aux Indes occidentales, la France céda la Grenade à l'Angleterre, et celle-ci conserva en propriété les îles auparavant neutres de Saint-Vincent, la Dominique et Tabago ; les autres conquêtes furent restituées. En Afrique, la France céda le Sénégal, et reprit Gorée. Aux Indes orientales, on restitua à la France tout ce qu'elle possédait en 1749, y compris Pondichéry, et elle renonça à ses acquisitions postérieures. En Europe, l'Angleterre recouvra l'île de Minorque. On convint de plus que le Hanovre et l'Empire seraient évacués par les troupes françaises, et que la France resterait neutre dans la guerre de la Prusse contre l'Autriche. L'Espagne céda les Florides à l'Angleterre, et, par suite de cette clause, la France s'engagea dans un traité particulier à céder la Louisiane à son alliée (ce traité ne fut exécuté qu'en 1769). L'Angleterre rendit l'île de Cuba et la Havane ; elle se réserva de plus le droit d'aller prendre du bois de campêche dans la baie d'Honduras. — Le Portugal fut aussi compris dans le traité, et recouvra tout ce qu'on lui avait enlevé.

Les plénipotentiaires furent : pour l'Angleterre, le duc de Bedford ; pour la France, le duc de Choiseul ; pour l'Espagne, le marquis de Grimaldi.

50. La Prusse, l'Autriche et la Saxe demeuraient encore en guerre ; mais après les victoires de Frédéric et la prise de Schweidnitz (du 9 octobre 1762), l'Autriche ne pouvait plus conserver aucun espoir de succès : forcée de renoncer à ses prétentions sur la Silésie, elle trouva toute facilité pour négocier, car il ne s'agissait d'aucune autre contestation ; et le roi de Prusse eut la gloire de conclure la paix de Hubertsbourg, sans rien abandonner de ses précédentes conquêtes.

Elle fut signée le 15 février 1763 : les deux puissances renoncèrent réciproquement à toute nouvelle prétention sur leurs États ; les traités de Breslau et de Dresde furent confirmés. La Prusse et la Saxe rétablirent leurs relations comme avant la guerre ; l'Empire germanique, qui avait déjà déclaré sa neutralité, accéda aussi au traité.

Les ambassadeurs à Hubertsbourg furent : pour la Prusse, le conseiller intime comte de Herzberg ; pour l'Autriche, le conseiller de cour de Collenbach ; pour la Saxe, le baron Fritsch.

51. Ainsi fut consolidé en Europe les ystème politique que Frédéric le Grand avait voulu y fonder: la Prusse et l'Autriche devinrent les deux premières puissances continentales; car la Russie était trop éloignée, et la France trop affaiblie, pour pouvoir y prétendre encore.

52. Il sembla d'abord que l'union intime établie par le pacte de famille entre les États occupés par la maison de Bourbon dût servir à prévenir les dangers que l'on avait vus se réaliser lors de la première guerre pour la succession d'Espagne; mais la situation intérieure de ces divers royaumes montra bientôt l'inutilité d'une pareille convention, et l'expérience a prouvé l'inefficacité de l'alliance de l'Espagne avec la France dans les guerres auxquelles la première ne peut prendre aucun intérêt.

53. L'Angleterre, en faisant la paix avec la France, avait rompu son alliance avec la Prusse, et depuis ce moment Frédéric conserva une sorte d'aversion pour elle: leur intimité ne se renouvela plus; car il n'y avait entre ces deux puissances aucun de ces rapports immédiats qui commandent quelquefois des rapprochements; le Hanovre même ne pouvait leur fournir aucun sujet de querelle ou de négociation; car il occupait sa place dans la confédération germanique, et il entrait dans le système de Frédéric de la maintenir forte et puissante.

54. Cependant cette rupture dérangea presque toutes les relations politiques que l'Angleterre avait établies sur le Continent: elle demeura dans les mêmes termes avec les Provinces-Unies et le Portugal; mais, séparée de l'Autriche par la dernière alliance que celle-ci avait contractée avec la France, n'ayant en Russie que des affaires de commerce, et ne trouvant aucun intérêt commun qui pût la rapprocher de ces diverses puissances, elle perdit bientôt son autorité et son influence dans les affaires de l'Europe, et la nation ne tarda pas à en être encore plus détournée par les événements qui survinrent en Amérique. Du reste, l'état de paix favorisa beaucoup son commerce avec le Continent: elle en prit occasion de renouveler presque tous ses traités, et se ménagea ainsi les moyens de reprendre ses précé-

dentes relations, aussitôt que de nouveaux troubles rendraient son crédit et ses secours nécessaires.

Versuch einer historischen Entwickelung des Britischen Continental interesse, etc.—*Examen historique et critique des intérêts de l'Angleterre sur le Continent.* Dans le Recueil des écrits historiques de Heeren, tom. 1 et 2, 1805.—Cet ouvrage fait partie des *Mélanges historiques* de M. Heeren, traduits en français.

55. Enorgueillie par ses succès et par l'ascendant de sa puissance maritime, l'Angleterre ne tarda pas à en abuser; et ses entreprises durant le cours de la guerre de sept ans eurent des conséquences très-graves, que l'Europe ne sut pas prévoir dès le principe. Ce fut pour la seconde fois qu'elle anéantit les forces navales de ses ennemis, afin de parvenir aussi à détruire leur commerce, qui se faisait surtout dans les colonies à l'aide des pavillons neutres: elle se hâta d'interdire cette ressource aux puissances qui en faisaient une spéculation; et dans les temps de guerre elle voulut même constituer cet abus de la force en droit politique, sauf à le modifier suivant les circonstances ou plutôt selon son bon plaisir. Déjà, depuis longtemps, d'autres puissances avaient tenté de faire prévaloir les mêmes prétentions, mais elles n'avaient pu les faire respecter par la force de leurs armes; et ce fut alors seulement que cette épouvantable injustice s'introduisit sans résistance dans la pratique des affaires de l'Europe.

En 1756, la France, ne pouvant communiquer avec ses colonies, accorda à quelques puissances neutres l'autorisation d'y faire le commerce. L'Angleterre prétendit que cette concession était illégale, et s'empara des vaisseaux et de tout ce qui appartenait aux neutres. Cette querelle demeura longtemps indécise, et fut même ajournée lors de la conclusion du traité de paix; mais l'acte connu en Angleterre sous le nom de *the rule of* 1756 fut dès ce moment considéré, chez cette nation, comme fixant ses droits et devant servir de règle dans toutes les négociations de cette nature.

§ III. *Depuis les traités de Paris et de Hubertsbourg jusqu'à la mort du roi de Prusse.* 1763—1786.

56. Les derniers traités donnaient droit d'attendre un long état de paix dans l'Europe occidentale: ils furent en effet suivis

de trente années que n'interrompit aucune guerre continentale un peu considérable, et pendant lesquelles on vit se développer de toutes parts des idées et des lumières qui ne tardèrent pas d'exercer une grande influence sur l'état des sociétés, et, par conséquent, sur celui des gouvernements.

57. Les guerres qui venaient de finir avaient mis en jeu des forces puissantes et de toute espèce, et développé une activité jusqu'alors inconnue, qui ne pouvait s'éteindre au sein de la paix. Les gouvernements s'efforçaient de l'appliquer au perfectionnement de l'administration intérieure, pour laquelle il s'agissait non-seulement de guérir les maux de la guerre, mais encore de satisfaire aux besoins sans cesse renaissants de la société. Les armées permanentes se trouvèrent augmentées plutôt que réduites sur le pied de paix : de là naquit la nécessité de donner une plus grande attention à l'administration des finances, et d'établir en maxime que l'augmentation des revenus de l'État devait être le but le plus important de l'économie politique. L'esprit des gouvernants, et les différences qui existaient dans les constitutions des États européens, empêchèrent jusqu'à un certain point l'abus trop universel de cette doctrine; mais, contagieuse de sa nature, elle ne laissa pas de se répandre et de trouver partout un accueil favorable.

58. A côté de cette opinion prédominante, on vit se développer, par une conséquence toute naturelle, cette autre maxime que le moyen le plus sûr et le plus économique à la fois de conduire une grande administration était de lui donner autant que possible les formes et la régularité d'action que comportent dans l'ordre industriel la construction et le jeu de toute machine. Cette idée se répandit lentement et sans exercer partout une égale influence; mais elle favorisa le développement de la théorie suivant laquelle le bonheur et la prospérité des États se fondent surtout sur les formes de leur gouvernement intérieur.

59. De là naquit encore pour tous les États ce besoin d'agrandissement, qui, poussé jusqu'à un certain degré, pourrait amener la subversion de tout le système continental. Plus la configura-

tion extérieure d'un pays était irrégulière et semblait présenter d'obstacles à l'action des règles administratives, plus on attachait d'importance à en corriger les vices; bientôt ce fut la prétention commune dans tous les cabinets de l'Europe; chaque gouvernement crut devoir travailler à se donner des limites plus régulières : entreprise d'autant plus dangereuse, que la plus grande inégalité dans la répartition des territoires semblait constituer en Europe le système de l'organisation politique.

60. L'on en vint aussi, dans la pratique, à considérer les formes matérielles des États, telles que l'étendue du territoire et la population, comme les premiers éléments du bonheur et de la prospérité publique. Les écrivains donnèrent sur tous ces sujets de grandes facilités à ceux qui conduisaient les affaires; tout fut soumis au calcul de la statistique, et les hommes d'État reçurent avec confiance tous ces renseignements.

61. Les habitudes consacrées par l'expérience se maintenaient encore dans les relations de la politique et dans la conduite de l'administration générale; mais déjà l'esprit de raisonnement s'était emparé de tous les sujets, et chaque jour il produisait de nouvelles théories, qui faisaient le contraste le plus frappant avec ce qu'on pouvait observer dans la réalité. D'abord elles ne furent considérées que comme un jeu innocent de l'esprit, et souvent ceux qui les inventaient n'y attachaient pas eux-mêmes plus d'importance; mais comme, en dernière analyse, toutes les institutions humaines reposent toujours sur un certain nombre d'idées prédominantes, le changement de celles-ci amène nécessairement une révolution dans l'état de la société.

62. Les principes constitutifs des gouvernements et de la législation furent les premiers objets de ses recherches; Montesquieu s'y livra avec succès : son ouvrage fut plutôt un examen critique du mouvement des sociétés en général qu'un système d'organisation politique; il apprit à penser, mais du moins sans égarer l'opinion publique. Il n'en fut pas de même lorsque le citoyen de Genève, le plus habile et le plus éloquent des sophistes, entreprit de fonder le gouvernement sur un principe qui ne se retrouve

dans aucune société organisée, qui ne peut servir de base à aucune constitution future; car, en pratique, les idées de souveraineté du peuple et de gouvernement impliquent contradiction, puisqu'il est évident qu'un État ne commence que lorsque la souveraineté du peuple a cessé d'être.

Avant eux, Locke s'était déjà distingué comme écrivain politique; mais du moins sa théorie était en rapport avec la constitution de son pays.

An essay concerning the true original extract and end of the civil government, etc. — *Essai sur l'origine et la destination du gouvernement*. Par Locke. Londres, 1702. — Traduit en français.

Esprit des Lois, par Montesquieu.

Le Contrat social, par J.-J. Rousseau.

On trouve un examen comparé de ces divers ouvrages dans un écrit intitulé: *Essai sur l'origine et les principes des théories politiques et sur l'influence qu'elles ont exercée dans l'Europe moderne*, faisant partie du *Recueil des écrits historiques* de M. Heeren, tome 2.

63. L'étude de l'économie politique se joignit à toutes celles qui ont pour objet les principes consécutifs de la société, et sous le double rapport de la théorie et de la pratique; le système mercantile prêta merveilleusement à toutes les attaques. Les économistes produisirent d'utiles et d'importantes vérités, et ne négligèrent rien pour mettre en honneur l'agriculture et pour faire reconnaître les préceptes d'une sage liberté dans l'exercice de l'industrie et du commerce; leurs écrits formèrent d'autres penseurs: le plus distingué de tous, Adam Smith lui-même, y puisa de bonnes notions et quelques-uns des principes qu'il a développés dans ses ouvrages; mais leur système, presque entièrement fondé sur des sophismes, embarrassé, de plus, de toutes les difficultés d'une langue et d'une terminologie nouvelle, ne peut être d'aucune utilité dans la pratique. Quesnay, leur chef, forma une secte de théoriciens, mais non une école de gens propres aux affaires: entraînés par l'esprit du temps et par ce besoin de l'égalité politique qui se manifestait déjà de toutes parts, ils passèrent bientôt de l'étude de l'économie publique à l'examen de l'état actuel et de l'organisation des sociétés; et leurs travaux

en ce genre purent paraître d'autant plus dangereux, qu'ils ne se bornaient pas, comme Smith, à rechercher ce qui peut être le plus utile, mais qu'érigeant leurs principes et leurs opinions en droits irrécusables, ils semblaient demander impérieusement plutôt que conseiller en amis.

Quesnay. *Tableau économique.* Paris, 1758.

Physiocratie. Paris, 1771, 2 vol.

Vorstellung des physiocratischen Systems, etc.—*Exposition du système physiocratique, ou des économistes*, par Dohm, 1778.

An inquiry into the nature and causes of the wealth of nations.—Recherches sur la nature et les causes de la richesse des nations, par Ad. Smith. Lond. 1776, 2 vol. in-4°.—Il y a plusieurs traductions françaises de cet ouvrage.

64. Cette activité des esprits et des travaux se développa dans la ville qui était considérée alors en Europe comme le centre des lumières et du bon goût : elle n'exerça pas à l'étranger une influence aussi générale que dans la nation même où elle se manifesta ; mais son caractère particulier fut d'introduire dans les classes supérieures de la société européenne les hommes qui y prenaient la plus vive part, et de leur fournir tous les moyens d'y exercer la domination.

65. Aussi l'opinion publique, dirigée par les gens de lettres, acquit à cette époque une importance qu'elle n'avait point encore obtenue, et les institutions contre lesquelles elle se déclara ne conservèrent plus qu'une existence précaire. La société des jésuites en fournit le premier exemple. Diverses causes particulières préparaient depuis longtemps sa chute ; elle fut hâtée par la vivacité des attaques et par l'autorité qu'exerçaient les écrivains du temps : ses plus redoutables adversaires se trouvèrent précisément dans le pays dont les opinions avaient le plus de crédit en Europe ; et quoique dans le fait le Portugal eût pris un parti sur cette grande querelle quelque temps avant la France, on se croit fondé à dire que l'histoire de l'abaissement et de la chute des jésuites est essentiellement liée à celle de l'état des mœurs et de la société en France durant le cours du siècle dernier.

L'une des premières causes qui contribuèrent à amener la chute de la société des jésuites est sans doute dans la longue querelle qu'ils eurent à soutenir contre les jansénistes, et dans laquelle les Lettres provinciales, publiées en 1652, commencèrent à tourner contre eux l'opinion publique. Le jansénisme favorisa à la cour et dans les parlements un parti d'opposition politique, qui fut signalé, pour la première fois, par le dernier confesseur de Louis XIV, le père le Tellier, et qui se renforça dans la suite de l'opposition plus redoutable encore des gens de lettres et des philosophes : ceux-ci attaquèrent les jésuites par le ridicule ; déjà à cette époque leur enseignement était insuffisant pour les besoins du temps : leur morale relâchée, l'entreprise de quelques-uns d'entre eux d'excuser ou même de justifier le régicide en général, de mauvais principes, et d'autres torts de conduite par où ils se séparaient tous les jours davantage du public, fournirent contre eux de nombreux sujets de reproches et même d'accusations plus sérieuses. Il est permis de croire qu'ils eussent pu, avec plus d'habileté, éviter de provoquer toutes ces plaintes, sans déroger d'ailleurs à l'esprit de leurs institutions et aux véritables intérêts de leur société.

66. Dès qu'ils eurent cessé de paraître tout-puissants, les jésuites essuyèrent successivement diverses attaques partielles, qui détruisirent peu à peu leur autorité et annoncèrent leur dissolution ; elle fut enfin prononcée en Portugal sous le ministère du marquis de Pombal : la France, l'Espagne, Naples, Parme, ne tardèrent pas de suivre cet exemple ; en huit années la société des jésuites fut entièrement expulsée de ces divers pays.

En Portugal, ils furent d'abord éloignés de la cour, et l'on confisqua leurs biens ; l'édit du 3 septembre 1759 prononça leur exclusion définitive du royaume. En France, le duc de Choiseul et la marquise de Pompadour firent aussi décider leur renvoi, au mois de novembre 1764 ; la cour de Madrid enjoignit aux jésuites, par un acte du 3 avril 1767, de sortir des terres de la domination espagnole ; l'année suivante, ils furent chassés de Naples et de Parme.

De la destruction des jésuites en France : OEuvres de d'Alembert, tome 5. 1805.

Lettere sulle ragioni della espulsione de' jesuiti di Spagna. — *Lettres sur les causes de l'expulsion des jésuites d'Espagne.* 1768.

Geschichte der jesuitem in Portugal unter Pombal. — *Histoire des jésuites en Portugal, sous le ministère du marquis de Pombal*, par Murr. Nuremberg, 1787, 2 vol.

67. Cependant, comme la société subsistait toujours tant que le pape n'en avait pas prononcé la dissolution, les jésuites conservèrent quelque temps encore leurs espérances, s'appuyant sur le pape Clément XIII, qui leur accorda sa protection; il soutint même leurs intérêts avec chaleur, surtout dans leurs contestations avec la cour de Parme; mais la violence qu'il montra à cette occasion nuisit beaucoup à leur cause, et compromit en même temps la puissance papale, en excitant le ressentiment de toutes les cours catholiques de l'Europe. Tous les princes de la maison de Bourbon poursuivirent sans relâche leur destruction; et cette intention était si fortement prononcée, que le renouvellement du ministère en France, après la disgrâce du duc de Choiseul, n'apporta aucun changement dans les dispositions du cabinet de Versailles; enfin le pape Clément XIV se vit contraint de céder à tant d'instances, et la bulle *Dominus et Redemptor noster*, publiée le 16 août 1773, prononça la dissolution de la société des jésuites.

Vita di Clemente XIV (Ganganelli). Vie de Clément XIV (Ganganelli), par le marquis Caraccioli. Florence, 1776.

68. Cet événement fut considéré comme un triomphe de l'esprit philosophique. Mais en même temps que l'on doit reconnaître combien la société des jésuites présentait de dangers pour les gouvernements et pour les peuples, il doit être permis aussi de remarquer que leur destruction fut poursuivie avec un acharnement et une violence qui ne laissèrent place à aucune des mesures de précaution nécessaires en une telle entreprise. Le monde catholique se trouva tout-à-coup privé des ressources que lui présentait la société des jésuites pour l'enseignement de la jeunesse; et rien n'avait été préparé d'avance pour remplir le vide qu'ils laissèrent. Il semble de plus que l'influence politique de cette société était déjà suffisamment abaissée, pour qu'il y eût folie de craindre qu'elle pût encore diriger les affaires générales; et l'on se trouverait par là conduit à douter si la

commotion qui résulta de leur chute ne fut pas plus nuisible à l'Europe que n'eût pu l'être la prolongation de leur existence, renfermée dans de justes limites, et soumise aux réformes que l'esprit du temps rendait nécessaires.

69. Au milieu de ces grands événements, l'Europe jouissait d'ailleurs du repos le plus complet, par suite de la bonne harmonie qui régnait alors entre l'Autriche et la Prusse : cependant, vers le même temps, on voyait se développer dans toutes les cours le système d'agrandissement et de régularisation des frontières, qui bientôt se produisit au grand jour, s'appuyant sur les intérêts des gouvernements et sur les besoins d'une bonne administration, et qui ne tarda pas à devenir le principe dominant de la politique européenne. La configuration irrégulière de la monarchie prussienne fournit le premier prétexte à ce système ; et la Pologne en fut la première victime.

70. On en vit bientôt une nouvelle application, lorsque Joseph II fut admis par sa mère au partage de la dignité impériale. Véritable enfant du siècle, l'empereur Joseph en fut aussi l'un des plus fidèles représentants. Dévoré du désir de savoir, doué d'une activité infatigable, enclin à toutes les innovations, il se montra souvent inconséquent et fut souvent sans respect pour les droits les plus légitimement établis. De plus, paraissant dans le monde avec tout l'éclat de la jeunesse et de la force, placé au rang le plus élevé, il était difficile qu'il se défendît de la séduction répandue dans tous les cabinets de l'Europe, et déjà convertie en précepte de gouvernement.

71. Déjà l'Autriche avait cédé à cette impulsion en se faisant donner par la Russie la province de Bukowine conquise sur les Turcs : elle méditait de semblables entreprises sur l'Italie ; mais l'Allemagne présentait un plus beau champ à son ambition, et la Bavière surtout était bien propre à exciter ses désirs. L'extinction de la maison électorale paraissait probable, et cette circonstance fournissait le meilleur prétexte aux négociations : avant même que cet événement fût accompli, on entreprit de

traiter avec l'héritier naturel ; bientôt on l'amena à conclure une convention, et l'occupation subite du pays précipita le dénoûment de cette grande injustice.

La branche électorale de Bavière s'éteignit dans la personne de Maximilien-Joseph, mort le 30 décembre 1777. L'électeur palatin, Charles-Théodore, se trouvait son héritier naturel, en sa qualité de chef de la branche de Wittelsbach. L'Autriche conclut avec ce prince un traité de partage qui fut signé à Vienne le 3 janvier 1778; et, immédiatement après, elle fit occuper la Basse-Bavière par ses troupes.

72. Cette entreprise hardie se trouva favorisée par la situation actuelle de l'Europe. La France, depuis le mariage du dauphin avec l'archiduchesse Marie-Antoinette, se trouvait attachée à l'Autriche par des liens de famille ; et, d'ailleurs, sans force et sans crédit sur le Continent, elle s'était jetée dans la guerre maritime, pour soutenir l'indépendance de l'Amérique : la Russie, sur le point d'entrer en guerre contre les Turcs et méditant des envahissements sur cette puissance, avait intérêt à ne pas se prononcer contre des projets de la même nature ; l'Angleterre, exclusivement occupée du soin de défendre ses colonies, ne pouvait intervenir dans les affaires du Continent; la Prusse seule était en situation d'y prendre part.

73. C'était d'elle aussi que devait venir la résistance la plus opiniâtre ; car le partage de l'électorat de Bavière entraînait le renversement du système politique que Frédéric avait élevé à grands frais, et détruisait toute la constitution de l'Empire : le roi de Prusse fut donc forcé de prendre les armes pour défendre la Bavière, son propre pays, et l'édifice qu'il avait construit.

74. Cette détermination vigoureuse montra du moins qu'il y avait encore en Europe une politique supérieure à celle qui ne se fonde que sur les calculs de l'égoïsme; et le roi de Prusse, sachant refuser les propositions qui lui étaient faites dans son intérêt particulier, se fit honneur de ce désintéressement : la guerre fut bientôt terminée ; l'impératrice Marie-Thérèse fut alarmée pour son repos et pour celui de son fils ; Frédéric était devenu plus timide. La France proposa sa médiation ; la Russie, réconciliée

avec les Turcs, se joignit à elle, et menaça même de prendre au besoin une part plus active dans la querelle : la paix de Teschen mit fin à toutes ces contestations.

Le duc de Deux-Ponts, en sa qualité de premier agnat, héritier immédiat de l'électeur palatin, protesta contre le traité de Vienne. La Saxe réclama la succession allodiale. Le duc de Mecklembourg produisit des prétentions sur le landgraviat de Leuchtenberg ; tous furent soutenus par Frédéric. Ces négociations n'ayant amené aucun résultat, le roi de Prusse, le prince Henri et les Saxons, entrèrent en Bohême, sans avoir pu chasser l'armée autrichienne des positions qu'elle occupait sur l'Elbe ; cependant Marie-Thérèse fit de nouvelles ouvertures pour la paix ; un congrès fut convoqué à Teschen, sous la médiation de la France et de la Russie ; on convint d'une trève le 7 mars 1779, et la paix fut signée le 13 mai suivant. L'Autriche conserva la portion de la Basse-Bavière située entre l'Inn, le Danube et la Salze, et renonça d'ailleurs aux clauses du traité de Vienne : elle promit de plus de ne pas s'opposer à la réunion des margraviats de Bayreuth et d'Anspach à la monarchie prussienne, le cas survenant. La Saxe reçut six millions de florins pour sa renonciation à la succession allodiale, et l'on accorda au duc de Mecklembourg le privilége *de non appellando* (1). Les ambassadeurs au congrès de Teschen furent : pour l'Autriche, le comte Philippe de Cobentzel ; pour la Prusse, le baron de Riedesel ; pour la Saxe, le comte de Zinzendorf ; et comme médiateurs, de la part de la France, le baron de Breteuil ; de la Russie, le prince Repnin.

Œuvres posthumes de Frédéric II, tome 5. On y trouve le Recueil des lettres écrites dans cette affaire par le Roi de Prusse et par l'impératrice d'Autriche et son fils.

Recueil de manifestes, etc., qui ont été rédigés et publiés par le comte de Herzberg, depuis 1778 jusqu'en 1789, tome 2. Berlin, 1789.

75. Le traité de Teschen suspendit la guerre ; mais le cabinet de Vienne ne renonça pas pour cela à ses projets d'agrandissement du côté de la Bavière. La mort de Marie-Thérèse, survenue le 29 novembre 1780, plaça sur le trône Joseph II son fils. Alors on imagina toutes sortes de nouvelles combinaisons : au dedans, l'empereur fit de grands changements dans l'administration du pays, surtout dans les affaires de l'Église, malgré les représenta-

(1) Les décisions des tribunaux du pays furent déclarées en dernier ressort et l'on interdit désormais la faculté d'en appeler aux cours souveraines de l'Empire.

tions du pape Pie VI, qui fit un voyage à Vienne au mois de mars 1782; au dehors, il entreprit des négociations dans toutes les cours d'Allemagne pour les associer ou les faire consentir à ses projets; plus loin, il se montra peu soucieux d'observer les traités qui semblaient les mieux garantis, et l'on en vit des preuves nombreuses dans ses négociations avec la Hollande pour en obtenir la cession de plusieurs places fortes, dites de la *Barrière*, et l'ouverture ainsi que la libre navigation de l'Escaut.

En 1781, l'empereur suspendit l'exécution du traité de la Barrière; plus tard, il demanda l'ouverture de l'Escaut et la cession de Maëstricht et de douze autres places. On négocia longtemps sur ces difficultés. Enfin, la médiation de la France amena la conclusion du traité de Versailles du 8 novembre 1785, en vertu duquel l'empereur d'Autriche renonça à ses prétentions, à la condition qu'il lui serait payé une indemnité de dix millions de florins.

76. La France, l'Angleterre, l'Espagne et les Pays-Bas, à peine sortis des malheurs de la guerre d'Amérique, éprouvaient le besoin du repos, et leur inaction forcée favorisait les entreprises de Joseph II. Ce monarque crut que le moment était venu de poursuivre une seconde fois l'accomplissement de ses projets sur la Bavière, et de les présenter sous la forme d'une proposition d'échange. Il imagina d'ériger un nouveau royaume de Bourgogne en faveur de l'électeur, et de lui assigner, avec quelques restrictions, la plus grande partie des Pays-Bas autrichiens, en échange de la Bavière et du haut Palatinat. Il paraît même que ce projet reçut l'assentiment de l'électeur; la Russie promit à l'empereur de le seconder, et la France de conserver sa neutralité.

Le traité fut proposé à Munich par le comte de Lehrbach, et au duc de Deux-Ponts par le ministre russe, comte de Romanzoff.

Erklaerung der Ursachen welche Seine Preussische Majestaet bewogen haben, etc. — *Exposition des motifs qui ont déterminé le roi de Prusse à proposer aux princes d'Allemagne une confédération pour la conservation de l'Empire germanique.* Voy. le tome 2 du *Recueil* de Herzberg, déjà cité.

77. Ainsi, près de descendre au tombeau, le grand Frédéric eut une nouvelle occasion de craindre le renversement de son

système ; ne pouvant plus prendre les armes pour le défendre, il recueillit du moins toutes les forces de son esprit, et cette dernière négociation répandit un nouvel éclat sur la fin de sa brillante carrière : jamais on ne l'avait vu déployer tant de talent et d'énergie pour plaider la cause de l'Allemagne ; et, pour montrer combien le maintien de cette grande confédération était lié à tous les intérêts de l'Europe, il réussit, d'accord avec son successeur, à renouer cette ligue des princes allemands, unis par des liens et des besoins communs. Ce fut son dernier ouvrage ; rassuré sur le sort du royaume qu'il avait en quelque sorte créé, il mourut le 17 août 1786.

La confédération des princes allemands fut conclue à Berlin, d'abord avec l'électeur de Saxe, puis avec le duc de Brunswick, pour le maintien de la constitution de l'Empire germanique. Les alliés de ces trois princes, Mayence, Hesse-Cassel, Mecklembourg et Anhalt, y accédèrent immédiatement.

Darstellung des Furstenbundes, etc. — Histoire de la confédération des princes allemands, par Muller, 1787.

Uber den Deutschenbund. — De la Confédération allemande, par W Dohm, en réponse à l'ouvrage intitulé : *De l'Association du roi de Prusse avec les princes allemands, pour le maintien de la constitution du corps germanique.* Fürsten, etc. ; d'Otto de Gemmingen, 1785.

COUP D'OEIL SUR LES CHANGEMENTS LES PLUS IMPORTANTS OPÉRÉS, DURANT CETTE ÉPOQUE, DANS LES ÉTATS DE L'EUROPE OCCIDENTALE, ET SUR LEURS PRINCIPAUX RÉSULTATS.

ESPAGNE ET PORTUGAL.

1. Après la mort de Jean V, son fils Joseph-Emmanuel monta sur le trône (1750), et remit la conduite des affaires au comte d'Oeyras Carvalho, marquis de Pombal. Nul ministre peut-être n'a entrepris une réforme aussi complète, et ne l'a conduite avec autant de vigueur. Industrie, commerce, état militaire, éducation publique, toutes les institutions en général furent soumises à l'humeur innovatrice du premier ministre ; tout ce qui se rencontra sur son chemin, jésuites et noblesse, fut brisé sans ménagement ; et cependant une administration de vingt-sept années

fut insuffisante pour élever le Portugal à l'état de prospérité et de civilisation que son ministre avait observé chez plusieurs autres puissances : après sa mort, tous ses travaux furent successivement détruits, et maintenant on ne trouve plus aucune trace de ces nombreuses réformes introduites par la violence et renversées plus tard par les mêmes moyens.

On a beaucoup écrit sur l'administration du marquis de Pombal, mais toujours avec partialité.

L'Administration de Sébastien, Jos. de Carvalho, comte d'Oeyras, marquis de Pombal, 1788, 4 vol. in-8°. Ouvrage précieux par un recueil de pièces justificatives, mais composé en forme de panégyrique.

Parmi les écrits dirigés contre le ministre, on remarque : *Memoirs of the Court of Portugal*, etc. *Mémoires sur la cour de Portugal et sur l'administration du comte d'Oeyras*. Lond. 1767.

Vita di Seb. de Pombal, etc. *Vie de Seb. de Pombal*. 1781, 4 vol.

2. En Espagne, la conduite politique du gouvernement changeait toujours au commencement d'un règne nouveau : Ferdinand VI, monté sur le trône en 1746 ; Charles III, qui succéda à son frère en 1759, suivirent chacun des impulsions diverses ; mais ces variations, restreintes dans le cercle de la politique extérieure, n'amenèrent aucun changement notable dans le gouvernement intérieur. Remarquons toutefois que l'expulsion des jésuites et les nouveaux traités conclus avec la cour de Rome semblent en quelque sorte justifier l'Espagne du reproche, trop bien fondé sous d'autres rapports, d'avoir sans cesse protesté contre le progrès des lumières et de la civilisation européenne. Le règne de Charles III fut signalé par le ministère de plusieurs hommes éclairés : le marquis d'Aranda, Campomanès, Florida Blanca, firent successivement plusieurs règlements utiles à la métropole et à l'administration des colonies ; mais leur influence ne put s'exercer sur la masse de la nation, qui demeura fidèle à son caractère indolent et à ses vieilles habitudes.

Voyage en Espagne, par Bourgoing, 3 vol. 1788, 1803.

FRANCE.

3. En France, on vit se développer successivement tous les symptômes qui caractérisent les gouvernements faibles et malheureux : un concours singulier de circonstances hâta les progrès de cette désorganisation et prépara les grands événements qui sont survenus dans la période suivante.

Mémoires du maréchal de Richelieu, 9 vol. 1790-1793. Extraits des papiers du maréchal, par Soulavie, et embrassant une longue période de temps, depuis 1710 jusqu'en 1774. — La rédaction de ces Mémoires est empreinte de l'esprit du temps.

4. La fermentation qu'avaient créée le jansénisme et la bulle *Unigenitus* continuait à se développer : la discussion qui s'éleva sur le rejet ou l'acceptation de cette bulle amena une véritable scission dans l'Église catholique de France, et devint une nouvelle cause d'agitation dans l'État.

5. Cette agitation fut aussi excitée par les parlements, qui prenaient encore quelque part aux affaires publiques et que leur tendance poussait à la tête de l'opposition. Depuis que l'on avait cessé de convoquer les États généraux, la nation s'était accoutumée à considérer les parlements comme les seuls protecteurs de la liberté publique ; leur résistance poussait sans cesse le gouvernement à prendre contre eux des mesures violentes, et cette opposition, toujours contestée et se renouvelant toujours, était plus funeste à l'État que si elle eût été régulièrement constituée : les exils des parlements se terminaient quelquefois par des concessions honteuses, qui donnaient à leur rentrée toutes les vanités du triomphe; mais lorsque enfin ils succombèrent, vaincus après une longue lutte, leur défaite ne tourna pas même au profit du gouvernement et fut considérée comme un abus de la force et un acte de despotisme.

6. L'alliance de la France avec l'Autriche, resserrée encore par le mariage du dauphin avec l'archiduchesse Marie-Antoinette (16 mai 1770), contribua aussi à répandre le mécontentement, en blessant l'orgueil national, qui repoussait une association contraire aux véritables intérêts du pays.

7. Enfin les finances étaient dans un désordre absolu, et il semblait impossible de les rétablir sans attaquer la constitution de l'État, et l'ordre social qui subsistait encore. Depuis la mort du cardinal de Fleury, le ministère, sans cesse livré aux caprices des maîtresses, n'avait pu être organisé d'une manière forte et régulière : lorsqu'en 1777 Louis XVI confia à M. Necker l'administration des finances, on eut bientôt occasion de reconnaître que l'ordre et l'économie étaient des remèdes insuffisants pour un tel état de choses; la publicité, que ce ministre appela à son secours, ne réalisa pas même les espérances qu'il en avait conçues; le mal, en effet, était plus profond, et ne pouvait être guéri que par l'abolition des priviléges : là, se trouvaient les véritables moyens de réforme; mais là, aussi, se trouvaient une révolution et le changement complet de l'état social.

8. Ainsi l'on voyait en France une sorte de gouvernement autocratique, qui, se trouvant en contradiction avec le pays, ne pouvait échapper à sa propre ruine qu'à l'aide de nombreuses concessions; tandis que d'autre part, au sein même de cette nation, la seule perspective des réformes nécessaires suffisait pour exciter les résistances de la plupart de ceux que leur situation pouvait appeler à prendre part aux délibérations dans l'assemblée des États : dans une telle situation, un gouvernement fort et habile eût à peine suffi pour surmonter d'aussi grandes difficultés.

ANGLETERRE.

9. Tandis que l'État acquérait au dehors plus de force et de puissance, à l'intérieur le pouvoir de la couronne s'accroissait dans la même proportion. Les succès qui accompagnèrent des guerres longues et sanglantes, joints aux progrès rapides de la prospérité nationale, devaient naturellement exciter la reconnaissance publique pour la constitution et pour le gouvernement dont le concours assurait d'aussi grands bienfaits, et il était tout simple que l'autorité royale recueillît les avantages d'une telle situation.

10. Ils se manifestèrent surtout par l'accroissement de l'in-

fluence de la couronne dans le parlement. Dans la pratique, ce qui constitue en Angleterre la vraie liberté nationale, est que le parlement possède assez de force pour ne point redouter les luttes avec l'autorité royale, et que celle-ci soit constamment obligée d'employer tous ses efforts pour les prévenir : de là, la nécessité imposée au ministère d'avoir la majorité, et de se retirer des affaires lorsqu'elle vient à lui manquer : l'administration de Robert Walpole fut remarquable en ce qu'elle montra pour la première fois un ministre conservant pendant vingt ans la direction des affaires publiques, à l'aide d'une majorité constante dans le parlement. On l'accuse d'y avoir introduit la corruption. Mais ce mal, qui n'est que trop commun dans le système même des *élections*, ne saurait pénétrer jusque dans l'enceinte où siégent les députés de la nation. La raison suffit pour démontrer que ce serait aussi une entreprise trop hasardeuse pour des ministres, de vouloir conduire une majorité par de tels moyens ; et l'on peut demander encore ce que serait devenue une nation dont les mandataires n'eussent jamais formé qu'une assemblée d'hommes lâches et déshonorés.

11. Cependant l'accroissement de l'influence de la couronne conduisait insensiblement à l'idée d'une réforme, laquelle paraissait devoir consister dans l'organisation plus régulière de la représentation nationale. Plusieurs des grands hommes de cette époque, et, entre autres, les deux Pitt, avaient d'abord cru pouvoir l'essayer, et y renoncèrent lorsqu'ils furent parvenus au gouvernement. Ainsi, dans les temps tranquilles, la crainte des agitations fit ajourner cette grande entreprise, et plus tard on se vit obligé aussi de tout sacrifier au besoin du repos.

12. La nécessité de conserver le crédit du gouvernement devint en même temps une des plus fortes garanties pour l'affermissement de la constitution. Chaque jour le système des emprunts prenait une plus grande extension, et il était de l'intérêt de la nation, autant que du gouvernement, de maintenir le crédit national, sans lequel l'autorité publique même eût été promptement anéantie : comme les progrès de ce système

avaient pour résultat immédiat d'augmenter les charges de l'État, la prospérité publique et celle des particuliers ne pouvaient suivre la même progression, que sous la condition absolue du maintien de la constitution ; en sorte que nul gouvernement en Europe ne se trouvait autant que celui-ci dans l'obligation de tout sacrifier à la conservation des droits et des libertés publiques. Déjà l'on avait reconnu que, sans pouvoir même prétendre à rembourser le capital, le seul acquittement des intérêts de la dette exigeait l'emploi de toutes les ressources ; déjà plus d'une fois on avait eu lieu de craindre pour le crédit du gouvernement : une nouvelle invention, due au génie de Guillaume Pitt, parut propre à rassurer les esprits, en donnant des gages plus certains pour la consolidation de la dette et pour la régularité du paiement des intérêts.

En 1730, la dette publique se montait, en Angleterre, à 54 millions sterlings : la guerre de la succession d'Autriche la porta à 78 millions, la guerre de sept ans à 146 millions, celle des colonies d'Amérique à 257 millions. Tous les moyens d'extinction que l'on avait mis en jeu, le fond d'amortissement créé en 1717, et quelques remboursements à-compte faits durant la paix, n'avaient cependant amené que de faibles résultats. Le 26 mai 1786, M. Pitt créa un nouveau fonds d'amortissement qui fut affecté exclusivement à l'extinction de la dette existante à cette époque, et le bill passé le 17 février 1792 établit pour chaque nouvel emprunt un fonds spécial d'amortissement qui fut fixé à un pour cent. Ainsi le gouvernement se constitua le seul acheteur régulier et constant des rentes, et put espérer par ce moyen de conserver son crédit, en maintenant une sorte d'équilibre dans le cours des effets publics.

Essai sur l'état actuel de l'administration des finances et de la dette nationale de la Grande-Bretagne, par Fr. Gentz. Londres, 1800.

Histoire critique et raisonnée de la situation de l'Angleterre, par M. de Montveran, 1819, tome 1.

13. L'existence même de la constitution se trouvant aussi intimement liée au crédit du gouvernement et à la prospérité nationale, l'État acquit de plus en plus une force et une consistance réelles, tandis qu'en France tout dépérissait par l'absence complète des mêmes moyens de conservation. Les progrès de la

richesse publique paraissaient même d'autant mieux garantis en Angleterre, que chaque jour ils tendaient à s'établir sur le perfectionnement de l'agriculture, de l'industrie et du commerce intérieur, plus encore que sur les chances des spéculations lointaines : à la suite de la guerre de sept ans on ouvrit dans le pays une grande quantité de canaux qui favorisèrent merveilleusement l'emploi le plus actif de toutes les ressources industrielles; et cependant était-il jamais possible de prendre une entière confiance pour la situation d'un pays où l'accroissement régulier et constant de la richesse nationale est devenu la condition absolue de l'existence même de l'État?

PROVINCES-UNIES.

14. Peu après le commencement de cette époque, la constitution de la république éprouva un changement considérable par le rétablissement du stathoudérat héréditaire, et par la réunion de toutes les provinces sous cette autorité. Les armées françaises étaient réunies en force vers les frontières, et menaçaient sans cesse le Brabant hollandais; au mois d'avril 1747, une révolution populaire fit rétablir le stathoudérat en faveur de Guillaume IV, stathouder actuel des provinces de Frise, de Groningue et de Gueldre, issu d'une branche cadette de la maison d'Orange.

15. Par là un parti remporta la victoire, l'autre fut opprimé, mais non anéanti. Les vainqueurs trouvèrent leur force dans l'augmention du pouvoir du stathouder, les vaincus n'y virent que l'établissement d'une nouvelle tyrannie. Ce n'était pas le moyen de relever cette vieille république hollandaise, jadis si florissante, et les princes de la nouvelle maison d'Orange furent loin d'égaler en talents et en habileté aucun de ceux qui avaient illustré la branche aînée.

16. Cependant leurs alliances et leurs relations de famille leur donnèrent une véritable importance politique. L'Angleterre les protégea ouvertement; mais elle leur fit payer cher un tel secours : durant la guerre de sept ans, le commerce hollandais fut accablé par elle de toutes sortes d'entraves, et le ressentiment

qui en devait être la suite créa en Hollande un parti anti-anglais, qui se recrutait constamment dans toutes les grandes villes de commerce. Après la mort de Guillaume IV, son fils et son successeur Guillaume V, ayant épousé une princesse prussienne, engagea sa famille et son pays dans de nouvelles relations.

Guillaume IV mourut le 22 octobre 1751 : sa veuve, Anne, fille de George II, roi d'Angleterre, fut chargée de la tutelle de son fils mineur conjointement avec le feld-maréchal prince Louis de Brunswick ; lorsqu'elle mourut (12 janvier 1759), le prince de Brunswick fut seul chargé de la régence, et conserva même un grand crédit dans les affaires après que Guillaume V fut parvenu à sa majorité.

17. Ainsi cet État, jouissant d'une prospérité apparente, était cependant travaillé de maux intérieurs, et toujours sur le point de découvrir le secret de sa faiblesse. La guerre qu'il eut à soutenir contre l'Angleterre en 1781 signala son impuissance, et lui enleva à la fois et son existence politique, et ce qui lui restait de sa force comme puissance commerçante ; dès ce moment, il se trouva livré sans défense à la fureur des factions, et succomba dans cette lutte au commencement de la période suivante.

EMPIRE D'ALLEMAGNE.

18. Les relations par lesquelles étaient unis les divers États composant l'Empire d'Allemagne subirent, durant le cours de cette époque, d'importantes modifications. La guerre de la succession d'Autriche jeta le trouble dans la confédération ; le traité de Fussen rétablit, il est vrai, la Bavière dans ses anciennes possessions et maintint la couronne impériale dans la famille de Charles VI ; mais un autre traité (celui de Breslau) donna à la Prusse une nouvelle existence et changea la situation de tous les États environnants.

19. La conquête de la Silésie par la Prusse rompit les liens qui avaient si longtemps uni les maisons d'Autriche et de Brandebourg : Frédéric, en se constituant l'adversaire de ses anciens alliés, détruisit par le fait l'unité de l'Empire germanique, et les efforts que l'on parut faire pour la rétablir ne furent jamais qu'il-

lusoires. Même en temps de paix, la Prusse se présenta toujours comme la rivale de l'Autriche, et, dès ce moment, on ne put plus prétendre à resserrer les liens d'une véritable confédération, ni à rallier tous les États qui la composaient dans un seul intérêt. Cependant l'Empire germanique continua de figurer comme puissance indépendante, et, après les traités d'Aix-la-Chapelle et de Hubertsbourg, il jouit même d'un calme et d'une prospérité qu'il n'avait pas connus depuis longtemps.

20. Cet heureux événement fut dû d'abord à l'alliance de l'Autriche avec la France. Tant que ces deux rivales étaient en paix, l'Allemagne, qui n'avait jamais pu se dispenser de prendre parti dans leurs querelles, se trouvait dans la plus profonde sécurité, et le traité de Ratisbonne lui donna la garantie d'un long repos.

21. De plus, l'intérêt de Frédéric fut toujours de maintenir, autant qu'il était en son pouvoir, la constitution de l'Empire germanique, dont l'anéantissement n'eût pu que tourner au profit de l'Autriche; la longue durée de son règne lui fournit les moyens d'y travailler efficacement, et, pour la première fois, l'Allemagne jouit des douceurs de la paix pendant plus de trente années : tous les avantages d'une constitution libre et fédérative purent se développer sans obstacle; les États du second et du troisième ordre, les villes indépendantes même suivirent, chacun suivant sa situation particulière, la marche qui leur paraissait la plus propre à la satisfaction de leurs besoins; et cependant rien de tout cela n'était solide : un heureux hasard avait amené ce règne de la liberté; un accident, un changement de souverain chez l'une des puissances prépondérantes pouvait le détruire et renverser en un instant toutes les relations de chacun de ces États.

22. Durant ce temps et au milieu de cette variété d'intérêts, la civilisation allemande fit les progrès les plus rapides; les lettres et surtout les sciences furent cultivées avec succès non-seulement dans les classes supérieures de la société, mais dans tout ce qui faisait partie de la nation; en sorte que les lumières, plus géné-

ralement répandues dans ce pays que dans toutes les autres parties de l'Europe, y ont été aussi plus solidement établies.

23. Tandis que les progrès de la langue et de la littérature tendaient à faire du corps germanique une nation plus unie et plus homogène, les liens politiques, seuls capables de compléter cette œuvre, se relâchaient chaque jour davantage. L'Autriche ne conservait plus qu'une influence indirecte sur cette grande confédération, et nul publiciste n'eût osé provoquer cette puissance à tenter d'y ressaisir la suprématie; partout on sentait le besoin des réformes et des améliorations dans les institutions politiques : celles qui furent entreprises en 1776 pour la cour souveraine de l'Empire ne purent pas même réussir, et la rivalité des deux puissances prépondérantes opposa toujours des obstacles insurmontables à de plus grands efforts.

PRUSSE.

24. Le monarchie prussienne, élevée par le grand Frédéric au rang des premières puissances continentales, fut presque doublée en étendue et en population; mais l'organisation intérieure, et, par elle, le caractère particulier de son gouvernement, demeurèrent tels à peu près que les avait faits le premier Frédéric. Son fils étendit, perfectionna, mais maintint en même temps les anciennes institutions.

25. La constitution de la Prusse était une pure autocratie; l'on n'y trouvait aucune assemblée d'États, comme dans le reste de l'Allemagne. Ce fut peut-être par ce motif que la monarchie prussienne, estimée d'ailleurs et admirée à juste titre, n'obtint jamais l'affection des peuples voisins. Toutefois le pouvoir absolu y était soumis lui-même à des conditions restrictives, et l'administration, dirigée dans la plupart des provinces par des colléges, se trouvait ainsi à l'abri des désordres de l'arbitraire.

26. L'augmentation successive de l'armée rendait chaque jour plus nécessaire le maintien des principes d'économie établis par le fondateur de la monarchie prussienne : le grand Frédéric se montra fidèle aux leçons de son père, en continuant de préle-

ver tous les ans une certaine somme sur les revenus de l'État, pour en faire un fonds de réserve : cette méthode fut un obstacle à la fondation de ces grands établissements où la libéralité devient une condition de rigueur. Au surplus, tout ce qui pouvait se faire de bon et d'utile sous le régime d'un pouvoir unique et indépendant, fut entrepris et encouragé ; la législation, l'administration de la justice, l'agriculture, reçurent d'importantes améliorations. La liberté de la parole et de la presse y fut aussi entière qu'on pouvait le désirer, et la Prusse peut se féliciter d'avoir été la première à donner ce bon exemple à tous les États du Continent.

27. Cette unité dans le gouvernement suppléa, autant du moins qu'il était possible, au défaut d'ensemble et d'accord, inévitable chez une nation et dans un pays formés successivement de l'agrégation de plusieurs petits États. Le roi était le point central où venait aboutir toute l'administration publique. Constamment maître de lui-même, on ne le vit jamais manquer à aucun de ses devoirs, et les affaires de l'État se trouvaient souvent expédiées lorsque le jour était à peine commencé. On ne saurait contempler sans un sentiment profond d'admiration la longue vie de ce grand homme, qui, pendant près d'un demi-siècle, dominant les affaires de l'Europe, se montra si constamment scrupuleux dans l'accomplissement des hautes fonctions auxquelles son rang et son génie l'appelaient.

28. Au reste, Frédéric ne sympathisa jamais complétement avec son peuple. Dévoué à ses intérêts comme souverain, il s'en tint constamment éloigné dans les habitudes de la vie privée, et passa son temps au milieu d'un petit cercle d'hommes étrangers au pays : cette séparation absolue fut un malheur pour le roi et pour la nation prussienne : elle empêcha que le peuple n'obtînt en Europe l'estime et la considération qui lui étaient dues ; elle ne permit pas que le roi connût suffisamment le caractère et les opinions générales.

29. Au lieu de voir la force d'un État dans la constitution politique et dans la prospérité nationale, Frédéric pensa qu'elle

résidait tout entière dans son armée et dans son trésor. Il chercha donc à réaliser l'idéal d'une armée permanente, en s'occupant de donner à son organisation toute la perfection d'une machine. La séparation entre l'état militaire et l'état civil ne fut nulle part aussi fortement marquée que dans la monarchie prussienne; nulle part la faiblesse de la constitution intérieure ne fut aussi bien cachée sous toutes les apparences d'une grande force publique.

30. Le même principe, appliqué à l'administration civile, eût des conséquences encore plus fâcheuses. Dans un pays où les ministres n'étaient que des premiers commis, où les esprits les plus distingués n'avaient aucune liberté d'action, il était impossible aux hommes, même les plus studieux, de se former dans la pratique des affaires, et le zèle des agents inférieurs se trouvait constamment paralysé sous le poids des formes les plus minutieuses : sans doute le caractère personnel de Frédéric aggravait aussi tous ces inconvénients; mais le mal résidait plus haut et prenait sa source dans les vices mêmes de la constitution intérieure, telle que le premier Frédéric l'avait réglée.

31. Ainsi, le sort de l'État dépendait presque exclusivement de la personne du souverain. Frédéric, se suffisant à lui-même, ne voulut jamais organiser de conseil d'État, et se priva par là de l'un des moyens les plus efficaces dans une monarchie héréditaire et absolue de conserver et de transmettre à ses successeurs l'esprit et la pratique d'un système de gouvernement.

De la Monarchie prussienne sous Frédéric le Grand, par le comte de Mirabeau. Londres, 1788. Les deux dernières parties de cet ouvrage contiennent un appendice sur l'Autriche, la Saxe et la Bavière. — On y trouve des opinions erronées ou injustes, mais en même temps on y reconnait tout le talent et l'esprit de l'auteur.

AUTRICHE.

32. Lorsque la branche de Lorraine occupa le trône impérial, à la suite de la branche de Habsbourg, l'étiquette espagnole et quelques-unes des anciennes maximes de gouvernement furent complétement abandonnées ; mais les principes constitutifs de la

monarchie et de la société subirent peu de changements, malgré les attaques qu'ils essuyèrent à diverses reprises.

33. La Hongrie, véritable boulevard de l'empire autrichien, continua d'être traitée comme une province conquise. Soumise aux mesures les plus oppressives, surtout en ce qui concerne le commerce, elle semblait être pour l'Autriche la colonie destinée uniquement à satisfaire à tous les besoins de la métropole. Un tel système de gouvernement contient le germe des plus grands dangers ; cependant il a été impossible jusqu'à ce moment d'obtenir les réformes les plus nécessaires.

Ungarns Industrie und Commerz. Industrie et commerce de la Hongrie, par George de Berzeviczy. Weimar, 1802. On trouve dans cet ouvrage des détails curieux sur le pays, et des vues sages en matière d'économie politique. Peut-être les obstacles qui semblent s'opposer à la prospérité de cette belle contrée résident-ils dans les vices intérieurs de sa constitution, plus encore que dans la mauvaise volonté du gouvernement : l'exemple de la Pologne prouve combien le patriotisme même des citoyens est insuffisant pour prévenir la ruine d'un État où l'organisation sociale repose sur de fausses bases.

34. Le mauvais état des finances fut encore aggravé en Autriche par l'abus fréquent du papier-monnaie. Nul État en Europe ne fut aussi cruellement et aussi longtemps frappé de ce mal, qui, porté à l'excès par le développement du système mercantile, ne pouvait plus désormais être corrigé par de simples règlements. Déjà, au commencement de la période précédente (1703), la création de la banque de Vienne avait préparé des abus de toute espèce, et, malgré les secours qu'elle reçut de temps à autre, il lui fut impossible de suffire aux besoins exagérés que faisaient naître des guerres longues et opiniâtres.

Fr. Nicolai, *Reisen durch Deutschland. Voyage en Allemagne*, 4 vol. 1781. Cet ouvrage contient la meilleure statistique de l'Empire autrichien durant le cours de cette période ; et c'est le seul où l'on trouve l'histoire de la banque de Vienne.

35. Malgré tant d'embarras, cette monarchie eût encore offert de grandes ressources au principe qui eût su en faire usage, et l'exemple de Marie-Thérèse, plus grande par son caractère que

par ses talents, est une preuve de ce que peuvent obtenir la douceur du gouvernement et le respect des droits les plus sacrés. Mais Joseph II suivit une ligne toute contraire, et, s'il eût eu plus de temps et surtout plus de fermeté pour consolider son nouveau système d'administration, il est difficile de prévoir où se serait arrêtée cette secousse.

TURQUIE.

36. La Porte, réduite à la défensive, perdit par cela même son importance politique dans les affaires de l'Occident. L'alliance de la France avec l'Autriche, inexplicable aux yeux des Turcs, acheva de détruire leur influence. Ils se trouvèrent dès lors n'avoir plus de relations d'affaires qu'avec le nord de l'Europe. Plusieurs écrivains se sont appliqués à décrire les causes de la décadence de cet empire; mais l'habitude de juger d'après les principes des autres gouvernements européens leur a fait commettre souvent des erreurs grossières.

Mémoires sur les Turcs et les Tartares, par le baron de Tott, 4 vol.

HISTOIRE DU SYSTÈME COLONIAL DURANT LE COURS DE CETTE ÉPOQUE, DEPUIS 1740 JUSQU'EN 1786.

1. Les entreprises et les travaux de toute espèce que faisaient les Européens, depuis près de trois siècles, au delà de l'Océan, commençaient à fructifier, et déjà l'exploitation de toutes les colonies semblait parvenue à son plus grand développement et promettait les plus brillants succès, lorsque l'on vit éclater, sur les points les plus importants, des symptômes de dissolution qui furent méprisés trop longtemps pour n'avoir pas été assez promptement observés.

2. L'Angleterre était alors redevable à sa puissance maritime de l'immense avantage d'occuper aussi le premier rang parmi les États européens exploitant des colonies. Ses nombreux vaisseaux lui permettaient d'entretenir des relations au delà des mers, même au milieu de la guerre, tandis que ses ennemis se voyaient contraints d'y renoncer. De tels succès et une si grande

force excitaient sans cesse le zèle des citoyens et du gouvernement, et les affaires des colonies étaient promptement devenues le premier intérêt de toute la nation.

3. Les possessions anglaises dans l'Amérique septentrionale s'étendaient depuis le Mississipi jusqu'au fleuve Saint-Laurent, et dans l'intérieur jusqu'aux monts Alleghanis : le traité de Paris de 1763 y ayant encore ajouté le Canada et les Florides, il était permis de croire que la puissance de l'Angleterre se trouverait établie pour longtemps dans ce vaste continent.

4. Mais il est de la nature des colonies agricoles de tendre incessamment à l'indépendance, puisqu'au milieu d'elles se forme et s'élève rapidement une population riche du sol qui l'environne. De plus, les constitutions de la plupart des provinces américaines contenaient en elles des principes de démocratie qui ne laissaient pas d'exercer sur les esprits une puissante influence, et qui affaiblissaient chaque jour les liens par lesquels ce pays se rattachait encore à la métropole. L'accroissement de la population répandait partout le sentiment de la force nationale, et la plus légère occasion suffisait dès ce moment pour provoquer des résistances et une lutte.

5. Cependant, dès le principe, ce ne fut pas pour se défendre d'une oppression dangereuse que l'Amérique engagea la querelle qui finit pas assurer son indépendance : on commença par examiner de quel droit le parlement anglais prélevait des impôts sur le pays, puisque le peuple américain n'avait aucune part à la représentation nationale ? On disputa ; on en vint bientôt à refuser, et l'on insista avec beaucoup de persévérance.

Ces discussions commencèrent à l'occasion du *Stamp-act* (l'acte du timbre), publié sous le ministère de lord Grenville, le 22 mars 1765. Cet acte excita une grande fermentation dans les provinces, surtout en Virginie et dans le Massachussets ; et, au mois d'octobre de la même année, un congrès réuni à New-York publia une déclaration des droits du peuple. Lord Grenville ayant été remplacé par Rockingham, l'acte du timbre fut rapporté le 18 mars 1766, et l'on y substitua *le bill déclaratoire*, qui avait pour objet de maintenir le principe de la suprématie du parlement.

6. Dès ce moment on vit dans les colonies américaines une opposition régulièrement organisée, à la tête de laquelle se trouvèrent bientôt placés les hommes les plus distingués du pays, entre autres l'illustre Francklin; et cependant, à cette époque, on connaissait si peu en Angleterre le véritable état de ce pays, qu'après le renouvellement du ministère, lord Townshend crut pouvoir sans inconvénient substituer au système adopté pour le prélèvement des impôts, le régime des contributions indirectes, et tromper par là la crédulité américaine.

Le *revenue-act* (acte des revenus), publié en juin 1767, établit des impôts sur le thé, le papier, les verres, etc.

7. La résistance ne tarda pas à se renouveler, et principalement dans l'État de Massachussets, où la ville de Boston devint le foyer de l'opposition. On convint unanimement de ne plus se servir de marchandises anglaises, et cette résolution patriotique fut de la plus haute importance. Enfin, lorsqu'en 1770 lord North parvint à la tête du ministère, les demi-concessions qu'il voulut faire se trouvèrent même insuffisantes pour arrêter les progrès de l'indépendance américaine.

Tous les impôts indirects furent supprimés, excepté celui sur le thé, par acte du mois de février 1770; mais cet acte exprima formellement encore les droits du parlement sur les colonies.

8. Une telle obstination ne servit qu'à exciter de plus en plus la méfiance des Américains. Plus ils discutaient toutes les questions de droit public, et plus ils acquéraient la conviction de la justice de leur cause; les journaux, les écrits de circonstance se multipliaient chaque jour et répandaient partout les mêmes opinions. De son côté, le ministère anglais ne voulut jamais consentir à rapporter franchement les funestes mesures qu'il avait prises, et lorsqu'il en eut confié l'exécution aux agents de la compagnie des Indes, on vit bientôt éclater à Boston les violences qui amenèrent le commencement des hostilités.

Bientôt on refusa d'acheter le thé au prix où le portaient les impôts.

Vainement le ministre essaya de vaincre la mauvaise volonté publique en supprimant diverses taxes sur l'exportation des marchandises destinées pour l'Angleterre ; les Américains se mirent en mesure d'opposer une résistance plus active à l'introduction du thé dans leurs ports de mer ; et le 20 décembre 1773 un navire qui en était chargé, et qui venait de débarquer à Boston, fut pillé par le peuple et coulé à fond.

The History of the American revolution. — *Histoire de la révolution d'Amérique*, par David Ramsay. Lond. 1791, 2 vol. C'est le récit impartial d'un homme qui fut témoin et acteur de ces grands événements. — Traduite en français.

Die Ursprung und die Grundsatze der Americanischen Revolution. Origine et cause de la révolution d'Amérique, par Fréd. Gentz ; Journal historique, 1802, 2 vol.

Les journaux anglais du temps offrent aussi de précieux matériaux pour cette histoire : Voyez, entre autres, le *Gentleman's Magazine* de 1764 à 1774.

9. L'insurrection de Boston détermina des moyens plus rigoureux. Le port de cette ville fut fermé, et les lettres de franchise dont jouissait l'État de Massachussets lui furent retirées. Cette dernière disposition provoqua le soulèvement général des provinces, chacune d'elles se trouvant désormais menacée dans les droits que lui assurait sa constitution particulière.

Le *Boston Port Bill* (Bill sur le port de Boston) fut publié le 25 mars 1774, et, le 20 mai suivant, on institua un tribunal de justice spécial pour l'État de Massachussets. La ville de Boston ne tarda pas à être occupée par des troupes anglaises.

10. Toutes les provinces furent promptement d'accord sur la résistance qu'il fallait opposer, et prirent leurs mesures pour la convocation d'un congrès général avec un calme et une modération qui ne peuvent se rencontrer que dans les pays où il n'y a pas encore une populace nombreuse. Les premières résolutions de ce congrès furent dirigées uniquement contre les actes du parlement, et nullement contre la couronne.

Le congrès fut ouvert à Philadelphie le 5 septembre 1774. On y arrêta la suspension de tous les échanges commerciaux avec l'Angleterre.

11. Ainsi la métropole se trouva forcée d'abandonner toutes ses prétentions, ou d'entreprendre la guerre civile : qu'avait-elle à perdre en adoptant le premier parti, et que pouvait-elle espérer en suivant le second? les succès d'une première guerre étaient-ils même suffisants pour garantir une soumission de quelques années, et les frais immenses qui devaient en résulter se trouvaient-ils compensés par les bénéfices que l'on pouvait espérer? Plusieurs grands hommes élevèrent la voix pour demander des mesures conciliatrices, sans qu'aucun d'eux cependant prévît dès lors que la perte de l'Amérique serait un véritable gain pour l'Angleterre. L'éloquence de lord Chatham et de Burke échoua contre l'obstination des ministres, et les habitants des provinces américaines furent déclarés rebelles.

Adresse du parlement contre les rebelles de l'Amérique, 9 février 1775. — Bill de transaction proposé le 20 février suivant par lord North, suivant lequel les Américains devaient avoir le droit de s'imposer eux-mêmes, mais toujours sous la condition de la suprématie du parlement. Cet acte ne produisit aucun résultat. — Lord Chatham avait proposé, le 20 janvier, et Burke proposa, le 22 mars, de reconnaître et de confirmer tous les anciens droits des colonies; mais leur avis fut rejeté dans les deux chambres. — Commencement des hostilités par le combat de Lexington, 19 avril 1775.— Au mois de mai, de nouvelles troupes furent expédiées d'Angleterre; l'on crut, dans le principe, qu'il suffirait de quelques régiments pour surmonter la résistance et rétablir l'autorité du parlement.

12. Les Américains commencèrent par faire une tentative hardie sur le Canada : elle fut sans effet; et la force des choses, la nécessité de leur situation, les ramenèrent bientôt à faire uniquement une guerre défensive. Mais l'illustre Washington ne tarda pas à se montrer, pour ce genre de campagne, l'émule des plus grands capitaines dont l'histoire ait conservé le souvenir : peu lui importait que les Anglais fussent maîtres de quelques ports de mer, quand il avait à sa disposition la terre-ferme et toutes les richesses d'un sol nouveau.

L'expédition contre le Canada, entreprise par Arnold et Montgomery, au mois d'octobre 1775, fut repoussée par le général anglais Carleton, qui fit lever le siége de Quebec en mai 1776.—Le 17 mars précédent, Howe s'était vu forcé d'évacuer Boston, et la ville de New-York devint peu après le principal théâtre des hostilités.

13. Cependant les journalistes et les hommes d'État s'occupaient à répandre dans la nation le projet de la séparation totale de la métropole ; et la guerre augmentant l'animosité générale, cette idée prenait chaque jour plus de consistance et de faveur. On en vint bientôt à penser généralement que l'assistance de quelques puissances européennes serait le prix de cette résolution hardie, et l'accession de quelques troupes allemandes, que l'Amérique prit à sa solde, autorisa cet espoir. Enfin, le 4 juillet 1776, *l'indépendance des treize États-Unis* fut déclarée solennellement. *Novus sæclorum nascitur ordo !*

Common Sense, by Thomas Payne, 1776, l'un des pamphlets les plus remarquables de cette époque. — Traduit en français.

14. A la suite d'une telle résolution, il fallait encore un grand succès pour accélérer la conclusion des alliances que l'on négociait déjà en Europe. La défaite du général Burgoyne favorisa l'issue des opérations diplomatiques ; et l'on put voir dès lors combien était certain et inévitable le dénoûment d'une lutte où les moindres événements militaires, la défaite du plus petit corps d'armée, suffisaient pour amener d'aussi grands résultats.

Les Anglais, sous la conduite du général Burgoyne, traversent le Canada et essayent d'attaquer les troupes américaines sur leurs derrières. Le général Gates marche à leur rencontre, et les force de capituler à Saratoga le 16 octobre 1777.

Berufreise nach America. Souvenirs d'Amérique (par madame de Riedesel), 1792. L'auteur de cet écrit était femme du général commandant les troupes allemandes du duc de Brunsvick, et avait été témoin de tous les événements qu'elle rapporte.

15. Peu de temps après, et par suite des négociations que Francklin avait entreprises, le cabinet de Versailles reconnut l'indépendance de l'Amérique, et la guerre fut déclarée entre la France et l'Angleterre. Chaque jour il devenait plus évident

que cette grande querelle allait engager une guerre maritime générale ; bientôt l'Espagne se vit forcée d'y prendre part, et chercha vainement à déguiser son intervention sous le prétexte futile de fournir des secours à la France ; la Hollande ne tarda pas à se déclarer : de toutes parts, on saisit cette occasion de porter un échec à la puissance navale des Anglais.

Traité d'alliance et de commerce entre la France et l'Amérique, 6 février 1778. — Le 24 mars suivant, déclaration de guerre entre l'Angleterre et la France. — Combat d'Ouessant, 27 juillet même année. — Au mois de septembre, l'amiral d'Estaing commence la guerre maritime sur les côtes de l'Amérique. — Les Français s'emparent de l'île de la Dominique le 7 septembre, du Sénégal le 30 janvier 1779, de Saint-Vincent le 16 juin, de la Grenade le 4 juillet. En revanche, ils perdent l'île de Sainte-Lucie le 14 décembre 1778. Les hostilités éclatent en même temps dans les Indes orientales entre l'amiral Suffren et l'amiral Hughes. — Au mois de juin 1779, l'Espagne se déclare, et sa flotte se réunit à celle de la France. Les Espagnols s'emparent de l'île de Minorque le 5 février 1782, et continuent inutilement le siége de Gibraltar, qui fut défendu avec vigueur par Elliot depuis 1779 jusqu'au mois d'octobre 1782. — Déclaration de guerre de l'Angleterre contre la Hollande, tandis que celle-ci négociait avec l'Amérique et se préparait à entrer dans la neutralité armée, 20 décembre 1780. — Combat naval de Doggersbank, 5 août 1781. — Les Hollandais perdent successivement Négapatam le 12 novembre 1781, Trincomale le 15 janvier 1782, et Saint-Eustache.

Ainsi l'Angleterre balançait à cette époque toutes les forces maritimes de l'Europe occidentale liguée contre elle ; et lorsque l'amiral Rodney eut fait un si brillant essai de sa nouvelle tactique dans le fameux combat naval de la Guadeloupe (12 avril 1782), on peut dire qu'elle reprit enfin la prépondérance.

16. Mais c'était plutôt sur le continent que sur la mer que le sort de l'Amérique devait enfin se décider. Quelque part qu'eussent à ses victoires la France et les jeunes guerriers qu'elle avait envoyés à son secours, il était réservé à la gloire de Washington qu'il remportât lui-même la bataille qui devait mettre un terme à la guerre. Après la défaite de Cornwallis, l'Angleterre se vit contrainte de renoncer à envoyer de nouvelles troupes.

Expédition des Anglais sur les provinces du Sud, et occupation de Charlestown. — Lord Cornwallis est enfermé dans Yorcktown, et obligé de capituler le 19 octobre 1781.

17. La retraite de lord North ayant déterminé le renouvellement du ministère anglais, il ne fut plus possible d'éviter la conclusion d'une paix dont toute l'Angleterre reconnaissait enfin l'absolue nécessité. Indépendamment des États-Unis, la France, l'Espagne, la Hollande durent aussi être comprises dans le traité. On ne pouvait espérer d'en finir sans consentir à de grands sacrifices ; l'Angleterre disputa longtemps pour retrouver du moins quelques indemnités au préjudice de la Hollande, et les négociations qui s'ensuivirent retardèrent de près de deux ans la conclusion définitive d'une paix générale.

Lord North étant sorti du ministère le 20 mars 1782, Rockingham lui succéda et mourut le 1er juillet suivant ; après lui, Shelburne et Fox demeurèrent chefs du gouvernement. Fox s'étant retiré, le ministère de Shelburne dura jusqu'au 14 mars 1783. La paix ayant été conclue, Shelburne se vit forcé de se retirer : la coalition de lord North et de Fox ne subsista que jusqu'au 18 décembre de la même année, et le 23 décembre William Pitt parvint à la tête du nouveau ministère, qu'il a dirigé avec tant d'éclat jusqu'au 9 février 1801.

Les négociations pour la paix d'Amérique s'ouvraient à Versailles, et les préliminaires en furent signés, pour l'Amérique, le 30 novembre 1782 ; pour la France et l'Espagne, le 20 janvier 1783 ; le traité définitif ne fut conclu que le 3 septembre suivant.

Traité entre l'Angleterre et l'Amérique. — L'indépendance des treize États-Unis est reconnue. — La délimitation des frontières laisse aux Américains le vaste pays connu sous le nom de *Western-Territory*. Les pêcheries de Terre-Neuve et la navigation du Mississipi sont déclarées en jouissance commune.

Envoyés : de la part de l'Angleterre, lord Oswald ; de l'Amérique, Francklin, Adams et Laurens.

Traité entre l'Angleterre et la France. — En Amérique, restitution de toutes les prises, et cession de l'île de Tabago à la France. — En Afrique, la France acquiert le Sénégal et garantit à l'Angleterre Gambie et le fort Saint-James. — Aux Indes orientales, restitution de toutes les prises : les alliés de la France (Hyder-Ali) sont invités à accéder au traité. — La France est admise aux pêcheries de Terre-Neuve et acquiert les deux petites îles de

Saint-Pierre et de Miquelon. — Promesse réciproque de conclure un traité de commerce en deux ans.

Négociateurs : de la part de l'Angleterre, lord Fitz-Herbert ; de la France, le comte de Vergennes.

Traité entre l'Angleterre et l'Espagne. — Celle-ci reste en possession de l'île de Minorque et des Florides ; restitution réciproque des autres prises ; engagement, des deux parts, de conclure aussi un traité de commerce en deux ans.

Négociateurs : de la part de l'Angleterre, lord Fitz-Herbert ; de l'Espagne, le comte d'Aranda.

Traité entre l'Angleterre et la Hollande.—Les préliminaires furent signés à Paris, sous la médiation de la France, le 2 septembre 1783, et la paix définitive le 20 mai 1784. Négapatam fut cédé aux Anglais, avec faculté aux Hollandais de le reprendre contre un équivalent. — Restitution réciproque des autres prises. — Les Anglais acquièrent la libre navigation sur toutes les mers des Indes.

Négociateurs : de la part de l'Angleterre, le duc de Manchester ; de la Hollande, Berkenrode et Brantzen.

18. Depuis longtemps aucune guerre n'avait amené d'aussi grands résultats, et le plus considérable fut sans doute la fondation d'une nouvelle puissance au delà des mers ; État formé par des Européens, placé tout naturellement hors du système politique du vieux continent, trouvant en lui-même, et dans la richesse de ses produits, toute la force dont il a besoin ; appelé par sa situation à prendre part au commerce du monde, et dispensé par les mêmes causes de la charge des armées permanentes et de toutes les intrigues de la politique moderne.

La nouvelle république se fonda sans qu'il fût besoin de faire de grandes révolutions dans chacun des Etats qui la composaient ; quelques légers changements suffirent pour les réunir dans un intérêt commun ; et cependant les premiers essais de liberté furent faibles et chancelants, et la première constitution n'établit qu'un gouvernement sans force et sans crédit. Enfin, les réformes qui furent faites en 1789 donnèrent aux Etats de l'Union toute la consistance dont est susceptible un gouvernement fédératif : l'action de l'autorité publique fut confiée à un président, sous la surveillance du sénat ; le pouvoir législatif devint, comme en Angleterre, l'attribut de deux chambres, l'une formée par le sénat, l'autre par les représentants de la nation, dans lesquelles intervenait aussi le président, comme chef du pouvoir exécutif; ainsi, le crédit de l'Etat fut fondé par le concours du peuple dans le règlement de toutes les affaires de finances. Le président, Washington, soutint honorablement la gloire de son nom et rendit à sa patrie d'éminents services; son exemple, aussi bien que les principes mêmes de la constitution, imposèrent désormais à ce pays le devoir de n'appeler à la première dignité de l'Etat que des hommes d'un mérite supérieur.

19. Comme on s'attendait à voir la nouvelle république prendre promptement part au commerce du monde, toutes les puissances maritimes se hâtèrent d'ouvrir des négociations et de conclure des traités avec elle. Dans les commencements, la république, encore faible et pauvre, traita de préférence avec ceux qui lui faisaient le plus de crédit et lui accordaient de plus longs termes; et bientôt le commerce libre de ce pays avec l'Angleterre surpassa de beaucoup ce qu'il avait été sous le régime de la contrainte. Il fut dès lors facile de prévoir le sort brillant réservé à la marine américaine, lorsque des guerres maritimes entre les puissances européennes lui permettraient de prendre tout son accroissement.

20. Tandis que l'Angleterre, sans l'avoir prévu, trouvait dans l'indépendance de l'Amérique de nouvelles causes de prospérité pour son commerce, elle se voyait aussi sur le point de recueillir la plus riche portion de l'héritage maritime des Hollandais, qui déjà, depuis quelques années, faisaient d'inutiles efforts pour réparer le désordre et prévenir la ruine de leurs affaires commerciales.

21. Un autre événement de la plus haute importance dans les transactions de la politique européenne, le traité qui fut appelé de *la Neutralité armée*, fut encore le résultat de la guerre d'Amérique. Conclu d'abord entre les puissances du Nord, il ne tarda pas d'exercer son influence sur toute l'Europe, parce qu'il était fondé sur les besoins et les intérêts de toutes les puissances continentales et sur les principes du droit commun.

La première déclaration de la Neutralité armée fut faite par la Russie en février 1780, et contenait les clauses que les vaisseaux neutres naviguent librement d'un port à un autre et sur les côtes des puissances belligérantes, et que les propriétés des nations ennemies sont garanties sur les vaisseaux neutres, sauf toutefois celles qui seraient de contrebande. On y trouvait encore exactement défini ce qu'on doit entendre par l'expression de port bloqué, et il était déclaré que cette définition serait désormais appliquée au jugement de toutes les prises.

Sur l'invitation de la Russie, le Danemarck et la Suède accédèrent à cette déclaration le 9 juillet 1780, le Portugal le 13 juillet de la même année, la Prusse le 8 mai 1781. L'Angleterre, en déclarant la guerre aux Hollandais le 20 décembre 1780, prévint son accession à ce traité. Le ministère anglais, également sollicité à cette occasion, ne voulut pas s'expliquer : l'Espagne reconnut le traité le 18, et la France le 25 avril 1781.

Memoires ou Précis historique sur la Neutralité armée et son origine, suivis de pièces justificatives, par M. le comte de Goertz, 1800. L'auteur, qui était, lors de la conclusion de ce traité, envoyé de Prusse à la cour de Russie, expose que l'enlèvement de deux vaisseaux russes par les Espagnols fut la cause apparente de la première déclaration, mais que le véritable motif se trouva dans le besoin qu'éprouvait à cette époque le comte Panin, ministre principal en Russie, d'agir activement pour combattre l'influence et les projets de l'ambassadeur anglais, chevalier Harris.

22. En perdant ses anciennes colonies sur le continent de l'Amérique septentrionale, l'Angleterre y conserva encore le Canada et l'Acadie, ses plus récentes acquisitions, et ces deux pays acquirent d'autant plus d'importance, que l'on entreprit dès ce moment de remplacer par eux ceux qui s'étaient détachés de la métropole. Le Canada était prespre entièrement peuplé de sujets catholiques : la suppression de l'acte de serment y produisit les effets les plus salutaires ; la douceur du gouvernement hâta les progrès de la civilisation et de l'agriculture dans ce vaste pays, et bientôt le haut Canada fut érigé en province particulière et eut son gouverneur spécial. Dans la Nouvelle-Écosse, le port d'Halifax devint le point le plus intéressant du commerce maritime de l'Angleterre.

23. Le traité de Paris avait consacré l'agrandissement des possessions maritimes de l'Angleterre dans les Indes occidentales : par celui de Versailles, la France lui enleva l'île de Tabago, l'une de ses plus précieuses propriétés. Diverses conces-

sions faites volontairement pour donner plus de facilité au commerce auraient en effet atteint ce but et amélioré la situation de ces colonies. Toutefois les guerres nombreuses que la marine anglaise avait eu à supporter, les invasions fréquentes des nègres marrons, et par-dessus tout les terribles ouragans qui, vers la fin de cette période, éclatèrent de toutes parts et désolèrent principalement la Jamaïque, détruisirent presque entièrement les espérances que l'on avait conçues par cet accroissement de prospérité; et l'émancipation de l'Amérique aurait sans doute achevé de renverser cet empire, si la nécessité, plus forte que toutes les lois, n'eût promptement amené des réformes nombreuses dans les abus que protégèrent trop longtemps les préjugés du système mercantile.

On accorda successivement diverses libertés au commerce : en 1776, on ouvrit sur plusieurs points des ports francs, où les vaisseaux des colonies étrangères vinrent apporter des denrées et faire la traite des nègres; en 1780, on donna à ces colonies l'entrée libre dans les ports de l'Irlande; enfin, un acte du 4 avril 1788 leur concéda encore de nouvelles franchises.

A descriptive account of the Isle of Jamaica. Description de la Jamaïque, par W. Beckford, 2 vol. 1790.

24. La possession du Sénégal pendant une vingtaine d'années fut pour l'Angleterre un puissant moyen d'augmenter la prospérité de ses colonies africaines, et le commerce de la gomme lui assura pendant cet intervalle des bénéfices considérables. La traite des nègres prit aussi un grand accroissement sur toutes les côtes de l'Afrique; on y établit des relations plus fréquentes et plus régulières avec les Indes occidentales; les nouveaux marchés qui furent ouverts aux étrangers dans les ports devenus libres, et la suppression de diverses entraves qui avaient opposé des obstacles à toutes les entreprises de commerce, produisit aussi dans le trafic honteux d'une race d'hommes, le déplorable effet de lui donner plus d'activité. Heureusement la voix des philanthropes éclairés s'élevait en même temps et avec plus de force pour contre-balancer l'abus de ces nouvelles franchises : l'émancipation de l'Amérique ne tarda pas à devenir le signal de la fon-

dation d'une colonie libre, uniquement occupée par des nègres.

En 1697, la compagnie africaine avait perdu son droit de monopole; elle fut déchargée en 1749 des taxes qu'on avait encore maintenues.—La colonie de Sierra-Leone, sur la côte d'Afrique, fut fondée en 1786 par des nègres, dont la plupart appartenaient à des propriétaires dépossédés.

An account of the Colony of Sierra-Liona from its first establishment. Lond. 1795. *Histoire de la colonie de Sierra-Leone, depuis son origine.* —Traduite en français.

25. Mais ce fut surtout dans les Indes orientales que l'Angleterre obtint, durant le cours de cette période, des succès nombreux et d'une haute importance; les négociants devinrent conquérants, et y fondèrent un royaume dont l'étendue et la population surpassaient de beaucoup celles de la métropole : par là l'Angleterre obtint à la fois et le monopole de toutes les productions des Grandes-Indes, et l'entrepôt de toutes leurs richesses.

Transactions in India from the commencement of the french war in 1756 *to the conclusion of the late peace* 1783. Lond. 1786. *Histoire des Grandes-Indes depuis le commencement de la guerre entre l'Angleterre et la France en* 1756 *jusqu'à la conclusion du traité de paix de* 1783.

Orme's history of the military transactions of the british nation in Indostan, from the year 1745. Lond. 1778, in-4°. *Histoire des opérations militaires des Anglais dans l'Indostan depuis* 1745. 2 *vol.* 1788.

26. Cette grande révolution dans les Indes avait été préparée par la chute de l'empire du Mogol. Tant qu'il conserva sa puissance, les Européens ne purent se montrer sur le Continent que comme de simples négociants : après la mort du fameux Aureng-Zeb (1707), ce vaste royaume ne cessa d'être déchiré par les factions; les gouverneurs des provinces se rendirent indépendants de la couronne, et les peuples soumis à cet empire secouèrent successivement leurs chaînes.

Parmi les gouvernements les plus considérables étaient alors le Soubah de Décan, de qui relevait le Nabab d'Arcot ou Carnatic; le Nabab de Bengale et de Benarès, et le Nabab d'Oude. On distinguait parmi les peuplades diverses d'abord les Patanes, et plus tard les Marattes et les Seiks.

27. Les Français et les Anglais ne manquèrent pas d'employer

tous leurs efforts pour profiter de ces circonstances; et les premiers même parurent d'abord destinés à en recueillir les plus grands avantages. Si La Bourdonnaye et Dupleix eussent pu se réunir et s'entendre, nul autre peuple n'eût osé tenter de leur disputer la victoire; mais une fatale mésintelligence leur fit perdre un temps précieux, et le cabinet de Versailles ne prit aucune des mesures nécessaires pour employer utilement les talents de ces deux illustres chefs.

La prise de Madras par La Bourdonnaye (21 septembre 1746) fut la première occasion de la rupture qui éclata entre ce général et Dupleix, gouverneur de Pondichéry. Peu de temps après, La Bourdonnaye fut rappelé. — Au mois d'août 1748, les Anglais mirent le siége devant Pondichéry, et furent obligés de le lever au mois d'octobre suivant. — Madras fut rendu aux Anglais par le traité d'Aix-la-Chapelle. (Voyez ci-dessus, pag. 253.)

Histoire du siége de Pondichéry, sous le gouvernement de M. Dupleix, 1766.

28. Le projet qu'avait conçu Dupleix de suppléer par des conquêtes territoriales à l'insuffisance du commerce français dans les Indes, ranima la rivalité des deux nations. Les querelles des gouverneurs de provinces et la faiblesse des princes mogols semblaient garantir le succès de cette entreprise; et le général français, doué de talents dignes d'un meilleur prix, maintint sa supériorité tant qu'il lui fut permis de commander.

Au milieu des dissensions qui déchiraient ce pays, Dupleix soutenait les prétentions de Mazzefar-Jung sur la province de Décan, et celles de Chundasaheb sur l'Arcot. Les Anglais, au contraire, s'étaient déclarés pour Mahomed-Ali, qui établit enfin son autorité dans le Carnatic ou Arcot, en 1756. Après le rappel de Dupleix et l'arrivée aux Indes de l'infortuné Lally, les armées anglaises, commandées d'abord par l'illustre Laurence, et plus tard par le redoutable Clive, reprirent successivement leurs avantages et finirent par triompher de leurs ennemis.

29. Ce fut pendant la durée de la guerre de sept ans que la compagnie anglaise parvint à établir sa puissance aux Indes. La prise de Pondichéry et la destruction de ses forts acheva d'assurer son empire sur toute la côte du Coromandel; et, dès ce moment,

cette ville, si longtemps disputée, put être restituée à la France, par le traité de Paris, sans aucun dommage pour la puissance britannique.

Après l'arrivée du général Lally, les hostilités recommencèrent en 1758 dans tout le Coromandel, et principalement sur les côtes. Les Anglais eurent constamment l'avantage : ils s'emparèrent en 1760 de Masulipatan, et de Pondichéry le 16 janvier 1761.

The History and management of the East-India Company. Vol. the first containing the affairs of the Carnatic, in which the Rights of the Nabab are explained, and the injustice of the Company proved. Lond 1779. *Histoire de la compagnie des Indes*, etc. — Le premier vol. est consacré aux affaires du Carnatic : les droits du Nabab de cette province et les injustices des gents de la compagnie y sont exposés.

30. Cependant on ne tarda pas à reconnaître que la conservation du Coromandel serait une occasion de dépenses continuelles beaucoup plus que de profits. La domination territoriale, à laquelle aspirait la compagnie, ne pouvait se consolider entre ses mains que par l'occupation des riches provinces situées sur les bords du Gange, et surtout du Bengale, où la fertilité du sol garantissait d'immenses revenus. Le Nabab de cette province semblait lui-même faciliter ces projets d'envahissement, et lord Clive y établit sa puissance avec beaucoup plus de facilité qu'il n'avait osé l'espérer.

Depuis 1690 les Anglais avaient un comptoir à Calcutta, et en 1696 ils avaient profité d'une occasion favorable pour fortifier le fort William. — Au mois de juin 1756, le Nabab Seraja-Dowla s'empare de Calcutta et du fort William. L'année suivante, lord Clive marche sur Madras, reprend Calcutta, gagne, le 26 juin, la bataille de Plassey par suite de la trahison de Mir-Jaffier, qui devient Nabab du Bengale à la place de son beau-frère. En 1760, lord Clive lui retire sa protection et le remplace par son gendre Mir-Cossir : mais celui-ci, incapable de supporter le joug de la tyrannie, prend les armes, et Mir-Jaffier redevient Nabab le 10 juillet 1763. Dès ce moment, le gouverneur anglais connut le secret de régner sous des noms étrangers, et après la victoire qu'il remporta en 1765 contre le Soubah d'Oude, son empire dans le Bengale se trouva suffisamment affermi.

31. Le Grand-Mogol ne tarda pas à céder à la compagnie le

droit de lever les impôts dans le Bengale, et le Nabab reçut une pension. Ainsi, après s'être assuré de l'exploitation exclusive du commerce, le gouverneur, s'étant aussi saisi de l'administration du pays, se trouva par le fait souverain absolu, quoique les anciens possesseurs conservassent encore le fantôme de l'autorité.

Le traité conclu par lord Clive avec le Grand-Mogol, comme souverain du pays, fut signé à Allahabad le 12 août 1765. Il y était stipulé que la compagnie percevrait à l'avenir les revenus des provinces du Bengale, de Bahar et d'Orissa, et qu'elle payerait annuellement une pension de douze lacs de roupies.

32. La compagnie, qui avait cru trouver dans ces acquisitions territoriales un immense accroissement de bénéfices, fut encore trompée dans ses calculs. Bientôt il s'éleva un conflit d'intérêts entre les actionnaires et leurs agents dans les Indes. Les premiers conservèrent les profits provenant de leur commerce avec l'Europe; mais lorsqu'ils voulurent exiger que ce dividende fût augmenté de la répartition des revenus territoriaux, les seconds employèrent tous leurs efforts pour les détourner à leur avantage, et ils réussirent en effet à en conserver la plus forte partie. Ainsi le Bengale se trouva livré à toutes les calamités qui peuvent affliger un pays; d'une part, aux exactions d'une administration avide et tyrannique; d'autre part, à toutes les gênes du monopole e plus rigoureux.

Considerations on the affars and present state of Bengal, by William Bolts, 3 vol. in-4°. *Considérations sur les affaires et l'état actuel du Bengale.* Ouvrage écrit contre la compagnie des Indes.

A view of the rise, progress and present state of the English Government in Bengal, by M. Verelst, in-4°. Lond. 1772. *Essai sur l'origine, les progrès et l'état présent de la puissance anglaise au Bengale.* Réponse à l'ouvrage précédent.

La seconde et la troisième partie du livre de Bolts contiennent une réplique à celui-ci.

33. Toutefois une domination arrachée et exercée aussi violemment ne pouvait manquer d'être exposée à de fréquentes attaques. Hyder-Aly, sultan de Mysore, se montra bientôt l'un de ses plus redoutables adversaires. Dans l'impossibilité de faire

venir d'Europe un nombre suffisant de troupes étrangères pour résister aux agressions de ses ennemis, la compagnie se vit forcée de chercher des auxiliaires parmi les indigènes mêmes. A sa voix, des milliers d'esclaves s'enrôlèrent sous ses drapeaux; mais ce moyen, qui lui a toujours réussi jusqu'à présent, présente aussi de graves dangers.

Hyder-Aly avait usurpé le trône de Mysore en 1760. En 1767, il se ligue avec le Soubah de Décan, fait la guerre à la compagnie, et perd une bataille importante le dernier jour du mois de février 1768. Peu de temps après, tente avec succès une invasion dans le Carnatic et conclut un traité de paix devant les portes de Madras le 3 avril 1769. — Par ce traité, les deux parties contractantes se rendent réciproquement toutes leurs prises et s'accordent mutuellement la liberté du commerce.

34. Cependant l'organisation intérieure et l'administration de cette vaste machine n'avaient encore subi aucun changement. Les directeurs en Angleterre étaient les chefs sous lesquels se trouvaient placés, indépendants les uns des autres, les gouverneurs des quatre grandes présidences établies aux Indes. Chacun d'eux traitait pour lui seul; et que de choses pouvaient se passer, et se passaient en effet, avant que les ordres supérieurs fussent parvenus à leur destination! Il parut donc nécessaire de donner une nouvelle organisation à la compagnie, soit pour garantir plus de force et d'unité à son administration, soit pour la mettre dans une dépendance plus immédiate du gouvernement.

Le règlement connu sous le nom d'*Act of regulation* fut adopté au mois d'avril 1773, et appliqué au gouvernement des Indes en octobre 1774. On y trouve déterminées plus exactement les conditions nécessaires pour le choix des directeurs dans la métropole : les actionnaires pour mille livres sterlings et au dessus furent seuls admis à former l'assemblée générale; le gouverneur du Bengale reçut le titre et les fonctions de gouverneur général de toutes les possessions britanniques aux Grandes-Indes, et, à côté de lui, on plaça un conseil suprême avec des pouvoirs coercitifs. Le droit de faire la paix et la guerre et de traiter avec les princes indigènes ne put être exercé que par le gouverneur général et le conseil suprême réunis. On créa une cour souveraine de justice à la nomination de la couronne ; enfin il fut arrêté que la correspondance sur les affaires civiles et militaires serait toujours communiquée à un ministre secrétaire d'État. Warren Hastings, gouverneur du Bengale depuis 1772, fut le premier gouverneur général, et exerça ces fonctions depuis 1774 jusqu'en 1784.

35. Ce règlement, favorable à la couronne en lui assurant plus de moyens de surveillance, plus utile encore à la compagnie pour la bonne conduite de ses affaires, n'eut presque aucun résultat pour le bien-être des habitants même du pays. L'administration étant beaucoup plus concentrée, le nouveau gouverneur, chef habile et expérimenté, sut en profiter pour introduire de l'ordre et de la régularité dans l'exercice d'un pouvoir tyrannique. Tant d'efforts cependant étaient infructueux pour maintenir la paix dans un pays tourmenté par l'avidité d'un si grand nombre d'agents. L'oppression faisait naître les résistances, et les résistances la guerre : chacune de ces expéditions amenait des dépenses considérables qu'il fallait racheter par de nouvelles exactions ; et bientôt, pour se maintenir dans son indépendance, la compagnie se vit forcée d'entretenir des armées permanentes et d'entreprendre sans cesse de nouvelles conquêtes.

La première guerre des Marattes éclata en 1774 et finit deux ans après, mais pour recommencer l'année suivante. Une marche forcée, que fit le général Goddard depuis Calcutta jusqu'à Surate, intimida les princes marattes et les força pendant quelque temps à l'inaction. En 1779, ils formèrent alliance avec Hyder-Aly, au moment même où la guerre se déclarait entre la France et l'Angleterre. — Hyder-Aly pénètre dans le Carnatic en 1780, et s'y maintient pendant deux ans. — Bientôt les hostilités éclatèrent sur presque tous les points. Ne pouvant suffire à tant de besoins, dénué de ressources, le gouverneur général vit éclater de nouvelles insurrections dans les provinces de Bénarès et d'Oude, par suite des exactions et des injustices qui s'y commettaient journellement ; enfin, la mésintelligence qui s'établit entre les alliés vint au secours de la compagnie, et elle parvint à conclure un traité de paix avec les Marattes le 17 mai 1782. — Toutes les conquêtes furent restituées réciproquement, et la compagnie conserva son monopole. — Hyder-Aly resta seul pour soutenir la guerre ; elle fut continuée par son successeur Tippoo-Saëb jusqu'au traité de Mangalore, conclu le 11 mars 1784. Le procès criminel qui fut intenté dans la suite au gouverneur général mit au jour toutes les exactions qui s'étaient commises sous son gouvernement pendant dix années.

The trial of Warren Hastings before the court of peers. Procès de Hastings devant la cour des pairs. 1788, 2 vol.

Articles of charges of high Crimes against W. Hastings, by Edm. Burke. *Charges présentées contre W. Hastings*, par Edm. Burke, Londres, 1786.

Mémoirs relative to the state of India, by W. Hastings. *Mémoires sur les affaires des Indes*, rédigés par W. Hastings, et présentant sa défense, Londres, 1786.

Geschichte der Maratten. Histoire des Marattes, par Sprengel, 1791.

36. Quoique la compagnie fût sortie victorieuse de cette longue lutte, malgré l'extension donnée à ses possessions territoriales et la conquête importante de Négapatam, il devenait plus évident chaque jour qu'un tel état de choses ne pouvait durer. Obligée de faire face à tant de dépenses extraordinaires, elle ne pouvait, d'autre part, acquitter ses engagements envers la couronne, et l'issue des dernières guerres demontra plus fortement encore le danger qu'il pourrait y avoir à laisser se former une puissance aussi formidable au sein même de l'État : on reconnut qu'il était indispensable de la mettre sous la dépendance immédiate du gouvernement, et tous les partis se réunirent dans cette opinion.

Le 18 novembre 1783, Fox, étant alors à la tête du ministère, présenta au parlement un projet de règlement qui fut rejeté dans la chambre des pairs : les principales conditions de cet acte étaient que la direction serait supprimée et remplacée par une commission du gouvernement composée de huit membres, et qui serait chargée de conduire toutes les affaires politiques, commerciales et financières des Indes. Cette commission devait avoir aussi le droit de nomination à tous les emplois, et être elle-même indépendante du gouvernement ; combinaison bizarre et qu'il eût été impossible de mettre à exécution.

Speech on M. Fox's East-India-bill. Discours sur le bill présenté par M. Fox, relativement aux affaires des Indes. Par Edm. Burke. — On le trouve dans le second volume des œuvres de cet orateur.

Le 4 août 1784, Pitt présenta et fit sanctionner dans les chambres un nouveau bill qui maintenait la direction telle qu'elle existait alors, mais qui la plaçait sous la surveillance et les ordres immédiats d'une commission du gouvernement (*board of control*), en ce qui concernait les affaires politiques et militaires. Toutes les dépêches durent être soumises à cette com-

mission, à qui il fut même permis d'en changer le contenu; et, pour tout ce qui se rapportait à la paix ou à la guerre, elle traitait seule et directement. Les hautes fonctions ne purent plus être conférées sans l'approbation du roi; celle de gouverneur général fut exclusivement réservée au choix de la couronne, et il n'eut plus que la seconde place dans le conseil suprême. Aux Indes, les trois présidents de province furent complétement subordonnés au gouvernement de Calcutta, et celui-ci ne put plus entreprendre aucune guerre sans l'autorisation royale. Enfin, on créa une sorte de censure pour constater la fortune de ceux qui se rendaient aux Indes et de ceux qui en revenaient; et l'on établit un système de pénalité pour la répression des désordres signalés jusqu'à ce jour.

37. Cet acte important fit rentrer dans les mains du gouvernement la direction des plus grands intérêts de la compagnie, et lui assura une influence immédiate sur l'administration des vastes pays qu'elle possédait. Le soin des affaires commerciales fut seul abandonné aux actionnaires, et il est même permis de croire que, réduite à cette seule ressource, une si vaste entreprise n'eût pu se maintenir longtemps, si les relations que la compagnie établit à cette époque avec la Chine pour le commerce du thé et l'accroissement prodigieux de la consommation de cette denrée en Europe ne lui eussent ouvert une nouvelle branche d'industrie. Bientôt même l'activité de la contrebande l'eût menacée encore d'une ruine inévitable, si le ministre anglais ne fût venu promptement à son secours par le fameux acte intitulé *acte de commutation*.

La consommation du thé s'élevait alors en Europe à plus de vingt millions de livres pesant, dont les deux tiers ne tardèrent pas à être introduits en fraude. L'*acte de commutation*, du mois de juillet 1784, changea l'impôt sur le thé en une taxe sur les maisons, et détruisit ainsi le bénéfice qu'exploitait la contrebande.

38. Désormais le sort des possessions britanniques aux grandes Indes dépendit, en grande partie, de la conduite des gouverneurs et des principales autorités que la couronne déléguait; et s'il est vrai de dire que les mesures politiques proposées par Pitt et sanctionnées par le parlement furent de la plus haute importance pour le salut de la compagnie, il est juste aussi de recon-

naître qu'elle dut en partie sa restauration à l'administration sage et habile de lord Cornwalis, le premier gouverneur général qui fut envoyé par le roi. Les dilapidations de toute espèce furent réprimées par ses soins, et les peuples respirèrent de la longue oppression sous laquelle ils avaient gémi : mais toutes les précautions, toute la prudence ne sauraient écarter le principe de destruction toujours prochain, et qui consiste dans la présence même des indigènes et dans l'imminence des guerres intérieures.

39. A mesure que les possessions britanniques dans les colonies s'étendaient et acquéraient plus d'importance, la marine anglaise suivait la même marche; et bientôt ses vaisseaux, répandus sur toutes les mers, atteignirent de tous côtés aux limites que la nature seule pouvait imposer à leur infatigable activité. Les trois voyages entrepris et exécutés par le capitaine Cook, depuis 1768 jusqu'en 1780, ranimèrent le goût des découvertes et des navigations hasardeuses, autant que l'avait fait, dans le principe, le génie infatigable de Colomb : les îles de la mer du Sud furent explorées avec l'ardeur qui avait fait découvrir tant d'autres terres ; au lieu de métaux, on y trouva la riche canne à sucre d'Otaïti et le lin précieux de la Nouvelle-Zélande. C'est encore à ces voyages que l'on peut attribuer le projet conçu dès lors, et exécuté quelques années plus tard, de former des établissements agricoles sur ce vaste continent, désigné depuis sous le nom de *Terres australes*, dont quelques géographes ont fait une cinquième partie du globe.

Fondation de la colonie de Sidney-Cove, dans la Nouvelle-Galles, janvier 1788.

Arthur Philipp's Voyage to Botany-Bay. Voyage à Botany-Bay. Lond. 1799.— Traduit en français.

Collin's account of the colony in N. Wales from its first settlement in Janu. 1788 *till* 1801. *Histoire de la colonie de la Nouvelle-Galles, depuis son origine jusqu'en* 1801. 2 vol., 1802.

40. L'histoire des colonies françaises durant le cours de cette époque est renfermée en partie dans celle qui précède, et nous

avons déjà exposé comment la rivalité subsistant entre les deux nations et incessamment animée par le voisinage de leurs possessions respectives fut enfin résolue au détriment de la France. Le traité de Paris (1763) enleva à celle-ci tout le Canada et la plupart des îles qu'elle possédait dans les Petites-Antilles; désormais la supériorité toujours croissante de la marine anglaise rendit sans cesse précaire entre les mains de la France la possession de toutes ses autres colonies.

41. Aux Indes orientales, Dupleix avait dirigé toutes ses espérances et ses efforts vers l'acquisition de grandes propriétés territoriales. La guerre de sept ans ayant renversé ces projets et assuré l'empire des Anglais sur le continent indien, il devint impossible à la France de relever son commerce dans ce pays. La compagnie des Indes orientales fut dissoute en 1769, et la franchise du commerce fut substituée à son monopole.

La puissance française aux Indes n'eut que quelques années d'éclat. Dupleix conquit l'île de Sherigan, sur le fleuve Caveri, Masulipatan, une portion considérable de territoire dans la province de Carical, et Pondichéry. Mais la paix de 1763 rétablit les possessions sur le pied de 1749; et la restitution de Pondichéry, dépourvu de tout moyen de défense, ne fut plus d'aucune valeur pour ceux à qui cette place avait servi naguère de boulevard.

42. Cependant l'Ile-de-France et l'île Bourbon furent conservées à leurs anciens maîtres, et leur position les mettant à l'abri des troubles du Continent, la France put continuer d'entretenir des relations avec les Indes; heureuse et habile à la fois, si elle eût su se borner à exploiter ce riche territoire et à en faire un marché intermédiaire, ou, tout au plus, un arsenal!

Du commerce et de la compagnie des Indes, par Dupont. Paris, 1769.

43. Dans les Indes occidentales, la France perdit aussi quelques-unes de ses possessions, et les guerres, ou des fléaux surnaturels, lui firent éprouver des pertes considérables dans plusieurs de ses îles; mais, durant la dernière moitié de cette période, l'île seule de Saint-Domingue lui offrit des compensations supérieures à tous ces malheurs, et des ressources qui dépassèrent beaucoup tout ce qu'on aurait osé en attendre.

Nous avons déjà dit, à l'occasion du traité de Paris, quelles furent les concessions auxquelles la France se trouva forcée. — L'île de Saint-Domingue, favorisée par la fertilité de son sol et heureusement garantie à cette époque des terribles ouragans qui ravagèrent toutes les autres colonies françaises, comptait alors plus de deux mille habitations de propriétaires, dont les produits étaient évalués à environ cent soixante-dix millions de livres. Les villes de Bordeaux et de Nantes étaient, dans le même temps, les deux grands marchés sur lesquels affluaient toutes ces richesses.

44. Les possessions françaises sur le continent d'Amérique, la Guiane et la Louisiane, qui furent, vers la même époque, cédées à l'Espagne, étaient alors de peu de valeur pour la métropole.

La France céda la Louisiane à l'Espagne le 21 avril 1764, en échange de la portion espagnole de l'île de Saint-Domingue; mais cette dernière partie du traité ne reçut pas son exécution.

En 1763, la France, cherchant à réparer la perte du Canada, fit de grands efforts pour établir une colonie à Cayenne : douze mille individus y furent envoyés à la fois; mais la plupart périrent de faim et de maladie dans l'espace d'une année. Plus tard, on y transporta de l'Ile-de-France la culture des épices, que Poivre avait importée des Moluques dans cette colonie en 1770.

État présent de la Louisiane, par Champagny. La Haye, 1776.
Collection de mémoires et correspondances officielles sur l'administration des colonies, et notamment sur la Guiane française et hollandaise, par Malouet, an x, 5 vol. in-8°. On y trouve beaucoup de matériaux précieux.

45. La marine et les colonies hollandaises dépérissaient chaque jour; la guerre que l'Angleterre déclara inopinément à la Hollande ne tarda pas de mettre au jour les maux dont cette puissance était sourdement travaillée : son commerce en reçut un échec irréparable, et bientôt les troubles intérieurs enlevèrent à l'État les ressources dont il aurait eu besoin pour protéger ses colonies.

46. Aux Indes orientales, la Hollande, qui ne possédait presque que des îles, souffrit peu des révolutions qui survinrent sur le Continent; mais là aussi les causes morales qui tendaient à amener la ruine de la compagnie des Indes étaient

encore plus puissantes que les influences politiques, et devaient amener forcément la catastrophe qui signala cette période.

Parmi les causes plus ou moins éloignées qui préparèrent la chute de la compagnie hollandaise aux Indes orientales, on peut assigner comme principales l'horrible massacre des Chinois, qui eut lieu en 1740 dans l'île de Java, sous prétexte d'une conspiration; la perte du commerce de transport dans les Indes, la Perse et l'Arabie, dont les Anglais s'emparèrent successivement, et plus encore peut-être l'imperfection et la constante inexécution des règlements maritimes. La déclaration de guerre de la part de l'Angleterre et la perte de Négapatam achevèrent de mettre le désordre dans les affaires de la compagnie.

Considérations sur l'état présent de la compagnie hollandaise des Indes orientales, par M. le baron d'Imhof, ci-devant général-gouverneur, 1741.

Vies des gouverneurs généraux, avec l'abrégé de l'histoire des établissements hollandais aux Indes orientales, par P.-J. Dubois. La Haye, 1763.

Berigt van den tegenwoordigen Toestand der Batafsche Bezittingen in Oost-Indien, van den Handel op dezelve.— Rapport sur le misérable état des possessions et du commerce hollandais aux Indes orientales, par Dirk van Hogendorfs. Delft, 1799.

47. En Amérique, grâce à une plus grande liberté du commerce et à d'autres habitudes du pays, les colonies hollandaises se ressentirent beaucoup moins des maux qui affligeaient la métropole. Surinam prospéra singulièrement depuis le milieu du dernier siècle; les îles de Curaçao et de Saint-Eustache furent les marchés habituels des puissances maritimes qui se faisaient la guerre, tant que la république hollandaise put conserver la neutralité. Mais là aussi la déclaration de guerre de l'Angleterre porta un coup funeste à la compagnie, et prépara sa dissolution. (Elle eut lieu en 1791.)

La compagnie des Indes occidentales avait, dans le temps, cédé les deux tiers de ses propriétés à Surinam à divers particuliers d'Amsterdam, et principalement à la famille Sommelsdyck: celle-ci transféra sa part, en 1770, au gouvernement hollandais. La société dite de Surinam n'eut cependant en aucun temps que l'administration et la levée des impôts, le commerce demeurant toujours libre pour tous. Dans le temps de sa plus grande activité, depuis 1750 jusqu'en 1780, le produit annuel de cette colonie était évalué à huit millions de florins.

Statistische Beschreibung der Besitzungen der Hollaender in America. Tableau statistique des possessions hollandaises en Amérique, par M. le prof. Lueder, 1792. La première partie, la seule qui ait paru, est consacrée tout entière à Surinam.

48. Les colonies espagnoles souffrirent moins que les autres des rivalités et des guerres maritimes. Les îles se trouvaient mieux en défense par le seul avantage de leur position, et le continent américain était aussi tout naturellement défendu par son immense étendue. Les guerres interrompaient quelquefois, il est vrai, la régularité des communications entre les colonies et la métropole; mais alors aussi le commerce de contrebande prenait plus d'activité.

Durant cette période, l'Espagne perdit Porto-Bello (1740) et la Havane (1762), qui lui furent enlevées par les Anglais: ce furent les pertes les plus considérables qu'elle subit, encore ces deux villes importantes lui furent-elles rendues par les traités de paix. La cession que lui fit le Portugal, en 1778, des petites îles d'Annobon et de Fernand del Po lui assura en Afrique deux établissements avantageux pour le commerce des nègres.

49. Sur le continent américain, l'Espagne, ainsi que nous l'avons déjà dit, avait d'abord reçu la Louisiane en compensation de la Floride, qu'elle conserva même tout entière. Mais la Louisiane et ses vastes solitudes ne furent longtemps pour elle qu'une barrière utilement opposée aux entreprises de la contrebande sur le Nouveau-Mexique: les anciennes colonies conservèrent leur supériorité; l'accroissement de leur population et de leur prospérité détermina bientôt de nouvelles divisions territoriales.

Le règlement de 1776 fixa une nouvelle division politique du territoire de l'Amérique espagnole: on fonda à cette époque la vice-royauté de Buenos-Ayres et le gouvernement du Nouveau-Mexique. — Déjà, en 1739, la Nouvelle-Grenade et la province de Quito avaient été réunies en vice-royautés. Il y en eut dès lors quatre, savoir: la Nouvelle-Espagne (le Mexique), le Pérou, la Nouvelle-Grenade, et Rio de la Plata avec Buenos-Ayres. De plus, il y eut huit capitaineries générales indépendantes des vice-royautés, savoir: le Nouveau-Mexique, Guatimala, le Chili, Carracas, Cuba et la Havane, Porto-Rico, la Louisiane (séparée en 1801) avec la Floride, Saint-

Domingue.—Après la séparation de la Louisiane, la Floride fut réunie à l'île de Cuba.—Le nombre des tribunaux dits *Audiencias* fut porté à dix.

50. Après la paix d'Aix-la-Chapelle, qui délivra l'Espagne des conditions onéreuses du traité de l'Assiento, les entraves qui jusque-là avaient embarrassé le commerce de ses colonies purent être adoucies ou supprimées, et le continent américain y gagna considérablement. La métropole conserva toujours le commerce exclusif avec ses colonies; mais celui-là même, et surtout les relations des diverses provinces du continent entre elles, furent établis sur des principes beaucoup plus libéraux.

Dès 1728 la compagnie de Carracas avait beaucoup contribué à donner l'essor au commerce des colonies américaines. En 1748, les gallions furent heureusement remplacés par un plus grand nombre de vaisseaux qui partaient de Cadix à des époques indéterminées pour l'Amérique méridionale. En 1765, le gouvernement accorda à tous les Espagnols, moyennant un droit de douane, la faculté d'expédier librement leurs vaisseaux sur toutes les îles de l'Amérique espagnole, et l'on assigna neuf ports en Espagne pour ces expéditions. En 1778, cette concession fut appliquée à la Louisiane, Jucatan, Campêche et Sainte-Marthe.—Le règlement de 1774 assura la liberté du commerce entre toutes les colonies américaines. Les nouveaux tarifs publiés en 1778 et 1784 réduisirent tous les droits imposés aux sorties et aux entrées; le gouvernement établit des paquebots pour ouvrir des communications régulières de toutes les colonies à la métropole, et fit organiser un service de postes dans toute l'Amérique espagnole.

Voyage en Espagne, par Bourgoing, tome 2.

51. Dans les îles Philippines, le commerce que l'on entretenait avec l'Amérique continua de se faire par les gallions expédiés tous les ans de Manille à Acapulco; et la fin de cette période vit l'établissement d'une nouvelle compagnie pour suivre directement les relations de commerce de ces îles avec l'Espagne : cependant cette institution n'obtint pas le succès que l'on en avait espéré.

La compagnie des Philippines fut fondée le 10 mai 1785 par actions, dont la plupart provenaient de l'ancienne compagnie de Carracas, dissoute peu de temps auparavant. Ses vaisseaux se rendaient à Manille par le Pérou, et revenaient en Espagne par le cap de Bonne-Espérance. Le port de Manille fut déclaré franc, et on lui accorda toute liberté de commerce avec l'Asie. Les guerres et les intrigues de cour ne tardèrent pas à entraver les opérations de cette compagnie.

52. Les changements survenus dans l'état colonial du Portugal furent amenés en partie par la guerre que cette puissance eut à soutenir contre l'Espagne, mais principalement par l'administration du marquis de Pombal. Bientôt le Brésil et l'île de Madère furent les seules colonies auxquelles le gouvernement dut attacher de l'importance.

Les querelles entre l'Espagne et le Portugal avaient pour principal motif la contrebande qui se faisait au Brésil par San-Sagramento, surtout depuis que cette colonie était retournée au Portugal par le traité d'Utrecht. Elle fut échangée en 1750 contre sept missions indiennes dans le Paraguai; mais les jésuites s'opposèrent à l'exécution de ce marché: il fut rompu en 1761, et de nouvelles difficultés amenèrent enfin la déclaration de guerre faite par l'Espagne en 1777. Elle s'empara de San-Sagramento et de l'île Sainte-Catherine. Dans le traité de paix qui suivit, la première de ces colonies lui resta; la seconde fut restituée, et l'on traça une nouvelle délimitation entre le Brésil et les possessions espagnoles.

53. Le marquis de Pombal, ennemi de la haute noblesse et des jésuites, ne cessa de travailler à leur enlever le pouvoir. En faisant entrer les grandes propriétés des familles les plus considérables dans la catégorie des biens de la couronne, il frappa l'autorité des seigneurs et consolida la puissance portugaise dans le Brésil; en fondant des compagnies privilégiées, il régularisa le commerce et l'enleva aux jésuites.

Le Brésil fut partagé en neuf gouvernements, dont six sur la côte, Rio-Janeiro, Bahia (les deux plus importants), Fernambouc, Saint-Paul, Maragnon et Grand-Para; et trois dans l'intérieur, Matto-Grosso, Goyas et Minas-Geraes, tous trois riches en mines d'or, et le dernier en pierres précieuses. Chacun d'eux eut un gouverneur sous les ordres immédiats du roi. Le commerce, libre jusqu'alors pour tous les Portugais, était fait, sous escorte, par quatre flottes qui abordaient à Rio-Janeiro, Bahia, Fernambouc et Maragnon. Au mois de juin 1755, on créa la compagnie de Maragnon et Grand-Para, et en 1759 celle de Fernambouc, toutes deux avec patente exclusive. Les expéditions sur les autres ports ne purent plus se faire qu'avec l'autorisation royale, et le gouvernement se réserva le monopole de plusieurs branches importantes de commerce. L'émancipation complète des indigènes, également prononcée en 1755, eut la plus grande influence pour la prospérité du Brésil.

Raynal, liv. 9.
Memoirs of the court of Portugal. Londres, 1767 (déjà cité).

54. Les puissances du Nord continuèrent à prendre part au commerce des colonies. Le Danemarck conserva ses possessions aux Indes occidentales, et ses ports servirent souvent d'entrepôt général aux puissances européennes, au milieu des guerres qui les divisaient. La compagnie qui avait été fondée en 1734, avec un privilége exclusif, fut dissoute en 1764, et le commerce dégagé de ses entraves.

55. Aux Grandes-Indes, le Danemarck demeura en possession de Tranquebar. La compagnie obtint une nouvelle concession, et continua ses opérations commerciales avec succès aux Indes et jusque dans la Chine.

La compagnie, dissoute en 1730, avait été remplacée en 1732 par une autre compagnie qui s'était constituée avec un fonds permanent et un fonds variable. Son privilége, renouvelé en 1772, fut exclusif seulement pour la Chine : dans l'Inde, le commerce devint accessible à tous les particuliers, sous de certaines conditions. En 1777, la compagnie arrêta de nouveaux règlements, et céda au gouvernement ses possessions dans l'Inde.

Geschichte des Privathandels und der gegemsaertigen Besitzungen der Daenen in Ostindien. — *Histoire du commerce et des possessions actuelles des Danois dans les Indes orientales*, par Hennings, 1784.

56. En Suède, la compagnie fondée à Gothenbourg, en 1731, suivit avec succès ses opérations commerciales dans l'Inde et plus encore dans la Chine. Aux Indes occidentales, la Suède établit aussi des relations avantageuses, en acquérant de la France la petite île de St-Barthélemi.

La concession des priviléges accordés à la compagnie suédoise des Indes orientales fut renouvelée en 1746, 1766 et 1786. La Suède acquit Saint-Barthélemi en 1784, en échange de quelques priviléges de commerce qu'elle accorda à la France.

57. La Russie continua aussi d'entretenir avec la Chine son commerce de caravane, et en augmenta beaucoup les produits dans le cours de cette période. Elle parvint, en 1787, à fonder une compagnie pour le commerce de pelleterie dans l'Amérique septentrionale. Pierre le Grand avait jeté les premiers fondements de ces entreprises; ses successeurs suivirent et agrandirent ses projets; ils conservèrent dans leurs mains le privilége exclusif du commerce, jusqu'au règne de Catherine II qui, en 1762, l'affranchit de toute entrave.

TROISIÈME ÉPOQUE.

DE 1740 A 1786.

SECONDE PARTIE.

HISTOIRE DES PEUPLES DU NORD DE L'EUROPE.

A défaut d'une histoire générale et complète des États du Nord, nous citerons les ouvrages suivants :

Histoire de l'anarchie de la Pologne et du démembrement de cette république, par Cl. Rulhière. Paris, 1807, 4 vol. in-8°.

Œuvres posthumes de Frédéric II.

DE 1740 JUSQU'A L'AVÉNEMENT DE CATHERINE II EN 1762.

1. L'HISTOIRE du nord de l'Europe durant le cours de cette première époque présente un caractère tout différent de celui que nous avons remarqué dans la période précédente. On n'y rencontre aucun personnage éminent, ni sur le trône, ni dans le cabinet, ni dans les armées. De petits intérêts, de petites passions souvent odieuses, sont les seuls mobiles des affaires publiques au dehors, aussi bien que dans l'intérieur de chaque État;

et tandis que la Russie languit sous un despotisme lâche et non moins cruel, une effrayante anarchie s'organise au sein de ce vaste empire, aussi bien que dans le royaume de Pologne, son voisin et le plus considérable après lui.

Après le règne court et orageux du jeune Iwan III (du 28 octobre 1740 au 6 décembre 1741), Elisabeth, fille cadette de Pierre le Grand, parvint au trône par une révolution. L'expulsion des étrangers fut le premier acte de son règne, et tous les actes subséquents semblèrent confirmer la triste crainte du retour des temps de barbarie : le département des affaires étrangères fut d'abord partagé entre le conseiller intime Lestoc et le chancelier d'empire comte Bestuschef-Riumin. La chute du premier, en 1748, laissa le second seul dépositaire de ce pouvoir, qu'il conserva jusqu'en 1758. Sous la misérable administration de ces deux favoris, le gouvernement ne dut sa conservation qu'à sa force et à la grandeur de l'Etat, et fut l'objet constant du mépris des étrangers ainsi que de la haine des nationaux.

On trouve dans le *Magasin de Busching* (1768), tome 2, des détails sur la vie du conseiller Lestoc et du comte Bestuschef.

Sous le règne de Frédéric de Hesse, mort en 1751, et plus encore sous celui de son successeur Adolphe-Frédéric, la Suède fut gouvernée par l'aristocratie beaucoup plus que par son monarque. Les diverses factions de la noblesse, excitées par leur inimitié contre la Russie, toutes également pauvres, toutes également ambitieuses, s'arrachaient successivement le pouvoir et trahissaient tour à tour leur patrie : aussi ce malheureux pays n'était-il considéré, dans tous les Etats de l'Europe, que comme un instrument propre à seconder les projets de ceux qui savaient acheter le plus cher les services de ses gentilshommes. Les partis de Gyllenborg et de Horn, qui s'appelaient dans le pays les partis des *Chapeaux* et des *Bonnets*, qui prétendaient même plus noblement avoir pour principal objet, le premier de faire la guerre, le second de maintenir la paix, n'étaient dans la réalité que les partis français et anti-français.

Staatsschriften des Grafen zu Lynar. Ecrits politiques du comte de Lynar, 1793. — On y trouve l'exposition la plus complète et la plus exacte de l'état intérieur de la Suède durant cette époque.

La Pologne, sous le règne d'Auguste III et le ministère du comte de Bruhl, était livrée à une anarchie plus calme du moins que celle de la Suède : aussi était-il facile à des hommes tels que les Czartorinsky et les Branicky de suivre leurs projets ambitieux et de former les liaisons de parti dont ils avaient besoin pour se soutenir. On ne voyait plus en Pologne que les apparences trompeuses de la liberté. Incapable de se protéger lui-même, il semblait que ce pays dût trouver du moins les garanties de sa conservation dans l'intérêt que la France et la Turquie devaient y prendre ; mais on eût dit que rien ne pouvait détourner de ce malheureux royaume la ruine qui le menaçait. Longtemps les intrigues politiques furent insuffisantes ; une intrigue d'amour s'y joignit : le jeune Poniatowski, beau-frère des Czartorinsky, introduit par le chevalier Williams, ministre d'Angleterre, à la cour de la grande-duchesse Catherine, prépara les voies à l'asservissement et à la destruction de sa patrie.

Depuis l'abaissement de la Suède et sous les règnes de Christian VI (mort en 1746) et de Frédéric V (mort en 1766), le Danemarck fut heureux et tranquille : la Russie même, toujours occupée de ses projets sur la Suède, se fit une maxime constante de maintenir ses bonnes liaisons avec ce pays. Rien n'eût manqué à son bien-être, si l'ancienne rivalité de la maison régnante avec la branche de Holstein-Gottorp ne se fût réveillée plus activement.

2. Avant la mort de l'impératrice Anne, et lorsque le parti de Gyllenborg eut remporté la victoire en Suède, une nouvelle guerre éclata entre ce royaume et la Russie : la Suède prétendait reconquérir les provinces qu'elle avait perdues sur la Baltique, et s'emparer même de Pétersbourg. Malgré les malheurs qu'elle essuya durant le cours de cette guerre, elle la termina, par le traité d'Abo, plus heureusement qu'on n'aurait pu le croire. La paix sembla consolidée par la désignation du successeur au trône de Suède et par une nouvelle délimitation de la Finlande. Mais l'esprit de faction subsista toujours pour entretenir les désordres, alimentés sans relâche par les intrigues de la France et de la Russie, la première cherchant à détruire, la seconde s'efforçant de maintenir les principes de la constitution de ce royaume.

Le 4 août 1741, déclaration de guerre de la Suède à la Russie. — Le 2 septembre suivant, l'armée suédoise est battue à Willemstrand ; en 1742, la Suède perd toute la Finlande, et les généraux Lewenhaupt et Buddenbrock sont condamnés à mort et exécutés. — Le traité conclu le 17 août 1743 à Abo détermina le Kymen pour limite aux deux empires, et le prince Adolphe-Frédéric de Holstein-Gottorp fut, d'après le vœu de l'impératrice Elisabeth, reconnu héritier présomptif de la couronne de Suède.

3. Peu après son avénement au trône, et en 1741, l'impératrice Elisabeth désigna aussi pour son successeur au trône de

Russie, son neveu le jeune duc de Hoslteın-Gottorp, Charles-Pierre-Ulrich, à *qui sa naissance donnait aussi sur le* trône de Suède des droits qu'il céda à son cousin le prince Adolphe-Frédéric. Tandis que ces brillantes destinées se préparaient pour la branche cadette de la maison de Holstein, la branche qui occupait le trône de Danemarck avait de justes motifs de craindre les ressentiments de ceux qu'elle avait si longtemps offensés. On entreprit en conséquence de longues négociations pour mettre un terme à toutes ces querelles.

L'histoire de ces négociations se trouve dans les *Écrits politiques du comte de Lynar.*

4. Mais déjà le grand Frédéric occupait le trône depuis plusieurs années, et la Russie reconnaissait en lui un voisin dangereux, qui pouvait devenir un rival redoutable. Elle fut longtemps occupée de ses craintes, et cependant, après la chute de Lestoc, et lorsque le comte Bestuschef fut seul en possession du pouvoir, elle prit parti contre ce monarque, en contractant, le 12 juin 1757, un traité d'alliance avec l'Autriche, et de subsides avec l'Angleterre, pour parvenir au renversement de la paix d'Aix-la-Chapelle.

5. Bientôt cette alliance avec l'Autriche et la Saxe entraîna la Russie à prendre part à la fameuse guerre de sept ans. Ses armées, encore inconnues dans l'Europe occidentale, commencèrent à y acquérir quelque réputation; et, durant ce temps, la Pologne et la Porte se trouvèrent encore à l'abri des orages qui devaient les atteindre plus tard.

6. Cependant cette guerre contre la Prusse excita à la cour de Russie de tels dissentiments, qu'une révolution y devint imminente, et serait sans doute survenue sans la chute du comte de Bestuschef, qui lui-même se disposait aussi à faire un coup d'État. Elisabeth, Pierre, et sa jeune épouse Catherine, dont les caractères, les opinions et les projets étaient si divers, ne pouvaient vivre en paix en de telles circonstances. Heuseusement pour le roi de Prusse, et plus encore pour Élisabeth elle-même,

cette princesse mourut sur ces entrefaites, le 5 janvier 1762.

Biographie Peters des Dritten. Biographie de Pierre III. Tubingen, 1808.

7. Dès que le duc de Holstein fut monté sur le trône, sous le nom de Pierre III, les affaires et les relations politiques de la Russie changèrent entièrement de face. Admirateur enthousiaste de Frédéric, il conclut aussitôt une alliance avec ce prince; irrité contre le Danemarck, il voulut suivre ses projets de vengeance. Mais après six mois de règne, une révolution le précipita du trône dans le tombeau, et, le 9 juillet de la même année, l'impératrice Catherine II commença un règne qui devait créer une ère nouvelle pour la Russie.

Histoire de la révolution de Russie en 1762, à la suite de l'Histoire de l'anarchie de la Pologne, par Rulhière. Cet ouvrage, écrit quelquefois avec partialité, est cependant le meilleur qui ait été publié sur ce sujet.

DEPUIS L'AVÉNENEMENT DE CATHERINE II JUSQU'A SON ALLIANCE AVEC JOSEPH II.

DE 1762 A 1787.

Histoire de Catherine II, impératrice de Russie, par Castera, 3 vol. Paris, an VIII.

8. Plusieurs écrivains ont attribué à Catherine le projet d'exercer sa dictature sur toute l'Europe. On ne saurait méconnaître que ses vues politiques s'étendaient sur tous les États européens; mais il est également certain qu'elle sut restreindre ses tentatives en ce genre dans le cercle où il lui était possible d'atteindre et d'agir avec efficacité. Ses voisins, les puissances du Nord et la Porte, furent les principaux objets de ses spéculations : des haines, des passions particulières l'ont entraînée quelquefois; peut-être la grande réputation de cette princesse n'est-elle pas en tout point fondée, et cependant on ne saurait contester qu'elle a considérablement augmenté la gloire et la force de son empire

Le comte de Panin, homme indolent et cependant nécessaire, fut son principal ministre jusqu'en 1781 : durant le même temps, le comte Grégoire Orloff, favori de l'impératrice, ne cessa de jouir d'un crédit qui souvent balançait avec avantage celui du premier ministre.

9. L'ambition d'une princesse douée d'un caractère ferme et actif devait être singulièrement excitée par l'état d'anarchie qui désolait toutes les puissances voisines. La Suède, la Pologne, la Porte, étaient en proie à tous les désordres ; les autres États de l'Europe semblaient épuisés de fatigue. Une alliance entre les puissances du Nord, avec l'accession de la Prusse et de l'Angleterre, ne pouvait manquer d'assurer le premier rang à la Russie : bientôt, renonçant à ses projets, Catherine trouva dans la Pologne un champ plus vaste et plus propice à ses desseins. La situation même de ce royaume devait la mettre inévitablement en relation avec toutes les autres puissances, et satisfaire son activité.

10. Toutefois il semble que l'anarchie qui régnait sur tous les points de ce royaume eût pu suffire à l'établissement de l'autorité de la Russie, et qu'elle eût pu se borner à y exercer son influence, comme elle le fit d'abord et pendant longues années, sous le prétexte de maintenir la liberté et la constitution : deux causes particulières, l'affaire du duché de Courlande et la vacance du trône, entraînèrent l'impératrice à prendre une part plus active aux troubles qui désolaient ce pays.

En 1763, le prince Charles de Courlande est chassé de ce duché, et Biren en prend de nouveau possession.

11. Auguste III étant mort le 5 octobre 1763, l'impératrice résolut de donner un roi à ce pays ; et cependant le couronnement de son ancien favori fut l'œuvre de ses ministres encore plus que d'elle-même. On n'y parvint pas sans de grandes difficultés : le roi de Prusse, l'impératrice d'Autriche, le sultan, négociaient ou pouvaient prendre parti contre ; la Pologne même opposait de la résistance, et comptait dans son sein un grand nombre d'hommes aussi distingués par leur expérience que par leurs vertus et leur courage. Mais que pouvaient les efforts individuels au milieu d'une nation qui semblait préférer la tyrannie des étrangers à la domination d'un compatriote ? Le rusé Kayserling prépara les voies, l'audacieux Repnin précipita les événe-

ments par la violence ; Stanislas Poniatowski fut proclamé roi le 7 septembre 1764, et les projets de réforme préparés depuis si longtemps par les princes Czartorinsky ne purent même trouver place au milieu de cette révolution.

12. La Prusse semblait plus intéressée que toute autre puissance à prendre parti dans ces démêlés. Mais Frédéric, n'ayant encore aucune alliance et voyant l'Autriche toujours prête à agir contre lui, se décida à sacrifier la Pologne pour acquérir l'amitié de la Russie, sans se dissimuler cependant le danger d'une telle conduite, ni peut-être aussi l'espèce de déshonneur qui s'y trouvait attaché. L'histoire ne saurait en effet excuser ce grand homme d'avoir consenti en quelque sorte expressément au projet honteux d'entretenir l'anarchie dans la Pologne, et plus tard de démembrer ce royaume.

Le traité d'alliance entre la Russie et la Prusse fut conclu le 11 avril 1764, et les deux puissances se garantirent réciproquement toutes leurs possessions en Europe. — Le maintien de la constitution polonaise fut stipulé dans un article secret.

13. Bientôt l'affaire des dissidents présenta à la Russie un nouveau prétexte d'étendre son bras de fer. En les protégeant, l'impératrice se forma un parti, et prétendit même n'être armée que pour faire respecter les principes sacrés de la tolérance : nul ne fut dupe de ce langage. En Pologne, les chefs du parti patriote, Soltik, Krasinsky, Pulawsky, sans être eux-mêmes aveuglés par le fanatisme, se servirent cependant, pour résister, de cette arme, la seule qui leur offrît quelque secours efficace. Catherine ne tarda pas de démentir ses propres paroles, en demandant l'égalité politique pour ceux en faveur desquels elle n'avait d'abord désiré que la tolérance.

14. Les propositions de la Russie furent refusées en termes formels, au mois de novembre 1766. Au mois de juin de l'année suivante, les dissidents et d'autres mécontents, ayant mis à leur tête le prince de Radziwil, jusqu'alors ennemi de la Russie et du roi, formèrent une confédération générale à Radom, et, dans le même temps, la diète fut convoquée à Varsovie. Là, au mois

d'octobre 1767, la force arracha aux députés rassemblés une acceptation des nouvelles lois qui furent proposées, et qui, en même temps qu'elles consacraient les droits des dissidents, perpétuaient aussi, sous la garantie de la Russie, tous les vices dont on accusait à bon droit l'ancienne constitution. Pour parvenir à cet acte de tyrannie, il fallut cependant faire un coup d'éclat : le prince Repnin s'en chargea avec joie; les évêques Soltik et Zalusky, les deux Rzewusky furent enlevés au milieu de le capitale et transférés en Sibérie.

15. Le désespoir amena des résistances inattendues. La confédération de Bar, préparée dès longtemps par l'évêque Krasinsky, formée, au mois de février 1768, par les Pulawsky et le comte Potocky, s'occupa sans relâche du soin d'organiser la confédération générale, pour parvenir à la déposition du roi, premier ennemi de ses sujets, cédant toujours à l'influence russe, et s'attirant la haine de tous les partis.

16. La Turquie présentait aussi quelque espoir aux confédérés : tandis que les autres cours de l'Europe restaient inactives, le divan demeurait fidèle à son ancienne maxime de ne jamais souffrir d'armée russe sur le territoire polonais. Aussi la Porte réclamait depuis longtemps l'évacuation de la Pologne; enfin les instances des confédérés et l'influence de la France amenèrent la déclaration de guerre que le sultan fit déférer à la Russie, le 30 octobre 1768.

17. L'Autriche et la Prusse semblaient toujours immobiles; Frédéric lui-même n'acquittait ses subsides que lentement et comme avec répugnance; les hostilités commencèrent cependant sur terre et sur mer. L'esprit aventureux de quelques jeunes Russes enfanta mille projets nouveaux autant qu'audacieux. On entreprit en même temps de porter sur le Danube le théâtre de la guerre; de soulever les habitants de la Grèce; d'expédier une flotte dans l'Archipel, pour menacer la capitale de l'empire ottoman; de lier les intrigues en Egypte, pour tenter d'enlever cette province à la Turquie. Tant de projets extraordinaires ne purent être suivis que d'une manière incomplète; et cependant la Porte,

attaquée de toutes parts, amollie par le long repos dont elle avait joui depuis trente années, semblait près de succomber à de si violentes attaques.

La campagne de 1769 eut peu de résultats. Le comte Romanzoff succéda, l'année suivante, au prince Gallitzin : il s'empara de la Moldavie après la victoire du Pruth (18 juillet 1770), et de la Valachie après la victoire de Cahoul (1er août suivant). Le 1er septembre, le comte Panin occupa Bender. — Dans le même temps, la flotte russe, conduite par Alexis Orloff, entra dans l'Archipel, gagna le combat de Scio le 5 juillet, et incendia la flotte turque à Tschesmé, le 16 du même mois.

En 1771, la guerre s'établit sur le Danube : le prince Dolgorouky s'empare de la Crimée ; la Russie conclut alliance avec le pacha d'Égypte, Aly-Bey. L'année 1772 s'écoula en négociations infructueuses entre le comte Romanzoff et le grand-visir. — Traité de paix particulier entre la Russie et les Tartares de Crimée. — Renouvellement des hostilités en 1773. — Romanzoff passe le Danube, met le siége devant Silistrie et est obligé de se retirer. — Aly-Bey est battu par une armée turque et fait prisonnier le 7 mai de la même année.

La correspondance de Romanzoff avec l'impératrice contient des détails intéressants.

Histoire de la révolution d'Aly-Bey. 2 vol. 1783.

18. Cependant des événements d'une autre nature, dans l'intérieur de l'Empire et chez les peuples voisins, vinrent détourner Catherine des soins qu'elle donnait à la guerre de Pologne. En 1771, une peste violente pénétra en Russie et parvint jusqu'à Moscou : deux ans plus tard, un Cosaque obscur, nommé Pugatschew, qui entreprit de se faire passer pour Pierre III, excita une insurrection, contre laquelle l'impératrice fut obligée d'employer une armée, et qui ne laissa pas de lui donner quelque inquiétude pour son trône. Au dehors, la Suède vit éclater une révolution bien différente de celle qui s'opérait en même temps en Pologne.

19. Les dissensions de la noblesse suédoise, excitées et entretenues sans cesse par les influences étrangères, offraient dans ce pays un spectacle plus digne de pitié peut-être que celui même de la Pologne. Là, nul patriotisme n'ennoblissait les er-

reurs ou les folies des partis, nul caractère supérieur ne se faisait remarquer. Deux monarques avaient fléchi successivement sous ce joug honteux ; mais du moins il restait encore en Suède les bourgeois et les paysans, qui formaient deux classes libres, et dont l'intervention pouvait faire espérer le salut de la patrie.

L'influence du parti de Gyllenborg ou des *chapeaux*, et, par lui, celle de la France, se maintint en Suède depuis la diète de 1738 jusqu'à celle de 1762. Quand la France cessa de fournir des subsides, le parti de Horn et l'influence anglaise et russe reprirent le dessus. Lors de la diète extraordinaire tenue en 1769, la France racheta le pouvoir qu'elle avait perdu, dans le vain espoir de secourir la Pologne par une guerre de diversion. — Le roi Adolphe-Frédéric mourut le 12 *février* 1771.

20. Gustave III monta sur le trône : il semblait tenir de son oncle le grand Frédéric la plupart de ces qualités de l'esprit qui font les hommes supérieurs; mais il lui manquait le calme et l'aplomb, sans lesquels les meilleures combinaisons sont constamment déjouées. Un homme d'un tel caractère ne pouvait consentir à rester dans la situation que ses prédécesseurs avaient endurée.

La révolution s'opéra à Stockholm le 19 août 1772. Le nouvel acte constitutionnel conserva tous les droits des Etats, mais la diète ne fut plus que le conseil du prince ; et l'on ajouta que le consentement des États serait nécessaire pour toute déclaration de guerre.

Sheridan's History of the late revolution in Schweden. Histoire de la dernière révolution de Suède, par Sheridan. Lond. 1778, 1 vol. in-8°. — Traduite en français. — L'auteur était ministre d'Angleterre à Stockholm Son travail remonte jusqu'en 1720; les faits y sont exposés avec clarté et sans partialité.

21. Cette sorte de restauration de l'autorité royale en Suède fut diversement accueillie dans les États d'Europe. L'Angleterre la vit avec chagrin, parce que la France en témoigna sa satisfaction. La Russie sentit échapper de ses mains l'espoir d'y établir une influence immédiate ; Catherine cependant, occupée d'affaires plus importantes encore, dissimula son ressentiment avec habileté.

Frédéric hésitait à donner sa garantie à la constitution suédoise, l'Autriche parvint à l'y déterminer ; et cette puissance réussit également à maintenir la paix entre la Suède et le Danemarck, au moment où, après la mort de Struensée (17 janvier 1772), la reine Julienne-Marie venait d'occuper le trône.

22. Cependant, tandis que le prince Henri de Prusse était encore à la cour de Russie, on vit paraître les premiers symptômes du projet de terminer cette longue guerre par des indemnités qui seraient prises sur la Pologne. Frédéric se montra le plus zélé partisan de cette proposition, dont il fut très-probablement aussi le premier auteur. L'opinion publique a depuis longtemps caractérisé cet odieux projet ainsi qu'il le mérite ; il fut le fruit du système que nous avons déjà signalé d'arrondir la circonscription des États, système que la Prusse avait le plus d'intérêt à mettre en pratique, par suite de la conformation d'un pays augmenté successivement de diverses accessions.

Négociations pour le premier partage de la Pologne : d'abord entre la Prusse et la Russie, ensuite entre la Prusse et l'Autriche. — Le traité de partage, du 5 août 1772, assura à la Russie tout le pays situé entre la Dwina et le Niéper ; à l'Autriche, la Galicie et la Ludomirie ; à la Prusse, la Pologne prussienne (à l'exception de Dantzig et de Thorn) et une partie de la grande Pologne, jusqu'à la Netz. Les trois puissances se garantissent réciproquement leurs conquêtes, et à la Pologne le pays qu'elles ne prennent pas.

23. Dès que chacune des puissances eut occupé militairement la portion de territoire qui lui était échue, on s'empressa d'arracher à la nation un prétendu consentement, dans la diète qui fut tenue à Varsovie, au mois d'avril 1773. Catherine cependant était loin de vouloir renoncer à l'exercice de son pouvoir dans le reste de la Pologne, et nul n'osa même lui proposer d'y prendre part. La formation d'un conseil permanent, la garantie qu'elle donna au pays pour la confirmation du droit d'élection et du *liberum veto*, achevèrent de consolider son autorité, que surent conserver avec plus de douceur et de modération

les ministres qu'elle envoya à Varsovie après le rappel de Repnin.

24. Un tel événement semblait menacer l'organisation de tous les gouvernements européens. Les grands politiques et Frédéric lui-même affectaient de croire que le partage ayant été fait avec égalité, rien n'était changé dans les relations des grandes puissances du Nord, tant s'était propagée et solidement établie l'absurde doctrine de ne faire consister la stabilité des États que dans le déploiement de grandes forces matérielles, et non dans le maintien des maximes de justice et de morale. Aussi, dès ce moment, toute garantie de puissance à puissance put être considérée comme illusoire; et cependant quel État pouvait avoir plus d'intérêt à faire respecter les principes de justice que la Prusse, composée successivement de l'agrégation d'un grand nombre de petites provinces réunies par des traités ou par la force des armes?

25. Ce premier partage et les succès d'une nouvelle campagne facilitèrent la conclusion d'un traité entre la Russie et la Porte. Catherine avait renoncé à ses prétentions sur la Moldavie et la Valachie; Mustapha III (mort le 21 janvier 1774) venait d'être remplacé par son frère Abdul-Hamid, homme d'un caractère faible et timide. Le traité de Kainardgé fut conclu sans l'intervention d'aucune puissance étrangère, et Catherine y dicta ses volontés.

En 1774, le comte Romanzoff passe une seconde fois le Danube, et bloque l'armée du grand-visir dans les montagnes de la Bulgarie. — Négociations dans le camp russe entre le prince Repnin et Achmet-Effendi, et conclusion du traité de Kainardgé le 22 juillet suivant: les Tartares de Crimée sont reconnus indépendants, sous l'autorité de leur khan; la Russie rend la Moldavie et la Valachie aux princes qui lui sont désignés par la Porte, et se réserve Kimburn et Asoff, et, dans la Crimée, Jenikale et Kertsch avec leurs districts; elle obtient aussi la libre navigation sur la mer Noire et sur toutes les mers de Turquie. On y ajoute diverses stipulations pour consacrer des priviléges en faveur des ambassadeurs et des consuls de Russie auprès de l'empire ottoman.

26. Ainsi, à la fin de cette guerre, la Russie se trouva avoir

fait de tous côtés des conquêtes considérables : son alliance avec la Prusse subsistait toujours; un traité secret l'unissait au Danemarck depuis la révolution de Suède ; celle-ci ne lui présentait aucun danger ; le Porte semblait avoir reconnu sa suprématie. Cette augmentation de forces matérielles n'était rien encore auprès de la considération et du crédit que la puissance russe venait d'acquérir en Europe ; mais, pour maintenir ce rang élevé, il manquait à l'empire russe des institutions et une administration intérieure : Catherine en reconnaissait depuis longtemps le besoin, et s'en occupa dès lors avec activité. En 1776, on fit une nouvelle circonscription des gouvernements, et de nombreux changements dans le système de l'administration, qui, favorables au pays même, le furent en même temps au pouvoir du chef autocrate de ce vaste empire.

27. Vers le même temps, on vit un nouveau favori s'élever à la cour de Russie. Potemkin était loin de réunir les qualités brillantes qui avaient tant contribué à la fortune de la famille aventureuse des Orloff; il était moins ambitieux qu'avide et intéressé, moins jaloux de la gloire que de l'autorité. Placé à côté d'une souveraine dont l'esprit actif et entreprenant était capable des conceptions les plus hardies, Potemkin sut flatter sa passion et gagner auprès d'elle une influence qu'il conserva avec habileté. Depuis 1778 jusqu'à sa mort, en 1791, il eut la direction du département des affaires étrangères.

28. Excitée par les succès de la guerre de Turquie, encouragée par les stipulations du traité de paix conclu avec cette puissance, Catherine, sans se dissimuler les difficultés de cette entreprise, et peut-être même à cause de ces difficultés, parut s'attacher chaque jour davantage au projet de fonder un empire grec sur la ruine de celui des Osmans.

29. Son alliance avec la Prusse, ouvrage de Panin, et qui lui fut si utile pour les affaires de Pologne, perdit presque toute son importance lorsque Catherine tourna ses vues sur l'empire turc. Pour parvenir à l'exécution de ce hardi dessein, le consentement de l'Angleterre, la coopération de l'Autriche étaient indispensables : Potemkin conçut le projet de les gagner. Déjà l'alliance

avec l'Angleterre paraissait à peu près assurée, lorsque Panin, pour conserver un pouvoir près de lui échapper, réussit à conclure le nouveau traité de la *neutralité armée*, dans lequel l'intervention de la Prusse était nécessaire, et qui, présentant à l'impératrice une autre carrière de gloire et ne nouveaux moyens d'exercer une suprématie, devait avoir pour résultat de la détourner de ses projets antérieurs. Catherine, en effet, parut les perdre de vue ; mais Potemkin, à qui le traité n'offrait aucun intérêt ni aucune chance de succès, persévéra dans ses premiers desseins.

30. Il était indispensable, pour y parvenir, d'assurer à la Russie la domination sur la mer Noire ; et, pour l'obtenir, il fallait également se mettre en possession de la Crimée et des pays circonvoisins. Le traité de Kainardgé offrait à la Russie plus d'un prétexte pour s'immiscer de nouveau dans les affaires de ce pays, et l'on ne manqua pas de s'en emparer.

La Crimée et la petite Tartarie, restes de ce fameux empire fondé par Gengis-Khan, étaient depuis 1441 sous l'autorité d'un khan, successeur et descendant de ce conquérant. Mahomet II, en 1474, conclut une alliance avec le prince de cette nation, et lui assura la protection de la Porte, qui, dès cette époque, désigna toujours les successeurs au trône dans la même famille, sans exiger d'eux aucun tribut. Uni à la Turquie par les intérêts de la religion et de la politique, ce peuple belliqueux et fidèle rendit souvent de grands services à l'empire ottoman. Lorsque, dans le *traité de 1774*, la Russie stipula leur indépendance, il devint facile de voir qu'elle établissait les premiers fondements de son autorité dans ce pays, et les autres conditions du traité furent rédigées dans les mêmes vues. Après diverses négociations entreprises à la suite, une *convention explicatoire*, conclue le 10 mars 1779, assura le trône de Crimée au khan Selim-Guerray, protégé de la Russie; et le sultan y donna son consentement. Chassé d'abord par les Tartares eux-mêmes, le khan fut rétabli, en 1782, par la nouvelle intervention de la Russie ; enfin, au mois d'avril 1783, une armée russe occupa définitivement la Crimée et les vastes plaines du Cuban ; et ce pays fut déclaré réuni à l'empire. Forcée de souffrir cette usurpation, la Turquie la consacra par le traité du 9 janvier 1784. Le fleuve Cuban fut déterminé comme limite; mais les Tartares, irrités d'être abandonnés par leurs anciens alliés, émigrèrent en grand nombre.

31. Dès ce moment, il semblait que rien ne pouvait empêcher la Russie d'établir sa puissance maritime sur la mer Noire ; et,

par suite, de mettre son principal projet à exécution ; mais il fallait du temps pour créer une flotte et d'autres circonstances : des événements nouveaux dans les États de l'ouest de l'Europe, une affluence extraordinaire d'étrangers à la cour de Russie, détournèrent de nouveau l'impératrice des soins qu'elle donnait à cette importante entreprise. Frédéric envoya pour la seconde fois son frère à la cour de Pétersbourg ; Gustave III alla y faire admirer ses qualités brillantes ; l'empereur Joseph II voulut voir aussi la souveraine du Nord.

Il est assez curieux de fixer les époques précises de ces diverses visites et des événements que l'on peut y rapporter. Le premier voyage du prince Henri à Pétersbourg eut lieu en 1771, et fut suivi du partage de la Pologne. Ce prince y retourna en 1776, et l'alliance de la Prusse et de la Russie fut confirmée par le mariage de l'héritier du trône de Catherine. Gustave III parut à Pétersbourg en 1777 : les deux souverains se quittèrent se méfiant l'un de l'autre ; et la guerre qui éclata plus tard parut le résultat de leur entrevue. Catherine et Joseph II se rencontrèrent d'abord à Mohilow, et l'empereur se rendit à Pétersbourg en 1780. Là fut conclue l'alliance de ces deux puissances contre la Turquie.

32. Cette visite et les conférences de Joseph II avec Catherine déterminèrent la nouvelle direction politique de la Russie. L'alliance de la Prusse fut, dès ce moment, moins cultivée, et celle de l'Autriche devint l'objet de soins tout particuliers. La protection accordée par la Russie à la neutralité armée éloigna d'elle l'Angleterre, mais elle lui conserva en même temps les moyens de conclure des traités de commerce fort avantageux avec les autres puissances. Potemkin vit augmenter son crédit et son influence politique, et les projets sur la Crimée furent repris avec plus d'activité. On reconnut la nécessité d'avoir une nombreuse armée pour conserver une si précieuse conquête ; Potemkin, créé en même temps feld-maréchal et gouverneur général de la Tauride, devint le plus éminent personnage de l'empire russe.

Parmi les nombreux traités de commerce que la Russie conclut à cette époque, nous devons citer celui qu'elle fit avec le Danemarck pour régler les droits de péage sur le Sund (19 octobre 1782), et celui par lequel l'impératrice et l'empereur d'Autriche se garantirent réciproquement les priviléges des nations les plus favorisées. Ces deux puissances rédigèrent aussi de concert un nouveau tarif pour fixer les droits sur les vins de Hongrie et sur les cuirs et les pelleteries de Russie. Enfin, le traité, du 11 janvier 1787, entre la France et la Russie, acheva d'exciter le mécontentement de l'Angleterre. Chacun de ces traités contint une clausse confirmative de la neutralité armée.

33. Il semblait qu'il ne manquât plus que la présence même de l'impératrice au sein des pays nouvellement conquis par elle, pour donner à cette entreprise une solennité qui en relevât l'éclat. Potemkin obtint encore cette démarche de sa souveraine. Au mois de janvier 1787, Catherine se mit en voyage pour visiter la Tauride, et reçut, sur toute sa route, les hommages de ses nouveaux vassaux. L'empereur Joseph alla également à sa rencontre, et cette nouvelle entrevue resserra encore leur alliance.

34. On a dit et cru généralement qu'à cette occasion un second traité avait été conclu entre les deux souverains, mais sous la condition expresse d'en tenir les stipulations secrètes. Le marquis de Ségur, qui était alors ambassadeur de France à la cour de Russie, et qui accompagnait l'impératrice durant son voyage, soutient, dans son Histoire de Frédéric Guillaume II, que ce traité n'a point été conclu. Peu importe d'ailleurs qu'il y ait eu ou non de nouvelles stipulations ; il eût été également oiseux de délibérer si l'on déclarerait formellement la guerre à la Turquie: les procédés de la cour de Russie et les intrigues de Potemkin étaient bien suffisants pour forcer l'empire ottoman à prendre le premier les armes.

35. Et cependant, tandis que cet empire semblait menacé d'une ruine certaine, les combinaisons d'une politique astucieuse furent bientôt déjouées par les événements d'une nature plus grave, qui, depuis longtemps imminents, éclatèrent enfin à l'occident de l'Europe. Des révolutions appelèrent l'anarchie dans les États, et mirent tous les peuples sous les armes ; ceux qui paraissaient forts furent vaincus, et la nation dont tout semblait présager la chute survécut au bouleversement de l'Europe.

FIN.

LISTE CHRONOLOGIQUE

DES SOUVERAINS,

DEPUIS 1500 JUSQU'À 1789, AVEC LA DATE DE LEUR MORT, OU DE LEUR ABDICATION.

I. PAPES.

ALEXANDRE VI. (*Borgia*), 1491.	18 août 1503.
Pie III. (*Todeschini*).	18 oct. 1503.
Jules II. (*La Rovère*).	21 fév. 1513.
Léon X. (*Médicis*).	1 déc. 1521.
Adrien VI. (*Florent d'Utrecht*).	14 sept. 1523.
Clément VII. (*Médicis*).	26 nov. 1534.
Paul III. (*Farnèse*).	10 nov. 1549.
Jules III. (*Del Monte*).	22 mars 1555.
Marcel II. (*Cervisio*).	1 juin 1555.
Paul IV. (*Caraffa*).	17 août 1559.
Pie IV. (*Médicis*).	9 déc. 1565.
Pie V. (*Ghisleri*).	1 mai 1572.
Grégoire XIII. (*Buoncompagno*).	10 avril 1585.
Sixte-Quint. (*Peretti*).	26 août 1590.
Urbain VII. (*Castagna*).	28 sept. 1590.
Grégoire XIV. (*Sfondrato*).	15 oct. 1591.
Innocent IX. (*Facchinetti*).	29 déc. 1591.
Clément VIII. (*Aldobrandini*).	3 mars 1605.
Léon XI. (*Médicis*).	27 avril 1605.
Paul V. (*Borghèse*).	27 janv. 1621.
Grégoire XV. (*Ludovisio*).	8 juill. 1623.
Urbain VIII. (*Barberini*).	29 juill. 1644.
Innocent X. (*Pamphili*).	5 janv. 1655.
Alexandre VII. (*Chigi*).	21 mai 1667.
Clément IX. (*Rospigliosi*).	9 déc. 1669.
Clément X. (*Altieri*).	21 juill. 1676.
Innocent XI. (*Odescalchi*).	12 août 1689.
Alexandre VIII. (*Ottoboni*).	1 fév. 1691.

Innocent XII. (*Pignatelli*).	27 nov. 1700.
Clément XI. (*Albani*).	18 mars 1721.
Innocent XIII. (*Conti*).	7 mars 1724.
Benoît XIII. (*Des Ursins*).	20 fév. 1730.
Clément XII. (*Corsini*).	5 fév. 1740.
Benoît XIV. (*Lambertini*).	2 mai 1758.
Clément XIII. (*Rezzonico*).	2 fév. 1769.
Clément XIV. (*Ganganelli*).	22 sept. 1774.
Pie VI. (*Braschi*).	29 août 1799.

II. Empereurs d'Allemagne.

Maison d'Autriche.

Maximilien I, 1493.	12 janv. 1519.
Charles-Quint *abdique*.	17 sept. 1556.
Ferdinand I.	25 juill. 1564.
Maximilien II.	12 oct. 1576.
Rodolphe II.	10 janv. 1612.
Mathias.	10 mars 1619.
Ferdinand II.	15 fév. 1637.
Ferdinand III.	23 mars 1657.

(Interrègne de quinze mois.)

Léopold I.	5 mai 1705.

(Interrègne de six mois.)

Joseph I.	17 avril 1711.
Charles VI.	20 oct. 1740.

Maison de Bavière.

Charles VII.	20 janv. 1745.

Maison de Lorraine.

{ François I.	18 août 1765.
{ Marie-Thérèse.	29 nov. 1780.
Joseph II.	20 fév. 1790.

III. Russie.

Grands-ducs de Moscovie.

Ivan Basilowitz I, dit le Grand, 1642.	27 oct. 1505.
Basile Ivanowitz.	3 déc. 1533.

Czars.

Ivan Basilowitz II.	28 mars 1584.

Fœdor I.	7 janv. 1598.
Boris-Godonow, *usurpateur*.	13 avril 1605.
Fœdor-Borisowitz.	1605.
Démétrius, *imposteur*, *assassiné*.	17 mai 1606.
Basile Zwinskoï, *élu et déposé*.	27 juill. 1610.
(Deux faux Démétrius, en 1610.)	
Lasdislas de Pologne, *élu et rejeté*.	1611.
(Quatrième faux Démétrius, en 1613.)	

Maison de Romanow.

Michel Fœderowitz, élu en 1613.	21 juill. 1645.
Alexis Michaëlowitz.	8 fév. 1676.
Fœdor II.	27 avril 1682.
Sophie, *enfermée dans un couvent*.	1689.
Ivan.	11 sept. 1696.
Pierre I le Grand, seul depuis 1696, emp. en 1721.	8 fév. 1725.
Catherine I.	17 mai 1727.
Pierre II.	29 janv. 1730.
Anne.	28 oct. 1740.
Ivan III, *détrôné*.	6 déc. 1741.
Élisabeth.	5 janv. 1762.

Maison de Holstein-Gottorp.

Pierre III.	9 juill. 1762.
Catherine II.	17 nov. 1796.

IV. TURQUIE.

Bajazet II, 1481. *Déposé et empoisonné*.	août 1512.
Sélim I.	22 sept. 1520.
Soliman II.	4 sept. 1566.
Sélim II.	13 déc. 1574.
Amurat III.	18 janv. 1595.
Mahomet III.	21 déc. 1603.
Achmet I.	15 nov. 1617.
Mustapha I, *déposé*.	1618.
Osman II, *déposé et étranglé*.	1622.
Mustapha I, *rétabli*, *et déposé pour la deuxième fois*, *et étranglé*.	16 août 1623.
Amurat IV.	8 fév. 1640.
Ibrahim, *étranglé*.	17 août 1648.
Mahomet IV, *déposé*.	28 oct. 1687.
Soliman III.	22 juin 1691.

Achmet II.	6 fév. 1695.
Mustapha II, *déposé*.	30 sept. 1703.
Achmet, *déposé*.	2 oct. 1730.
Mahomet V.	13 sept. 1754.
Osman III.	28 oct. 1757.
Mustapha III.	21 janv. 1774.
Abdul-Hamet.	7 avril 1789.

V. Portugal.

Maison de Bourgogne.

Emmanuel le Grand, 1495.	13 déc. 1521.
Jean III.	10 juin 1557.
Sébastien.	4 août 1578.
Henri.	31 janv. 1580.

(Sous la domination de l'Espagne jusqu'en 1640.)

Maison de Bragance.

Jean IV.	28 fév. 1656.
Alphonse VI, *déposé*.	23 nov. 1667.
Pierre II.	9 déc. 1706.
Jean V.	31 juill. 1750.
Joseph Emmanuel.	25 fév. 1777.
Marie I.	20 mars 1816.

VI. Espagne.

{ Isabelle, 1474.	26 nov. 1504.
{ Ferdinand le Catholique, 1479.	1 janv. 1516.

Maison d'Autriche.

Philippe d'Autriche, en Castille, 1504.	25 sept. 1506.
Charles I. (*Charles-Quint*) *sur toute l'Espagne en* 1516, *mort le* 21 *septembre* 1558, *avait abdiqué le*.	25 oct. 1555.
Philippe II.	13 sept. 1598.
Philippe III.	28 fév. 1621.
Philippe IV.	17 sept. 1665.
Charles II.	1 nov. 1700.

Maison de Bourbon.

Philippe V *abdique le* 15 *janvier* 1724.	
Louis.	1 août 1724.
Philippe V *reprend le sceptre en* 1724.	9 juill. 1746.

Ferdinand VI.	10 août 1759.
Charles III.	13 août 1788.
Charles IV *abdique*.	19 mars 1808.

VII. France.

Maison de Valois.

Charles VIII, 1483.	7 avril 1498.
Louis XII.	1 janv. 1515.
François I.	31 mars 1547.
Henri II.	10 juill. 1559.
François II.	15 déc. 1560.
Charles IX.	30 mai 1574.
Henri III.	1 août 1589.

Maison de Bourbon.

Henri IV.	14 mai 1610.
Louis XIII.	14 mai 1643.
Louis XIV.	1 sept. 1715.
Louis XV.	10 mai 1774.
Louis XVI.	21 janv. 1793.

VIII. Angleterre.

Maison de Tudor.

Henri VII, 1485.	21 avril 1509.
Henri VIII.	28 janv. 1547.
Édouard VI.	6 juill. 1553.
Marie.	17 nov. 1558.
Élisabeth.	3 avril 1603.

Maison de Stuart.

Jacques I.	6 avril 1625.
Charles I.	30 janv. 1649.

Protectorat.

Cromwell.	3 sept. 1658.
Richard *se démet*.	22 avril 1659.

Rétablissement de la maison de Stuart.

Charles II.	5 fév. 1685.
Jacques II, *expulsé*.	24 déc. 1688.

Marie.	6 janv. 1695.
Guillaume III.	8 mars. 1702
Anne.	12 août. 1714.

Maison de Hanovre.

George I.	11 juin 1727.
George II.	25 oct. 1760.
George III.	29 janv. 1820.

IX. ÉCOSSE avant la réunion.

Maison de Stuart.

Jacques IV, 1488.	9 sept. 1513.
Jacques V.	8 déc. 1542.
Marie.	8 fév. 1547.
Jacques VI, roi d'Angleterre.	3 avril. 1603.

X. NAPLES.

Maison d'Aragon.

Frédéric III, détrôné par Louis XII et par Ferdinand d'Aragon.	août 1501.

(Domination espagnole jusqu'en 1713, et autrichienne jusqu'en 1735.)

Maison de Bourbon.

Charles III, 1735.	5 oct. 1759.
Ferdinand IV.	

XI. SAVOIE.

Ducs.

Philibert II, 1497.	10 sept. 1504.
Charles III.	16 sept. 1553.
Emmanuel-Philibert.	15 août 1580.
Charles-Emmanuel le Grand.	26 juill. 1630.
Victor-Amédée.	7 oct. 1637.
Charles-Emmanuel II.	12 juin 1675.
Victor-Amédée II, roi de Sicile depuis 1713, échange la Sicile contre la Sardaigne en 1718, *abdique*.	2 sept. 1730

Rois de Sardaigne.

Charles-Emmanuel III.	20 fév. 1773.
Victor-Amédée III.	16 oct. 1796.

XII. POLOGNE.

Sigismond I, 1506.	1 avril 1548.

Sigismond II, Auguste	1 juin 1572.
Henri de Valois *s'enfuit*	18 juin. 1574.
Étienne Bathori	12 déc. 1586.
Sigismond III	30 avril 1632.
Ladislas IV	20 mars 1648.
Jean-Casimir *abdique*	17 sept. 1668.
Michel Wisnowicky	10 nov. 1673.
Jean Sobiesky	17 juin 1696
Auguste II de Saxe, *expulsé en* 1704.	
Stanislas Lecsinsky, *expulsé*	2 oct. 1709.
Auguste II, *rétabli*	1 fév, 1733.
Auguste III	5 oct. 1763.
Stanislas Poniatowsky *abdique*	25 nov. 1795.

XIII. Danemarck.

Maison d'Oldenbourg.

Jean, 1481	20 fév. 1513.
Christian II, *déposé*	20 janv. 1523.
Frédéric I	10 avril 1533.
Christian III	1 janv. 1559.
Frédéric II	4 avril 1588.
Christian IV	28 fév. 1648.
Frédéric III	9 fév. 1670.
Christian V	25 août 1699.
Frédéric IV	12 oct. 1730.
Christian VI	15 sept. 1746.
Fréderic V	14 janv. 1766.
Christian VII	13 mars 1808.

XIV. Suède.

Maison de Wasa.

Gustave Wasa, 1524	29 sept. 1560.
Éric XIV, *déposé*	25 fév. 1568.
Jean	17 nov. 1592.
Sigismond, roi de Pologne, *déposé*	6 fév. 1604.
Charles IX	30 oct. 1611.
Gustave-Adolphe	6 nov. 1632.
Christine, *abdique*	16 juin 1654.

Maison de Deux-Ponts.

Charles X Gustave	23 fév. 1660.

Charles XI. 15 avril 1697.
Charles XII. . . . . 11 déc. 1718.
{ Ulrique-Éléonore. . . . . 5 déc. 1741.
{ Frédéric I de Hesse. . . . . 6 avril 1751.

Maison de Holstein-Gottorp.

Adolphe-Frédéric. . . . . 12 fév. 1771.
Gustave III. . . . . 29 mars 1792.

XV. PALATINAT.

Electeurs : branche aînée.

Philippe-Ingenuus, 1476. . . . . 28 fév. 1508.
Louis V. . . . . 16 mars 1544.
Frédéric II. . . . . 26 fév. 1556.
Otton-Henri. . . . . 12 fév. 1559.

Branche de Simmern.

Frédéric III. . . . . 26 oct. 1576.
Louis VI. . . . . 12 oct. 1583.
Frédéric IV. . . . . 9 sept. 1610.
Frédéric V, *déposé à Ratisbonne.* . . . . 1623.
Charles-Louis, son fils, *rétabli en* 1648 *dans le Palatinat du Rhin.* . . . . 28 août 1680.
Charles. . . . . 16 mai 1685.

Branche de Neubourg.

Philippe-Guillaume. . . . . 2 sept. 1690.
Charles-Philippe. . . . . 31 déc. 1742.

Branche de Sulzbach.

Charles-Théodore. Voy. *Bavière.* . . . . 16 fév. 1799.

XVI. BAVIÈRE.

Ducs.

Albert IV, 1473. . . . . 17 mars 1508.
Guillaume IV. . . . . 6 mars 1550.
Albert V. . . . . 24 oct. 1579.
Guillaume V, *abdique.* . . . . 1596.

Électeurs.

Maximilien I, 1623. . . . . 17 sept. 1651.

Ferdinand-Marie.	26 mai 1679.
Maximilien II Emmanuel.	27 fév. 1726.
Charles Albrecht (empereur Charles VII).	20 janv. 1745.
Maximilien III, Joseph.	30 déc. 1777.
Charles-Théodore (électeur palatin).	16 fév. 1799.

XVII. Saxe.

Branche Ernestine.

Frédéric III, le Sage. Electeur 1500.	5 mai 1525.
Jean-Constant.	16 avril 1532.
Jean-Frédéric *perd la dignité électorale*.	4 juin 1547.

Branche Albertine.

Maurice, électeur en 1548.	11 juill. 1553.
Auguste.	11 fév. 1586.
Christian I.	25 sept. 1591.
Christian II.	23 juin 1611.
Jean-George I.	8 oct. 1656.
Jean-George II.	22 avril 1680.
Jean-George III.	12 sept. 1691.
Frédéric-Auguste I (roi de Pologne).	1 fév. 1733.
Frédéric-Auguste II (roi de Pologne).	5 oct. 1763.
Frédéric-Christian.	17 déc. 1763
Frédéric-Auguste III.	

XVIII. Brandebourg.

Maison de Hohenzollern. Électeurs.

Joachim, 1493.	11 juill. 1535.
Joachim II.	3 janv. 1571.
Jean-George.	8 janv. 1598.
Joachim-Frédéric.	18 juill. 1608.
Joachim-Sigismond (duc de Prusse en 1618).	23 déc. 1619.
George-Guillaume.	21 nov. 1640.
Frédéric-Guillaume le Grand.	19 avril 1688.

Rois de Prusse.

Frédéric I.	25 fév. 1713.
Frédéric-Guillaume I.	31 mai 1740.
Frédéric II.	17 août 1786.
Frédéric-Guillaume II.	17 nov. 1797.

XIX. Hanovre.

Ernest-Auguste, électeur en 1692.	28 janv. 1698.
George I, et ses successeurs les rois d'Angleterre.	

XX. HOLLANDE.

Stathouders. Maison de Nassau-Orange : branche aînée.

Guillaume I, 1572. . . . . 10 juill. 1584.
Maurice. . . . . 23 avril 1625.
Henri-Frédéric. . . . . 14 mai 1647.
Guillaume II. . . . . 6 nov. 1650.

(Suppression du stathoudérat jusqu'en 1672.)

Guillaume III. . . . . 8 mars 1702.

(Nouvelle suppression du stathoudérat jusqu'en 1747.)

Branche cadette.

Guillaume IV. . . . . 22 oct. 1751.
Guillaume V. . . . . janv. 1795.

XXI. TOSCANE.

Médicis.

Alexandre, premier duc en 1531. . . . . 7 janv. 1537.
Cosme I, grand-duc en 1569. . . . . 21 avril 1564.
François. . . . . 19 oct. 1587.
Ferdinand I. . . . . 7 oct. 1609.
Cosme II. . . . . 28 fév. 1621.
Ferdinand II. . . . . 24 mars 1670.
Cosme III. . . . . 21 oct. 1723.
Jean-Gaston. . . . . 9 juill. 1737.

Maison de Lorraine.

François-Étienne. . . . . 18 août 1765.
Léopold, *empereur*. . . . . 20 fév. 1790.

XXII. ÉTATS-UNIS DE L'AMÉRIQUE.

Président du congrès.

Washington, 1787. . . . . 17 fév. 1797.

FIN DE LA LISTE CHRONOLOGIQUE.

TABLE.

QUATRIÈME ÉPOQUE.

SECONDE PARTIE.

SECONDE ÉPOQUE.

PREMIÈRE PARTIE.

SECONDE PARTIE.

TROISIÈME ÉPOQUE.

PREMIÈRE PARTIE.

SECONDE PARTIE.

FIN.

POITIERS. — IMPRIMERIE DE F.-A. SAURIN.

www.ingramcontent.com/pod-product-compliance
Lightning Source LLC
Chambersburg PA
CBHW071625270326
41928CB00010B/1777
* 9 7 8 2 0 1 3 5 3 2 3 4 1 *